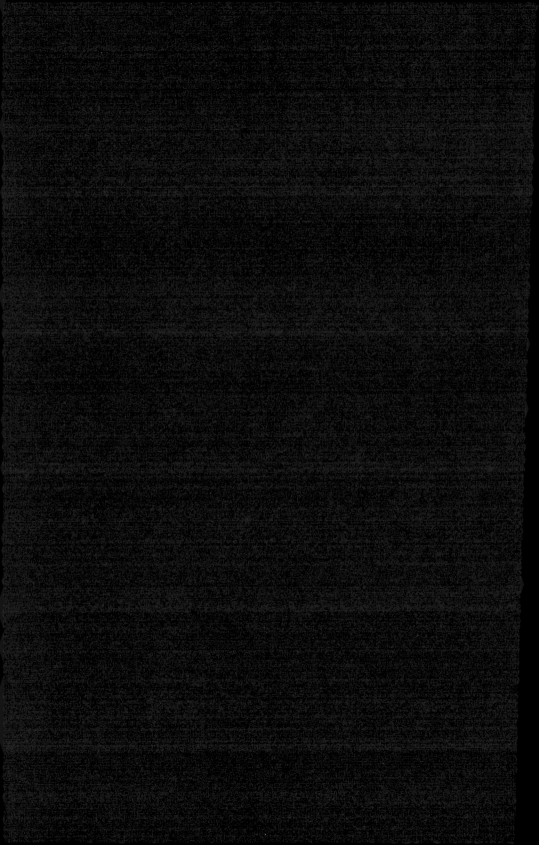

슐라이어마허,

낭만주의 철학과 경건의 신학

슐라이어마허,
낭만주의 철학과 경건의 신학

2024년 12월 13일 처음 펴냄

엮은이 슐라이어마허학회
지은이 김덕기 김윤상 박광우 서동은 심광섭
이경진 최신한 최태관 한상연 황은영
펴낸이 김영호
펴낸곳 도서출판 동연
등록 제1-1383호(1992. 6. 12)
주소 서울시 마포구 월드컵로 163-3
전화/팩스 (02)335-2630 / (02)335-2640
이메일 yh4321@gmail.com
SNS instagram.com/dongyeon_press

ISBN 978-89-6447-076-3 93100

슐라이어마허,

낭만주의 철학과 경건의 신학

슐라이어마허학회 엮음
최신한 외 9인 함께 씀

동연

책을 펴내며

이 책은 한국슐라이어마허학회의 첫 번째 연구 결과물이다. 대중은 물론이고 학계에서도 슐라이어마허는 여전히 낯설며, 소수의 연구자가 생산한 연구물은 여기저기 흩어져 있어 별다른 관심을 끌 수 없었다. 이런 열악한 상황임에도 슐라이어마허 연구의 역사적 중요성과 현재의 영향에 동의하는 연구자를 중심으로 학회가 조직되었다. 동 학회는 독일에 있는 국제슐라이어마허학회와 협력하면서 역사성과 시의성을 지닌 논의로 철학과 신학의 지평을 넓히려고 한다.

2021년에 조직된 한국슐라이어마허학회는 그동안 정기적으로 학술발표회를 개최하였으며 지금까지 30여 편의 논문이 발표되었다. 여기에 실린 글들은 그간 새롭게 발표된 연구논문들을 주제별로 선별하여 묶은 것이다. 자유 발표의 형식이었음에도 공통의 주제를 다룰 수 있었던 것은 슐라이어마허의 폭넓은 사유에 기인한다.

『슐라이어마허의 낭만주의 철학과 경건의 신학』은 타이틀만으로도 그 내용을 충분히 짐작할 수 있다. 슐라이어마허의 초기 사상은 1800년 전후의 초기 낭만주의 운동과 밀접한 연관을 지닌다. 청년 슐라이어마허의 독자적 사유는 당시 낭만주의 운동과 일맥상통했다. 그는 당대를 대표하는 사상가들과 교류하면서 이 운동을 주도했으며 이러한 맹아를 고유의 사상으로 꽃피웠다. 머리와 가슴을 통합하면서 칸트를 넘어서려는 야코비를 흠모했으며, 『루친데』로 난처한 국면을 맞은 슐레겔을 옹호하면서 시대를 앞서가는 윤리적 기준을 제시했다. 초기 사상을 관통하는 윤리는 최고선을 추구하는 개인성이며 이에 토대를 둔 상호성이다.

슐라이어마허가 보여주는 낭만주의 사유의 핵심은 종교적 직관과 절대의존감정이 종교와 신앙의 토대라는 것이다. 신앙을 경건으로 보는 것도 같은 관점이다. 신을 자기의식 가운데 직접적으로 접촉하는 데서 생생한 믿음이 발생하고 은총에 대한 감사와 기쁨의 마음이 출발한다. 이것은 인간의 내면에서 확인되는 것이지만 인간의 산물이 아니다. 오히려 신의 우주적 활동이 먼저 있고, 인간은 이 활동에서 드러난 신의 자기 묘사에 수동적으로 참여할 뿐이다. 특징적인 것은 신의 자기 묘사와 인간의 참여가 예술적이라는 점이다. 이러한 연장선에서 인간 간의 관계도 의무론적 도덕보다 공감으로 이루어진다. 따라서 하이데거 사유의 뿌리를 슐라이어마허에서 찾는 고유한 시도는 철학사의 새로운 발견으로 규정해도 무리가 아니다.

슐라이어마허의 해석학은 낭만주의 해석학이라는 규정에 머물지 않는다. 슐라이어마허가 시도한 보편해석학을 고린도전서 주석에 적용함으로써 바울의 역설적 자유의 이념을 드러낸 것은 해석에서 한 걸음 더 나아간 적용의 좋은 사례이다. 부분과 전체의 해석학적 순환과 이에 토대를 둔 개인과 전체의 윤리적 관계를 파악함으로써 그리스도인의 국가 활동을 성찰한 것은 해석학 논의의 새로운 지평임에 틀림없다. 가다머의 슐라이어마허 해석학 비판과 이에 대한 반비판의 쟁점을 정리하고, 현재의 중요한 화두인 '후 세속성'을 중심으로 찰스 테일러와 슐라이어마허를 비교한 것은 슐라이어마허의 철학적 지평이 보여주는 현재의 파급력이다.

종이책과 인문학이 위기를 맞은 시기임에도 슐라이어머허의 사상을 평가하고 이 책을 기꺼이 출판해 준 동연출판사의 김영호 대표님께 심심한 사의를 표한다.

2024년 8월

한국슐라이어마허학회

회장 최신한

차 례

제2부 _ 경건과 자기의식

제3부 _ 해석학의 전개와 적용

제1부

슐라이어마허의 초기 사상

슐라이어마허의 초기 윤리학 사상 연구

—"최고선에 관하여Über das höchste Gut"를 중심으로

김윤상

I. 들어가는 말

슐라이어마허Friedrich Daniel Ernst Schleiermacher(1768-1834)는 '할레대학Friedrichs-Universität'에서 개신교 신학을 공부하고 있었던 1789년 초 "최고선에 관하여Über das höchste Gut"라는 제목의 논문을 썼다. 이 논문에서 슐라이어마허는 1788년에 출간된 칸트의 『실천이성비판*Kritik der praktischen Vernunft*』에 대해 비판적으로 씨름하는 가운데 향후 발아될 자신의 다양한 사상적 씨앗들을 뿌려놓았던 것으로 보인다. 1790년대 초 "자유에 관하여Über die Freiheit"라는 논문의 앞부분에서 밝히고 있듯이, 일종의 '철학적 랩소디'로 구상된 일련의 작업들 중 첫 번째 '철학적 랩소디'였던 "최고선에 관하여"에는 칸트의 『실천이성비판』에 대한 비판적 고찰 외에 슐라이어마허의 초기 윤리적 사유에 이론적 틀로서 작용하였던 라이프니츠-볼프주의자 에버하르트Johann August Eberhard

(1739-1809)의 감정이론을 비롯하여 다양한 이론적 단초들이 제시되고 있다.

본 논문에서는 슐라이어마허의 초기 윤리학 내에 맹아적으로만 제시된 이론적 배경을 발굴해 보고 그의 윤리학 사유의 첫 결과물인 "최고선에 관하여"를 자세히 읽으면서 그의 초기 윤리학 사상의 양태와 함의를 보다 입체적으로 드러내는 작업이 이루어질 것이다.

II. 슐라이어마허의 초기 윤리학과 연관된 이론적 배경
— 독일 후기계몽주의 시기의 경험적 영혼론 내지 인간학적 전환

1700년대 말 인간의 본질을 이룬다고 여겨져 왔던 영혼 개념에 대한 문제가 경험적이고 실험적인 자연적 과정들에 대한 지식형태들의 각축장 속으로 진입하게 됨에 따라 오래전부터 철학적 본질을 구성하는 지표로 여겨져 왔던 '영혼Psyche, Seele'과 '육체Physis, Körper'의 차이가 문제시되기 시작하였다. 이러한 문제 상황은 '영혼'을 대상으로 삼는 학문인 'Psychologie, Seelenlehre'의 근대적 출발로부터 야기되었다.[1] 오늘날의 심리학 개념과는 구별되는 것으로 일종의 '영혼론'이라고 불릴 수 있는 'Psychologie, Seelenlehre'는 16세기 인문주의 맥락에서 시작되었으며, 경험적 '성령학'과 형이상학적이고

1 아리스토텔레스 『영혼론*De Anima*』에 대한 주해서인 멜랑크톤Philipp Melanchthon(1497- 1560)의 *Commentarius de anima* (Parisii: 1540)가 영혼론의 시초로 여겨지는 대표적 예들 중의 하나이다. Eckart Scheerer, "Psychologie," in *Historisches Wörterbuch der Philosopie*, vol. 7. ed. Joachim Ritter (Basel: Schwabe Verlag, 1989), 1599.

신학적인 '성령학Geisterlehre'의 상위개념인 '영기론Pneumatik, Pneumatologie', 심리적 과정들을 포함하는 의학적 인간론으로서 '인간학Anthropologie', 그리고 아리스토텔레스의 『*De Anima*』 전통 하에서 전수되어 온 '영혼론Animastik' 등의 개념들과 경합을 벌이면서 발전되어 갔다.[2]

이 중에서도 특히 '영기론'과의 관계가 주목할 만하다. 독일 종교개혁 신학자 알슈테트Johann Heinrich Alsted(1588-1638)에 의해 처음 도입된 '영기론'은 이성적 능력을 갖춘 비물질적인 '영pneumata'들인 '신, 천사 그리고 인간의 영혼'을 대상으로 삼고 있었다.[3] 영기론에서 다뤄지는 인간의 영혼 개념은 플라톤 철학에서 주창된 '항상 생성되고, 그러기에 자신과 동일하지 않으며, 가변적이고, 인간적인 감각적 세계mundus sensibilis와 항상 존재하고, 생성을 가지지 않으며, 변함이 없는, 신적인 예지적 세계mundus intelligibilis의 이분법 체계'가 인간학적 맥락으로 변용되어진 '유한한 몸과 불멸의 영혼'의 이분법 체계 내에서 후자의 영역에 속하는 것으로 이해되었으며,[4] 같은 의미에서 '물질Materie', '물체physis', '육체Körper' 등을 포괄하는 자연의 전적인 타자로서 비감각적이고, 비물질적이며, 비육체적인 특징을 갖는 것으로 여겨졌다. 여기서

---

2 이 장에서 이루어지는 이러한 세 가지 문제 상황들에 대한 논의는 이와 관련하여 이미 이루어진 리델(Wolfgang Riedel)의 연구에 기대어 이에 대한 수정과 보충의 형태로 이루어진다. Wolfgang Riedel, "Erster Psychologismus," in *Zwischen Empirisierung und Konstruktionsleistung: Anthropologie im 18. Jahrhundert*, ed. Jörn Garber/Heinz Thoma (Tübingen, 2004), 1-17.

3 Theodor Mahlmann, "Pneumatologie, Pneumatik," in *Historisches Wörterbuch der Philosophie*, vol. 7, ed. Joachim Ritter (Basel: Schwabe Verlag, 1989), 995.

4 Werner Beierwaltes, "Mundus intelligibilis/sensibilis," in *Historisches Wörterbuch der Philosophie*, vol. 6, ed. Joachim Ritter (Basel: Schwabe Verlag, 1984), 236; Platon, Timaios, Platon Werke, wbg Edition (Darmstadt, 2019), 28a-29a.

간과되어서는 안 될 사실은 감각적 세계가 예지적 세계에 의해 상반논리로 가치 절하되는 것이 아니라 둘 간의 '유사성 내지 모사관계' 속에서 전자가 끊임없이 후자와 유사해지도록 추구되어야 하며 그리하여 세계는 "감각적으로 지각 가능한 신θεὸς αἰσθητός"으로 규정될 수 있다는 사실이다.[5] 결국 비육체적이고 정신적이며 영적인 실체로서만 존재하는 영혼개념에 기초한 영기론은 감각적 실재와는 무관한 보편적이고 영원한 진리를 다루는 '영혼론Psychologie'의 위상을 갖게 되었으며, 이와 더불어 육체적인 것은 영혼적인 것과의 유사성 이미지와 끊임없이 영혼과 유사해지려는 이미지 작용이라는 이중적 함의를 갖는 것으로 정교화되기 시작하였다.

영기론과 더불어 영혼론과 경합을 이루었던 또 다른 분야는 '(의학적) 인간학'이었다. 인문주의 신학자이자 물리학자이기도 했던 카스만Otto Casmann(1562-1607)은 1594년/1596년에 인간학과 영혼론의 역사에서 중요한 획을 긋는 저서였던 『인간학적 영혼론 *Psychologia anthropologica*』[6]을 썼다. 이 저서에서 카스만은 훈트Magnus Hundt(1449-1519)에 의해 최초로 지칭된 '인간학'을 "인간의 본성에 대한 이론"으로 확정지으면서 인간의 본성을 "하나의 기본성분으로 통일되어 있는 정신적 본성과 자연적 본성의 이중적 세계본성에 관여하는 본질"[7]로 규정하

5 Platon, *Timaios*, 92 c 7.

6 제1권인 *Psychologia anthropologica, sive animae humanae doctrina*는 1594년에 발간되었고, 제2권인 *Secunda pars anthropologiae: hoc est: fabrica humani corporis*는 1596년에 발간되었다.

7 "Anthropologia est doctrina humanae naturae. Humana natura est geminae mundanae, spiritualis et corporeae, in unum hyphistamenon unitae, particeps essentia." 다음의 책에서 재인용. Justin Stagl, "Anthropological Universality," in *Being Humans*.

였다. 카스만의 인간학에서 규정된 정신적 본성과 자연적 본성의 이중성은 유사성을 매개로 엮여있는 예지적 세계와 감각적 세계의 플라톤적인 이중성과는 구별된다. 인간 육체의 구성요소들을 '체액, 프네우마, 자연적 몸체'로 규정하면서 "이들 간의 목적론적이면서도 자유로운 흐름을 주창한 갈레노스의 생리학"의 전통에서 당대 의학적 인간학이 규명하고자 했던 것은 육체와 영혼의 차이가 아니라 육체적인 것과 영혼적인 것이 상호작용할 가능성 조건들과 그 형태들이었던 것이다.[8]

감각적 실재와는 무관한 보편적이고 영원한 진리를 다루는 영혼론으로써 'Psychologie'와, 육체적인 것과 정신적인 것의 상호작용 가능성과 형태들을 다루는 인간학적 영혼론으로서 'Anthropologische Psychologie'는 18세기 계몽주의 시기에 이르러 각자의 영혼 개념의 유효범위 규정의 탄력적 적용에 따라 상호중첩의 가능성을 마련하게 된다. 여기에 결정적인 기여를 한 인물이 바로 계몽주의 철학자 볼프[Christian Wolff](1679-1754)이다. 볼프는 18세기 초 『이성적 영혼론[*Psychologia rationalis*]』(1732/1738)과 『경험적 영혼론[*Psychologia empirica*]』(1734/1740)이라는 기념비적인 저서들을 출간하였는데, 여기서 그는 영혼을 '인식능력[vis repraesentativa]'으로 정의내리면서 이것에 "단순하고 나뉘어져 있지 않으며 비연장적인 실체" 위상을 부여하였다. 말하자면 연장되어 있다는 의미에서 공간적이며 무한히 분할 가능한 것인

Anthropological Universality and Particularity in Transdisciplinary Perspectives (Berlin/New York:Walter de Gruyter, 2000), 27.

8 Karl Groß, "Galens Teleologische Betrachtung Der Menschlichen Hand in de Usu Partium," *Sudhoffs Archiv* 58, no. 1 (1974), 13-24.

동시에 결합된 것으로 규정될 수 있고 아울러 시간과 죽음에 종속된 물질 개념의 부정 형태가 바로 영혼개념이라는 것이다. 비물질적인 본질로서 "영혼은 물질적 세계의 인과성의 연속으로부터 벗어나 있고, 자연 과정들의 결정론에 종속되어 있지 않으며, 육체적 충동들이나 욕구와 같은 외적인 영향들로부터 자유로워진 채로 순전히 이성적 통찰로부터 얻어진 도덕적 판단들과 결정들로 이를 수 있다"는 것이다.[9] 이러한 영혼은 마찬가지로 비물질적인 인식능력으로서 분할되지 않고 영원한 '단순한 실체'인 신과 같은 위상에 놓여 있는 것으로 여겨지며, 그 결과 "볼프의 영혼론은⋯ 신학의 유비이자 신학의 인간학적 대리자가 되는 것이다."[10]

경험적 사태들이나 관찰들 혹은 개별 사례들을 다루는 '경험적 영혼론'이 영혼의 본질을 다루는 '이성적 영혼론'의 지배로부터 벗어나기 시작하게 되었을 때는 볼프의 제자였던 크뤼거Johann Gottlob Krüger(1715-1759)가 '할레대학Friedrichs-Universität'에서 경험적 영혼론을 이성적 영혼론으로부터 해방시켜 영혼론을 순전히 경험의 토대 위에서 새로이 정립하고자 한 18세기 중엽이었다. 의사이자 자연연구가였던 크뤼거는 "인간의 영혼을 존재해야만 하는 방식대로가 아니라 존재하고 있는 상태대로 묘사하는" 경험적 목표를 가지고서 『실험적 영혼론의 시도*Versuch einer Experimental-Seelenlehre*』(1756)를 썼다.[11] 크뤼거

9 Riedel, "Erster Psychologismus," 5.; Christian Wolff, *Psychologia Empirica*, vol. 5, in *Gesammelte Werke II. Abteilung: Lateinische Schriften*, ed. Jean Ecole (Hildesheim: Georg Olms Verlag, 1968), 696-711. Part. II, Sect. II, Cap. II: De libertate.

10 Riedel, "Erster Psychologismus," 6.

11 Johann Gottlob Krüger, *Versuch einer Experimental-Seelenlehre* (Halle und Helmstädt: Hemmerde, 1756), Vorrede.

는 인간을 정신적인 부분과 육체적인 부분으로 이중적으로 결정된 존재로 규정해 왔던 기존의 철학 체계들에 거리를 두면서 "영혼이 육체 안으로, 육체가 영혼 속으로 작용하는" 경험과학적인 상호유입론을 대변하였다.[12] 이러한 크뤼거의 '심리물리적psychophysisch' 기본관점의 기저에는 "의학과 철학 사이의 자매 같은 결합"(schwesterliche Verbindung, ... zwischen der Arzneygelahrtheit und Weltweistheit)이 자리 잡고 있었다.[13]

육체와 영혼의 경험과학적 상호유입론이 타당하기 위해서는 사실상 영혼 능력에 대한 보다 정교화된 이해가 이루어져야 했다. 1776년 베를린 왕립 학술원의 현상공모에 선정된 『사유와 감각의 일반이론*Allgemeine Theorie des Denkens und Empfindens*』으로 할레대학에서 교수직을 얻은 에버하르트Johann August Eberhard(1739~1809)는 볼프Christian Wolff-마이어Georg Friedrich Meier로 이어지는 라이프니츠-볼프철학을 대표하면서 당대 칸트철학과 접전을 벌이는 가운데 그의 고유한 영혼론을 개진하였다. 슐라이어마허의 스승으로서 슐라이어마허의 윤리 사상에 결정적인 영향을 미쳤던[14] 에버하르트는 무엇보다 영혼의 '근원력Urkraft'을 이야기하면서, 사유하는 힘과 감지하는 힘이 "상호 의존적이어야 한다면, 이러한 기본력 내에는 이 두 가지 힘들에 공통적인 통일지점이 나타내져야만 한다"라고 하면서 영혼의 기본력은 다름 아닌 "표상들을 가지려는 노력"이라고 한다.[15] 영혼의 기본력의 변이태들이자

---

12 위의 글, 319.

13 위의 글, Vorrede.

14 이에 대해서는 다음 장에서 논의될 것이다.

15 Johann August Eberhard, *Allgemeine Theorie des Denkens und Empfindens* (Berlin:

표상하는 영혼의 변이태들로서 두 가지 표상 방식들인 '사유Denken'와 '감지Empfinden'는 모두 육체연관성을 지니며, 육체연관성의 정도에 따라 구분된다. "사유의 상황에서는 단지 몇 가지 뇌의 신경들이 복무하고 있는 반면, 강력한 감지의 상황에서는 신경들의 진동이 매우 강해서 그러한 진동이 전체 조직에 전달되어 혈관들을 확장시키거나 수축시켜… 그렇게 움직여진 사람을 두려움 속에서 질리게 하거나 수치심과 분노 속에서 얼굴을 붉히게 만든다."[16] '감수하는leidend' 영혼과 '활동하는thätig' 영혼의 대립이 영혼의 감정활동과 인식활동의 구별 지표가 되며,[17] 감지의 경험적 유형들의 정도와 방식의 차이에 따라 사유와 감지의 차이가 드러나기 때문에, 사유 역시 주어진 감지의 다양성으로부터 추상의 과정을 통해 보다 일반화된 구조들을 떼어내는 활동으로 규정될 수 있는 것이다. 결국 표상하는 영혼의 모든 재현 내지 인식들에는 상응하는 육체의 운동들이 부합된다고 할 수 있으며, "사유가 의지와 행동으로 이행하는 것… 즉, 이러한 이행은 언제나 감지의 영역을 통해 일어남에 틀림없는 것이다."[18]

에버하르트와 유사한 맥락에서 영혼의 육체의존성을 주창한 이는 바로 아벨Jakob Friedrich von Abel(1751-1829)이었다. 아벨은 "인간의 모든 영혼력들이 상당한 방식으로 육체에 의존하며, 상상력, 지성, 의지 등이 직간접적으로 육체에 의해 규정된다"라고 주장하면서 감각기관들과 신경들 그리고 뇌를 포괄하는 육체의 규정성을 강조하기 위해

Voss, 1776), 17, 33.

16 위의 글, 52f.

17 위의 글, 35.

18 위의 글, 61f.

당대 인간학의 사상적 기초를 세웠던 플라트너Ernst Platner(1744-1818)로부터 '물질적 이념materielle Ideen'이라는 개념을 빌려온다. 말하자면 비물질적인 영혼이 수행하는 표상Vorstellung이나 감각작용Empfindung 역시 뇌 속에서 이루어지는 물질적 과정이자 뇌와 신경들에 남겨놓은 '자취'로서 이 역시 물질적이며 생리적이라고 할 수 있기에, 결국 표상이나 감각작용은 일종의 물리적 이념들이라고 할 수 있다는 것이다. 같은 맥락에서 기억은 뇌 속에 남겨져 있는 자취가 활성화된 것이고, 연상은 그러한 자취의 접촉 효과이며, 고정관념이란 고착된 뇌수의 물질적 이념결합 경로들을 따르고자 하는 영혼의 강제로 이해되는 것이다.[19] 비록 칸트는 이 같은 영혼론의 경험화 경향에 초월철학적 전환으로 맞서면서 영혼의 "단순하고 나뉘어져 있지 않으며 비연장적인 실체"의 위상을 더 이상 실체적이지 않고 보다 형식적으로 파악된 '나는 생각한다ich denke'의 원리로, 즉 이성과 자유의 비경험적이고 비육체적인 가능화 심급으로 대체하였을지라도, 결국 미학자이자 철학자였던 줄처Johann Georg Sulzer(1720-1779)에 의해 '영혼의 실험물리학 Experimentalphysik der Seele'으로 규정되었던 영혼론은 18세기 중엽 이래로 '경험적 영혼론'의 위상을 갖게 되었고,[20] 그 대상인 "영혼은 육체와 경계구분된 것이 아니라 상호소통하는 것으로"(commercium mentis et corporis) 이해되었으며, 이와 더불어 기존 이성적 철학에서 견지되었던 이성의 자율성

---

19 Jacob Friedrich Abel, *Eine Quellenedition zum Philosophieunterricht an der Stuttgarter Karlsschule (1773-1782)*, ed. Wolfgang Riedel (Wüzburg: Königshausen & Neumann, 1995), 529-546.

20 Johann Georg Sulzer, *Kurzer Begriff aller Wissenschaften und andern Theile der Gelehrsamkeit* (Leipzig: Langenheim, 1759), §210.

과 의지의 자유는 문제시되고 통합적인 의미의 인간학적 사유가 마련되기 시작하였던 것이다.

III. 슐라이어마허의 "최고선에 관하여Über das höchste Gut"에 내포된 이론적 맹아들과 초기 윤리학 사상

1. 경험적 영혼론의 배경 하에서 '지복성Glückseligkeit' 개념의 발생적 추론

앞서 묘사된 18세기 중엽 에버하르트를 비롯하여 할레대학 중심으로 형성된 경험적 영혼론 내지는 인간학적 사유로의 전환의 학문적 지형[21]에서 핵심적인 논의 맥락은 비물질적인 인식능력으로서 분할되지 않고 영원한 '단순한 실체'로서의 영혼의 위상에 대한 규정을 통해 영혼, 신, 불멸성 등을 다루고자 한 신학적 인간학의 논의, '사유Denken'와 '감지Empfinden'의 공통근거로서 영혼의 기본력과 원리에 대한 논의, 그리고 표상이나 감지작용 모두를 물질적 이념으로 파악하는 영혼의 실험물리학적 논의 등을 포괄하는 "육체적인 것과 영혼적인 것의 상호작용"의 문제의식이다. 이 같은 논의 맥락을 슐라이어마허는 할레대학에서 공부하고 있었던 기간에 이미 인지하고 있던 것으로

21 본 논문에서는 다뤄지지 않았지만, 할레대학 중심의 인간학적 학문지형의 형성에 중요한 역할을 한 이들은 소위 '철학의사들 혹은 이성적 의사들philosophische oder vernünftige Ärzte'이라고 불리었던 Johann Gottlob Krüger(1715-1759), Johann August Unzer(1727-1799), Ernst Anton Nicolai(1722-1802) 등의 '정신의학자들Pschomediziner'이었다.

보인다. 그는 에버하르트에게서 공부를 막 시작한 19세의 나이에 이미 칸트철학과 볼프철학을 비교할 생각을 가지고 있었으며,[22] "경험적 영혼론 내지는 이성적 영혼론의 형성을 둘러싸고 논쟁이 벌어진 대립적인 조류들"을 접하고 있었을 뿐 아니라[23] "할레대학 학자들에 의해 형성된 영혼론의 혁신적 의미"에 대해 잘 알고 있었다.[24] 또한 그는 경험적 영혼론이라는 말을 거의 사용한 적은 없지만,[25] 영혼론에 대한 언급들은 그의 저서 여러 곳에서 나타나며,[26] 한참 후이긴 하지만

---

22 "나는 칸트의 비판서를 구할 수 없었기에 에버하르트의 콜레기움 동안 볼프철학과 칸트철학을 곧바로 비교할 수는 없다고 할지라도, 그러한 작업은 미카엘제 기간 동안 이루어질 것입니다. Ob ich nun gleich, weil ich die Kritik nicht kriegen konnte, nicht im Stande gewesen bin während des Eberhard'schen Collegii die Wolfische philosophie mit der Kantischen zu vergleichen, so soll doch solches in diesen MichaelisFerien geschehen ...." Friedrich D. E. Schleiermacher, *Briefwechsel 1774-1796*, in *Kritische Gesamtausgabe* V/1, ed. Andreas Arndt und Wolfgang Virmond (Berlin/ Boston: Walter de Gruyter, 1985), 92.

23 "Einleitung der Bandherausgeberin," in *Kritische Gesamtausgabe* II/13, *Vorlesungen über die Psychologie*, ed. Dorothea Meier (Berlin/Boston, Walter de Gryuter, 2018), XIX.

24 위의 글, XX.

25 슐라이어마허는 1789년 8월 8일 그의 친구 브링크만에게 보낸 편지에서 다음과 같이 말한다. "거기서 네가 택한 길은 지금의 전쟁 같은 시기에 확실한 길이다. 말하자면 경험적 영혼론은 이러한 불안한 상황들에 엮여있지 않으며, 너는 형이상학의 영역에서 벌어지는 엄청난 포화들에 대해 염려할 필요가 없다는 것이다. der Weg den Du dabei nimst ist selbst bei den jezigen Kriegszeiten sicher; die empirische Psychologie ist in diese Unruhen nicht mit verwikelt und Du brauchst Dich also um die heftigen Kanonaden in den Provinzen der Metaphysik gar nicht zu kümmern." Friedrich D. E. Schleiermacher, *Briefwechsel 1774-1796*, *Kritische Gesamtausgabe* V/1, ed. Andreas Arndt und Wolfgang Virmond (Berlin/ Boston: Walter de Gruyter, 1985), 146.

26 "자유에 관한 대화Freiheitsgespräch,"와 "자유에 관하여Über die Freiheit," (KGA I/1, S. 137, 314, 351), 『종교론*Über die Religion*』 (KGA I/2, S. 240, 257, 366 und KGA I/12, S. 164), "게오르크 크리스토프 리히텐베르크에 대한 서평Rezension von Georg Christoph Lichtenberg," 과 "요한 야콥 엥엘의 로렌츠 슈타르크씨에 대한 서평 Rezension von Johann Jakob Engel: Herr

후기 영혼론과 관련하여 중요한 강의록인 1818년 강의에서는 18세기 말 인간학의 체계를 확립하였던 플라트너Ernst Platner(1744-1818), 낭만주의 의학자 라일Johann Christian Reil(1759-1813), 노르웨이 출신의 자연 연구가 슈테펜즈Henrik Steffens(1773-1845)의 글들을 독해하고 체화시키고 있었다는 점 역시 드러나 있다.[27] 특히 1818년 강의에서는 초기 윤리학에서 맹아적으로만 드러났던 윤리학과 영혼론 간의 긴밀한 관계에 대해 상술되어 있기도 하다.[28] 보다 상세한 문헌학적 연구가 이루어져야겠지만, 슐라이어마허는 이미 그의 사유도정의 시작부터 당대 할레대학 중심으로 형성되어 있었던 경험적 영혼론과 인간학의 논의지형에 발을 들여놓고 있었던 것은 분명해 보인다.

슐라이어마허의 초기 윤리학 사상을 담고 있는 첫 논문인 "최고선에 관하여Über das höchste Gut" 역시 이러한 논의지형과 무관하지 않다. 슐라이어마허는 논지전개에 앞서 자신의 고유한 방법론적 전제를 밝힌다. 그에 따르면, 철학적으로 중요한 개념이 개념 고유의 것과 관련 없는 낯선 것들의 개입으로 왜곡되고 기형화되었다면, 이를 타개할 수단은 개념의 원천으로부터의 진행 과정을 정확히 관찰하고 그로부터 무엇이 생겨나는지를 발견하는 작업이라고 하면서, 자신은

Lorenz Stark," (KGA I/3, S. 416, 456), 『기독교 신앙*Der Christliche Glaube*』 (KGA I/7.1, S. 111, KGA I/7.2, S. 82, KGA I/7.3, S. 83), 『루카스의 글들에 대하여Über die Schriften des Lukas』 (KGA I/8, S. 35), 「사유노트Gedankenheft 1817-1819」 (KGA I/14, S. 284, 295), "해석학 개념에 대하여Über den Begriff der Hermeneutik," (KGA I/11, S. 619, 634, 635) 등에서 언급된다.

27 Friedrich D. E. Schleiermacher, *Vorlesungen über die Psychologie, Kritische Gesamtausgabe* II/13, ed. Dorothea Meier (Berlin/ Boston: Walter de Gruyter, 2018), 203-473.

28 위의 글, 204ff.

"그것의 역사에 대한 몇 가지 기여를 하고 그것이 겪어온 여러 변화들을 고찰"하고자 한다고 한다.[29] 그러면서 그는 누군가 자신을 역사가라고 추측한다면, 그것은 '시대정신'이라고 변명할 수 밖에 없으며, 예로부터 이야기된 "모든 역사가가 철학자이며, 모든 철학자가 인간 영혼의 역사가"라는 아름다운 조화가 더 이상 달성될 수는 없을지라도,[30] 오늘날 최소한 철학과 역사의 형식적 차이를 지양하려는 노력이 이루어져야 한다고 한다. 아직 정교화되지 못하고 맹아적으로만 암시된 이러한 방법론은 10여 년 후 『종교론*Über die Religion*』에서 처음 모습을 드러낸다.

> 무한한 의식의 한 부분이 떨어져 나와 유한한 것으로서 유기체적인 진화 과정들의 계열 내의 특정한 순간과 결합됨으로써, 하나의 새로운 인간이 생성되는 바, … 그의 분리된 현존은… 계속 나아가는 의식과 그런 첫 순간에 결합되는 의식의 통일 속에, 즉 각각의 이후의 것과 특정한 이전 것의 고유한 관계이자 이후의 것의 형성에 대한 이러한 이전 것의 영향 속에 존재하듯이, 우주의 특정한 의식이 시작되는 순간에도 하나의 고유한 종교적 삶이 생성된다….[31]

---

29 Friedrich D. E. Schleiermacher, *Über das höchste Gut, Kritische Gesamtausgabe* I/1, ed. Günter Meckenstock (Berlin/New York: Walter de Gruyter, 1984), 83.

30 위의 글, 83.

31 "So wie, indem ein Theil des unendlichen Bewußtseins sich losreißt und als ein endliches an einen bestimmten Moment in der Reihe organischer Evolutionen sich anknüpft, ein neuer Mensch entsteht, ... deßen abgesondertes Dasein ... in der Einheit des fortdauernden und an jenen ersten Moment sich anschließenden Bewußtseins, und in der eigenthümlichen Beziehung jedes Späteren auf ein bestimmtes Früheres, und in dem Einfluß dieses Früheren auf die Bildung des Späteren besteht: so entsteht

여기서 슐라이어마허는 전체의 한 부분으로 특정된 계기가 계속해서 앞으로 진전되는 의식과 유기체적 계열의 특정 순간과 결합되는 의식의 통일 속에 있는 것으로, 즉 이후의 것이 특정한 이전 것과 관계하는 동시에 이전 것이 이후의 것에 영향을 미치는 통일적인 작용 속에 있는 것으로 파악될 수 있다고 하면서, 이전 것과 이후의 것이 관계하는 가운데 이전 것이 이후의 것에 영향을 미치는 작용을 함축하는 의미로 '발생적genetisch'이라는 말을 사용한다. 슐라이어마허는 '발생론적 방법'이라는 개념을 직접 사용하지는 않았지만, 이 같은 발생적 관계의 파악을 이미 초기 사유 과정에서부터 맹아적으로나마 염두에 두고 있었던 것으로 보이며, 이후 여러 곳에서, 특히 변증법 강의에서 다음과 같이 정식화되어 방법론적으로 적용된다. "발생적인 것 그 자체는 우리가 추적할 수 있는 정도로부터 개념이 어떠한 진전도정에 있는지가 알 수 있는 개념의 생성방식이다."[32]

맹아적 형태로 적용된 이 같은 발생적 방법에 의거하여 '최고선' 개념의 원천으로부터의 진행 과정과 이 개념이 겪어온 변화들을 고찰하기 위해 슐라이어마허가 특정하는 계기는 바로 '지복성Glückseligkeit' 이다. 슐라이어마허는 최고선 개념에 대한 기존 오해들의 원인이

auch in jenem Augenblik, in welchem ein bestimmtes Bewußtsein des Universums anhebt, ein eignes religiöses Leben...." Friedrich D. E. Schleiermacher, *Über die Religion, Kritische Gesamtausgabe* I/2, ed. Günter Meckenstock (Berlin/New York: Walter de Gruyter, 1984), 306.

32 "das Genetische an sich, die Art, wie der Begriff entstanden ist, indem dar aus, in wiefern wir sie verfolgen können, gewußt werden kann, auf welcher Linie der Fortschreitung der Begriff steht." Friedrich D. E. Schleiermacher, *Vorlesungen über die Dialektik, Kolleg 1822. Nachschrift Kropatscheck, Kritische Gesamtausgabe* II/10.2, ed. Andreas Arndt (Berlin/New York: Walter de Gruyter, 2002), 610.

최고선과 지복성을 동일시한 것이라고 하면서, 이 둘이 어떠한 연관 속에 있는지 해명하고자 한다. 슐라이어마허의 스승이었던 에버하르트는 '도덕론Sittenlehre'을 '지복성의 기예Kunst der Glückseligkeit'로 보면서 이 개념을 "진정한 만족이 중단 없이 향유될 때" 비로소 실현되는 '완전성 Vollkommenheit'을 나타내는 개념으로 규정한다.[33] 말하자면 인간의 지복성은 만족의 정도에 따라, 정확히 말해 "완전성의 정도에 따른 만족의 정도Grade des Vergnügens nach den Graden der Vollkommenheit"에 따라 다르게 규정된다는 것이다.[34] 여기서 지복성을 규정하는 핵심 개념인 완전성의 이념은 일종의 신개념을 나타내는 지표일 뿐 아니라 최상의 개념적 구성의 범례이기도 하다. 만족의 진정성이 만족의 지속에 달려있으며, 완전성이 만족의 정도에 의존한다면, 인간은 지복상태가 되기 위해 일종의 형이상학적 보증을 필요로 하게 된다. 슐라이어마허는 이 같은 중단 없는 만족의 향유에서 실현되는 지복성 개념을 이어받으면서도 자신의 고유한 입장에 따라 그 개념의 유효범위를 보완한다. 그는 "모든 향유과정에서 그 내부에서 이루어지는 것인 감지Empfindung"에 주목하면서 감지의 다양한 정도에 따라 지복성 개념을 새로이 규정하고자 한다. 그에 따르면, 감각의

> 연장Verlängerung의 희망에 고양Erhöhung의 욕구가 첨가된다. 이것이 합쳐져서 지복성 개념에 대한 첫 시작이 이루어진다. 하지만 우리에게는 그 둘을 결합시켜주는 가장 중요한 부분이 빠져 있다. 여기서 요구되는 보

---

33 Johann August Eberhard, *Sittenlehre der Vernunft* (Berlin: Nicholai, 1786,) §3.
34 위의 글, §14.

다 넓은 의미에서 도덕적 개념들의 폭넓은 발전과 형성은 상당 정도 기후와 생활방식의 질서에 달려있다.[35]

에버하르트의 지복성 개념에서 논증의 중요한 매개였던 인간의 향유작용과 연관하여 슐라이어마허는 감지 개념에 주목할 뿐 아니라 도덕개념들 일반의 형성이 자연조건이나 인간학적 조건들에 의존한다고 생각하였던 것이다. 그러면서 그는 지복성 개념의 이해에 기여하는 두 번째 근거로서 다음과 같이 신경생리학적인 이해를 추가한다.

인간이 실제로 향유하는 것의 이 같은 이상은 오직 감지의 순수성과 보다 높은 정도에 따라서만 다르다. 그에 대한 보다 넓은 영역은… 인간이 여러 일들을 서로 결합시키게 될 때 비로소 개시된다. … 그 외에는 인간 주변에 있는 대부분의 대상들의 이미지들이 말하자면 뇌의 가장 바깥쪽의 섬유소들에 부딪히며 인지할 만한 감각을 남겨놓지 않은 채 그리고 인지할 정도의 쾌나 불쾌의 정도로 그를 자극함 없이 왔다가 지나서 사라진다. (이와는 달리) 이제 그는 그에게 묘사되는 모든 것을 직간접적으로 그의 상태와 관계시키고 모든 것을 쾌나 불쾌의 대상으로 고찰할 수 있게 된다. 왜냐하면 그 밖의 경우에 그에게 낯설고 무관했던 모든 것이 이제는 최소한 가능한 향유 대상이기 때문이다. … — 이제 그는 과거와 현재

35 "zu dem Wunsch der Verlängerung wird sich nun die Begierde der Erhöhung hinzugesellen. Dies zusammen ist freilich der erste Anfang zum Begrif der Glükseligkeit aber es fehlt uns nun noch das wichtigste Stük der Zusammensezung. Die weitre Entwikelung und Bildung der sittlichen Begriffe im weitern Sinn des Worts welche hiezu erfordert wird, hängt großentheils vom Klima und der Ordnung der Lebensart ab." Schleiermacher, *Über das höchste Gut*, 85.

의 모습으로부터 미래의 모습 혹은 그에게 가능한 형태의 모습을 추론한다. 그는 쉽게 간과될 수 있는 몇몇 감지들을 시간적으로 연장되고 집중적으로 고양된 것으로 생각하는 것에, 그리고 그러한 상황을 그가 기쁨과 환희에 도달할 수 있는 궁극의 상황으로 간주하는 것에 만족하지 않는다. 예전에 간절히 원했던 이러한 행복은 이제 그에게 단조롭고 지루하며 풍미가 없어진 것으로 나타난다. 그의 운명이 그에게 그러한 행복을 들어주는 임무를 수행한다면 이것은 그에게 참을 수 없는 일이 되리라는 점을 그는 이해한다. — 간단히 말해 그는 이전의 모든 것에 감지의 가장 가능한 외연적 확장을 부가하는 것이며, 그런 식으로 우리는 결국 터무니없을 만큼 완벽한, 불가능할 만큼 불가피한 지복성 개념을 얻게 되는 것이다.[36]

36 "... ist dies Ideal von dem, was der Mensch würklich genießt, nur in Absicht auf die Reinigkeit und den höhern Grad der Empfindung verschieden. Ein weiteres Feld für dasselbe eröfnet sich erst dann, wenn der Mensch mehrere Beschäftigungen mit einander verbindet, ... Da sonst die Bilder der meisten Gegenstände um ihn her nur gleichsam an die äußersten Fibern des Gehirns anschlugen, und kamen, vorübergingen und verschwanden ohne eine merkliche Sensation zu machen, ohne ihn in einem merklichen Grad mit Lust und Unlust zu afficiren, so kann er jezt alles was sich ihm darstellt mittelbar oder unmittelbar auf seinen Zustand beziehn, alles als einen Gegenstand der Lust oder Unlust betrachten, denn alles was ihm sonst fremd und gleichgültig war ist wenigstens ein mögliches Objekt des Genußes. ... — Nun schließt er von dem, was er gewesen und was er jezt ist, auf das, was er seyn wird oder was ihm wenigstens zu werden möglich ist; er begnügt sich nicht mehr damit, einige wenige leicht zu übersehende Empfindungen als protensiv verlängert und intensiv erhöht sich zu denken, und einen solchen Zustand für das äußerste zu halten, was ihm an Freude und Wonne zu erreichen möglich ist. Dieses ehedem sehnlich herbeigewünschte Glük kommt ihm nun einförmig, langweilig und abgeschmakt vor; er sieht ein, daß wenn ihm sein Schiksal den Dienst thäte es ihm zu gewähren, dies ihm unerträglich seyn würde - kurz er thut zu allem vorigen noch die größtmögliche extensive Ausbreitung der Empfindung hinzu, und so bekommen wir endlich

대부분 감지하지 못한 채 지나칠 수 있는 감각자극 중에 어느 한 국면이 '주의attention'에 의해 포착됨으로써 감지정보로 입력된다는 현대 신경생리학 지식과 유사한 이해에 의거하여 슐라이어마허는 주의를 함축하는 감지를 지복성 개념에 이르는 출발로 본다. 슐라이어마허에 따르면, 인간은 여기서 그치지 않고 감지의 최대한의 외연적 확장을 통해 불가능할 정도로 불가피한 지복성 개념을 얻게 된다고 한다.

2. 실천이성의 대상으로서 '최고선das höchste Gut' 개념의 발생적 추론

감지의 최대한의 외연적 확장으로서 지복성 개념에 대한 논의 후에 슐라이어마허는 '최고선das höchste Gut' 개념을 규정하고자 한다. 그에 따르면, 우리에게 "도덕법칙이 대수함수eine algebraische Funktion[37]로 주어져 있다고 할 때", 최고선은 "그러한 함수를 통해 가능한 모든 것이자 그러한 함수를 통해 가능한 모든 것을 자신 속에 포함하는 '곡선krumme Linie'"으로 생각될 수 있다고 한다.[38] 이러한 곡선은 "외부로부터 감각들을 통해 주어져야만 하거나, 우리가 그것에 대한 공식을 발견하기까지는 명확하게 생각할 수 없는 것이다."[39] '대수함수' 개념

---

den eben so vollständigen als ungeheuern eben so unvermeidlichen als unmöglichen Begrif der Glükseligkeit." Schleiermacher, *Über das höchste Gut*, 86.

37 대수함수는 수학에서 다항식의 근으로 정의할 수 있는 함수이다. https://ko.wikipedia.org/wiki/대수함수.

38 Schleiermacher, *Über das höchste Gut*, 91.

39 위의 글, 91.

은 '오일러의 대수학'을 함축하는 것으로 보이며,[40] 여기서 도덕법칙을 대수함수로 상정하는 것은 대수함수가 여러 다항식의 뿌리이듯이, 도덕법칙 역시 인간 행동의 다양한 균형 관계들의 근간으로 이해하는 것으로 여겨진다. 유감스럽게도 슐라이어마허는 매우 흥미로울 수 있는 도덕법칙과 대수함수 간의 관계에 대한 논의를 더 이상 전개시키지 않고 암시적으로만 놔둔 채 칸트의 최고선 개념에 대한 논의를 시작한다.

그는 우선 최고선 개념의 기저에 놓여 있는 것으로서 칸트에 의해 제기된 순수 도덕법칙의 특성을 "이성의 지배 하에 있는 모든 것에 뻗어있는 일관성Konsequenz"으로 규정하면서 "순수이성법칙들에 의해 가능한 것의 총체성"이 다름 아닌 최고선이라고 한다.[41] 칸트에 따르면, 최고선은 "덕Tugend이 항상 조건으로서 최상의 선으로 존재하며, … 지복성Glückseligkeit이 항상 도덕적인 합법칙적 태도를 조건으로서 전제하고 있는 전체das Ganze 즉 완성된 선das vollendete Gute"을 의미한다고 한다.[42] 덕과 지복성을 구성요소로 담지하고 있는 완성된 선으로서의 칸트의 최고선 개념과 같은 맥락에서 슐라이어마허는 최고선이 이성의 법칙들에 부합되는 의지의 상황을 제공해 주고, 보편적인 도덕법칙에 의해 제공되는 것이 개별자에게도 가능하다는 것을 보여주며,

---

40 "Ich freue mich schon auf die schwersten Rechnungen im Euler - sie werden mir eine Kleinigkeit seyn und wenn mir nicht die Funktion irgend einer krummen Linie meine Heiterkeit wieder gibt, so ist sie für heute verloren." Schleiermacher, *Briefwechsel 1774-1796*, 147.

41 Schleiermacher, *Über das höchste Gut*, 91-92.

42 Immanuel Kant, *Kritik der praktischen Vernunft*, *Immanuel Kant Werke* VII, ed. Wilhelm Weischedel (Wiesbaden: Suhrkamp,1956), 239.

도덕법칙을 유일한 원칙으로 삼는 의지는 결코 모순에 빠지지 않는다는 것을 나타내준다고 하면서, 결국 최고선은 "자신의 특별한 주관적 욕구법칙들을 가지지만, 그러한 법칙들 밖에서는 역시 순수이성 자체에 의해서만 규정될 수 있는 의지 속에 있어야만 한다"[43]라고 한다. 이 지점에서 슐라이어마허는 최고선에 대한 한 가지 유보적 태도를 제시한다. 앞서 오일러의 대수함수 개념에 의거하여 최고선을 "함수를 통해 가능한 모든 것이자 함수를 통해 가능한 모든 것을 자신 속에 포함하는 곡선"으로 규정했던 것과는 달리 이제 슐라이어마허는 최고선 개념과 관련하여 "함수를 통해서 와는 다른 것을 통해 규정되어야 하는… 선(곡선 – 필자), 혹은 공식과 더불어 그리고 공식을 통해 주어져 있지 않을 유일한 점만을 자체 내에 간직하고 있는… 선(곡선 – 필자)"[44]을 상정해 본다. 최고선 개념 속에 실천이성의 법칙들에 부합되는 의지의 이념으로부터 나오지 않는 그 어떤 것이 있다고 생각하는 것은 올바르지 않지만, 그 선이 '쌍곡선Hyperbel'이라고 할 때, 즉 점들이 정점에 위치해 있는 쌍곡선이라고 할 때, 다른 이해상황이 존재할 수 있는 것이다. "곡선에서 지각된다고 여겨지는 이종적인 것das ungleichartige을 산출하기 위해 공식 밖에서 뭔가 다른 것이 상정되어야" 하듯이,[45] 최고선 개념을 유지하기 위해 뭔가 다른 원리들이 상정되어

43 "Das höchste Gut selbst muß in einem Willen seyn welcher seine besondern subjektiven Begehrungsgeseze hat, aber doch ausser ihnen auch durch reine Vernunft für sich allein bestimt werden kann." Schleiermacher, *Über das höchste Gut*, 93.

44 "Linie ... welche noch durch irgend etwas anders, als durch ihre Funktion bestimmt werden müßte, oder welche auch nur einen einzigen Punkt in sich enthielte, der nicht schon mit und durch die Formel gegeben wäre." 위의 글, 94.

45 위의 글, 94.

야만 한다. 그 한 가능성으로서 슐라이어마허는 최고선의 개념으로 감지 내지는 감성을 옮겨놓아 보는 것이다. 그는 이 점을 직접 논증하기에 앞서 우선 칸트의 오류를 해명하고자 한다.

슐라이어마허는 칸트의 오류를 한마디로 다음과 같이 진단한다. "그는 실천이성비판을 예외 없이 사변이성비판과 유사하게 만들려는 자극 혹은 최소한 그 둘이 정교하게 체계적으로 서로 비교될 수 있는 방식으로 실천이성비판을 설정하려는 자극을 자신의 방향으로 잘못 이끌었던 것 같다."[46] 그러면서 그는 최고선 개념이 칸트가 했던 방식으로 지복성 개념과 결부될 수 없다는 것을 입증함으로써 오류의 객관적 원인이 밝혀질 수 있으며,[47] 이는 논증과정에서 드러나게 된다고 한다. 슐라이어마허에 따르면, 칸트는 최고선의 최상의 조건die oberste Bedingung 내지는 보다 주요한 요소das vorzüglichere Element로 고찰하는 것으로부터 '불멸성Unsterblichkeit' 개념을 추론한다고 한다. 실제로 칸트 자신은 최고선의 최상의 조건을 "도덕법칙에 대한 신념의 완전한 적합성die völlige Angemessenheit der Gesinnungen zum moralischen Gesetze" 내지 "도덕법칙에 대한 의지의 완전한 적합성die völlige Angemessenheit des Willens zum moralischen Gesetze"으로 규정하였으며, 이는 감각세계의 이성적 본질이 결코 이룰 수 없는 '성스러움Heiligkeit 내지 완전성Vollkommenheit'으로서 "무한

46 "Vielleicht ... hat er sich den Reiz verführen laßen die Kritik der praktischen Vernunft durchgängig der Kritik der spekulativen ähnlich zu machen oder sie doch wenigstens so einzurichten daß sie fein systematisch mit einander verglichen werden könten." 위의 글, 96.

47 슐라이어마허는 칸트의 최고선 개념과 관련하여 칸트의 오류를 밝히고 이를 통해 새로운 최고선 개념을 주창하고자 하는 것이 아니라 단지 칸트의 오류의 원인을 찾아내는 것에 만족한다고 한다. 다음을 참조하라. 위의 글, 95.

에로 이르는 진보 속에서만 마주칠 수 있을지" 모르며, "이러한 무한한 진보"는 (영혼불멸성이라 불리는) 무한히 지속되는 바로 그 이성적 본질의 실존과 인성 속에서만 가능한 것인 바, 결국 최고선은 영혼불멸성의 전제 하에서만 가능하며, 아울러 도덕법칙과 분리 불가하게 결합되어 있는 영혼불멸성은 순수실천이성의 요청인 것이다.[48] 슐라이어마허는 도덕성에서 수행되는 무한한 진보가 의지와 도덕법칙 간의 완전한 적합성을 대변해 주는 것이라 할 때, 이것은 감각세계의 이성적 본질인 우리의 의식에 해당할 수 없는 것이라고 한다. 말하자면 최고선의 최상의 조건인 도덕법칙에 대한 신념의 완전한 적합성이라는 것이 감각세계의 이성적 본질에게는 결코 가능하지 않지만, 그러한 적합성에로의 무한한 진보 속에서만 마주칠 수 있다는 칸트의 주장은 모순이며 그러한 적합성을 받아들일 수 있는 존재 역시 "무한한 계열을 전체로서 볼 수 있는 존재 내지는 시간규정과는 무관한 존재"(ein Wesen ... welches die unendliche Reihe als ein Ganzes ansehn kann... ein Wesen, dem die Zeitbestimmung nichts ist) 혹은 "사유하는 힘의 모든 내적인 제한으로부터 자유로운"(von jeder innern Einschränkung der denkenden Kraft frei) 존재일 뿐이라는 것이다.[49] 모순에도 불구하고 무한한 계열을 전체로서 볼 수 있으며, 시간규정과는 무관하게 존재하고 사유의 내적 제한들로부터 자유로운 존재에게만 접근될 수 있는 최고선이란 과연 가능한 것일까?

발생적 방법에 따라 특정된 개념인 최고선 개념의 원천에 이른

48 Kant, *Kritik der praktischen Vernunft*, 252.

49 Schleiermacher, *Über das höchste Gut*, 94.

슐라이어마허는 이제 이 원천으로부터 다시금 논증이 진행되도록 한다. 그는 전체 논증절차의 필연성과 유용성이 통찰될 수 있다면 실천이성의 요청들이 받아들여질 수 있을 것이라고 한다. 그러나 슐라이어마허는 우선 "최고선을 산출하거나 현실화시켜야 한다는 요구"(Forderung das höchste Gut hervorzubringen oder wirklich zu machen)인 실천이성의 요청들의 필연성 자체가 근거 규정되어 있지 않다고 한다. 최고선이 이성에 의해 직접 규정될 수 있는 의지를 위해 이성이 입안하는 자연법칙으로서 도덕법칙을 통해 주어질 수 있는 모든 것의 총괄개념이라고 할 때, "이러한 총괄개념은 전적으로 오로지 도덕법칙을 통해서만 규정되는 의지 속에서 필연적일 것이며, … 오직 실천이성을 통해서만 규정될 수 있는 의지 속에서 가능할 뿐, 이러한 특성이 결여되어 있는 우리의 의지, 직접적으로가 아니라 도덕법칙으로부터 추론된 운동근거들을 매개로 해서만 도덕법칙을 통해 규정될 수 있는 우리의 의지와 같은 그런 의지 속에서는 가능하지 않다"[50]는 것이다. 말하자면 칸트는 "우리가 의지의 가공을 목표로 정립해야만 하는 규제적 원리ein regulatives Princip"일 뿐인 최고선 개념을 "마치 그것을 달성하는 것이 우리에게 가능할 뿐 아니라 필연적이기까지 한 것처럼 구성적 원리로 만들었던 것이다."[51]

---

50 "Dieser Inbegriff wäre nothwendig in einem Willen der schlechterdings allein durch n i c h t s anders als das Sittengesez bestimt werden müßte; möglich in einem solchen, der obgleich andre Triebfedern in ihm möglich wären, doch ohne Widerspruch auch blos von der praktischen Vernunft bestimmt werden könnte, aber n i c h t möglich in einem solchen Willen wie der unsrige, dem es nemlich an dieser Eigenschaft fehlt, der nicht unmittelbar sondern nur vermittelst subjektiver von dem Sittengesez abgeleiteter Bewegungsgründe durch dasselbe bestimmt werden kann." 위의 글, 100.

51 "(Er ist) nur ein regulatives Princip welches wir zum Ziel unsrer Willensbearbeitung

이제 슐라이어마허는 앞서 이야기된 바 있는 도덕법칙에 대한 의지의 완전한 적합성이라는 최고선의 최상의 조건이 칸트에 의해 최고선의 구성요소로 규정된 지복성, 혹은 자신에 의해 "감각적으로 자극되고 예외 없이 감각적으로만 규정된 욕구능력의 지복성"으로 규정된 지복성과 어떤 공통점이 있는지 물음을 제기하면서 최고선 개념과 지복성 개념 간의 관계에 대한 재규정을 시도한다.[52] 그에 따르면 칸트는

> 순수이성법칙으로부터 추론되는 우리 의지의 주관적 규정근거들을 순수이성법칙 자체와 지나치게 동일시하여 이성을 욕구능력에 과도하게 접근시킴으로써, 한편으로 우리의 의지를 보다 높은 종류와 혼동하는 것을 미처 피하지 못했으며, 다른 한편으로 단지 욕구능력의 욕구일 뿐인 지복성을 이성 자체의 필수적 요구사항으로 간주할 수밖에 없었다.[53]

앞서 지복성 개념과 관련하여 논증된 바 있듯이, 여기서도 슐라이어마허는 지복성 개념을 순수한 이성개념으로 생각하는 것은 불가능

---

sezen müßen, ... - HErr Kant aber hat ihn zu einem constitutiven gemacht, als ob es zu erreichen uns nicht nur möglich sondern auch nothwendig wäre." 위의 글, 100-101.

52 위의 글, 104.

53 "indem HErr Kant die subjektiven Bestimmungsgründe unseres Willens, die aus dem reinen Vernunftgesez abgeleitet werden mit demselben zu sehr identificirt, und die Vernunft dem Begehrungsvermögen über die Gebühr genähert hat, (hat) er es schwerlich vermeiden können auf der einen Seite unsern Willen mit einer höhern Gattung zu verwechseln, und auf der andern dasjenige, was blos ein Bedürfniß des Begehrungsvermögens ist, nemlich die Glükseligkeit, für ein unnachlaßliches Erforderniß der Vernunft selbst zu halten." 위의 글, 104-105.

하다고 여긴다. 앞서 슐라이어마허가 최고선으로의 접근전제들로 규정한 "무한한 계열을 전체로서 파악하고 시간규정에 얽매이지 않으며 사유의 내적 제한들로부터 자유로운 상태" 하에서만 지복성 개념이 순수이성개념으로 가능할 수 있지만, 지복성 개념은 그렇지 않다는 것이다. 아름답고 조화로운 움직임들의 양으로 구성된 연쇄적 전체인 '춤Tanz'처럼, 지복성의 경우 역시 시간적 조건 때문에 한 번에 한 부분만이 감지될 수 있으며, 전체의 동시적 파악은 불가능한 것이다. 결국 슐라이어마허는 다음과 같은 간결한 결론을 제시한다.

> 최고선이 순수한 실천이성에 해당되고 가장 실재적인 본질이 순수한 이론이성에 해당되었던 것처럼, 그것(지복성 개념)은 감각적인 욕구능력에 해당된다.[54]

이로써 덕과 지복성을 구성요소로 하는 칸트의 최고선 규정은 오류임이 드러나며, 지복성 개념과 최고선 개념 간의 새로운 관계규정이 문제로서 남게 되는 것이다.

3. 지복성과 최고선의 결합지절로서 도덕감정

앞서 이야기된 바처럼, 슐라이어마허는 최고선 개념에 대한 칸트의 오류들을 해명한 후 최고선 개념의 '자연사die natürliche Geschichte'를

---

54 "Er ist für das sinnliche Begehrungsvermögen eben das, was das höchste Gut für die reine praktische und das aller realste Wesen für die reine theoretische Vernunft war." 위의 글, 106.

마감하고 더 이상의 논증을 전개하지 않은 채, 다시금 소크라테스로부터 시작되는 그 개념의 '현실사die wirkliche Geschichte'를 서술한 후 지금까지의 최고선 개념에 대한 탐구의 결과를 다음과 같이 정리한다. 즉 지복성 개념을 최고선 개념으로 인정한다면, 실천적 필연성을 담지하는 학문적 도덕론에 이를 수 없고, 최고선 개념을 마치 인간의 행동을 통해 달성될 수 있는 것처럼 생각하는 것에 대해 경계를 해야 하며, 이성의 진정한 관심을 욕구능력의 요청들로부터 구분함과 아울러 최고선 개념을 지복성 개념으로부터 구분해야 한다는 것이다. 지복성 개념이 최고선의 구성요소가 아니며 순수 도덕론의 영역으로 받아들여지기에는 부적합한 개념이라면, '지복성론Glückseligkeitslehre'이라는 것은 불가능한 것인가?

이에 대해 슐라이어마허는 일종의 내적 성찰 내지는 명상을 암시하는 한 가지 대안을 제시한다. 그에 따르면,

> 우리가 자의로 감각들을 변화시켜 단순한 우연의 지배로부터 우리 자신을 최소한 일정정도라도 떼어놓을 몇몇 규칙들을 가지고자 한다면, 그러한 규칙들이 주어질 수 있다고 여겨진다. … 우리는 지속적인 주의와 오랜 연습을 통해 통상의 경우들에서 내적이고 필연적인 비지복성의 토대인 매우 강한 충격을 주는 쾌적한 감각들 내지 불쾌한 감각들의 영향을 피할 수 있게 된다. 그리고 이러한 기술은 도덕론과 정확히 결부되어 있다.[55]

55 "Will man aber blos einige Regeln haben die Empfindungen nach Willkühr zu modificiren und uns so der Oberherrschaft des bloßen Zufalls wenigstens einigermaaßen zu entreißen, so glauben wir, daß dergleichen gegeben werden können. ... Wir können es durch beständige Aufmerksamkeit und lange Uebung dahin bringen daß wir

항상 수동성의 특징을 지닌다고 여겨져 온 감각들을 자의로 변경시킬 수 있다는 생각은 당대의 철학적 맥락에서 매우 혁신적인 것이었으며, 당대 지배적이었던 경험적 영혼론의 환원주의적 경향으로부터 거리를 두면서 감지능력과 이성적 성찰을 결합시킬 새로운 단초로서 여겨질 수 있는 것이었다.

결국 지복성과 최고선의 궁극적 결합이 문제인데, 이에 대해 슐라이어마허는 스승인 에버하르트의 감정이론에 힘입어 그 둘의 결합지절로 '도덕감정das moralische Gefühl'을 제시한다.

> 우리가 도덕법칙이 바로 그와 관계되는 도덕감정을 매개로 우리의 의지에 작용하고 우리의 의지를 규정할 수 있다는 것을 통찰하게 되자마자, 저절로 우리에게 밀려드는 과제는 이러한 감정의 실천적 영향을 증대시키는 일이 될 것이다. 여기서 필수적인 것은 대립해 있는 장애들을 제거하는 것이다. … 그런 식으로 도덕론과 지복성론은 융합되는 것이다.[56]

감각적으로 자극되고 감각적으로 최대한 실행된 것으로서 지복성

---

in gewöhnlichen Fällen den zu starken erschütternden Einfluß der angenehmen sowol als unangenehmen Empfindungen vermeiden, welcher die Grundlage einer innerlichen und nothwendigen Unglükseligkeit ist. Und diese Kunst steht mit der Sittenlehre in einer genauen Verbindung." 위의 글, 124.

56 "Sobald wir nemlich einsehn, daß das Sittengesez nicht anders als vermittelst des sich darauf beziehenden moralischen Gefühls auf unsern Willen wirksam seyn und denselben bestimmen kann, so wird es eine sich von selbst uns aufdringende Aufgabe, den praktischen Einfluß dieses Gefühls zu vermehren. Hiezu ist es unumgänglich nothwendig die entgegenstehenden Hinderniße wegzuräumen. ... So fließen Sitten und Glükseligkeitslehre zusammen." 위의 글, 125.

과 실천이성의 대상으로서 최고선이 결합될 수 있는 유일한 지절은 다름 아닌 도덕감정이며, 이러한 도덕감정을 통해 결국 감각적 욕구능력과 순수이성의 결합이 이루어지게 된다는 것이다. 칸트적 실천이성이 경험으로부터 독립해 있다는 점을 비판적인 태도로 정교화시켜 나갔던 슐라이어마허는 무엇보다 감성이 작용하고 있는 인간적 현실에서 순수이성이 효력을 발휘한다는 사실을 논하는 가운데, 직접 행동할 수 없고 욕구능력을 직접 규정할 수 없는 이성 자체는 오직 도덕적 감정을 매개로 해서만 욕구능력에 규정적인 작용을 할 수 있다는 사실에 주목하여 현상계와 예지계의 이분법적 체계를 극복하기 위해 '도덕적 감정'의 개념을 주창하였던 것이다. 결국 도덕감정은 인간의 경험 내에서 지복성을 획득하는 것을 가능케 해주는 적합한 기제가 되는 것이다.

IV. 나가는 말

슐라이어마허는 "최고선에 관하여" 논문 27년 후 윤리학 저술에서 최고선을 "전적으로 실재적인 것das schlechthin Reale"(Schleiermacher, 1913, 509)으로 규정하면서, "이성과 자연의 통일이 생산하는 동시에 생산되어진 것으로 정립되어 있는"[57] 최고선은 "이러한 유기적 조직 속에서 그리고 천체의 조건들 하에서 살아있는 이성"으로서 "인류

57 Friedrich D. E. Schleiermacher, *Entwürfe zu einem System der Sittenlehre, Werke* 2 (Leipzig: Meiner, 1913), 509.

전체 속에서 완전히 보여질 수 있다"라고 주장한다.[58] 개인이 개인들이 모여 있는 공동체 속에서 그리고 이러한 공동체를 통해서 자신을 깨닫게 되고, 마찬가지로 공동체가 각 개인 속에서 스스로를 인지하게 될 때 최고선이 달성될 수 있는 것이며, 이것은 전체 우주 속에서도 유효한 것이다. 슐라이어마허는 청년기의 첫 논문인 "최고선에 관하여"에서는 아직 이 같은 사고를 전개시키지는 못했지만, 경험적 영혼론의 배경 하의 신경생리학적 이해, 발생적 사고, 최고선의 대수 함수적 이해, 소크라테스 이래로 최고선 개념의 다양한 변화의 역사 등과 같은 다양한 이론적 단초들을 기반으로 하여 더욱 포괄적인 윤리사상 체계를 어렴풋이나마 그리고 있었던 것으로 보인다. 슐라이어마허가 초기 윤리학 사상을 최고선 개념과 씨름하는 것으로 시작했다면, 그것의 본격적인 도약은 자유의 문제와의 접전("자유에 관한 대화 Freiheitsgespräch", 1789와 "자유에 관하여Über die Freiheit", 1790-1792)에서 이루어진다.

58 위의 글, 470.

자유로운 사교로서의 낭만주의적 예술비평

— 슐라이어마허의 "프리드리히 슐레겔의 『루친데』에 대한 친밀한 편지"

이경진

I. 들어가며: 비평의 생성 배경

1800년 1월 4일 베를린 샤리테 병원의 목사로 재직하던 프리드리히 슐라이어마허Friedrich Schleiermacher(1768-1834)는 당시 외교관으로 파리에 가 있던 친구 브링크만에게 편지를 보낸다. "우리가 있는 독일에서는 『루친데*Lucinde*』를 향한 야유로 시끄럽다."[1] 슐라이어마허가 그 소란의 한복판에서 보고했듯이, 프리드리히 슐레겔의 소설 『루친데』는 1799년 5월 출간되자마자 상당한 파문을 일으켰다. 이 작품은 독일 초기낭만주의를 이끈 문인이자 사상가 슐레겔의 유일한 소설로, 현재는 낭만주의 문학관을 구현한 실례이자 '낭만적 사랑'의 이념을

1 Friedrich D. E. Schleiermacher, *Briefwechsel 1799–1800, Kritische Gesamtausgabe,* V/3, ed. Hans-Joachim Birkner (Berlin/New York: Walter de Gruyter, 1992), 315.

주창한 선구적 작품으로서 높이 평가되나 당시에는 엄청난 혹평을 받았다. 슐레겔의 '버릇없는' 도발로 진작에 마음이 상해 있던 쉴러는 이 소설을 "현대적 기형(畸形)과 부자연의 정점"(der Gipfel moderner Unform und Unnatur)이라 악평했고,[2] 심지어 슐레겔의 형 빌헬름조차 "기준 미달의 소설Unroman"로 보인다며 출판을 만류했을 정도였다.[3]

소설의 문학성은 사실 부차적인 문제였다. 정말로 문제가 되었던 것은 '부도덕성'이었다. 『루친데』는 자유로운 연애를 주장하고 감각적인 사랑의 기쁨을 예찬했기 때문에 음란하고 파렴치하다는 딱지가 붙게 되었다. 더욱이 작가의 실제 연애를 적나라하게 보여주는 실화소설이라는 점에서 이 작품은 더욱 파렴치하게 여겨졌다. 이 소설이 열 살 연상의 유대인 기혼녀 도로테아 파이트Dorothea Veit와의 사랑을 그렸으며 그녀가 루친데의 모델이라는 소문이 베를린 사교계에 파다했다. 여러모로 비관습적인 두 사람의 관계를 찬미하는 이 소설이 비도덕성을 선전하는 악덕 그 자체로 비치기에 충분했다.

약 반년간 여론의 십자포화를 받으며 고립되어 있던 슐레겔은 더 이상 이를 감내할 수 없자 친구에게 지원사격을 요청한다. 자신의 가장 친애하는 친구이자 사상적 동반자인 슐라이어마허에게 서평을 하나 써달라고 부탁한 것이다. 이렇게 하여 슐라이어마허는 1800년

---

2 Friedrich Schiller, Brief an J. W. Goethe. 19. Juli 1799, in https://www.friedrich-schiller-archiv.de/briefwechsel-von-schiller-und-goethe/1799/625-an-goethe -19-juli-1799 최종검색일: 2021.05.13.

3 Friedrich Schlegel, *Die Periode des Athenäums 25. Juli 1797-Ende August 1799, Kritische Friedrich-Schlegel-Ausgabe*. vol. 24. ed. Ernst Behler (Paderborn/München/Wien: Ferdinand Schöningh Verlag, 1985), 240; Manuel Bauer, *Schlegel und Schleiermacher: Frühromantische Kunstkritik und Hermeneutik* (Paderborn/München/Wien/Zürich: Ferdinand Schöningh Verlag, 2011), 258.

초부터 구상에 들어가 2월에 집필을 시작, 5월에 탈고하여 6월에 "프리드리히 슐레겔의 『루친데』에 대한 친밀한 편지Vertraute Briefe über Friedrich Schlegels Lucinde"(이하 "친밀한 편지"로 약칭)라는 제목의 글을 익명으로 발표한다.[4] 이어서 7월에는 "『루친데』에 대한 서평Rezension von Friedrich Schlegel: Lucinde"을 역시 익명으로 발표한다.[5] 이로써 슐라이어마허는 『루친데』 논쟁에서 사실상 유일하게 슐레겔의 편을 든 논객으로 남게 되었다.

슐라이어마허가 삶과 예술에서의 '혁명'을 추구했던 초기낭만주의 그룹의 일원이라 하더라도, 어떻게 개신교 목사로서 이런 자유롭고 감각적인 사랑을 설파하는 책을 옹호하고 나설 수 있었는지 언뜻 이해하기 어려울 수 있다. 실제로 슐라이어마허의 가장 중요한 초기 연구자 중 한 명인 딜타이를 위시하여 많은 학자들이 20세기 중반까지도 "친밀한 편지"에 당혹감을 숨기지 못했다.[6] 그러나 슐라이어마허는 본래 상당히 급진적인 결혼관과 여성관을 품었던 사람으로서 이 부분에서 슐레겔에게 많은 영향을 받고 그와 커다란 공감대를 형성하고 있었다(그 역시 불행한 결혼생활을 하는 연인 엘레노레 그루노프Elenore Grunow

---

4 Friedrich D. E. Schleiermacher, "Vertraute Briefe über Friedrich Schlegels Lucinde," in *Schriften aus der Berliner Zeit 1800-1802, Kritische Gesamtausgabe* I/3, ed. Günter Meckenstock (Berlin/New York: Walter de Gruyter, 1988), 139-216.

5 이 서평은 『시대 및 그 취향에 대한 베를린 문서고*Berlinisches Archiv der Zeit und ihres Geschmacks*』 1800년 7월호에 발표됐다. Friedrich D. E. Schleiermacher, "Rezension von Friedrich Schlegel: Lucinde," in *Schriften aus der Berliner Zeit 1800-1802, Kritische Gesamtausgabe* I/3, ed. Günter Meckenstock (Berlin/New York: Walter de Gruyter, 1988), 217-224.

6 Bauer, *Schlegel und Schleiermacher: Frühromantische Kunstkritik und Hermeneutik*, 259f 참조.

가 이혼을 하고 자신에게 오기를 기다리고 있었다).[7] 애초에 『루친데』는 두 사람의 공동 저작이라 할 수 있을 만큼 그들의 긴밀한 사상적 공동생활 속에서 탄생하였다. 1797년 8월 베를린의 한 살롱에서 처음 만난 두 사람은 서로에게 지적으로 강하게 매료되었고, 그해 12월 말에는 아예 의기투합하여 "문학적 결혼생활literarische Ehe"[8]을 시작했다. 1799년 9월 슐레겔이 예나로 떠날 때까지 약 1년 9개월 동안 두 사람은 함께 살면서 낭만주의적 문학 생산의 강령이었던 "공동철학Symphilosophie"을 몸소 실천했다.[9] 슐라이어마허는 슐레겔 형제가 창간한 잡지 『아테네움』의 공동 필진으로 참여하여 31개의 단상 및 4편의 서평을 기고했다.[10] 그는 『루친데』에 쏟아지는 일방적인 공격을 조금이라도 막아줄 수 있는 슐레겔의 든든한 동지였다.

"친밀한 편지"는 분명 『루친데』를 옹호하려는 목적에서 출발한 글이지만 상당히 복합적인 성격을 띤다. 슐라이어마허가 베를린 샤리테 병원에서 일하며 당시 화려하게 꽃피우던 베를린 문학 살롱을 드나들던 1796년부터 1802년까지의 이른바 베를린 시기는 그의 인생에서 문학적 글쓰기에 대한 욕망이 가장 두드러진 시기이기도 하며, 그 가장 중요한 증서가 "친밀한 편지"라 할 수 있다.[11] 한편, 파울

---

7 다음의 글을 참조하라. Bernd Auerochs, "Berliner Charité-Prediger (1796-1802)," in *Schleiermacher Handbuch*, ed. Martin Ohst (Tübingen: Mohr Siebeck, 2017), 86.

8 Andreas Arndt, "Eine literarische Ehe. Schleiermachers Wohngemeinschaft mit Friedrich Schlegel," in *Wissenschaft und Geselligkeit. Friedrich Schleiermacher in Berlin 1796-1802*, ed. Andreas Arndt (Berlin: Walter de Gruyter, 2009), 8.

9 Friedrich Schlegel, *Lucinde. Studienausgabe* (Stuttgart: Reklam, 1999), 56.

10 다음의 글을 참조하라. Auerochs, "Berliner Charité-Prediger (1796-1802)," 91.

11 Auerochs, "Berliner Charité-Prediger (1796-1802)," 80.

클루크혼은 18세기의 사랑에 대한 그의 유명한 이념사적 연구에서 이 글이 당시 연구자들이 바라봤듯 (과도한) "우정의 봉사Freundschaftsdienst"가 아니라 슐라이어마허의 고유한 사랑관이 가장 잘 드러난 글이라고 평가한다.[12] 즉 "친밀한 편지"가 돌연변이가 아니라 그의 도덕철학적 사상을 대표하는 글이라는 것이다. 글은 무엇보다도 당대의 고루한 성윤리와 맞서는 논쟁적이고 실천적인 논박서Streitschrift로서의 성격이 두드러진다. 슐레겔 역시 비슷한 관점에서 "친밀한 편지"에 대해 몇 년 뒤 이렇게 논평한 바 있다. "내 생각에 소설 옹호는 이 책의 외적인 계기일 뿐이고 본래의 목적은 오히려 일반적인 도덕 원칙에 대한 논박에 있어 보인다. 그리고 이를 고려할 때 이 책은 분명 칭찬할 만하다."[13] 프레데릭 바이저는 "친밀한 편지"를 포함한 슐라이어마허의 베를린 시기에 쓰인 글들을 두고 심지어 "도덕 혁명을 위한 선언들manifestos for 'a moral revolution'"이라 부르기도 한다.[14] 이처럼 "친밀한 편지"는 슐라이어마허의 저작에서 중요한 가치가 있으며, 당시 낭만주의 사상 및 논쟁의 지형에서도 유의미한 텍스트라 하겠다.

그러나 슐라이어마허의 "친밀한 편지"에 대한 연구는 한국에서는 전무한 상태이다. 슐레겔의 『루친데』를 다루는 글에서 간간이 그

12 Paul Kluckhohn, *Die Auffassung der Liebe in der Literatur des 18. Jahrhunderts und in der deutschen Romantik*, 3rd ed. (Tübingen: Max Niemeyer, 1966), 424-451 참조.

13 Friedrich Schlegel, *Literatur, Charakteristiken und Kritiken II (1802-1829), Kritische-Friedrich-Schlegel-Ausgabe*. vol. 3, ed. Ernst Behler (München/Parderborn/Wien: Ferdinand Schöningh Verlag, 1975), 11.

14 Frederick, C. Baiser, *"Schleiermacher's Ethics,"* in *The Cambridge Companion to Friedrich Schleiermacher*, ed. Jacqueline Mariña (Cambridge: Cambridge University Press, 2005), 53.

존재 정도만 언급될 뿐, 이 텍스트에 대한 상세한 연구는 없다. 독일에서도 "친밀한 편지"를 단독으로 다룬 연구는 많지 않다.[15] 따라서 본 논문에서는 슐라이어마허의 "친밀한 편지"를 전반적으로 소개하면서, 이 텍스트의 형식과 주요 논점을 짚어보고, 이어서 이 글을 통해 드러나는 슐라이어마허의 사회 비판적이고 도덕철학적인 기획을 살펴보고자 한다. 『루친데』 스캔들은 슐라이어마허에게 평소부터 문제적으로 바라보던 사교 문화를 비판하고 바람직한 사교 이념을 정립해 볼 수 있는 현실적이고 구체적인 계기를 제공했다. "친밀한 편지"는 한 문학 작품의 옹호를 넘어서 궁극적으로는 슐라이어마허가 당시 고민하던 사교에 대한 기획을 발전시키는 작업이었다.

II. 『루친데』에 대한 예술비평으로서의 "친밀한 편지"

1. 비평의 형식

"친밀한 편지"의 일차적 목적은 『루친데』가 세간에서 비난하는 식의 비도덕적인 소설이 전혀 아님을 입증하고 소설의 예술성과 도덕

15 Manuel Bauer, "Hermeneutische 'Teufeleyen'?. Schleiermacher und die frühromantische Kritik," in *Der Begriff der Kritik in der Romantik,* ed. Ulrich Breuer, Ana-Stanca Tabarasi-Hoffmann (Paderborn: Brill, 2015), 258-274; Christoph König, "Schamhaftigkeit als Prinzip des Verstehens. Zu Friedrich Schleiermachers Vertrauten Briefen über Friedrich Schlegels Lucinde," in *Der Mensch und seine Seele: Bildung – Frömmigkeit - Ästhetik,* ed. Arnulf Scheliha/Jörg Dirken (Berlin/Boston: Walter de Gruyter, 2017), 441-458.

성을 제대로 논하는 데 있었다. 슐라이어마허는 친구 브링크만에게 "품위Decenz의 손상이라는 이 지극히 모호한 범죄로 인해 이성적인 사람들조차 이 책의 아름답고 훌륭한 점, 그것의 고유하고 틀림없이 위대한 정신을 못 보고 있다"라고 한탄하며 "오래전부터 『루친데』에 대한 글을 써서 사람들이 이 점을 똑똑히 깨닫고 다른 점에도 주목하도록 하고 싶었다"라고 말한 바 있다.[16]

그가 이런 목적을 위해 택한 것은 논증적이고 선동적인 팸플릿이나 홍보성 서평도 아닌, 상당히 복잡한 서한집 형식이었다. "친밀한 편지"는 막 출간된 『루친데』를 놓고 한 무리의 친구들이 주고받은 허구적 편지 모음집이다. 제일 앞에는 "친밀한 편지"라는 제목으로 출간될 서한집의 주인공인 한 젊은 남자가 편지들을 묶어 출판하려 하는 익명의 편집자 친구에게 보내는 서언 격의 서신이 실려 있다. 편지의 발신자 – 그의 이름은 이후 '프리드리히'로 밝혀진다 – 는 『루친데』에 관해 이런저런 의견이 개진된 편지를 모아 출간하려 하는 친구의 계획에 내키지 않지만 응한다. 이렇게 해서 세상에 공개된 '친밀한' 혹은 '내밀한' 편지들은 프리드리히가 자신의 누이 에르네스티네, 또 그녀의 지도를 받는 소녀 카롤리네, 지인 에두아르트, 그리고 연인 엘레노레와 주고받은 총 아홉 통으로 이루어져 있다. 에르네스티네와 카롤리네, 에두아르트는 『루친데』에 유보적 혹은 비판적 태도를 보이며, 엘레노레는 『루친데』를 전적으로 높이 사면서도 몇 가지 의문을 날카롭게 제기한다. 슐라이어마허를 대변하는 인물인 프리드리히는 다른

16 Friedrich D. E. Schleiermacher, *Briefwechsel 1799–1800, Kritische Gesamtausgabe*. V/3, ed. Hans-Joachim Birkner (Berlin/New York: Walter de Gruyter, 1992), 315.

이들에게 『루친데』를 적극적으로 권하고 그들의 독서평과 의문점에 나름의 답을 돌려준다. 이외에도 프리드리히가 쓴 두 편의 짧은 글, "말귀가 어두운 사람들에게 바치는 헌사Zueignung an die Unverständigen"와 "수줍음에 대한 시론Versuch über die Schaamhaftigkeit"이 삽입되어 있으며, 프리드리히가 편집한 엘레노레의 『루친데』에 대한 독서 메모도 들어 있다.

슐라이어마허는 『루친데』를 향한 분노가 아직 뜨거울 때 얼른 서평을 내놓아야 한다는 슐레겔의 재촉을 받으면서도,[17] 자신의 입장문을 어떠한 문학적 형식 속에 집어넣어야 할지 고민에 고민을 거듭했다. 그의 "생각노트Gedanken-Heft"에 남아 있는 개요를 보면 그가 편지, 에세이, 단상, 풍자 등의 다양한 형식을 조합하여 얼마나 다채롭고 복잡한 비평을 계획했는지 엿볼 수 있다.[18] 최종적으로는 편지 수신자가 두 명 적어졌기에 보다 간소해졌다고는 하나 그 결과물이 단번에 조망되지 않는 복잡한 형식임은 변하지 않았다.

---

17 위의 글, 340.

18 본래의 구상은 다음과 같다: "얌전빼기의 체계를 어느 누이에게 보내는 편지로 폭로할 것. 어린 아양 떠는 소녀에게 보내는 키스의 이론. 어느 친구에게 보내는 헝가리인들에 대한 편지 및 천박한 판단과 장난에 대한 조롱. 서문 대신 편지 한 통, 『루친데』에서 해방의 비극적 결과를 보여주었던 어느 나이 든 남자에게 보내는 진지한 편지. 여자친구에게 보내는 사랑과의 농담에 대한 진지한 편지. 어느 친구에게 보내는 결혼론에 대한 편지. Enthüllung des Systems der Prüderie in einem Brief an eine Schwester. Theorie der Küße an ein kleines kokettes Mädchen. Persiflage der gemeinen Urtheile und Späße nebst dem über die Ungarn an einen Freund. Statt der Vorrede auch ein Brief. Ein auch ernsthafter an einen alten Mann der an der Luzinde die traurigen Folgen der Emancipation gezeigt hatte. Ernsthaft an eine Freundin über den Scherz mit der Liebe. An einen Freund über die Theorie der Ehe." Friedrich D. E. Schleiermacher, "Gedanken III," in *Schriften aus der Berliner Zeit 1796-1799, Kritische Gesamtausgabe* I/2, ed. Günter Meckenstock (Berlin/New York: Walter de Gruyter, 1984), 133f.

왜 슐라이어마허는 이렇게 복잡하고 허구적인 서한집의 형식을 빌려서 『루친데』에 대한 자신의 입장을 밝히려 했을까. 물론 '친밀한 편지'라는 제목의 글은 당대에 흔하게 발견된다.[19] 친한 친구에게 보내는 편지 형식을 빌려 자신의 생각을 '솔직하게' 개진하는 형식은 도덕 논쟁에서 자주 활용되었다. 그러나 슐라이어마허가 "친밀한 편지"에서 선보이는 『루친데』에 대한 혼란스러운 견해들의 향연은 책에 쏟아지는 비난을 막는 데 별로 효과적이지 않아 보인다.[20] 그럼에도 슐라이어마허가 굳이 '편지소설'의 형식을 취한 이유가 있다면, 이는 적어도 다섯 가지로 생각해 볼 수 있다.

첫째, '편지소설'의 형식을 택함으로써 슐라이어마허는 자신의 저자성Autorschaft을 숨길 수 있었다. 익명성을 고집해 봐야 (누가 썼는지 금방 들통날 것이며) 출판사를 찾지 못할 것이라는 슐레겔의 우려에도 불구하고 그는 이 글을 원래 익명으로 출판하고자 했다. 거의 음란소설 취급을 받던 『루친데』를 옹호하고 나선다는 것은 성직자였던 그의 사회적 명예와 직업적 커리어에 위협이 될 수 있기 때문이었다.[21]

---

19 Paul Kluckhohn, *Die Auffassung der Liebe in der Literatur des 18. Jahrhunderts und in der deutschen Romantik*, 3rd ed. (Tübingen: Max Niemeyer, 1966), 436f.

20 실제로 당시에 에른스트 테오도르 랑어Ernst Theodor Langer는 슐라이어마허가 자신의 궤변을 아홉 통의 편지에 나눠놓고는 전체적으로 무슨 말을 하려는지 전혀 모르겠다고 비판했다. 다음의 글을 참조하라. Günter Meckenstock, "Einleitung des Bandherausgebers," in *Schriften aus der Berliner Zeit 1800-1802, Kritische Gesamtausgabe* I/3, ed. Günter Meckenstock (Berlin/NY: Walter de Gruyter, 1988), LXIII. 다만 랑어의 서평은 "친밀한 편지"의 혼란스러운 형식뿐만 아니라 그 주장 자체도 승인하지 못하는 입장이기는 하다.

21 "친밀한 편지"의 저자가 밝혀진 뒤 슐라이어마허는 자신을 아들처럼 아껴주고 후원해 준 베를린의 궁정목사 F. S. G. 자크F. S. G. Sack에게 다음과 같은 질책을 받았다. "당신이 의심쩍은 원칙과 도덕들을 견지한 사람들과 친하게 지내며 발견한 것으로 보이는 그 취향을 무릇 목사가 마땅히 져야 하는 의무에 대한 내 생각과 도저히 합치시킬 수 없습니다." Friedrich D. E. Schleiermacher,

흥미롭게도 그는 이렇게 자신의 평판에 누가 될 것이 확실한 상황에서도 글 중간에 자신의 이름 '프리드리히'를 집어넣고, 베를린 사교계에서 공공연한 비밀이었던 그의 연인 '엘레노레'도 프리드리히의 연인으로 등장시킨다.[22] 또 '가상의 편집자'라는 당시 소설에서 흔하게 쓰이던 장치를 활용하여 가상의 편지들을 실제 편지인 것처럼 연출했다. 이러한 형식적 장치는 저자에게 허구성과의 유희는 물론, 자신의 저자성과도 유희할 여지를 열어주었다.[23] 이는 다음의 두 번째 목적과도 연결된다.

둘째, 가상적 저자가 여럿인 편지들은 『루친데』를 변호하려는 본래의 목적을 보다 효과적으로 달성할 수 있는 전략일 수 있다. "서평"에서처럼 한 사람의 목소리만 울려 퍼졌다면 『루친데』를 옹호하는 목소리는 일방성과 편파성의 혐의를 지우기 어려웠을 것이다. 특히나 슐라이어마허가 "친밀한 편지"의 저자라는 사실이 밝혀진다면 그가 슐레겔과 절친한 사이라는 사실 하나만으로 글의 설득력은 반감될 위험이 있었다. 하지만 『루친데』를 옹호하는 "친밀한 편지"의 '다성성Polyphonie'은 슐레겔에게 큰 힘이 되어줄 수 있다.

Briefwechsel 1801–1802, Kritische Gesamtausgabe V/5, ed. Andreas Arndt/Wolfgang Virmond (Berlin/New York: Walter de Gruyter, 1999), 3. 슐라이어마허가 베를린 유대인 살롱을 드나들면서 낭만주의자들과 어울리고 엘레노레와 염문을 뿌린 일은 그가 1802년 폼머른의 슈톨프로 좌천되는 사유가 된다. 다음의 책을 참조하라. Andreas Arndt, *Friedrich Schleiermacher als Philosoph* (Berlin: Walter de Gruyter, 2013), 5.

22 Schleiermacher, "Vertraute Briefe über Friedrich Schlegels Lucinde," 195.

23 슐라이어마허는 『루친데』에 대한 서평도 익명으로 발표했다. 그리고 슐레겔과 친구들이 그 서평의 저자가 누구일지 궁금해하고 추측할 때에도 그는 아무것도 모르는 척했다. 그가 자신이 저자라는 사실을 슐레겔에게 밝힌 때는 서평을 발표하고 약 한 달이 지나서였다. Meckenstock, "Einleitung des Bandherausgebers," LXX.

특히 여성들의 의견은 중요하게 작용할 수 있었다. 실제로 "친밀한 편지"의 절반이 여성들의 편지로 채워졌다. 슐라이어마허가 연출한 여성들의 말투와 관점은 상당히 그럴듯했는지 주변 사람들조차 그것들을 실제 여성들이 썼을 것이라고 생각했다.[24] 그는 그런 착각을 해소해 주기는커녕 오히려 조장하는 태도를 보였다.[25] 『루친데』를 용감하게도 스스로의 관점에서 자유로이 읽고 비평하며 소설의 장점을 발견하는 여성들이 존재하는 연출을 통해, 그는 『루친데』가 여성들을 타락시키는 위험한 책이라는 평가를 불식시키고자 했다.

셋째, 편지가 '유사 대화'를 연출하는 형식이라는 것도 눈여겨볼 점이다. 슐라이어마허는 『루친데』를 둘러싼 서로 다른 견해를 맞견주고 이러한 대립에서 사고의 진전을 보여줌으로써 이에 대한 보다 깊이 있는 시각을 확보하여 독자들을 설득한다. 이것은 슐라이어마허가 특히나 선호했던 '변증적dialogisch' 사유를 연출한 것이기도 하다. 플라톤에 심취했던 슐라이어마허는 여러 곳에서 '대화'적 사유를 높이 평가했고, 특히 비슷한 시기에 구상하고 유사한 문제의식에서 나온 "점잖음에 대하여Über das Anständige"(1800)에서는 플라톤을 모방한 대화편을 시도하기도 했다.

넷째, 『루친데』에 대한 다양한 견해들을 맞세우고 검토하는 방식을 취함으로써 슐라이어마허는 『루친데』에 대한 자신의 입장을 훨씬

---

24 베른하르디는 그 편지들을 헨리에테 헤르츠가 썼을 것이라고 봤고, 헤르츠는 엘레노레 그루노프가 썼을 것이라고 짐작했으며, 1828년의 회고록에서도 여전히 그렇게 주장했다. Meckenstock, "Einleitung des Bandherausgebers," LVIII.

25 위의 글, LVIII. 물론 슐라이어마허가 그의 애인 엘레노레가 쓴 편지나 그녀가 한 말들을 활용했을 가능성이 높다.

복잡하면서도 불명료하게 드러낼 수 있었다. 이 책에 대한 일방적인 공격은 부당했고 거기에 맞서야 하는 것은 분명했다. 그러나 그가 친구의 책을 얼마나 옹호하는지는 글에서 아주 분명하게 드러나지는 않는다.[26] 여성 인물들이 『루친데』에 던지는 의문과 비판점들은 프리드리히에 의해서 반박되기는 하지만 상당히 예리하고 정당한 면이 있다.[27] 슐라이어마허는 친구로부터 "더없이 무조건적인 솔직성"을 보여달라는 요청을 받았지만, 완전히 솔직해질 수는 없었을 것이다.[28] 실제로 "친밀한 편지"를 읽고 이를 감지한 슐레겔은 『루친데』에 대한 다른 의견이 있다면 간명하게 써서 알려달라 하기도 했다.[29]

마지막으로 슐라이어마허의 '편지소설'은 그의 숨겨진 문학적 야심이 발휘된 결과라고 볼 수 있다. 본래 창작에 큰 뜻을 품지는 않았던 슐라이어마허가 이렇게 "야심 찬 문학적 형식"을 택한 이유는 우선

---

26 슐라이어마허는 1801년 6월에 이렇게 편지에 쓰고 있다. "슐레겔은 다시 또 하나의 책을 쓰지 않고서는 옹호할 수 없는 그런 책을 썼습니다. 칭찬할 만한 점들도 많지만 인정할 수 없는 점들도 발견되기에 저 역시 전적으로 옹호할 수만은 없는 책입니다." Schleiermacher, *Briefwechsel 1801–1802,* 130. 그러나 이는 자신을 나무란 아버지 같은 자크에게 보내는 답신에서 한 말이므로 그의 생각이 어디까지 진실된 것인지 알기 어렵다.

27 따라서 연구자들은 이 또한 슐라이어마허의 견해라고 보기도 한다. Kluckhohn, *Die Auffassung der Liebe in der Literatur des 18. Jahrhunderts und in der deutschen Romantik,* 447; Bauer, *Schlegel und Schleiermacher,* 266.

28 Friedrich D. E. Schleiermacher, *Briefwechsel 1799–1800, Kritische Gesamtausgabe* V/3, ed. Hans-Joachim Birkner (Berlin/New York: Walter de Gruyter, 1992), 377. 슐라이어마허는 에렌프리트 폰 빌리히Ehrenfried von Willich에게 보내는 편지에서 슐레겔이 자신에게 더없이 귀중한 친구이지만 자신과 서로 감정을 느끼는 방식이 극히 달라서 그에게 완전히 솔직해질 수 없다고 고백한 바 있다. Schleiermacher, *Briefwechsel 1801–1802,* 136. (Vgl. Schleiermacher 1999, 136).

29 Friedrich D. E. Schleiermacher, *Briefwechsel 1800, Kritische Gesamtausgabe* V/4, ed. Andreas Arndt/Wolfgang Virmond (Berlin/New York: Walter de Gruyter, 1994), 59.

슐레겔의 지대한 영향 덕택일 것이다.[30] 슐레겔은 혼자 조용히 글을 쓰던 슐라이어마허에게 등단을 권했고, 문학 창작을 독려했다. 이런 점에서 아우에로흐스는 슐라이어마허가 슐레겔과의 우정 덕분에 작가가 되었다고까지 말한다.[31] 슐라이어마허가 소설을 쓸 마음까지 품었음을 알고 있던 도로테아는 "친밀한 편지"가 그가 장래에 쓰게 될 소설을 예감케 하는 맹아적 작품이라고 평하기도 했다.[32]

이런 점에서 "친밀한 편지"를 초기낭만주의 예술비평의 전범을 보여주는 텍스트로 봐야 한다는 마누엘 바우어의 주장은 설득력이 높다.[33] 초기낭만주의자들은 낭만적 소설을 소설에 대한 비평을 담은 소설로 규정했고, "친밀한 편지"는 그러한 관점을 충실하게 따른 저작으로 읽힐 수 있다. 즉 이 글의 문학적 성격은 F. 슐레겔의 "리체움 단상" 117번, "시는 오직 시를 통해서만 비평될 수 있다Poesie kann nur durch Poesie kritisiert werden"라는 유명한 요청에 대한 응답인 것이다.[34] 시를 통한 시의 비평은 낭만주의 문학의 이념인 문학의 자기반성적 구조를

30 Auerochs, "Berliner Charité-Prediger (1796-1802)," 99.

31 위의 글, 83, 87.

32 Schleiermacher, *Briefwechsel 1800*, 38.

33 Bauer, *Schlegel und Schleiermacher*, 258-274; Bauer, "Hermeneutische 'Teufeleyen'?," 184.

34 Friedrich Schlegel, "Lyceums-Fragmente," *Charakteristiken und Kritiken I (1796-1801), Kritische-Friedrich-Schlegel-Ausgabe*, vol. 2, ed. Ernst Behler (München/Parderborn/Wien: Ferdinand Schöningh Verlag, 1967), 162. 슐라이어마허는 특히 마누엘 바우어가 잘 보여주었듯이 대상 텍스트의 형식을 모방함으로써 대상을 비평하는 방식을 즐겨 택했다. 그러한 방식은 요한 야콥 엥엘Johann Jakob Engel의 『세계를 위한 철학자Der Philosoph für die Welt』에 대한 서평과 피히테의 『인간의 사명』에 대한 서평에 잘 드러나 있다. "친밀한 편지" 역시 편지, 대화, 알레고리, 성찰, 수기 등 다양한 형식의 혼란스러운 모음인 『루친데』의 모방이라 할 수 있다. Bauer, "Hermeneutische 'Teufeleyen'?," 182f 참조.

실현한다. 도로테아가 "친밀한 편지"를 '초월적 루친데UeberLucinde'라고 불렀던 이유가 바로 여기에 있다.[35] 슐레겔의 『빌헬름 마이스터』 서평이 '초월적 마이스터Uebermeister'라는 별칭으로 낭만주의자들에게 칭송받았던 것처럼 이들에게 비평의 이상은 작품에 내재한 맹아를 전개할 수 있게 하는 작품의 반성Reflexion과 역량 강화Potenzierung에 있다.[36] "친밀한 편지"에서 프리드리히가 자신은 그저 『루친데』의 말을 "반복하고 복창하고wiederholen und nachsingen"싶다고 할 때, 그것은 겸손의 수사가 아니라 이러한 낭만주의 비평의 의미에서 이해되어야 한다.[37] "친밀한 편지"는 슐라이어마허가 유일하게 완성한 낭만적 '소설'이자 '예술비평'이기도 했다.

2. 『루친데』에 나타난 사랑관 다시 쓰기

『루친데』에서 제일 문제가 되는 지점은 저자의 사랑관이었다. 예컨대 카롤리네 헤르더는 이 소설의 "파렴치한 음란성"이 "사랑을 파괴한다"라고 비판하기도 했다.[38] 현재의 독자가 『루친데』를 읽는다면 이런 당대의 반응을 전혀 이해할 수 없을 것이다. 『루친데』에서 성에 대한 묘사는 극히 일부이기 때문이다. 그러나 당대의 관점에서 『루친데』는 사랑에 대해 용납할 수 없는 주장을 펼치는 책이었다.

35 Schleiermacher, *Briefwechsel 1799–1800*, 389.

36 Walter Benjamin, "Der Begriff der Kunstkritik in der deutschen Romantik," in *Gesammelte Schriften*, I/3, ed. Rolf Tiedemann/Hermann Schweppenhäuser (Frankfurt am Main, Suhrkamp, 1980), 78 참조.

37 Schleiermacher, *Vertraute Briefe über Friedrich Schlegels Lucinde*, 149.

38 Auerochs, "Berliner Charité-Prediger (1796-1802)," 98.

서양에서는 오랫동안 정신적 사랑과 육체적 사랑을 나누고 전자를 후자의 우위에 두며 전자(예컨대 '진리'나 '신'에 대한 사랑, 그리고 우정)만을 인정하는 사랑의 이원론이 지배적이었다. 슐레겔은 이러한 사랑의 구분을 비판하고 정신적 사랑과 육체적 사랑은 불가분의 관계에 있으며, 따라서 육체관계가 없는 정신적 사랑은 사랑으로서 불충분하다고 주장했다.[39] 이런 점에서 슐레겔이 주장한 사랑의 이상은 '낭만적 사랑'이라는 관념으로 사랑의 담론사에서 매우 중요한 초석을 놓았다. 슐레겔은 성애와 우정, 결혼으로 분리되어 있었던 친밀관계를 '사랑'의 이상으로 통합하는 새로운 공식을 만들어 냈으며, "사랑 그 자체를 위한 사랑"이라는 자기 준거적인 코드를 만들어 냈다.[40] 다시 말해 이 소설에서 당대 독자들이 파렴치하다고 생각했던 지점은 이 소설이 성애를 묘사했기 때문만은 아니었다. 오히려 그런 성애를 정신적 사랑과 떼어놓을 수 없다고 주장했던 점, 그리고 그런 자유로운 연애의 결말이 비극적 죽음과 참회가 아니라 '행복'과 '교양'이라는 점이 독자들의 분노를 샀다.[41]

슐레겔의 혁신적인 사랑관에 슐라이어마허는 전적인 지지를 보냈다. 그가 『루친데』에서 가장 뜨거운 찬사를 보내는 지점은 슐레겔의

---

39 이경진, "낭만적 사랑과 우정 — 야코비의 『볼데마르』와 F. 슐레겔의 『루친데』를 중심으로," 「인문논총」 77/4 (2020): 65f.

40 니클라스 루만, 『열정으로서의 사랑: 친밀성의 코드화』, 정성훈 외 역 (서울: 새물결, 2009), 207.

41 George Pattison, "Friedrich Schlegel's Lucinde: A Case Study in the Relation of Religion to Romanticism," *Scottish Journal of Theology* 38 (1985): 548. 엄밀히 말해서 『루친데』의 결말은 루친데의 죽음이다. 그러나 이 작품이 연대기적 서사가 없는 데다 미완성이기 때문에 이 결말은 두드러지게 눈에 띄지 않는다.

사랑관이 피력되는 대목이다. "사랑은 이 작품의 전부다"(Die Liebe ist dem Werk Alles in Allem)라고 프리드리히는 본다.[42] 그는 『루친데』를 읽어야만 하는 이유가 이 책이 사랑의 육욕적 측면이나 정신적 측면만 주목한 일면성으로 점철된 책들과 달리 "사랑을 완전히 일체의 형태로" 보여줬다는 데 있다고 말한다.[43] 지금까지 사랑에 대해서 쓰인 모든 글은 사랑이라는 식물의 완전한 형상이 아니라, 뿌리도 없는 그저 뜯어진 꽃잎만 보여줬다.[44] 하지만 『루친데』는 전혀 다르다. 여기서 정신적 사랑과 관능적 사랑은 불가분의 합일을 이룬다. 프리드리히는 이 작품에서 정신적 사랑과 관능적 사랑이 별개로 존재하는 대신, 가장 정신적인 사랑 속에서 더없는 관능을, 더없이 관능적인 사랑 속에서 최고의 정신성을 느낄 수 있다며 칭찬한다.[45]

슐레겔과 슐라이어마허는 파편적으로 흩어져 있는 개개인에게 통합된 사랑의 체험이 개인과 세계의 무한한 합일에 대한 예감을 선사한다고 보았다. 이러한 사랑이 종교적인 몰아의 체험인 것만은 아니다. 오히려 사랑은 개인의 고유성을 포착하고 받아들이는 행위여야 한다. 슐레겔은 사랑이 나뉠 수 없고 소통할 수 없는 고유한 인격을 지닌 개인이 다른 개인과 진정으로 소통할 가능성을 준다고 생각했다. 『루친데』에서 율리우스와 루친데의 사랑을 슐레겔은 이렇게 설명한다. "그들은 서로에게 스스로를 완전히 내어주며 하나가 되었으며, 그럼에도 각자는 전적으로 자기 자신이었으며, 이전의 자신의 존재

42 Schleiermacher, *Vertraute Briefe über Friedrich Schlegels Lucinde*, 151.
43 위의 글, 150.
44 위의 글, 150.
45 위의 글, 151.

그 이상이었다."[46] 그는 사랑이 타인의 고유한 세계에 대한 무한한 지향이면서, 동시에 자신의 고유한 세계를 발전시키는 매개가 되어야 한다고 주장한다. 슐라이어마허도 사랑을 개체성을 직관하는 매개로 보았다. 개체성과 보편성의 매개를 평생의 철학적 관심사로 발전시켰던 그에게 사랑은 칸트철학 이후 이성과 감성으로 분열되어 있는 인간에게 심오한 인식을 선사할 수 있는 체험이다.[47] 그는 사랑이 시간 속에서 영원성을, 유한성 속에서 무한성을 직관하는 심오한 인식의 매개로서 종교로 가는 길을 열어준다고 보았다.[48]

이런 점에서 사랑에는 그 어떤 친밀관계보다 우월하고 특별한 가치가 주어진다. 슐라이어마허는 『루친데』의 중요한 논점 중 하나인 우정(정신적 사랑)에 대한 사랑의 우위에 있어서 슐레겔의 관점에 공감하며 우정의 불충분함을 주장한다.[49] 그렇지만 이런 사랑의 이념이 변함없는 영원성을 주장한다거나 관계의 배타성, 혹은 정절을 요구하는 것은 아니다. 주인공 율리우스의 여성 편력에서 드러나듯 사랑은 자아를 발견하고 성숙시키는 교육의 매개인 만큼, 첫사랑의 절대성이나 운명에 대한 믿음, 혹은 정절에 대한 신념은 슐레겔의 사랑에서

---

46 프리드리히 슐레겔, 『루친데』, 이영기 역 (서울:문학동네, 2020), 110.

47 Kluckhohn, *Die Auffassung der Liebe in der Literatur des 18. Jahrhunderts und in der deutschen Romantik,* 427f.

48 Schleiermacher, "Rezension von Friedrich Schlegel: Lucinde," 223: "사랑을 통해서 이 작품은 시는 물론이고 종교이자 도덕도 된다. 사랑이 종교적인 것은 그것이 삶을 넘어 무한이 바라보이는 시점에서는 어디서나 모습을 비추기 때문이다. Durch die Liebe eben wird das Werk nicht nur poetisch, sondern auch religiös und moralisch. Religiös, indem sie überall auf dem Standpunkte gezeigt wird, von dem sie über das Leben hinaus ins Unendliche sieht."

49 이경진, "낭만적 사랑과 우정," 68f.

성립될 수 없다. 각각의 사랑이 다 고유하고 개별적인 의미가 있기에 정절의 잣대를 들이댈 수 없는 것이다. 슐라이어마허도 개체성의 발견과 발전 가능성을 인정하지 않는 사랑에서만 정절이 문제가 된다고 본다.[50] 이런 맥락에서 프리드리히는 첫사랑의 신성함을 설파하는 소설들의 해악을 설명한다. 이런 소설들은 사랑이 지닌 탐색의 가능성과 자유, 또 이를 통한 인간의 성숙을 이해하지 못한다는 것이다. 그렇기에 정절에 대한 요구는 "해로울 뿐만 아니라 헛된 착각"(eine eben so schädliche als leere Einbildung)이 된다.[51]

그러나 슐라이어마허의 "친밀한 편지"가 『루친데』에 피력된 사랑관의 동어반복인 것은 아니다. 그는 율리우스의 '사랑'에 대한 여성들의 이의제기를 형상화함으로써 슐레겔의 사랑관을 비판적으로 성찰하고 보충한다. 예컨대 엘레노레의 견해에는 슐라이어마허의 평소 관점이 많은 부분 반영된 것으로 보인다. 엘레노레는 율리우스가 남성의 사랑과 여성의 사랑을 구별하면서, 남성의 사랑이 파생적이고 분열되어 있다면 여성의 사랑은 보다 근원적이고 총체적이라고 주장한 부분에 대해서 동의할 수 없다며 이렇게 의문을 제기한다. "왜 사랑이 일방적으로 다른 사랑에서 파생되어야 하지?"[52] 그에 따르면 "각각의 사랑은 다른 사랑의 원인이자 결과"(Jede [Liebe] ist Ursach und Wirkung der andern)이다.[53] 이런 점에서 엘레노레는 자신이 율리

50 Henriette Beese, "Nachwort," in *Friedrich Schlegel: Lucinde*. (Frankfurt a. M./Berlin /Wien, Ullstein 1980), 184.

51 Schleiermacher, *Vertraute Briefe über Friedrich Schlegels Lucinde,* 186.

52 위의 글, 199: "Warum soll so einseitig eine Liebe abgeleitet sein von dern andern."

53 위의 글, 199.

우스보다 사랑을 더 잘 이해한다고 자부하는데, 이것은 "성별의 차이가 아니라 수준의 차이"(nicht der Unterschied der Geschlechter, sondern der Grade)에서 오는 것이라고 덧붙인다.[54] 즉 엘레노레 또는 슐라이어마허는 남녀 간에 사랑의 능력차가 있다고 보았던 율리우스의 생각이 그의 미성숙에서 기인한 것이라고 본다.

엘레노레는 루친데의 사랑이 더 완성되어 있다면 "어째서 그녀의 성숙의 역사에는 그런 베일이 씌워져 있는지"[55] 정당한 의문을 품으며 『루친데』 2부에서 그 전말이 밝혀질 예정이냐고 프리드리히에게 질문한다. 실제로 슐레겔은 완성하지 못한 2부에서 사랑을 여성의 관점에서 기술하고 논의할 계획이었으므로 이러한 질문은 슐레겔의 구상에 부합하는 것이었다.[56] 즉 친구의 계획을 잘 알고 있던 슐라이어마허는 (여성) 독자가 충분히 던질 법한 질문을 던지며 자연스럽게 책의 후속편을 광고하고, 그럼으로써 책의 결핍을 감싸준 셈이다. 나아가 그의 "친밀한 편지"가 주로 여성들의 관점에서 율리우스의 사랑을 비평한 것이라고 한다면, 이 글은 루돌프 하임이 보았던 바처럼 슐레겔의 구상을 대신하여 실현 혹은 선취했다 할 수 있다.[57] 이는 슐레겔

---

54 위의 글, 200.

55 위의 글, 200: "warum ruht auf der Geschichte ihres Werdens ein solcher Schleier."

56 카롤리네에게 보내는 슐레겔의 편지에서 우리는 그가 소설의 2부에서는 여성의 관점을 보여줄 계획이었음을 알 수 있다. Vgl. Schlegel, Lucinde (stuttgart reclam 1999, 252: "1부의 짝이 될 2부의 작품은 여성적 견해들을 (보여주어야) 한다. 그것은 각양각색의 여자들과 소녀들이 쓴 좋은 사교와 나쁜 사교에 대한 다양한 편지들이다. Das Gegenstück im zweyten sollten Weibliche Ansichten (seyn); vielseitige Briefe von Frauen und Mädchen verschiedner Art über die gute und schlechte Gesellschaf."

57 Rudolf Haym, *Die romantische Schule. Ein Beitrag zur Geschichte des deutschen Geistes* (Berlin: Weidmannsche Buchhandlung, 1870), 520.

이 이상적으로 생각했던 비평의 이념, 즉 원작의 '반성' 및 '역량 강화'를 끌어내는 비평의 모범을 보인 것이기도 하다.

3. 소설의 형식 및 자율성 옹호

슐라이어마허는 『루친데』의 사랑관이 부도덕하고 파렴치하다고 비난하는 사람들에 맞서기 위해 이 소설이 종교적으로나 도덕적으로나 아무런 문제가 없을 뿐만 아니라, 심지어는 '덕성스럽다tugendhaft'고 부른다.[58] 또 일부러 종교적 수사를 사용하여 슐레겔을 '사랑과 지혜의 사제Priester der Liebe und der Weisheit'로 치켜세우고[59] 이 책을 '경건히andächtig' 대할 것을 명한다.[60] 이렇듯 『루친데』를 무고에서 구해주려는 슐라이어마허의 의도는 분명하다. 그렇다면 『루친데』는 잘 쓴 소설인가? "서평"에서 더 본격적으로 다뤄지는 이 주제는 "친밀한 편지"에서도 중요한 위상을 차지한다.[61] 슐라이어마허는 『루친데』의 반(反)소설적인 성격이 바로 '사랑'이라는 소설의 핵심 주제로 인해서 정당화된다고 본다. 이런 관점을 대변하는 프리드리히는 소설의 결점으로 보이는 구성과 장치들이 실은 소설의 주제를 가장 적합하게 전달하는 방식일 수 있음을 주장한다.

가령 『루친데』에서 외부세계가 누락되어 있는 점, 즉 "시민 세계와

---

58 Schleiermacher, *Vertraute Briefe über Friedrich Schlegels Lucinde*, 153.

59 위의 글, 206.

60 위의 글, 153.

61 "서평"에서 슐라이어마허는 『루친데』가 소설이 아니라는 비판에 맞서 이 작품의 형식과 내면성이 소설이라는 장르의 이념에 잘 부합한다는 것을 보여주고자 한다.

세련된 사교계"([d]ie bürgerliche Welt und die feine Gesellschaft)[62]에 대한 묘사가 아예 없거나 빈약한 점, 그리고 주인공들은 이런 외부세계와 단절되어 있는 점을 에르네스티네는 날카롭게 지적하면서 이들의 사랑이 과하게 내향적이며 어떤 유용한 실천으로도 이어지지 않는다고 비판한다.[63] "실천 없는 믿음에 대한" 설교가 공허하듯, 영향력 없는 사랑도 마찬가지다.[64] 또한 에르네스티네가 보기에 율리우스가 보이는 "모든 시민적 삶에 대한 단호한 증오"(einen entschiedenen Haß gegen alle bürgerlichen Verhältnisse)는 사랑을 발견한 뒤에는 없어져야 마땅했다.[65] 그가 이전에는 시민사회에 등을 돌리고 방황했다면 이제는 한 여성을 책임지기 위해서라도 사회 속으로 들어가 활동해야 한다는 것이다.[66]

이런 비판에 맞서 프리드리히는 율리우스의 그런 '커다란 순진성 die große Unschuld'이 작가의 설정 모순이 아니라 오히려 소설에서 의도하는 사랑의 자유롭고 천진한 정조에 자연스럽게 잘 어울린다고 주장한다.[67] 그는 바로 이렇게 몰이해로 가득 찬 세상과 유희·농담하듯이 가볍게 자신의 입장을 내세우는 태도를 이 작품의 가장 위대한 점으로 꼽는다.[68] 그리고 이 소설에서 시민세계의 비중이 적은 것은 그 세계가 억압된 결과가 아니라 그것이 천박하기 때문에 사상된 결과라고 본

62 위의 글, 152.
63 위의 글, 162.
64 위의 글, 163.
65 위의 글, 163.
66 위의 글, 163.
67 위의 글, 152.
68 위의 글, 153.

다.[69] 노벨레와 달리 소설에서는 천하고 흔해 빠진 것을 다 그려서는 안 된다는 것이다. 또 프리드리히는 사랑이 현실에 미치는 영향이 무엇인지 모르겠다는 에르네스티네의 비판에 맞서 그녀가 율리우스의 예술에 미친 사랑의 영향을 과소평가했으며 '사랑의 사회적 작용die gesellige Wirkung der Liebe'을 간과했다고 반박한다.[70] 그는 누이가 이 작용을 여성의 관점에서만 바라보고, 남성의 관점에서는 보지 않았다고 지적한다. 율리우스를 괴롭혔던 혼돈이 해소되고 그가 조화와 평정을 찾았다는 사실은 "사랑이 한 남성에게 미칠 수 있는 가장 위대하고 가장 고매한 영향"(das Größte und Würdigste, was die Liebe auf einen Mann wirken kann)이라는 것이다.[71]

이렇게 슐라이어마허는 남녀의 논쟁을 통해 『루친데』가 도덕성의 억압에서 해방되어 사랑과 현실의 관계를 매우 날카롭게 검토하고 있음을 보여준다. 그는 한발 더 나아가 문학과 도덕의 관계도 새롭게 정의한다. 프리드리히는 『루친데』가 자신의 주제를 전달하기 위한 가장 적합한 형식을 취하고 있기에 이 소설이 그 자체로 문학적일 뿐만 아니라 도덕적이라고 주장한다. 그는 에두아르트에게 보내는 편지에서 예술작품의 비도덕성이란 아름다움과 탁월함에 대한 예술의 의무를 소홀히 하는 데 있지, 작품에 서술된 신념의 성격을 가지고 말할 수 없다는 원론적인 입장을 밝힌다.[72] 가령 빌란트와 슐레겔 모두 성애를 다뤘지만, 빌란트의 『콤바뷔스*Combabus*』(1770)에서 그

69 위의 글, 214.

70 위의 글, 215.

71 위의 글, 215.

72 위의 글, 190.

묘사는 즉각적인 정동을 일으키려 할 뿐, 글 전체로 볼 때 '불필요한 것Ueberflüssiges'인 반면, 『루친데』에서 율리우스와 루친데의 감각적인 사랑은 "더없이 개인적인 것의 묘사를 위한 불가결한 특징"(die unentbehrlichsten Züge zur Darstellung des individuellsten)으로서 '꼭 필요한 것das Nöthige'이기에 정당화된다.[73]

프리드리히는 『루친데』가 시대를 너무 앞선 작품이기에 비도덕적이라는 비난을 받을 수밖에 없다는 에두아르트의 입장에도 반대한다. 그는 예술이야말로 "사람들이 이념들을 그들의 마음과 삶 속에 받아들이도록 그 의미를 열어주어야"(den Menschen den Sinn öfnen [sollen], um Ideen in ihr Gemüth und ihr Leben aufzunehmen) 하는 제1의 것이기에 예술 수용을 위해 다른 준비가 필요한 것이 아니라고 주장한다.[74] 그는 예술이 받아들여질 때를 기다려야 한다는 에두아르트의 입장을 '선량한 온건주의wohlmeinender Moderantismus'라 부른다.[75] 이는 프랑스 혁명가들 내에서 로베스피에르의 급진적 입장에 맞서는 당통이나 지롱드의 보다 온건한 입장을 가리키는 말로, 여기서 프리드리히가 사랑관 및 문학관에서 거의 로베스피에르에 맞먹는 급진적 입장을 견지함을 드러낸다. 물론 허구적 인물 프리드리히의 입장을 슐라이어마허의 그것으로 곧바로 등치시키기는 어렵지만, 그 입장이 도덕이 시를 판단하는 잣대가 될 수 없고 오히려 시가 새로운 도덕을 열어주고 전달하는 매개라고 본 낭만주의자들의 문학관과 공명함은 분명하다.

---

73 위의 글, 191.

74 위의 글, 193.

75 위의 글, 190.

이후에 살펴보겠지만 예술의 자율성은 슐라이어마허의 사상에서 중요한 사교의 자율성에 대한 이념과 병렬적 관계에 있다.

III. 자유로운 사교의 장으로서의 "친밀한 편지"

1. '잘못된 부끄러움'의 문화 비판

"친밀한 편지"는 『루친데』에 대한 예술비평적 성격만이 아니라 슐라이어마허가 당시 구상하던 사교에 대한 이상을 주장하고 수행적으로 보여주는 성격도 띤다. 이 글은 사랑이라는 두 사람의 관계를 넘어서 그 이상의 사회에 대한 구상까지 담고 있는 것이다. "친밀한 편지"에서 이는 먼저 사교계의 잘못된 도덕을 비판하는 것에서 시작한다.

프리드리히는 평소 사교계에서 튀는 견해도 서슴지 않고 자유롭게 의견을 개진했던 "나의 용감하고 대담한 누이"(meine muthige und kühne Schwester) 에르네스티네가 자신이 강력히 추천한 『루친데』를 읽으려 하지 않자, 그녀를 나무란다.[76] 그는 누이가 책을 읽은 것만으로도 자신의 도덕성과 정숙함을 의심받게 되는 그런 책, 즉 "그 누구와도 얘기할 수 없는 책은 읽지 않겠다"(kein Buch lesen, worüber mit Niemanden zu sprechen sei)고 말했다는 것을 들었다며 그녀가 '요조숙녀[eine Prüde]'가 다 됐으니 그런 여자들의 원조 국가인 영국에나 가라고

76 위의 글, 155.

비난한다.[77]

슐라이어마허가 "친밀한 편지"에서 특히 관심을 보이는 문제는, 바로 『루친데』 스캔들에서 단적으로 드러나듯이, 소위 자리에 맞지 않는 '부적절한[unschicklich]' 소재에 대해서 자유롭게 대화할 수 없게 하는 사회 분위기, 즉 '잘못된 부끄러움[die falsche Scham]'에 대한 비판이다. 그는 부끄러움이라는 '미덕'이 사교모임에서 아름답고 도덕적인 것에 대한 모든 의견을 다 질식시켜 버리는 악덕이며, 특히나 사랑에 대해서는 더욱 치명적이라고 본다. "사랑이란 반성을 위한 무한한 대상이고, 그렇기에 그것은 무한을 향해서 숙고되어야 하는데, 숙고란 것은 특히나 각자의 본성에 따라 사물의 서로 다른 면을 바라보는 사람들끼리의 소통이 없다면 이루어질 수 없는"[78] 까닭이다. 즉 사랑은 이성간의 대화를 필수적으로 요청한다. 그러나 여성들이 이런 대화에 소극적인 것은 결국 '잘못된 부끄러움'의 문화 때문이므로 이에 대한 비판이 필요한 것이다.[79]

이러한 관심사에서 쓰인 글이 바로 "수줍음에 대한 시론"이다. 클루크혼에 따르면 18세기는 '부끄러움[Scham]'과 '수줍음[Schamhaftigkeit]'에 대한 많은 논의가 있었다.[80] 예컨대 신학자들은 '부끄러움'의 원천

---

77 위의 글, 154. 슐라이어마허는 '얌전빼기[Prüderie]'를 '영국식 악습[Engländerei]'이라 부를 만큼 이런 문화가 영국에서 왔다고 본다. 위의 글, 159.

78 위의 글, 158: "Die Liebe ist ein unendlicher Gegenstand für die Reflexion, und so soll auch ins Unendliche darüber nachgedacht werden, und Nachdenken findet nicht Statt ohne Mittheilung und zwar zwischen denen, welche ihrer Natur nach verschiedene Seiten derselben sehen."

79 위의 글, 157.

80 많은 경우 동의어로 쓰이는 이 두 단어를 매번 다른 것처럼 구분하여 번역하는 것이 정확하지는 않으나 여기서는 혼동을 피하기 위해 이렇게 일관되게 번역하기로 한다. 두 단어 모두 우리가

이 원죄에 있다고 보았다면, 계몽주의 철학자와 심리학자들은 그것을 여성들이 자신의 매력을 높이기 위해 취하는 일종의 내숭이라고 보았다.[81] 한편, 슐레겔은 이런 여성들의 태도가 부자연스럽고 억지스럽다고 생각했다.[82] 이러한 논의의 바탕에서 슐라이어마허도 수줍음이 성의 문제에서 미덕일 수 있는지 검토한다. 그는 우선 이 단어가 주로 성적인 표상을 삼가거나 남에게 전달하지 않는 미덕으로 이해된다고 말한다. 그런데 이것을 미덕으로 증명하는 일은 까다로운 작업으로 드러난다. 우선 그것은 피해야 할 문제의 그 표상, 즉 성적 표상이 없다면 성립될 수 없는, 즉 스스로 번성할 수 없는 미덕—그것이 미덕이라면—인 까닭이다.[83] 또 '수줍음'을 '부끄러움'과 개념적으로 비교하여 구분하려는 방법도 명료한 답을 주지 못한다. 여기서 슐라이어마허는 보통은 동의어로 섞어서 쓰는 두 단어를 질적으로 구분하기 위해 상당히 혼란스러운 논의를 전개한다.

지난한 논의 끝에 슐라이어마허는 '수줍음'이 현재 통용되는 의미일 때는 미덕일 수 없다는 중간 결론에 이른다. 그런 뒤 그는 놀랍게도 여기서 논의를 멈추지 않고, '수줍음'이 미덕으로 성립할 수 있을 새로운 의미를 제안한다. 수줍음은 "타인의 마음 상태에 대한 존중"

신체나 성에 대해서 느끼는 부끄러운 감정과 관련되지만, 후자가 전자에 비해 감정의 강도가 낮고, 도덕적 비난이 개입할 여지도 적다는 점에서 이렇게 옮긴다. 또한 'Scham'은 어떤 상황에 의해 촉발된 감정에 가깝다면, 'Schamhaftigkeit'는 주체가 어떤 상황이나 대상에 대해서 갖는 반응을 사람들 앞에서 (연출해) 보여준다는, 더 능동적인 의미가 있다.

81 Kluckhohn, *Die Auffassung der Liebe in der Literatur des 18. Jahrhunderts und in der deutschen Romantik,* 440.

82 위의 글, 373.

83 Schleiermacher, *Vertraute Briefe über Friedrich Schlegels Lucinde,* 168.

(Achtung für den Gemüthszustand eines Andern), 즉 타인의 마음 상태를 강제로 중단시키지 말라는 요청으로도 해석할 수 있다는 것이다.[84] 만일 그렇다면 이런 중단을 꼭 부정적인 것으로 보아야 할까? 이에 대한 판단은 슐라이어마허에 따르면 그것이 "자유에의 부적절한 개입"(ungebührliche Eingriffe in die Freiheit)인가의 여부가 결정한다.[85] 예컨대 울적한 사람에게 재미난 이야기를 들려주어 그의 마음 상태를 강제로 바꿔놨다고 질책할 수는 없다.[86] 그러나 내가 상대방의 반응을 잘못 예측하여 안 하느니 못한 노력을 했다면 그때 나는 '염치없는schamlos' 짓을 한 셈이다. 이렇게 슐라이어마허는 '수줍음'을 사회적 교제의 미덕으로 새롭게 만들고자 한다. 즉 수줍음은 "인간의 자유가 가장 허약하고 치명적인 곳이 어딘지 알고 그곳을 보호해 주기 위해서 각 인간을 그때그때 분위기 속에서 아는 것"[87]의 미덕이 된다. 이는 그 의미에서 드러나듯 사회적 '눈치'에 더 가깝다.

여기서 제시된 '수줍음'에 대한 일반적인 규정이 어떤 구체성을 띨 수 있는 것은 아니다. 무엇이 눈치 없는 혹은 파렴치한 행동인가 하는 것은 상황에 따라 달라질 수 있다. 이를 잘 판단하기 위해서 각자는 자신이 교제하는 사람을 잘 이해하고, 또 교제에서 발생하는 여러 상황에 능통해야 한다. 이는 슐라이어마허가 '예의decorum'를 보편타당한 요구로 정초하려 한 아돌프 크니게Adolph Knigge에 반대하여 다

---

84 Schleiermacher, *Vertraute Briefe über Friedrich Schlegels Lucinde,* 172.

85 위의 글, 172.

86 위의 글, 173.

87 위의 글, 172: "jeden Menschen, in jeder Stimmung die einem eigen oder mehreren gemeinschaftlich ist, kennen zu lernen, um zu wissen, wo seine Freiheit am unbefestigtsten und verwundbarsten ist, um sie dort zu schonen."

음과 같이 메모했던 것과 유사한 입장이다. "예의의 개념은 매번 새롭게 다시 만들어져야 한다. 그것이 미리 존재한다는 믿음은 좋은 삶의 방식을 강제하는 귀족주의다."[88]

이렇게 슐라이어마허는 '수줍음'의 개념을 새롭게 제안한 다음에 기존의 '수줍음'과 성의 관계를 전도시킨다. 이제 파렴치한 사람은 뻔뻔하게 성을 입에 올리는 사람이 아니라, 모든 대화에 음란한 저의가 있는 것은 아닌지 의심하고 통제하려는 사람이다. 또 성에 대한 대화를 함부로 중단시키는 것도, 또 성적인 즐거움을 중단시키는 것도 '부끄러움을 모르는' 행동일 수 있다. 이는 사교성을 위한다는 명분을 내세워 사교성을 파괴하는, 전형적인 도덕의 자기 파괴 현상이다. 타의에 의해 강제로 중단되어서는 안 되는 것은 한 사람의 생각이나 평온만이 아니라 그의 쾌락과 감각이기도 하다. "향유의 상태와 관능이 지배하는 상태는 나름의 성스러움을 지니고 똑같이 존중받을 권리가 있는바, 그 상태를 강제로 중단시키려 한다면 그 또한 못지않게 파렴치한 짓이다."[89]

이렇게 '진정한 수줍음'이 무엇일지를 보여준 슐라이어마허는 현 사회를 지배하는 잘못된 수줍음을 강도 높게 비판한다. "저 소심하고 부자유한 수줍음"(Jene ängstliche und beschränkte Schaamhaftigkeit)의

88 Markus Fauser, *Das Gespräch im 18. Jahrhundert. Rhetorik und Geselligkeit in Deutschland* (Stuttgart: Metzler und Poeschel, 1991), 431에서 재인용함: "Der Begriff des Schicklichen muß jedesmal auf's neue producirt werden; der Glaube an seine Präexistenz ist der Aristokratismus der guten Lebensart."

89 Schleiermacher, *Vertraute Briefe über Friedrich Schlegels Lucinde,* 173: "[D]er Zustand des Genusses und der herrschenden Sinnlichkeit hat auch sein Heiliges und fordert gleiche Achtung, und es muß ebenfalls schaamlos sein, ihn gewaltsam zu unterbrechen."

원인은 "어떤 거대한 일반적인 왜곡된 의식에, 저 깊은 타락의 의식에"(in dem Bewußtsein einer großen und allgemeinen Verkehrtheit, und eines tiefen Verderbens) 있다.[90] 슐라이어마허는 이런 식의 수줍음이 만연하면 결국 대화는 어떤 식으로든 구속되고 차단될 수밖에 없으며 모든 모임은 중지되어야 하고 결국 두 성은 서로 만나서도 안 되고 "수도승"처럼 살아야 할 것이라고 경고한다.[91]

2. **자유로운 사교의 이상**

'허위적인 수줍음'을 비판하는 슐라이어마허의 관심은 그가 베를린 시기에 특히나 깊은 관심을 기울였던 '자유로운 사교freie Geselligkeit'[92]의 문제를 향한다. "친밀한 편지"는 바로 이런 비판을 토대로 형성된 '자유로운 사교'가 어떤 모습일지를 수행적으로 실천하는 작품이라고 할 수 있다. 먼저 그가 생각한 '자유로운 사교'가 무엇인지 살펴보도록 하자. "사교적 행동론 시론Versuch einer Theorie des geselligen Betragens"(1799)[93]에서 그는 이 이상을 다음과 같은 강령으로 표현한다. "자유로운, 그 어떤 외적인 목적에 매이지도, 규정되지도 않은 사교성은 모든 교양

---

90 위의 글, 176.

91 위의 글, 176.

92 여기서 'Geselligkeit'는 교제를 의미하는 '사교'로 옮겼으나, 넓게는 '사회'의 의미도 있다. 본 논문에서는 슐라이어마허의 관심사를 보다 명료화하기 위해 일관되게 '사교'로 옮겼다. 슐라이어마허의 사교론에 대해서는 최문규(2020)의 상세한 논의 참조. 최문규, "슐라이어마허의 '상호영향으로서의 사교성'(Geselligkeit) 이론 연구," 「유럽사회문화」 25 (2020), 37-87.

93 여기서 'Betragen'은 두 가지 의미가 있다. 일반적인 사회적 '행동'의 뜻과 '품행'의 뜻이다. 18세기 말에는 주로 후자, 즉 '품위Anstand'와 관련된 개념이었다. 슐라이어마허의 용법에서는 두 의미가 엄밀히 구분되지 않는다. Fauser, *Das Gespräch im 18. Jahrhundert*, 427 참조.

있는 사람들이 가장 시급하고 고귀한 욕구로 주장하는 것이다."[94] 여기서 슐라이어마허는 '자유로운 사교'를 '종속된 사교gebundene Geselligkeit'의 반대 개념으로 정립한다.[95] '종속된 사교'란 특정한 목적을 위해서 결성된 모임을 말한다. 예컨대 가정이나 시민사회가 그런 사회이며, 심지어 강연이나 연극, 무도회도 그런 종속된 사회에 들어간다. 특정한 목적을 위해 모였으며, 어떤 공동의 행동을 실행하기 때문이다.[96] 반대로 '자유로운 사교'는 각자가 어떠한 목적 없이, 즉 순수하게 자발적으로 활동하고 이를 통해 다른 사람에게 영향을 미치며, 또 그러한 다른 사람의 자발적인 활동에 의해 자신이 영향을 받으면서 자신의 인간성을 알아가는 곳이다. 이런 점에서 '자유로운 사교'는 자율성과 타율성이 상호작용하는 공간이다.

이것은 슐라이어마허가 자신이 몸담은 이른바 '낭만적 살롱'을 정당화하는 이론으로 구상한 것이라 할 수 있다. 그는 그것을 정치적인 목적인 결사체나 특정 주제를 논의하기 위해 모인 계몽주의 살롱과의 대비 속에서 생각했다.[97] 낭만적 살롱과 같은 자유로운 사교는 가정, 경제, 정치의 영역에서 독립되어 오로지 순수하게 '사교성'만을 위해 존재하는 곳이다. 거기서 대화는 특정 주제에 얽매이지 않고

---

94 Friedrich D. E. Schleiermacher, "Versuch einer Theorie des geselligen Betragens," in *Schriften aus der Berliner Zeit 1796-1799, Kritische Gesamtausgabe*. I/2, ed. Günter Meckenstock (Berlin/New York: Walter de Gruyter, 1984), 165: "Freie, durch keinen äußern Zweck gebundene und bestimmte Geselligkeit wird von allen gebildeten Menschen als eins ihrer ersten und edelsten Bedürfnisse laut".

95 Arndt, "Friedrich Schleiermacher als Philosoph," 57.

96 Schleiermacher, "Versuch einer Theorie des geselligen Betragens," 169.

97 Fauser, *Das Gespräch im 18. Jahrhundert*. 419-425.

자기 목적적 성격을 지닌다. 대화의 소재보다는 상호작용한다는 사실 자체가 더 중요하다. "관건은 (각자가) 자기 힘들의 자유로운 유희에 내맡긴 채 그 힘들을 조화롭게 양성할 수 있고, 자신이 부과하지 않은 그 어떤 법칙에도 지배받지 않은 채 모든 가정적 관계와 시민적 관계의 제한에서 일시적으로 벗어날 수 있는가이다."[98] 슐라이어마허의 생각에 따르면 자아는 가정과 직업의 영역에서는 크게 제한받기에 자유롭게 발전할 수가 없다. 그래서 이러한 상태를 보충해 주는 다른 상태가 필요하다. 그것이 바로 사교이며 대화이다. 사교성이란 궁극적으로는 개인이 다른 개인과의 상호작용을 통해 자기 자신을 발전시키는 교양의 목적을 지닌다. 그는 이것이 "자유로운 사교의 윤리적 목적der sittliche Zweck der freien Geselligkeit"이라고 주장한다.[99]

이상적 사교는 칸트의 미 개념처럼 자율적이고 자기 목적적인 것으로 규정된다. 슐라이어마허는 사교를 "예술작품처럼 만들 수 있어야" 한다고 주장한다.[100] 이런 관심사에서 그는 현재 통용되는 사교의 여러 관습이나 규율이 과연 정당한지를 검토한다. 예컨대 "점잖음에 대하여"에서 '점잖음'이란 겉으로 드러나는 예의인 것인데 이것이 정말로 도덕적인 가치를 지니는지, 그저 "인간의 고유성을 제한하고 괴롭히는" 것은 아닌지 대화의 형식으로 따져 묻는다.[101]

---

98 Schleiermacher, *Versuch einer Theorie des geselligen Betragens,* 165: "dem freien Spiel seiner Kräfte überlassen, kann er sie harmonisch weiter bilden, und von keinem Gesetz beherrscht, als welches er sich selbst auflegt, hängt es nur von ihm ab, alle Beschränkungen der häuslichen und bürgerlichen Verhältnisse auf eine Zeitlang, soweit er will, zu verbannen."

99 위의 글, 165.

100 위의 글, 167.

마찬가지의 관심사에서 '수줍음'도 바로 그런 개인의 고유성을 제약하는 악덕이 아닌지 근본적으로 재검토되어야 했다.

3. 자유로운 사교의 교육과 시험의 장

"친밀한 편지"는 슐라이어마허의 '예술작품'일 뿐만 아니라 예술작품으로서의 '사교'의 가능성을 보여주는 시도이기도 하다. 즉 이 작품은 그가 생각하는 자유로운 사교의 이상을 구체적으로 시험해 보는 과정 자체라 할 수 있다. 그런 점에서 『루친데』는 더없이 적합한 대화의 계기이자 소재로 드러난다. "친밀한 편지"는 "그 누구와도 얘기할 수 없는 책"102에 대해 어떻게 이야기할 수 있는지 보여주며, 또 이에 관해 '점잖고', '수줍게' 상호작용할 수 있다는 것도 몸소 증명해 보인다. 이처럼 사유와 감정을 자유롭게 교환하는 대화의 장으로서 구상되었다는 사실은 이 글이 다양한 사람들의 편지 모음집 형식을 취한 또 하나의 이유가 될 것이다.

"친밀한 편지"에는 여성들을 자유로운 사교의 당당한 성원으로 만들기 위한 교육 프로그램도 들어 있다. 프리드리히는 에르네스티네와 카롤리네에게 가능한 한 선입관을 버리고 독서에 임할 것을 권하며 그런 뒤 주저 말고 자신의 생각을 개진해 보라고 계속해서 독려한다. 또 점잔을 빼면서 자신의 의견을 말하려 들지 않는 에르네스티네에게

101 Friedrich D. E. Schleiermacher, "Über das Anständige," *Schriften aus der Berliner Zeit 1800-1802, Kritische Gesamtausgabe,* I/3, ed. Günter Meckenstock (Berlin/New York: Walter de Gruyter, 1988), 90.

102 Schleiermacher, *Briefe uber Friedrich Schlegels Lucinde,* 154.

는 '요조숙녀' 짓은 그만두라는 비판을 던지기도 한다. 슐라이어마허는 사랑에 대한 진지한 대화와 농담이 허용되어야 할 사교에서 여성들의 역할이 특히나 중요하다고 봤다. 여성들이 그들의 '부드러운 본성상' 성에 대해서 천박하거나 저열하게 이야기하지 않을 수 있으리라고 기대하기 때문이다. 그럴 수 있다면 "미와 위트는 자유롭게 주어질 수 있을 것이다."[103]

슐라이어마허는 여성들 또한 자유로운 사회의 구성원으로서 자신의 개체성을 발견하고 발전시킬 권리와 의무가 있다고 보았다. 그의 잘 알려진 "고귀한 여성들을 위한 이성의 교리문답서에 대한 의견Idee zu einem Katechismus der Vernunft fuer edle Frauen"("아테네움-단상", 364번)은 바로 이런 신념의 표현이다. "나는 인간이 각각 남성과 여성의 덮개를 쓰기 이전의 시기에 존재했던 무한한 인간본질을 믿는다"라는 신조 1번은[104] "사실 사람들이 일반적으로 생각하고 받아들이는 그런 남성다움, 여성다움이라는 것은 인간 자체의 본질에 있어서 가장 위험한 장애물"[105]이라고 한 슐레겔의 주장과 함께 초기낭만주의가 남녀를 양극적으로 이해하려던 당대 여성 담론과 어떠한 비판적 거리를 두었는지 잘 보여준다.[106] 슐레겔과 슐라이어마허는 성이 본질적인 것은

---

103 위의 글, 177.

104 프리드리히 슐레겔, "아테네움 단상", 필립 라쿠-라바르트/장 뤽 낭시: 『문학적 절대. 독일 낭만주의 문학 이론』, 홍사현 역 (서울: 그린비, 2015), 235.

105 프리드리히 슐레겔, "철학에 대하여", 필립 라쿠-라바르트/장 뤽 낭시: 『문학적 절대. 독일 낭만주의 문학 이론』, 홍사현 역 (서울: 그린비, 2015), 341.

106 Wolfgang Virmond, "Liebe, Freundschaft, Faublastät – der frühe Schleiermacher und die Frauen," in *Wissenschaft und Geselligkeit. Friedrich Schleiermacher in Berlin 1796-1802,* ed. Andreas Arndt (Berlin: Walter de Gruyter, 2009), 52f.

아니라고 보았으며, 여성도 남성처럼 교양을 쌓고 철학을 할 권리가 있다고 주장했다.

물론 여성을 위한 자기계발 논의가 공적 영역에서 여성의 권리를 높이자는 주장과 같은 것은 아니었다. 슐라이어마허의 생각에 여성들이 자유로운 사교의 출발점인 이유는 여성들이야말로 사교에서 자신을 제약하는 가정에서 벗어나려 하며, 또 이런 사교를 통해 시민적-정치적 목적을 추구하려 하지도 않기 때문이다.[107] 슐라이어마허는 그가 체험했던 베를린 살롱을 모델로 하여 젠더나 신분 등의 구분이 일시적으로 해소되고 각자가 자유롭게 자신의 생각과 감정을 교환할 권리를 누리는 그런 사교의 공간을 지향했다.[108] 하지만 여성이 사교에서 부여받은 특별한 의미는 쉴러의 '미적 국가'처럼 현실로부터의 일정한 독립성 속에서만 성립되므로 여성이 공적 영역으로 진출하는 순간 상실되는 것이다.

4. 사교의 한계선

슐라이어마허는 "서평"에서 슐레겔의 『루친데』가 받은 공격이 사실상 마녀사냥이라 말하며 이렇게 덧붙인 바 있다. "과거에 어느 불운한 여인이 흑마술을 부린다고 고발당했을 때 무사히 풀려날 때까지 자신의 무죄를 주장하려 들면 오히려 극도로 위험했다. 책도 마찬가지일 것이다."[109] 즉 광신적이고 맹목적인 공격 앞에서 대화는 불가

107 Arndt, *Friedrich Schleiermacher als Philosoph*, 54.

108 위의 글, 52.

능할 뿐만 아니라 오히려 몰이해와 분노만 키울 뿐이라는 말이다. 슐라이어마허가 생각하는 자유로운 사교의 이상은 최소한의 규칙을 합의하고 성원들에게 자기계발을 촉구하는 것만으로는 이루어질 수 없다. 아무리 말해도 통하지 않는 사람들이 존재하기 때문이다. 따라서 '자유로운 사교'의 전망을 실현하려 하는 "친밀한 편지"의 저자는 놀랍게도 이 편지가 『루친데』를 공격하는 사람들을 설득하여 그들의 생각을 바꾸게 할 수도 없고, 그럴 의도도 없다고 프리드리히의 입을 빌어 분명히 말하게 한다.[110] 가상의 편집자 '너'는 독자들과 논쟁하고 그들의 생각을 바꿀 요량으로 이 편지를 출판하려고 하나, 프리드리히는 그런 기대는 아예 버리라고 조언한다. 그것은 논쟁 방식이 잘못됐거나 요령이 없어서가 아니라, "대립되는 사고방식 사이에는 아무런 이해도 소통도 존재하지 않는"(es giebt zwischen diesen entgegengesetzten Denkarten keine Verständigung und keine Mittheilung) 까닭이다.[111] 그는 자신의 이런 입장을 보다 분명히 천명하기 위해서 "말귀가 어두운 사람들에게 바치는 헌사"를 "친밀한 편지" 앞에 실을 것을 주장한다.

이 작은 헌사는 도로테아 파이트가 말했듯 "천국으로 들어가는 입구에서 말귀가 어두운 사람들을 번쩍하고 비춰보이는 불의 검"(das Flammenschwerdt, das den Unverständigen am Eingang des Paradieses entgegenblitzt)처럼 이른바 '자유로운 사교'의 입구를 지키는 매서운 문지기 역할을 한다.[112] 여기서 슐라이어마허는 너희 "말귀가 어두운

---

109 Schleiermacher, *Rezension von Friedrich Schlegel,* 219.

110 Schleiermacher, *Vertraute Briefe über Friedrich Schlegels Lucinde,* 145.

111 위의 글, 145.

112 Schleiermacher, *Briefwechsel 1800*, 90.

사람들"이 우리의 동료 시민이며 문단의 친구들로서 우리는 '너희들'에게 늘 의견을 구하고 검토를 요청해야 하지만, '너희들'은 인류의 발전과 진보를 사사건건 가로막는 장본인들이며, 모든 것을 현 상태로 유지하기 위해 전쟁과 박해도 마다하지 않는 자들, 살아 숨 쉬는 것이라면 다 미라로 만드는 무시무시한 자들이라고 일갈한다.[113]

슐라이어마허는 "친밀한 편지"에서 자신이 생각하는 이상적인 사교의 장을 펼쳐 보이기 전에 사교 자체를 원천 봉쇄하는 '몰이해'에 대한 전쟁을 선포한 셈이다. 그의 생각에 그런 몰이해는 이해와 소통으로 절대 해소될 수 없다. 오히려 합리적인 대화와 소통이 가능한 것처럼 보인다면 그것은 '내 악령mein böser Dämon'이 부리는 농간 탓이다.[114] 따라서 슐라이어마허의 사교 이념은 처음부터 어떤 폐쇄성을 상정한다. 때문에 그 사교의 왕국 바깥에 여기에서 추방된 '무권리자들die Vogelfreien'이 있는 것도 놀랍지 않다.[115] 자유로운 사교는 오직 같은 사교의 이상을 공유하고 존중하는 사람들 사이에서만 가능할 것이다. 그것이 처음부터 '교양 있는' 사람들의 요청이었다는 점을 상기할 필요가 있다. "친밀한 편지"가 구현하고자 하는 '자유로운 사교'는 그 한계선을 뚜렷이 그어놓아야만 시작할 수 있다.

113 Schleiermacher, *Vertraute Briefe über Friedrich Schlegels Lucinde*, 147.

114 위의 글, 145.

115 Schleiermacher, *Briefwechsel 1801-1802*, 130.

IV. 나오며: 사교에서 사랑으로

슐라이어마허의 "친밀한 편지"는 『루친데』에 대한 부당한 비방에 맞서 이 책을 구제하려는 분명한 목적에서 쓰였다. 슐라이어마허의 생각에 『루친데』에 쏟아진 많은 비난은 사랑에 대한 잘못된 신념이나 문학에 대한 잘못된 견해에서 기인하며, 또 사교계 안의, 특히 여성들을 지배하는 '수줍음'에 대한 잘못된 관념에 원인이 있다. 이런 생각에서 슐라이어마허는 슐레겔의 사랑관을 지지하고 보충하는 작업을 시도했으며, 문학의 도덕성을 판단하는 잘못된 관점을 교정하고자 했다. 또 마지막으로 '수줍음'의 관념을 비판하여 자유로운 사교를 위한 예비 조건들을 마련하고자 했다.

"친밀한 편지"의 일차적인 목적은 『루친데』의 옹호에 있지만, 그렇다고 그것이 『루친데』를 비방하는 대다수의 사람들을 겨냥한 것이라고는 할 수 없다. 슐라이어마허는 "친밀한 편지" 앞에 도발적이고 조롱 섞인 헌사를 붙임으로써 그의 메시지가 어디까지 전달될 수 있을지에 대한 근본적인 회의와 체념을 드러낸다. 그는 『루친데』가 매도당하는 것을 지켜보면서 맹목적이고 비합리적인 사람들을 대화로 설득하기보다는 그들을 자신의 글에서 단호히 추방하기로 작정한 듯하다. 그는 대화 가능성이 있는 사람들 사이의 대화의 자유를 보장하는 작업이 훨씬 생산적이라고 본 것이다. 따라서 "친밀한 편지"는 쉽고 명료한 언어로 다른 사람을 설득하거나 이념을 홍보하는 글이 아니라 복잡하고 모호하며 다층적인 예술비평의 언어가 되었다. 이는 '자유로운 사교'의 이상에 입각한 그의 사회 구상이 현실적으로 보편성을 요청하는 것이 아니며, 일정 정도의 엘리트적 폐쇄성을 불가피하게 전제함을 말한다. 따라서 "친밀한 편지"의 공동체가 정말로 친밀한, 내밀한 공동체가 되는 것을 막을 수 없다.

실제로 "친밀한 편지" 안에서 대화를 통해 자율성과 타율성이 상호 작용하는 그런 이상적인 사교의 관계를 맺는 사람들은 아주 엄밀히 말하면 연인들뿐이다. 엘레노레는 프리드리히에게 이렇게 감격에 차 말한다. "사랑 덕분에, 네 덕분에 내 모든 관점과 통찰이 훨씬 분명해지고 순수해졌어."[116] 정말로 서로를 이해하고 있다는 느낌은 오직 연인에게만 가능한 것처럼 보인다. 앞서 말했듯이 슐레겔은 사랑을 고유한 개인들 간의 소통이 가능하게 하는 유일한 매체로 격상시킨 바 있다. 그래서 슐라이어마허의 "친밀한 편지"에서도 사교의 이상은 조금 위태로워 보인다. 그것은 사랑의 이상에 언제든 흡수될 것처럼 보인다.

---

116 Schleiermacher, *Vertraute Briefe über Friedrich Schlegels Lucinde*, 198: "durch die Liebe und durch Dich [sind] alle meine Ansichten und Einsichten soviel bestimmter und reiner geworden...."

야코비와 슐라이어마허

최신한

I. 머리말

슐라이어마허에게 미친 야코비의 영향은 무엇보다 개인성, 유한성, 인격성 개념에서 확인된다. 이를 뒷받침하는 것은 믿음, 감정, 직접성과 같이 개인의 고유성을 드러내는 개념이다.[1] 슐라이어마허는 이를 직접적 자기의식, 절대의존감정에서 구체화한다. 이들 개념의 공통분모는 개인성과 타자성이다. 타자성은 개인 안에 존재하나 개인이 설명할 수 없는 개인의 고유한 특성이다. 근대철학이 개인의

1 야코비와 슐라이어마허의 공통분모를 개인성, 유한성, 인격성으로 간주하는 연구는 다음과 같다. Eilert Herms, *Herkunft, Entfaltung und erste Gestalt des Systems der Wissenschaften bei Schleiermacher* (Gütersloh: Gütersloher Verlagshaus Gerd Mohn, 1974), 121-163; Majk Feldmeier, "Die Endlichkeit des Menschen im Gespräch. Divergenz in Anthropologie und sittliche Praxis bei Schleiermacher und Jacobi," in *Der Mensch und die Kunst bei Friedrich Schleiermacher. Beiträge zur Anthropologie und Ästhetik,* ed. Holden Kelm and Dorthea Meier (Berlin: De Gruyter, 2023), 19-38; 최신한, "개인성으로서의 인격성. 야코비의 『알빌』(Allwill)을 중심으로" 「철학연구」 139 (2022), 57-78.

운동을 통해 타자까지 밝히려고 한다면, 개인 가운데 자기 스스로 설명할 수 없는 타자가 있다는 사실은 근대철학의 미완 또는 근대 속에 있는 탈근대를 보여준다. 여기서 우리는 근대성이 끝난 자리에서 시작하는 탈근대성이 아닌, 근대성의 한복판에 있는 탈근대성을 확인한다. 이로써 탈근대성은 니체와 하이데거에 훨씬 앞서 초기 낭만주의에서 시작한다고 할 수 있다.

이 글은 야코비가 슐라이어마허에 끼친 영향을 밝히는 데 집중하며, 그 파생적 성과가 탈근대성의 뿌리를 찾는 데 도움을 줄 수 있다는 부수 목표를 갖는다. 보편/개별, 이성/감정, 자기/타자, 수렴/산재, 완결성/개방성 등 형이상학의 특징을 나타내는 짝 개념에 비추어 보면 탈근대성은 후자를 강조한다. 그러나 짝 개념 가운데 후자는 탈근대 철학에서 처음으로 등장한 것이 아니다. 이 글은 앞쪽 개념과 뒤쪽 개념의 대립, 특히 전자에서 후자로의 이행이 야코비와 슐라이어마허에서 이미 작동하고 있다는 사실을 주장한다. 이들 개념의 대립과 이행은 양자택일의 방식이 아니라 오히려 양자의 필연적 관계로 나타나며 실재론과 관념론의 균형이라는 결과로 이어진다.

야코비와 슐라이어마허의 타자 담론은 칸트의 주관성 철학과 논쟁하고 주관성의 혁신을 시도한다. 칸트의 이원론을 넘어서기 위해 야코비는 스피노자 철학에 몰두함으로써 칸트의 물자체를 주관성으로 끌어들인다. 그러나 야코비에게 타자 문제는 결코 내재화될 수 없는 내재의 초월로 설명된다. 야코비는 내재의 초월을 주관성의 타자로 간주하고 이 타자를 실재론적으로 정초한다. 『스피노자 학설』, 『데이비드 흄』, 「선험적 관념론」에 의하면 타자는 인간의 지식 가운데 들어 있는 무제약적 존재와 직접적 존재이다. 무제약적 존재는 의식의 소유물이 아니라 의식 밖에서 주어진 그 전제이다.

이 글은 먼저 야코비의 칸트 이해와 비평을 재구성한다. 「선험적 관념론」과 『이성을 오성으로 보내고 철학 일반에 새로운 의도를 부여하려는 비판주의의 시도(1802)』를 중심으로 야코비의 칸트 독해를 살펴본다. 칸트와 피히테 사이에 등장한 야코비의 시선을 통해 선험철학이 초기 낭만주의로 이행하는 단편을 확인할 수 있다. 다음으로 야코비가 슐라이어마허에게 끼친 영향을 전前 반성적 코기토라는 틀을 통해 살펴본다. 슐라이어마허의 직접적 자기의식과 절대의존감정은 반성적 자아와 논리적 인식의 전제이다. 마지막으로 이 글은 개인 가운데 들어 있으나 개인이 설명할 수 없는 타자의 모습을 드러내면서 이 개념의 철학사적 위상과 의의를 정리해 보려고 한다.

II. 야코비의 칸트 비평

야코비는 신에 대한 예감Gottesahndung을 "자기 안에 생명을 소유하는 현존에 대한 예감"[2]으로 본다. 신을 예감하는 의식은 원래 매개가 불가능한 유한자와 무한자의 매개이다. 야코비는 이 예감을 "이성의 가장 섬세한köstlichst 속성"[3]으로 규정한다. 예감을 논리적 사고 아래에 있는 유동적 감정으로 보지 않고 이성의 차원에서 파악함으로써 인간 최고의 능력으로 격상시킨다. 이로써 예감은 모든 지식의 토대가

---

2 Friedrich Heinrich Jacobi, *David Hume über den Glauben oder Idealismus und Realimus, Jacobi Werke* 2/1 (Hamburg: Felix Meiner Verlag, 2004), 99.

3 위의 글, 99.

된다. 표상은 현실 자체를 표현할 수 없으나, "예감의 능력은 모든 표상의 확고한 토대fundamentum inconcusum이다."[4] 더 나아가 신에 대한 예감은 자유와 영혼불멸성에 대한 확신이다. 이러한 사유는 슐라이어마허로 이어져, 무한자에 대한 직관과 감정이 지식과 행위의 토대가 된다. 예감의 대상은 절대순수이성과 신이다. 야코비에 의하면 "절대순수이성은 절대 순수 인격성인 신을 전제한다."[5] 순수이성은 신의 영역이기 때문에, 인간은 감성의 모든 형식에서 전적으로 자유로운 순수이성을 소유할 수 없다.

인간의 감정은 최초의 행위를 감지하며 믿는다. 그러므로 근원적 감정과 믿음은 자아 가운데 전제되어 있다. 이것은 자아의 활동에 앞서 의식의 내용으로 주어져 있다. 의식에 전제된 감정과 믿음은 사고와 의지를 동반하면서 구체적인 지식과 행위를 형성한다. 야코비에게 믿음은 모든 합리적 증명에 선행하는 확실성이다. 감정은 실재에 대한 직접적 지각으로서 믿음과 동의어이다. "믿음은 영혼에 의해 느껴지는 것, 즉 실재에 대한 긍정이자 그 표상으로서 상상력이 지어낸 것과 구별되는 것이다."[6] 믿음은 논리적으로 연역하거나 증명할 수 있는 근거가 아니다. 합리적 증명에 선행하는 믿음은 인식 전반의 본령本領이다. 실재에 대한 의식의 직접성이 믿음이므로 모든 인식은 이 믿음에서 출발한다.

---

4 Gideon Stiening, "'Der geheime Handgriff des Schöpfers'. Jacobis theonome Epistemologie," *Friedrich Heinrich Jacobi (1743-1819)*, ed. C. Ortlieb, F. Vollhart (Berlin: Walter de Gruyter, 2021), 173.

5 Jacobi, *David Hume über den Glauben*, 63, 각주.

6 위의 글, 30.

모든 인식은 오로지 믿음에서 나올 수 있다. 왜냐하면 내가 사물과의 관계를 통찰하기 전에 이미 그 사물이 나에게 주어져 있어야 하기 때문이다.[7]

믿음은 이성적 판단 이전에 갖게 되는 실재에 대한 직접적 확신이며 오로지 느껴진 것이라는 점에서 이성의 능동성과 구별된다. 이러한 관점은 칸트의 주관적 관념론에 대한 비평으로 이어진다.

칸트는 야코비에 앞서서 순수이성의 가능성을 신의 관점이 아닌 인간의 관점에서 정교하게 탐구했다. 순수이성을 이성 비판의 엄밀한 작업을 통해 밝혀내려고 한 것은 철학사를 관통하는 획기적인 기획이다. 순수사변이성의 가능성을 전제 없이 밝히려는 시도는 이 작업의 완결과 무관하게 철학사의 중요한 전진으로 평가받는다. 야코비는 칸트의 기획에 놀라움을 표하면서도 이 기획에 대해 근본적인 물음을 제기한다. 야코비가 볼 때 선험적 관념론의 기획은 전반적으로 실재세계와 무관한 허구의 세계이다. 그는 「선험적 관념론」[8]과 『이성을 오성으로 보내고 철학 일반에 새로운 의도를 부여하려는 비판주의의 시도(1802)』[9]에서 칸트를 상세하게 다룬다.

---

7 이 인용문은 슐라이어마허가 Jacobi의 『스피노자 학설』을 그대로 인용한 것으로서 양자의 공통된 견해를 드러낸다. Friedrich D. E. Schleiermacher, *Ueber dasjenige in Jakobis Briefen und Realismus was den Spinoza nicht betrift, und besonders über seine eigene Philosophie, Jugend Schriften 1787-1796, Kritische Gesamtausgabe*. I/1, ed. Günter Meckenstock (Berlin/New York: Walter de Gruyter, 1984), 165.

8 Friedrich H. Jacobi, *Ueber den Transcendentalen Idealismus, Jacobi Werke*, 2/1 (Hamburg: Felix Meiner Verlag, 2004).

9 Friedrich H. Jacobi, *Über das Unternehmen des Kritizismus, die Vernunft zu Verstand zu bringen, und der Philosophie überhaupt eine neue Absicht zu geben* (1802), Jacobi

야코비는 실재론자로서 칸트의 주관적 관념론과 선험적 관념론을 비평한다. 비판과 비평은 원래 같은 의미이지만 뉘앙스의 차이가 있다. 야코비는 칸트철학에 대해 조심스러운 접근을 하므로 그에게는 비판보다 비평이 어울린다. 야코비의 실재론은 주체에서 독립적인 실재에 대한 믿음에 토대를 둔다. 외부 세계의 인식에 이르는 담론적 길은 없다. 담론적 인식에 앞서 직관적 인식, 직접적 믿음이 전제되어야 한다. 야코비는 의식이 현실과 직접적으로 관계하는 곳에서 인간의 인식이 가능하다는 사실을 강조한다. 직접적인 현실 의식은 칸트의 선험적 의식에 맞서는 주장이다. 이러한 생각은 슐라이어마허로 이어진다. "영혼 가운데 있는 본래적 참과 실재는 존재에 대한 감정과 직접적 개념이다."[10] 존재를 최초로 접하는 것은 오성이 아니라 감정이며 감정에서 나오는 직접적 개념은 오성의 개념 파악에 선행한다. 이것은 개별적 개념들에 선행하는 '직접적 개념의 현시'이다.[11]

반면에 칸트는 실재론자들이 실제의 대상으로 인정하는 것을 단순히 주관적인 표상으로 간주한다. 칸트의 선험적 관념론은 야코비가 인정하는 객관적 현실을 깨끗이 제거해 버린다.[12] 그러나 야코비는, 칸트를 따를 때 우리의 전체 인식은 아무것도 갖지 못할 것이며 그 어떤 참되고 객관적인 의미도 소유할 수 없을 것으로 판단한다.[13]

Werke, 2/1 (Hamburg: Felix Meiner Verlag, 2004).

10 Friedrich D. E. Schleiermacher, *Spinozismus, Jugend Schriften 1787-1796, Kritische Gesamtausgabe*. I/1, ed. Günter Meckenstock (Berlin/New York: Walter de Gruyter, 1984), 535.

11 위의 글, 535.

12 Immanuel Kant, *Kritik der reinen Vernunft* (Hamburg: Felix Meiner Verlag, 1956), A 37 참조.

야코비는 칸트의 시간 개념을 사례로 삼아 표상을 통해 실재에 이른다는 칸트에 이의를 제기한다. "변화는 오로지 시간 속에서만 가능하므로 시간은 실제적인 것이다."[14] 야코비는 운동을 매개로 공간과 시간을 실제 사실로 간주한다. "공간과 시간은 사실이다. 왜냐하면 운동은 사실이기 때문이다. 사람이 운동하지 않으면 공간을 표상할 수 없으며, 전혀 변화하지 않으면 시간 개념을 알지 못한다."[15] 그러나 칸트에 의하면 "시간은 내적 직관의 실제적 형식이므로, 시간은 내적 경험을 고려할 때 주관적 실재성을 갖는다. 즉, 나는 실제적 시간에 대한 표상을 갖는 것이다. 그러므로 시간은 실제의 대상으로서가 아니라 대상인 나 자신의 표상 방식으로 간주될 수 있을 뿐이다."[16]

칸트의 주장은 야코비와 같은 실재론자에게 설득력이 없다. 칸트와 같은 경험적 실재론자는 야코비에게 몽상적 관념론자가 된다.[17] 선험적 관념론자는 실재론자가 인정하는 내용, 즉 인간의 표상과 무관하게 존립하는 외부 사물을 인간 안에 있는 존재, 내적 존재로 본다. 그러나 야코비는 이에 맞선다. "공간과 시간을 대상으로 간주하는 것은 오류다. 양자를 직관의 단순한 형식으로 봐도 오류이다. 이 두 가지 오류를 함께 취하는 것은 모순이므로 공간과 시간을 무無로

13 Jacobi, *David Hume über den Glauben*, 111 참조.

14 Jacobi, *Ueber den Transcendentalen Idealismus*, 106.

15 Jacobi, *Über das Unternehmen des Kritizismus*, 318. "칸트는 정당하게도 운동을 공간과 시간의 통일체라고 부른다." "순수 공간에는 아무런 장소가 없다. 장소가 장소로서 다른 장소와 구별되고 제약되어야 하는 그런 장소가 없다. 따라서 순수 공간에는 장소 변화도 없다. 그러므로 순수 공간은 무한하다."

16 Jacobi, *Ueber den Transcendentalen Idealismus*, 106; Kant, *Kritik der reinen Vernunft*, A 37.

17 Jacobi, *Ueber den Transcendentalen Idealismus*, 107 각주 참조.

간주하는 것 말고 다른 출구가 없다."[18]

야코비에 의하면 내적 존재인 "표상은 현상에 불과하며 전적으로 무無이며 객관적인 것이 아무것도 없는 무이다."[19] 이렇게 되면 칸트의 선험적 관념론이 가르치는 것은 '전적인 무인식'뿐이다. "우리의 전체 인식은 진정으로 객관적 의미를 지니는 그 어떤 것도 포함하지 않는다."[20] 칸트의 오류는 주관적 구성 행위가 아무런 실제적 관계를 구성할 수 없다는 데 있다.[21] 여기서 야코비는 한 걸음 더 나아간다. 내적 존재를 강조하는 선험적 관념론자는 "가장 강력한 관념론"을 주장할 용기를 가져야 하며 "사변적 자기중심주의[Egoismus]"라는 비판도 두려워해서는 안 된다.[22] 실제로 이런 방식으로 선험적 관념론을 밀고 나간 철학은 헤겔이다.[23] 그러나 헤겔을 오로지 칸트의 방식으로 이해해서는 안 된다는 사실은 자명하다.

야코비는 칸트가 주장한 감성, 오성, 이성의 상관관계를 통해서도 칸트의 한계를 지적한다. "오성은 자신의 실재성, 의도, 본래적 의미를 단순히 감성적인 것을 개별화하는 능력으로 갖는다. 오성은 그 자체로 존립할 수 없으며 이렇게 존립하는 것으로 생각될 수도 없다. 그러므로 감성적 존재의 개별화 수단인 오성은 감성적 존재의 존립과 그

18 Jacobi, *Über das Unternehmen des Kritizismus,* 270 이하.

19 Jacobi, *Ueber den Transcendentalen Idealismus,* 107.

20 Jacobi, *Ueber den Transcendentalen Idealismus,* 111.

21 Johannes Haag, "Die Wirklichkeit der Dinge. Objektive Bezugnahme bei Jacobi, Kant und Fichte," in *Jacobi und Kant,* ed. B. Sandkaulen, W. Jaeschke (Hamburg: Felix Meiner Verlag, 2021), 52, 55 참조.

22 Jacobi, *Ueber den Transcendentalen Idealismus,* 112.

23 헤겔이 an sich와 für uns의 연관을 설명한 것이 대표적이다. Georg W. F. Hegel, *Phänomenologie des Geistes* (Frankfurt: Suhrkamp, 1970), 76 참조.

입수에만 관심을 두어야 한다."[24] 오성은 규정하는 존재이며 감성은 규정될 수 있는 존재이다. 그러므로 오성은 자신이 규정할 감각 자료에만 관심을 둔다. "이와 똑같은 방식으로 오성은 상상력의 단순하고 공허한 토대에서 오성을 확장하는 이성과 관계한다."[25] 칸트의 이성은 오로지 오성 사용에만 관계할 뿐 결코 대상에는 관계하지 않는다.[26] 그러므로 야코비가 볼 때 "무제약자의 이념은 철저하게 공허하며 (이런 점에서) 상상력의 응급처치이다."[27] 상상력의 영역을 객관적이라고 할 근거는 없다. 칸트에게는 진정으로 객관적 존재가 없다는 것이 야코비의 확고한 진단이다.

실재의 객관성을 강조하는 야코비가 오늘날의 과학적 판단도 실재와 무관한 것이라고 주장할지는 의문이다. 천문학적 판단에는 관찰하는 주관의 역할이 중요하기 때문에, 예컨대 달과 지구 사이의 거리를 측정한 판단이 객관적이라는 사실까지 부정하지 않을 것 같다. 그러나 야코비는 칸트가 말하는 경험적 실재론과 선험적 관념론의 양립 가능성을 받아들이지 않는다. 칸트를 따르면 공간에 대한 선험적 직관이 없으면 달도 없다. 칸트에게는 생각하는 주체도 현상에 불과하며 이 주체의 직관을 통해 파악한 달도 현상에 그친다. 이에 반해 야코비에게 달과 같은 물리적 대상은 주관과 무관하게 실재한다. 이처럼 칸트와 야코비의 대립이 분명한 국면에서 양자의 조정이 가능

---

24 Jacobi, *Über das Unternehmen des Kritizismus,* 281.

25 위의 글, 281.

26 Kant, *Kritik der reinen Vernunft,* B 383, 358 이하. "그러므로 이성은 오로지 오성 사용에만 관계한다. … 필연적 이성개념에는 그것에 일치하는 대상이 감성에 주어질 수 없다. 그러므로 우리가 지금 숙고하는 순수이성 개념은 초월적 이념이다."

27 Jacobi, *Über das Unternehmen des Kritizismus,* 282.

한 지점을 말할 수 있다. 야코비의 독립적 실재는 통일적인 시공간Raumzeit, 즉 4차원에 토대를 두며, 칸트의 선험적 주관도 자연을 오로지 관찰을 통해서만 파악하지 않고 그 진위를 상호주관적으로 판단하는 지식의 전제를 갖는다.[28] 페터 로스와 같이 야코비의 칸트 비판과 한계, 칸트의 유의미성과 한계를 고려하면서 양자를 화해시키려는 시도는 오늘날의 관점이다.

III. 슐라이어마허에게 미친 야코비의 영향

슐라이어마허는 야코비의 실재의식Realitätsbewusstsein을 인정하고 수용한다. 슐라이어마허는 칸트와 달리 믿음이 인식의 본래적 요소라는 야코비의 주장을 받아들인다. 양자는 현실을 개념적으로 파악한다는 칸트에게 과연 충분한 근거가 있는지 의심한다. 개념적 파악은 그 활동 이전에 많은 것을 전제해야 하기 때문이다. 슐라이어마허는 야코비의 '믿음'이 이루어지는 자리를 '자아' 대신에 '직접적 자기의식'으로 간주한다. 믿음은 "객관적 근거에서 유래하는 진리-간주Fürwahrhalten"가 아니라 "주관적 근거에서 유래하는 진리-간주"이다.[29] 직접적 자기의식이 인식의 주관적 근거로 작용한다.[30]

---

28 Peter Rohs, "Was ist das Problem bei Kants Annahme einer Affektion durch Ding an sich?," in *Jacobi und Kant*, ed. B. Sandkaulen, W. Jaeschke (Hamburg: Felix Meiner Verlag, 2021), 85 참조.

29 Herms, *Herkunft, Entfaltung und erste Gestalt des Systems der Wissenschaften bei Schleiermacher*, 137.

30 Schleiermacher, *Ueber dasjenige in Jakobis Briefen und Realismus was den Spinoza*

야코비에 의하면 감성 앞에는 오로지 감성만 있다. 감성이 오성과 이성보다 근원적 활동성이기 때문이다. 야코비는 감성과 함께 상상력도 근원적 활동으로 보나 감성과 상상력의 관계는 다소 불분명하다. 야코비는 감성과 상상력을 번갈아 근원적이라고 주장한다.

> 이성은 오성에 기인하고, 오성은 상상력에 기인하며, 상상력은 감성에 기인한다. 그런데 감성은 다시금 선천적a priori 직관의 능력인 상상력에 기인한다. 그렇다면 이 상상력은 어디에 기인하는가? 상상력은 명백히 무에 기인한다. 상상력은 절대적 근거이며 모든 존재 가운데 존재하는 것이다. 상상력은 자신을 순수하게 선천적으로 산출한다. 상상력은 산출 활동의 산출자das Producirende des Producirens이다.[31]

상상력은 한편으로 감성에 기인하면서 다른 한편으로 그 자체가 선천적 직관 능력인 감성을 만들어 낸다. 감성을 만들어 내는 상상력은 무에 기인하는 절대적 근거로 묘사되며 동시에 산출 활동의 산출자로 묘사된다. 상상력은 무에서 나오는 모든 것의 근거로서 모든 활동을 가능하게 한다. 상상력은 기본적으로 아무것도 없는 것에서 무엇인가를 가능하게 하는 산출 활동이다. 이때 상상력의 산출 활동은 어떤 것의 도움과 매개를 통해 이루어지지 않는다. 오로지 스스로를 통해 자기를 직접적으로 산출한다. 야코비는 이것을 '직접적 판단'으로 부른다.[32] 직접적 판단은 사전事前에 아무런 명제 없는 정립이고 아무

nicht betrifft, und besonders über seine eigene Philosophie, 585 참조.

31 Jacobi, *Ueber das Unternehmen des Kritizismus,* 290.

런 개념 없는 발생이다. 직접적 판단은 아무런 개념이나 판단이 없는 상태에서 이루어지는 종합행위이다.[33] 이러한 능력은 감성을 일으키고 개념을 만들어 내는 원초적 활동이다. 이러한 활동을 하므로 인간은 틀림없이 생명과 지성의 주체이다. 무에서 일어나 상상력을 작동시키고 감성을 흔들어 깨우며 이를 토대로 개념적 판단을 하게 한다. 상상력에게 무로 다가오는 세계는 사실 모든 존재이다. 세계의 모든 존재와 만나는 통로가 상상력이며 감각이다. 여기서 인간 인식의 세계가 펼쳐진다. 외부 세계는 상상력과 감각을 통해 인간의 내면으로 들어와 그 비밀을 드러낸다.

야코비의 '직접적 판단' 또는 상상력의 산출 활동은 슐라이어마허의 '직접적 자기의식'으로 연결된다.[34] 직접적 판단과 직접적 자기의식은 외부 세계로 개방된 내면의 계기를 지칭한다. "인간존재는 타자존재에 개방되어 있다(Geöffnetsein des menschlichen Seins für das andere Sein)."[35] 슐라이어마허는 삶의 직접적 개방에서 획득되는 감각인상을 인식의 실제적 시작이라고 본다.[36] 직접성은 당시 철학의 전통

---

32 위의 글, 295.

33 "직접적 판단은 시원적으로 자기 자신을 산출하는 오로지 종합하는 행위이다. … 직접적 판단은 필연적으로 개념들 없이 발생한다. 왜냐하면 개념들은 앞서 종합적으로 산출되어야 하기 때문이다. 직접적 판단은 명제들 없는 정립이다." 위의 글, 295.

34 야코비가 강조하는 상상력이 슐라이어마허에게 영향을 미친 흔적은 『종교론』에도 나타나 있다. "인간이 자신의 직관 가운데 신을 소유하는 여부는 그의 상상력의 방향에 달려있다." "상상력이야말로 인간 가운데 있는 최고의 것이자 가장 근원적인 것이다." 그러나 각각 'Einbildungskraft'와 'Fantasie'라는 개념을 사용한다. 프리드리히 슐라이어마허, 『종교론』 (서울: 기독교서회, 2002), 115.

35 Friedrich D. E. Schleiermacher, *Dialektik* (Darmstadt: Wissenschaftliche Buchgesellschaft, 1976), 140.

36 위의 글, 151 이하.

에서는 낯선 개념이지만 야코비와 슐라이어마허의 섬세한 '인식 해부학' 덕택에 인식의 첫 단계로 자리 잡는다. 직접적 판단과 직접적 자기의식은 개념과 명제를 구성하는 기본단위라기보다 인간 활동성의 출발 지점, 즉 인식과 행동의 전제이다.

인식과 행동의 전제로 활동하는 직접적 자기의식은 감정의 다른 이름이다. 이것은 야코비가 믿음의 자리로 강조했던 감정의 연장선상에 놓여있다. 그러나 직접적 자기의식은 인간학의 분위기가 농후한 야코비의 감정 개념과 달리 당시 철학의 논의를 총괄한다. 슐라이어마허는 감정을 주관적이라고 비판하는 것을 철저하게 반박한다. "감정은 일반적으로 생각하는 바와 같은 주관적인 것이 전혀 아니다. 감정은 개인적 자기의식으로 뿐만 아니라 보편적 자기의식을 지향한다. 감정은 자기-자신을-소유함의 보편적 형식이다."[37] 자기 자신을 소유하는 것은 소유에 대한 반성 이전에 있는 직접적 사태이다.

자기의식은 철학의 전문용어로서 데카르트 이후 갈고 닦아져 온 개념이다. 슐라이어마허는 당대의 논의를 선도한 칸트와 피히테를 염두에 두고 이를 능가한 개념을 제시한다. 이른바 '나는 생각한다'의 틀을 벗어난 새로운 철학의 원리가 등장한다. 자기의식이 '나는 생각한다'의 틀 속에 있다고 하더라도, 아무런 전제 없는 생각은 애당초 불가능하다. 생각의 운동은 내가 생각하는 X에서부터 시작되기 때문이다. 또한 인식주체가 이 X를 알지 못한다면 생각은 불확실한 X에서 출발하고 그 결과도 이 X의 비규정성 때문에 불확실하게 남는다.

직접적 자기의식은 반성적 자기의식인 자아[Ich]와 다르다. 자아는

37 위의 글, 288.

여러 상이한 계기들 가운데서 주체의 동일성을 주장하고 이 계기들의 총괄에 기인하는 매개적 자기의식이다. 직접적 자기의식은 자아의 활동 이전에 인간에게 주어진 능력이라면, 매개적 자기의식은 항상 그 무엇을 반성하는 자기의식이다. 자기의식과 자아의 관계는 직접적인 것과 매개적인 것의 관계와 같다. 또한 직접적 자기의식은 감성에 의해 촉발되는 주관적이고 개인적인 느낌과도 구별된다.[38] 직접적 자기의식은 외부의 촉발과 무관하므로 예컨대 통증과 같은 느낌과는 다르다. 직접적 자기의식은 감정이지만, 이 감정은 통증과 같은 주관적 느낌이 아니다. 직접적 자기의식은 자아 및 느낌과 구별되나 항상 양자와 함께 활동한다. "감정의 정립 없는 곳에서는 자아-정립이 없으며 자아-정립이 불가능한 곳에서는 감정을 생각할 수 없다."[39] 따라서 감정과 자기의식은 항상 자아와 느낌을 동반한다. 이 동반을 통해 직접적 자기의식은 반성과 느낌을 가능하게 하며 양자의 근거로 활동한다.

이 지점에서 슐라이어마허는 직접적 자기의식을 '근원근거Urgrund' 및 '초월적 근거transzendenter Grund'와 함께 논의한다. 직접적 자기의식은 이 두 개념에 의해 초월적 규정을 가지며 이로 인해 '종교적 감정'으로도 규정된다. '감정'과 동의어로 사용되는 직접적 자기의식이 종교적 감정으로 규정되는 이유는 단순하다. 직접적 자기의식은 사고와 의욕 가운데 하나를 대변하지 않으며 양자의 대립 가운데 있지도 않고 양자와 동반하면서 이를 넘어서 있는 능력이기 때문이다. 직접적

38 위의 글, 288. 참조.

39 위의 글, 290 참조.

자기의식 또는 정립하는 인간존재는 사고와 의욕의 무차별Indifferenz 지점에 있다.[40] 다시 말해서 직접적 자기의식은 (사고나 의욕과 같은) 대립자에 의해 제한되거나 규정되지 않고 초월적 근거에 의해 규정된다. 즉, "모든 사고하면서-의욕하는 자와 의욕하면서-사고하는 자는 초월적 근거 안에서 여타 모든 것과의 관계에서 하나로 통일될 수 있다."[41] 이러한 통일의 심급이 초월적 근거이다. 이제 초월적 근거는 직접적 자기의식 안에 그 모습을 현시한다. 직접적 자기의식 가운데 초월적 근거가 현시되므로 직접적 자기의식은 초월적 규정을 가지며, 이로써 종교적 감정으로도 규정된다. 종교적 감정의 매개를 통해 인간 가운데 근원근거Urgrund가 정립되는 것은 지각 가운데 사물이 정립되는 것과 같다.

슐라이어마허는 근원근거를 절대 주체, 근원 위력, 세계창조의 신, 운명이라는 네 가지 정식으로 묘사한다.[42] 직접적 자기의식 자체는 초월적 근거가 아니며 그 유비일 뿐이다. 네 가지 정식은 원래 인간에게 없는 타자가 인간 안에 접목된 상태를 묘사한 것이다. 자기 안에 초월적 근거가 현시된 직접적 자기의식은 늘 외부의 다양성에 의해 촉발되나 초월적 근거의 힘으로 이 모든 다양성을 지양한다. 그러므로 인간의 내면에서 종교적 측면이 완전히 배제된 순간은 존재하지 않는다. 최대치나 최소치의 차이가 있을 수 있으나 종교적 측면이 아예 영零인 상태는 없다. 이것은 야코비에서 슐라이어마허로 이어

---

40 위의 글, 288.

41 위의 글, 289.

42 위의 글, 290.

지는 일관된 사유이다.

위의 서술과 같이 직접적 자기의식은 종교적 자기의식, 종교적 감정을 넘어 아예 '신 의식'으로 불리기도 한다.[43] "우리는 종교적 자기의식 전반에 대한 반성 결과를 발견하는데, 여기서 종교를 신앙론의 형식으로 관조할 수 있다. 여기서 초월적 근거는 직접적 자기의식과의 혼합으로 고찰될 수 있다. 모든 신앙론에는 초월적 근거의 지속적 인간화가 지배하고 있다."[44] 이 부분은 『기독교 신앙』 서론의 저 유명한 주장으로 연결된다. "나는 감정을 직접적 자기의식으로 이해한다. … 내가 주장하는 것은 감정이 경건의 자리라는 것이다."[45] "경건의 본질은 우리가 우리 자신을 절대 의존적으로 느끼는 것, 다시 말해서 우리가 신에게 의존하고 있음을 느끼는 것이다."[46] 『기독교신앙』 1판(1821/22)의 이 표현은 2판(1830)에서 훨씬 정교하게 정리된다.

> 교회공동체의 토대를 이루는 경건은 지식이나 행위가 아니라 감정이나 직접적 자기의식의 규정성이다.[47]

> 절대 의존적으로 느끼는 것과 스스로 신과의 관계를 의식하는 것은 하나이다.[48]

---

43 위의 글, 290.

44 위의 글, 296.

45 프리드리히 슐라이어마허, 『기독교신앙』 (서울: 한길사, 2006), 60.

46 슐라이어마허, 『기독교신앙』, 65.

47 Friedrich D. E. Schleiermacher, *Der christliche Glaube nach den Grundsätzen der evangelischen Kirche im Zusammenhang dargestellt,* 2nd edition (1830/1831), ed. Martin Redeker (Berlin: Walter de Gruyter, 1960), 1:14, §3.

여기서 신 의식은 자기의식 안으로 들어온다. 절대의존성은 여타의 모든 관계를 포함하는 근본 관계로서 지식과 행위의 토대로 작용한다. 직접적 자기의식은 인간의 모든 활동의 토대인데, 그 가운데는 인간존재의 타자가 함께 정립되어 있다. "신은 절대의존감정 가운데서 인간을 동반하는 규정자das Mitbestimmende이다."[49] 이것은 자기의식을 구성하는 두 요소를 통해 보다 분명해진다. 이 두 요소는 자기 정립/ 자기-정립에-앞서-이미-정립된 존재Sichselbstnichtsogesetzthaben, 존재/ 자기 형성-이전에-이미-형성된-존재Irgendwiegewordensein로 표현된다.[50] 앞쪽은 인간의 자발적 상태를 가리키며 뒤쪽은 자발적 상태 이전에 전제된 것을 가리킨다. 후자는 자기의식 가운데 자아의 타자가 있음을 보여준다. 직접적 자기의식의 전前 반성적 특징을 지시하는 이들 개념은 하이데거의 피투성被投性, Geworfenheit 개념과 유사하다.

IV. 사고와 행위의 타자

직접적 자기의식 가운데 주체가 자발적으로 산출할 수 없는 전제가 있다면 그것은 직접적 자기의식 가운데 있는 주체의 '타자'이다. 이 타자는 사고와 의지의 자발적 활동에 앞서 주어져 있으면서 양자에게 영향을 미친다. '직접적'이라는 수식어는 사고와 의지의 매개 활동

---

48 Schleiermacher, *Der christliche Glaube*. 1:30, § 5.4.

49 위의 글, 30, § 5.4.

50 위의 글, 24, § 4.1.

에 앞서 존재하는 자기의식의 특징을 묘사한다. 주체의 타자는 사고와 의지의 미진한 활동 때문에 미처 양자에 포섭되지 않는 의식의 잔여residue가 아니다. 만약 그렇다면 의식의 전제를 하나도 남기지 않고 파악하는 사고가 작동할 수 있으며 결국 모든 전제를 무전제화無前提化할 수 있을 것이다. 모든 전제를 전제 아닌 것으로 파악하려면 사고 자체가 애당초 독자적이고 자발적이어야 한다. 야코비와 슐라이어마허는 사고의 전적인 독자성과 자발성을 인정하지 않는다. 오히려 사고 속에 사고 스스로가 파악할 수 없는 사고의 타자가 깃들여 있다고 본다. 직접성은 의식의 활동이 지각됨과 더불어 확인되는 의식의 타자이며, 사고의 활동이 출발할 때 이미 사고에 영향을 미치는 사고의 타자이다.

직접적 자기의식의 무전제성과 달리, 헤겔은 "학의 시원이 어떻게 마련되어야 하는가"라는 논문에서 아무런 전제 없는 순수사고[51]를 주장한다. 이것은 자연적 사고의 전제를 벗어난 학문적 사고의 출발점이다. 학의 시원은 아무런 전제가 없는 출발이어야 하므로 그것은 순수존재와 순수 자아이며, 아무런 반성이 개입하지 않은 직접적인 것으로서의 순수지식이다. "원리Prinzip는 당연히 시작이며, 사고를 위한 선행자Prius도 사고 과정에 나타나는 첫째 존재이다."[52] 순수사고는 사실이나 현상의 차원보다 지식의 메타 차원을 가리킨다. 이러한 의미에서 본다면 슐라이어마허에게도 헤겔이 말하는 순수사고가 작동한다. '업무적 사고' 및 '예술적 사고'와 구별되는 순수사고는 자연적

51 Georg W. F. Hegel, *Wissenschaft der Logik* (Frankfurt: Suhrkamp, 1986), 65-79.
52 Hegel, *Wissenschaft der Logik*, 66.

의식을 벗어난 메타적 차원에서 대상을 순수하게 개념화하는 마당이다. 지식을 지향하는 순수사고는 "그 자체 안에 머물면서 우리를 불변성과 보편성으로 상승시키는" 사고이다.[53] 이에 반해 업무적 사고는 일의 목적을 중시하며, 예술적 사고는 만족을 지향한다.

순수사고는 선험적 의식 및 경험적 의식과 함께 활동한다. 앞서 살펴본 바와 같이 야코비는 인간에게 선험적 차원이 불가능하다는 것을 강조한다. "우리는 우리 자신을 창조하지 못하며 가르치지 못한다. 우리는 결코 선험적이지 않으며 아무것도 선험적으로 알거나 행하지 못하며 경험 없이는 아무것도 선험적으로 경험할 수 없다. 우리는 이 땅에 매여있다."[54] 슐라이어마허도 지식의 한계가 세계의 이념에 의해 정해진다고 하면서 "우리는 땅에 매여있다"[55]라고 말한다. 이에 반해 칸트는 선험적 차원과 경험적 차원의 협력을 주장한다. 경험적 의식은 선험적 의식의 도움으로 확실한 인식에 도달하지만, 경험이 선험으로 온전히 환원될 수 없다. 이 점에서 칸트와 야코비의 차이는 확고하다. 야코비가 선험적 관념론을 비판하는 기조는 경험과 실재를 선험보다 더 중시하는 데 있다. 슐라이어마허도 이러한 야코비의 기본 입장을 수용하나 칸트와의 관계에서는 야코비보다 덜 비판적이다. 경험과 더불어 선험의 중요성을 인정하는 것이다.

선험보다 경험과 실재를 강조하는 관점은 자연스럽게 선험의식보

---

53 Schleiermacher, *Dialektik*, p.7.

54 Friedrich H. Jacobi, *Über die Lehre des Spinoza* (Hamburg: Felix Meiner Verlag, 2000), 130.

55 Friedrich D. E. Schleiermacher, *Dialektik (1811)* (Hamburg: Felix Meiner Verlag, 1986), 35.

다 역사의식을 강조하게 된다. 역사의식을 강조하는 관점은 순수 인식보다 그것에 영향을 미치는 인식의 타자를 염두에 둔다는 점에서 해석학적이다. 해석학은 순수사고의 작동에 앞서 그에게 영향을 미치는 역사적 경험의 의미를 추적한다. 야코비와 슐라이어마허가 사고와 언어의 관계를 천착하는 것은 역사적 맥락 속에 있는 언어야말로 순수사고에 영향을 미치는 요소라고 보기 때문이다. 야코비는 칸트가 수행한 이성비판을 비판하는 '메타 이성비판'이 필요하다고 주장하면서 이를 '언어비판'으로 부른다.[56] 언어비판은 해석과 직결되므로 이른바 '해석의 정신^Geist der Deutung'이 소환된다.

> 말이나 단어는 이미 알려진 것만 기억나게 할 수 있다. 만약 해석의 정신이 없다면 모든 것은 죽은 단어이며 무의미한 철자이다. 해석 정신의 본질은 직접적 직관과 인식에 있다.[57]

순수 인식은 새로운 직관에 열려 있어야 한다. 이 요구는 순수사고가 수행하는 순수 인식의 한계를 지적하면서 이를 극복하기 위해 인식이 직접적 직관과 언어에 개방되어 있어야 한다는 사실을 가리킨다. 따라서 직접적 직관과 언어는 이미 선험적 의식의 타자로 기능하고 있다.

---

56 Friedrich H. Jacobi, *Romane I. Eduard Allwill* (Hamburg: Felix Meiner Verlag, 2006), 241.

57 Jacobi, *Romane I. Eduard Allwill*, 175. *Geist der Deutung*을 '해석의 정신'으로 옮기는 것에 이의가 있을 수 있으나, *Deutung*은 '의미'보다 '해석'과 '설명'의 함의를 더 많이 갖는다. 석의(釋義)도 적절한 번역어일 것이다.

칸트의 경우 선험적 능력은 의식 내재적이므로 선험적 의식의 타자는 존재하지 않는다. 칸트의 자기의식은 "나는 생각한다"라는 사고의 활동성이므로 애당초 의식 내재적이다. 이에 반해 슐라이어마허의 '초월적 근거'는 의식 초월적이다. 초월적 근거는 인식과 행위의 근원근거라는 점에서 사고와 의욕의 조건이지만 그 자체가 의식의 타자이다. 왜냐하면 초월적 근거를 반영하고 있는 직접적 자기의식은 사고와 의욕의 활동 이전에 '직접적으로' 주어져 있기 때문이다. 따라서 초월적 근거는 선험의식을 제약하는 역사적 경험과는 다른 차원에서 의식의 타자로 활동한다. 그것은 의식 안에서 확인되는 사태이지만 의식 자체가 밝힐 수 없는 의식의 타자이다. 의식이 밝힐 수 있는 것이라면 반성의 틀 안으로 들어와야 하며 반성의 결과는 매개적이다. 의식은 직접적 자기의식이나 초월적 근거를 밝힐 수 없으며 이를 반성의 대상으로 삼을 수 없다. 양자는 의식 초월적이며, 이런 점에서 의식의 타자이다.

야코비는 신의 인격성을 주장할 때 의식의 타자를 염두에 둔 것으로 볼 수 있다. 그는 "세계의 오성적, 인격적 원인"을 믿는다.[58] 그리고 신의 인격성과 절대적 사고를 연관시킨다. "절대적 사고는 보편적 존재(=실체) 속에 있는 순수의식, 직접적 의식, 절대적 의식이다."[59] 신의 인격성, 절대적 사고는 최초의 원인과 근거라는 점에서 야코비의 감정 개념과 같은 맥락에 있다. "증명할 수 없으며 극복할 수 없는 감정은 모든 철학과 종교의 최초 근거이며 직접적 근거이다."[60] 이러

58 Jacobi, *Über die Lehre des Spinoza,* 26.

59 위의 글, 101.

한 감정과 '강한 인격성'[61]은 인간의 내면에서 접촉하는 초감각적인 것과 신이다. 인간의 내면에 거주하는 신의 인격성과 절대적 의식은 가시적인 세계의 지식을 주도하는 반성적 의식의 테두리를 벗어난다. 이러한 맥락에서 칸트, 야코비, 슐라이어마허의 인격성 개념을 비교하는 것은 의식의 타자를 보다 더 분명하게 밝히는 길이 된다.

야코비는 『스피노자 학설』에서 인격성을 다음과 같이 설명한다. "자기의식의 통일성은 인격성을 형성하며, 자기 동일성의 의식을 갖는 모든 존재는 인격이다."[62] 슐라이어마허는 야코비가 이런 인간학적 사유에 머물러있다는 점에서 칸트의 비판을 피할 수 없다고 본다.[63] 칸트가 주장한 바와 같이 나의 의식이 유동적이지 않은지 의심할 수 있다면 나는 나 자신의 객관적 인격성(즉, 나의 주체의 실제적 동일성)에 대해 의심하는 것이 가능하다. 그러나 내가 신에게 의식을 부여하는 순간 신의 인격성과 그의 불변적 진리에 대해서는 의심할 수 없다."[64] 슐라이어마허는 「스피노자주의(1793/94)」에서 인격성 자체에 대한 야코비의 설명에 동의하면서도 인간의 인격성에 대해서는 이의를 제기한다. 이의제기의 근거는 칸트의 선험적 자아의 전제에 대한 의심이다. 이것은 칸트를 향한 야코비의 물음과 유사하다. "내가(슐라이어마허가) 나의 의식의 토대에 선험적 자아를 놓는다고 가정하

---

60 위의 글, 306.

61 위의 글, 307.

62 위의 글, 238.

63 Herms, *Herkunft, Entfaltung und erste Gestalt des Systems der Wissenschaften bei Schleiermacher,* 140 참조.

64 Schleiermacher, *Spinozismus,* 538; Jacobi, *Über die Lehre des Spinoza,* 238 이하.

더라도 선험적 자아와 실제적 기체 또는 실체를 전혀 동일시할 수 없다."[65] 슐라이어마허는 복잡하게 보이는 이 논의를 세 가지 문제로 정리한다.[66] ① 자기의식의 통일성과 실체의 동일성 및 선험적 주체의 동일성이 필연적으로 결합된 인격성 ② 자기의식의 통일성이 완벽하게 주어져 있으나 실체의 동일성이 자기의식의 통일성과 같은 근거로 인식될 수 없어서 양자의 필연적 결합에 대해 의심이 일어나는 인격성(여기서 양자의 결합은 유비적이다). ③ 자기의식의 통일성이나 실체의 동일성을 믿기 어려운 인격성.

여기서 인격성과 자기의식의 통일성을 연결하기 위해 현상과 예지의 영역이 등장한다. 자기의식의 통일성은 항상 현상계와 관계하나 실체의 동일성은 예지계에 관계한다. 슐라이어마허는 자기의식의 통일성이 현상에 관계하는지, 예지에 관계하는지에 따라 인격성의 확실성이 달라진다고 본다. 문제는 인격성의 예지적 개념이 공허하다는 것이다. 공허한 이유는 이것이 현실에 실재하는 인간의 조건과 무관하기 때문이다. 이것은 칸트에 대한 슐라이어마허의 비판이며 부분적으로는 야코비에 대한 비판이기도 하다.[67] 야코비는 이를 논의하는 부분에서 실체의 동일성을 개인에게 귀속시킨다. "인격성의 원리는 의식의 능력을 갖춘 모든 개인에게 귀속되어야 한다."[68] 그에게 개인은 현상계를 넘어서 예지계와도 관계한다. 칸트는 현상적 인격성 개념과 예지적 인격성 개념에 더해 도덕적 인격성 개념을

---

65 Schleiermacher, *Spinozismus,* 541.

66 위의 글, 541.

67 위의 글, 542.

68 Jacobi, *Über die Lehre des Spinoza,* 239.

논한다. 이때 인격은 자연의 기계론에 의존하지 않는 목적 주체의 속성을 갖는다. 여기서 세 가지 인격성 개념이 조화를 이루는 듯 보이나 의식의 동일성, 이성적 자기규정, 자연 기계론으로부터의 독립성은 등치를 이루는 개념이 아니라는 것이 슐라이어마허의 생각이다.[69] 칸트는 자기의식을 자기규정에서 연역하지 않았으며 더구나 그의 자기의식에는 현상과 예지 간의 접점이 아예 없다. 이러한 생각은 칸트와 야코비에 동의할 수 없는 슐라이어마허의 관점이다.

V. 야코비-슐라이어마허 연관의 철학사적 의미

야코비에게 믿음은 직접적 확실성으로서 사고나 의지의 자발적 활동을 넘어선다. 직접적 확실성은 자발적 활동의 전제로서 내면성의 근원근거[Urgrund]라 할 수 있다. 야코비는 '세계의 지적, 인격적 원인'[70] 및 '세계 밖의 인격적 신성'[71]을 우주론에서뿐만 아니라 인식론에서도 근원근거의 의미로 사용한다. 이 전제에 대한 직접적 확실성은 다른 근거를 요구하지 않는 최종근거로서 인간의 제약적 현존에 대한 확실성보다 훨씬 더 큰 확실성이다. 직접적 확실성은 "아무런 근거를 요구하지 않는 확실성이 아니라 아예 모든 근거를 배제하는 확실성"[72]이다. 모든 근거를 배제하는 확실성에 비해 근거를 통한 확신은 이차적

---

69 Schleiermacher, *Spinozismus,* 544 참조.

70 Jacobi, *Über die Lehre des Spinoza,* 26.

71 위의 글, 29.

72 위의 글, 113.

이다. 야코비가 직접적 확실성을 믿음과 감정으로 규정한다는 것은 전술한 바와 같다.

감정이 근원근거라는 생각은 노발리스의 최초 행위와도 연관이 있다. "인간은 그를 에워싸고 있는 경계와 최초의 행위를 느낀다. 그는 이 최초의 행위를 믿어야 하며 이를 통해 다른 모든 것을 확실히 알게 된다."[73] 근원근거는 의식의 타자로서 오성의 정초定礎 연쇄를 벗어나 있다는 점에서 합리적 설명에 대해 초월적이며 탈개념적이다. 오성의 정초 연쇄는 유한하다. "모든 유한한 존재의 현존은 연속적 현존이다. 유한한 존재의 인격성은 (연속적인) 기억과 반성에 기인한다."[74] 유한한 존재의 인격성은 기억과 반성의 연쇄, 개념의 연쇄, 기호의 연쇄가 만들어 내지만, 근원근거는 무한한 인격성으로서 이 연쇄를 넘어서 있다.

근원근거가 모든 활동성의 출발점이라면 이것과 원인의 관계를 밝혀야 한다. 브루노J. Bruno는 『스피노자 학설』 부록1에서 원인을 작용원인wirkende Ursache과 최종원인Endursache으로 나누고 이 둘의 관계를 묻는다. "우리는 최초의 작용 원인을 어떻게 이해하며… 작용 원인을 작동시키는 최종원인을 어떻게 이해하는가?"[75] 브루노는 작용 원인을 우주의 보편적 형식을 인식하는 오성의 힘, 즉 "세계영혼이 갖는 최초의 탁월한 힘"[76]으로 간주한다. 인간의 사고하는 힘이 개념을

---

73 Oliver Koch, "Novalis und Jacobi," in *Friedrich Heinrich Jacobi. Ein Wendepunkt der geistigen Bildung der Zeit,* ed., W. Jaeschke, B. *Sandkaulen* (Hamburg: Felix Meiner Verlag, 2004), 283.

74 Jacobi, *Über die Lehre des Spinoza,* 168.

75 위의 글, 196.

76 위의 글, 196.

산출하는 것과 같이 작용 원인은 자연 존재의 산출에 관계한다. 여기서 작용 원인과 최종원인의 관계가 드러난다. 최종원인은 작용 원인이 지향하는 목적으로서 완전한 우주의 산출과 관련된다. 브루노에게 "작용 원인의 목적 또는 최종원인 일반은 우주의 완전성이다."[77] 세계와 신을 구별하는 야코비의 생각에 근거해서 보면 세계의 원인은 인격적 신이므로, 신은 세계를 작동시키는 최종원인이고 세계는 작용 원인이다.

야코비가 부르노의 글을 발췌한 것은 레싱과의 대화에서 주제화된 *Hen kai pan* 명제를 재확인하려는 의도에서 비롯되었다. 스피노자와 레싱을 연결한 것처럼 레싱과 브루노를 연결하면서 '전일성全一性' 명제가 비인격적 사유라는 사실을 확인하고 자신을 이러한 사유와 구별하려고 한다. 중요한 것은 신과 자연의 구별이며 신과 신적인 것Göttliches 사이의 구별이다. 이러한 생각을 정당화하기 위해 야코비는 칸트를 끌어온다. "신의 개념은 사람들이 사물의 근원으로 생각하는 단순히 맹목적으로 작용하는 자연이 아니라 오성과 자유를 통해서 볼 때 사물의 근원자일 수밖에 없는 최고 존재이다. 이런 생동적인 신 개념 만이 우리의 관심을 끈다."[78] 칸트는 자연과 사물의 근원자를 구별한다. 칸트의 구별과 흡사하게 야코비는 "자연을 신으로 보는 사람들은 신을 부정한다"[79]고 말한다. 스피노자와 브루노를 신(의 인격성)을 인정하지 않는 사람의 부류에 귀속시킨 것이다.

---

77 위의 글, 198.

78 Kant, *Kritik der reinen Vernunft,* B 660; Jacobi, *Über die Lehre des Spinoza,* 307.

79 Jacobi, *Über die Lehre des Spinoza,* 307.

자연과 신의 구별은 『스피노자 학설』의 저자와 스피노자를 구별하는 핵심 사상이다. 이것은 야코비에서 슐라이어마허로 이어진다. 신과 세계의 구별은 앞서 언급한 초월적 근거의 두 차원에서 분명하게 나타난다. 서로 다른 의견을 가진 대화 파트너 간의 합의와 올바른 지식은 직접적 자기의식에 의해 근거 지어진다. 직접적 자기의식에 반영된 초월적 근거는 세계의 이념과 신의 이념을 갖는다. 세계는 "모든 대립을 통합하는 통일성"이라면 신은 "모든 대립을 배제하는 통일성"[80]이다. 세계가 *terminus a quo*라면 신은 *terminus ad quem* 이다.[81] 세계가 미완의 것으로서 채워져야 하는 것이라면 신은 변화나 진보와는 상관없는 것으로서 항상 사고 자체를 동반한다. 세계와 신의 이런 관계는 논리적 차원의 설명이다. 여기서 슐라이어마허의 신은 야코비가 말하는 '아예 모든 근거를 배제하는 확실성'과 일맥상통한다. 신은 분명 세계 너머에 존재한다. 그러나 세계 없는 신은 없다. 우리는 세계를 통해 산출된 것을 통해서 신으로 나아갈 수 있기 때문이다. 신 없는 세계도 없다. 만약 그렇다면 세계는 불충분한 것으로 남으며 세계가 추구하는 통일성에 부합하는 것이 없을 것이기 때문이다. "신이 세계를 벗어나면 신에게는 세계 제약적인 것이 없을 것이며, 세계가 신을 벗어나면 세계 속의 존재는 신에게 제약되지 않을 것이다."[82] 신과 세계는 상호관계 속에 있다. 상호관계가 없다면 세계는 불완전하게 되며 신은 공허하게 된다. 따라서 실제적 사고의

---

80 Schleiermacher, *Dialektik*, 303.

81 terminus a quo는 시작점으로, terminus ad quem은 종착점으로 번역할 수 있다. Schleiermacher, *Dialektik*, 304-305 참조.

82 위의 글, 303.

산물인 실제적 지식은 신의 이념과 세계의 이념이라는 두 가지 초월적 근거를 요구할 수밖에 없다.

슐라이어마허는 초월적 근거를 반영하는 직접적 자기의식을 감정으로 규정한 바 있다. 감정 속에 초월적 근거가 자리 잡고 있다는 것은 내면에 근원근거가 있다는 의미이다. 이것은 야코비가 감정과 믿음을 설명하는 방식과 일치한다. 인간의 내면 가운데서 근원근거와 최종근거를 확인할 수 있다는 것이다. 믿음은 인간의 주관성 바깥에 독자적으로 존립하는 실재를 인정하는 감정인 동시에 세계의 최종원인에 대한 감정이다. 이 감정은 오성이나 의지와 같은 자발적 활동의 전제이며 그 근거로 작용한다.

근원근거는 반성적 내면의 타자로서 반성의 자발성에 선행하는 직관과 감정에서 발견된다. '내면의 타자'라는 규정은 탈근대적이다. 이런 차원에서 근원근거를 포스트모던적인 것으로 간주할 수 있다. 근원근거는 셸링의 『인간적 자유의 본질』에서 논의되며 『인간적 자유의 본질』을 자신의 사유와 연결한 하이데거에서 다시 다루어진다.[83] 이러한 타자 담론과 탈개념적 사유는 이성중심주의를 비판하는 포스트모더니즘의 핵심 주장과 연결된다. 이렇게 보면 이 논문이 다룬 야코비와 슐라이어마허를 탈근대성의 근대적 뿌리로 불러도 무방할 것이다.

자아의 타자는 한편으로 자아의 제약조건이지만 다른 한편으로 자아를 자아 너머의 세계로 확장한다. 자아 속의 타자는 불가피하게

83 야코비, 셸링, 하이데거의 연관성에 대해서는 Konstanze Sommer, *Zwischen Metaphysik und Metaphysikkritik. Heidegger, Schelling und Jacobi* (Hamburg: Felix Meiner Verlag, 2015), 418 이하, 특히 420 참조.

차이를 형성하지만, 자아는 이를 매개로 다른 자아와 대화할 수 있다. 이것은 개인과 개인 간의 대화이며 개인과 초월적 존재와의 대화이다. 탈근대성에서 독백적 사유와 구별되는 대화적 사유가 강조되는 것은 우연이 아니다.

제2부

경건과
자기의식

경건의 향연

심광섭

I. 들어가며

이 글은 슐라이어마허의 '경건(종교)' 이해를 통해 교의학(신학)이 즐거운 학문, 환희의 학문임을 말하고자 한다. 위르겐 몰트만은 신학이 객관적 학문이 아니라고 말한다. 객관적 학문(자연과학)은 내용을 확정하고 사실들을 증명한다. 이 방법은 대상적 영역을 지배하게 된다. 그러나 신학은 삶에의 용기와 죽음 속에서 위로를 주는, 자신의 실존을 이끌어 가는 지식의 영역에 속한다.[1] 신학의 핵심 사안은 오로지 한 가지 문제인데, 그것은 하느님의 문제이다. 하느님은 신학자(신학도)들의 열정이요 고통이요 즐거움이다. 도로테 죌레는 몰트만보다 더욱 구체적으로 신학이 즐거움과 환희의 학문이라고 말한다. "(1) 내가 신학적 사고에 초대하고 싶은 이유는 신학하기의 즐거움과 신학

1 위르겐 몰트만, 『신학의 방법과 형식: 나의 신학 여정』, 김균진 역 (서울: 대한기독교서회, 2001), 39.

하기가 사람을 사로잡는 환희를 줄 수 있음을 알려 주고 싶기 때문이며, (2) 동시에 인간을 왜소하게 만들고 하느님을 폭군으로 만들어 버리는 서툴고 거친 신학에 대하여 분노하기 때문이다. (3) 맑은 신학적 감동과 내가 때때로 갖는 신학적 분노는 서로 하나를 이루는데, 이 분노는 '신학자들의 치열함rabies theologorum'인지도 모르겠다. (4) 그러나 무엇보다도 나는 종교적 언어와 신학적 언어의 아름다움과 힘을 전달하고 싶은데, 왜냐하면 나는 이 전통에게서 용기를 얻고 지탱되어 왔기 때문이다."[2] 유학의 경전인 논어는 첫 구절에서 '배움의 기쁨'과 '벗을 만난 즐거움'으로 시작한다. ① 學而時習之 不亦悅(說)乎 ② 有朋自遠方來 不亦樂乎. 정자는 『논어』를 읽고 깨닫는 즐거움에 대해 이렇게 말한다. "논어를 읽으매… 어떤 자는 읽고 나서 그중의 한두 구절을 깨닫고 기뻐한다. 또 어떤 자는 읽고 나서 참으로 배움을 즐기는 경지에 오르는 자도 있다. 그런데 어떤 이는 읽고 나서 곧바로 자기도 모르게 손으로 춤을 추고 기뻐 발을 구르는 자도 있다." 기독교 신학의 출처인 '복음'은 기쁜 소식, 복된 소식, 아름다운 소식이다. 예수께서는 "나로 말미암아 너희를 욕하고 박해하고 거짓으로 너희를 거슬러 모든 악한 말을 할 때에는 너희에게 복이 있나니 기뻐하고 즐거워하라喜歡樂"(마 5:11-12)고 말씀한다.

나는 이 글에서 슐라이어마허가 『종교론』에서 말하는 종교의 본질과 『신앙론』에서 말하는 '경건'을 토대로 슐라이어마허에게 신학은 감정에 술렁이는 환희의 학문임을 부각하고, 그것은 나사렛 예수 그리스도를 통한 구속의 경험으로 형성된 것이며, 교회공동체의 삶

---

2 도로테 죌레, 『현대신학의 패러다임』, 서광선 역 (서울: 한국신학연구소, 1993), 9.

속에서 나타나는 성령의 현존에 대한 감응임을 말하고자 한다.

II. 경건 – 감각, 맛, 감정

'경건Frömmigkeit, piety, 敬虔'은 슐라이어마허 신앙론의 핵심 개념이다. 경건으로 번역된 한자 '경敬'의 본래 자리는 제례에 참석한 자들이 취하는 마음의 태도로서 조심, 존경과 공경, 삼가는 마음, 엄숙한 마음 등의 정조를 담고 있다. 중용에서는 도道를 떠나지 않기 위해 가지는 군자의 마음이 경이다. 즉, 계신戒愼 공구恐懼와 신독愼獨이 항상 공경하고 두려워하는 군자의 마음을 요약한다.[3] 한형조는 "마음의 각성을 위해, 본래의 밝음을 유지하기 위해, 기질의 묵은 때를 벗겨내고 돌처럼 굳은 자아를 녹이기 위해, 마침내 내 마음의 지허지령이 이理의 지실지현을 마중하기 위해"[4] 하는 훈련이 다름 아닌 '敬'이라고 말한다. 유학의 '敬'이 인간본성을 회복하기 위한 수신의 방책으로서 매우 능동적이고 도덕적이라면, 슐라이어마허의 경건은 수용적이고 심미적인 개념이다.

슐라이어마허가 『종교론』에서 말하는 잘 알려진 종교의 본질은 사유와 도덕에 있지 않다. "종교의 본질은 사유나 행위가 아니라 직관과 감정이다."[5] "종교는 무한자에 대한 느낌(감각)과 취향(맛)Sinn und

3 道也者 不可須臾離也 可離 非道也 是故 君子 戒愼乎其所不睹 恐懼乎其所不聞. 莫見乎隱 幕顯乎微 故 君子 愼其獨也(『中庸』, 1장).

4 한형조, 『조선유학의 거장들』 (파주: 문학동네, 2008), 116.

5 슐라이어마허, 『종교론』, 최신한 역 (서울:대한기독교서회, 2006), 56.

Geschmack fürs Unendliche"으로서 심미적 길을 통해 확연히 빛날 수 있다.[6] 종교가 활연히 만발한 순간을 슐라이어마허는 매우 시적인 필치로 그린다.

> 내가 과연 이 순간을 불경스럽게 하지 않으면서 표현할 수 있다면, 적어도 암시만이라도 할 수 있는가! 이 순간은 번개같이 지나가며 아침 이슬이 밤잠에서 깨어난 꽃잎에 부는 첫 향기와 같이 투명하다. 이 순간은 처녀의 키스와 같이 수줍고 보드라우며, 신부의 포옹처럼 성스럽고 풍요롭다. 그렇다. 이 순간은 이와 같은 것이 아니라 이 모든 것이 바로 이 순간 자체이다. … 나는 이 형태를 그림자같이 잡는 것이 아니라 성스러운 존재 자체인 양 포옹한다. 나는 무한한 세계의 가슴에 눕는다. 나는 이 순간 무한한 세계의 영혼이다. 나는 그의 모든 능력과 그 무한한 삶을 나의 것인 양 느끼기 때문이다. 무한한 세계는 이 순간 나의 몸이다. 왜냐하면 나는 그 근육과 팔다리를 마치 나의 것인 양 파고들기 때문이다. 그리고 그 가장 깊숙한 신경은 나의 것인 양 내 감각과 예감에 따라 움직인다. … 그러자 이제 비로소 마음속으로부터 감정이 솟구쳐 마치 수줍음과 기쁨이 홍조같이 젊은이의 볼 위로 펴져나간다. 이때야말로 종교가 최고로 만발하는 순간이다. 내가 이 순간을 여러분들에게 만들어 줄 수 있다면, 나는 분명 신일 것이다.[7]

슐라이어마허가 『종교론』에서 종교 일반의 본질을 정의했다면,

---

6 위의 글, 58.

7 위의 글, 74-75.

『신앙론』에서는 교회를 통해 전승되고 실현된 예수 그리스도의 구속 사건과 만나 발생한 경험을 말하고 그것을 '경건'이라 칭한다. 교회론은 슐라이어마허가 그의 신앙론 172절 중 52절을 할애할 정도로 가장 많이 사고해 낸 교의학의 특별한 영역이다. 오늘날까지 활기차게 흐르는 모든 종류의 '신앙의 신학(Theologie des Glaubens)'의 큰 원천은 교회에서 시작된다. 교회는 신학이 관계해야 하는 우선적 대상이다. 교회는 그 범위나 크기에서 세속화된 세상으로부터 주변으로 밀려나 하찮게 취급당해야 하는 대상이 아니다. 슐라이어마허의 교의학은 그것의 교회 관련성을 천명하는 것에서부터 시작하며 그 명제는 다음과 같다.

> (§2) 교의학은 신학의 한 분야로서 오직 그리스도교 교회와 관계하기 때문에 그리스도교 교회의 개념을 분명히 이해할 때에만 교의학의 본질 역시 설명될 수 있을 것이다.[8]

슐라이어마허는 신앙론의 서설이 교의학적 명제가 아님을 밝히기 위해 2~14절의 서술에서 '차용명제[Lehnsätze]'란 용어를 사용한다. 차용한 영역은 윤리학, 종교철학 그리고 변증학이며 각 영역에서 각각

---

8 Friedrich D. E. Schleiermacher, *Der christliche Glaube nach den Grundsätzen der evangelischen Kirche im Zusammenhang dargestellt*, 2nd edition (1830/1831), ed. Martin Redeker (Berlin: Walter de Gruyter, 1960), I:10,§2. ; 슐라이어마허 기독교 신앙 1830년 영문판은 다음을 참조하였다. *The Christian Faith,* trans. and ed.. H. R. Mackintosh/J. S. Stewart (Edinburgh: T&T Clark, 1999); *Christian Faith (Two-Volume): A New Translation and Critical Edition,* trans. Terrence N. Tice, Catherine L. Kelsey, and Edwina Lawler (Louisville: Westminster-John Know Press, 2016).

4절씩 4개의 차용명제를 적용한다. 차용된 세 영역은 교회의 개념이 그리스도교적인 영역에 제한되지 않고 삶의 일반적인 영역과 대화하고 소통할 수 있는 보편적인 지평 위에 서 있다는 것을 말해주기 위함이다. 교회는 세계로부터 이탈하여 세계에 대하여 등을 돌리고 담을 쌓은 곳이 아니라 세계라는 지평 위에 세워지며 세계 한복판 안에 존재한다. 신학이 오직 그리스도교 교회와 관계하는 이유는 신학을 교회에 가두기 위해서가 아니라 세계 안에서, 세계 위에서 그 부름을 수행하기 위해서이다. 슐라이어마허는 (1) 세계 안에 있는 인간의 보편적 인간성으로부터 출발하여(§§3~6) (2) 상이한 종교들을 서로 비교하고 유형별로 나누어 정체성과 자리를 매긴 다음(§§7~10) (3) 그리스도교 신앙의 독특성에 도달한다(§§11~14). 그러므로 이 세 영역은 신학을 공공적으로 논의할 수 있는 일반적 지평이 된다. 교회의 신학인 슐라이어마허 신학이 교회 안에 갇히지 않고 세상 및 학문과 대화하고 소통하는 신학인 이유가 바로 여기에 있다. 따라서 일반적 지평을 확보하려는 이유로 슐라이어마허 신학 전체를 변증학이나 종교철학이라 말할 수 없으며, 이 명제들은 위에서 상기한 학문 영역에서 빌려왔을 뿐임을 강조해야 한다. 슐라이어마허는 자신에 대하여 이렇게 변호한 적이 있다. 나는 "이성으로는 철학자요, 감정으로는 경건한 자이다. 그렇지만 그 자체로서 나는 그리스도인이다."[9]

---

9 슐라이어마허가 야코비에게 보낸 편지 중에서, Gerhard Ebeling, "Fömmigkeit und Bildung," *Wort und Glaube,* vol. 3 (Tübingen: J.C.B.Mohr, 1975), 73에서 재인용.

1. 경건의 일반적 본질

『신앙론』에서 슐라이어마허 최고의 관심은 그리스도교적 경건의 본성과 태동을 기술하고 전개하는 일이다. 경건은 슐라이어마허 교의학을 해석하는 열쇠라고 할 수 있다. 그럼에도 불구하고 그는 경건의 이론을 교의학의 내용에서 다루지 않고 서론에서 다루고 있다. 이것은 경건의 이론이 『신앙론』의 하나의 성분이 아니라 『신앙론』을 가능하게 하는 근거임을 말해주고 있기 때문이다.[10] 그리스도교적 경건의 본질은 일반적인 경건의 본질 이상의 것을 포함하고 있다. 슐라이어마허는 그리스도교의 본질을 11절에서 결정적으로 제시하고 있다. 그리스도교에서 종교적이 되는 길은 사실상 구세주로서의 나사렛 예수에 대한 신앙뿐이다. 그러므로 그리스도교 신앙의 본질을 구성하는 것은 전적 의존의 감정이며 예수에 대한 관계는 단지 부수적이라는 생각은 확실히 잘못된 것이다. 경건의 본질을 밝혀 말하는 3절의 명제는 다음과 같다.

> (§3) 모든 교회공동체의 기초를 구성하는 경건은 그 자체로서 순수하게 고찰할 때 지식과 행위가 아니라 감정의 규정성(독특한 형성) 혹은 직접적 자기의식의 규정성(독특한 형성)이다.[11]

10 Christian Albrecht, *Schleiermachers Theorie der Frömmigkeit. Ihr wissenschaftlicher Ort und ihr systematischer Gehalt in den Reden, in der Glaubenslehre und in der Dialektik* (Berlin-New York: Walter de Gruyter, 1994), 197.

11 Schleiermacher, *Der christliche Glaube,* I:10, §3.

슐라이어마허는 성경의 어떤 개념이나 말씀이 아니라 종교적 인간에게서 발견되는 보편적인 것, 곧 교회 안에 살아 있는 경건의 "현사실적 삶의 경험"12에서 출발하여 교의학적 신학의 본질을 규정하려 한다. 슐라이어마허에게 종교의 본질인 경건은 이론적 지식이거나 윤리적 행위 같은 실제 행위가 아니라 특수한 종류의 경험이다. 그러나 종교적 경험은 의식, 직접적 자기의식이다. 슐라이어마허가 경건주의에서 얻은 종교적 삶의 활기活氣와 계속되는 각성운동은 그것이 근대적 주체성과 연결되기까지 신선하고 새로운 신학적 비전을 제시하지 못했다. 성경의 역사적 신뢰성과 변증적 가치 심지어 도덕적 권위마저 흔들리는 상태에서 그리고 철학자 흄Hume과 칸트Kant에 의해 자연신학과 낡은 형이상학이 종말을 고한 상태에서 신학의 새로운 근거는 무엇인가? 슐라이어마허는 경건을 감정과 자기의식을 통해 풀이함으로써 근대 신학의 새로운 비전을 제시한다.

1) 교회는 경건의 공동체

'경건pietas'의 의미를 오늘날 이 단어가 풍기는 어감인 믿음이 깊은 체하는 자, 위선자Frömmler, Frömmelei 등, 본질에서 심술궂게 엇나간 경건의 뜻은 제외하는 것이 좋겠다. "한 시대의 짐은 다른 시대가 짊어진다. 그러나 그 짐은 새로운 짐을 통해서 내릴 수 있다는 사실을 아는 사람은 별로 없다." 슐라이어마허가 야코비Jacobi에게 1818년 3월 30일 쓴

12 슐라이어마허의 '경건'을 하이데거의 종교적 삶의 현상학을 따라 "현사실적 삶의 경험"(faktische Lebeneerfahrung)이라 말할 수 있다. Martin Heidegger, *Phänomenologie des religiösen Lebens,* vol. 60 (Frankfurt am Main: Vittorio Klostermann, 1995), 330-332.

편지 중에 한 말이다.[13] 슐라이어마허에게 경건이란 성경적 의미를 담고 있는 종교적 활달함과 의로움, 삶의 진지함과 진실성 그리고 개방성 등을 의미한다.

'경건'이란 개념에 부과된 시대의 부정적 짐을 새로운 시대의 과제인 '영성'이란 용어를 통해 덜 수 있을 것이다. 경건이란 하느님에 대한 전적 신뢰의 태도와 선한 행위로서 '살아있는 신앙[gelebter Glaube]', 활동적인 삶, 우정과 사랑의 삶을 의미한다. 경건은 금욕적이고 절제하는 그리스도인의 삶만이 아니라 성령과 은혜로 충만한 삶, 윤리적으로 바르며 심미적 감응이 풍성한 삶을 의미한다. 슐라이어마허가 『종교론』에서 말한 살아있는 종교는 바로 경건의 심장이다. "종교는 어머니와 같은 몸으로서 그녀의 거룩한 어둠에서 나의 젊은 시절이 양육되고 젊은 시절에는 아직 닫힌 세계를 위해 준비되었다. … 나는 종교를 통해 우정과 사랑을 배웠다."[14] 할레 경건주의가 참회와 고뇌를 신중하게 육성했다면 슐라이어마허가 영향받은 친첸도르프 경건주의는 항상 현존하시는 주님과의 교제가 중심이 된 기쁨에 넘친 의식이 기독교 생활에서 어머니의 자궁이 된다. 이것을 분명하게 파악하지 않고는 그의 인격과 신학 모두를 이해할 수 없다.[15]

슐라이어마허는 감정을 지식과 행위로부터 구분함으로써 주지적이고 도덕적인 경건의 왜곡을 피하면서도 경건의 본질을 의식의 이론

---

13 Gerhard Ebeling, "Fömmigkeit und Bildung," in *Wort und Glaube,* vol. 3 (Tübingen: J.C.B.Mohr, 1975), 60에서 재인용.

14 Friedrich D. E. Schleiermacher, *Über die Religion. Reden an die Gebildeten unter ihren Verächtern,*, ed. H-J Rothert (Hamburg: Felix Meiner, 1958), 14f.

15 브라이언 게리쉬, 『19세기 개신교 신학』, 목창균 역 (서울: 대한기독교서회 1990), 28.

을 끌어들여 논의한다. 인간 주체는 지식에서 객체와 수동적으로 관계를 맺고 행위를 통해 대상과 능동적으로 관계한다. 그러나 지식과 행위는 대상에 대한 심미적 감정 속에서 출현하고 거기로 수렴한다. 주체는 대상에 대한 심미적 감정 속에서 대상에 대해 행위하지도 않고 대상에 지배받지도 않으면서 대상과 하나가 된다. 인간은 모든 지식과 행위에 앞서는 감정, 곧 직접적 자기의식의 상태에 머무르면서 지식과 행위를 지향한다는 것이다. 경건은 자기의식의 최고 단계이다. 경건에서 세계에 대한 인간의 관계만이 아니라 하느님에 대한 관계도 표현되기 때문이다.

에벨링은 슐라이어마허가 말하는 감정이란 "인격존재를 근본적으로 규정하는 경험이며 모든 종류의 자기활동성의 조건"[16]이라고 요약했다. 감정은 직접적 자기의식의 통전적 성격을 조성하기 위한 작업으로서 인간 의식의 근본기능이다. 경건은 "특별한 감정의 상태"로서 교회의 처음과 나중이다. 특별한 감정의 상태란 감정의 정조를 말하는 것으로서 감정이 어떠어떠한 상태의 색채를 띠고 있다는 것이다. 즉, 특별한 감정의 상태란 감정이 자기 자신, 하느님 그리고 세계와 만나 울리는 모양의 근본구조를 말한다. 슐라이어마허는 경건을 그 자체로서 순수하게 고찰한다. 이때 그는 "an und für sich"(『신앙론』 1판)가 아니라 "rein für sich"(『신앙론』 2판)를 사용하는 데, 그 이유는 경건이 지식과 행위와 분리된 것이 아닐 뿐만 아니라 인간 지식의 세 영역인 사유, 의지, 느낌을 넘어서 있는 "특별한 감정의 상태"로서 직접적 자기의식이기 때문이다. 특별한 감정의 상태로서의 경건은

16 Ebeling, "Fömmigkeit und Bildung," 91.

원칙적으로 지식과 행위에 앞선다.

교회가 교회의 본질에 머물러야 한다면 그리스도에 대한 살아있는 신앙 외에 어찌 다른 것으로 교회의 살아있음을 제시할 수 있겠는가? 그러므로 경건은 우선 살아있음을 직접적으로 느낄 수 있는 감정에 속한다. 그러나 모든 감정이 경건에 속하는 감정이란 말은 아니다. 따라서 슐라이어마허에게 단순히 '감정의 신학자'[17]라는 명찰을 다는 행위나 주장 혹은 평가는 선동적인 측면이 있으며 적절하지도 적합하지도 않다. 모든 주관적 감정이 곧 신학의 원천인 듯한 인상을 덧씌우기 때문이다. 경건의 자리는 사유와 행위가 아니라 감정이라는 말이지 모든 감정으로부터 경건이 발생한다는 뜻은 아니기 때문이다. 그러므로 슐라이어마허는 '감정의 신학자'가 아니라 참된 의미의 '경건의 신학자'이다.

2) 경건과 감정

슐라이어마허가 종교의 자리를 지식과 행위가 아니라 감정에 자리매김함으로써, 한편으로 근대 신학에 대한 끈질긴 오해와 불신의 화근이 생겼지만 다른 한편으로 신학의 새로운 신선한 기류가 형성되었다. 그러나 슐라이어마허의 말대로 "감정이란 표현은 우리의 삶의 언어에서 가장 오랫동안 일반적으로 사용된 개념이다."[18] 감정을 헛된 것, 일시적인 것, 절제해야 할 것 등으로 생각하는 사람들은 종교가

---

17 H. R. 매킨토쉬, 『현대신학의 선구자들. 슐라이어마허에서 바르트까지』, 김재준 역 (서울: 대한기독교서회, 1973), 37-104.

18 Schleiermacher, *Der christliche Glaube,* I:16, §3.2.

지성과 윤리를 드러내야지 종교를 한갓 하찮은 감정의 일로 설명하려는 슐라이어마허의 시도가 불쾌하고 모욕적이었을 것이다. 심지어 틸리히는 감정에 불만을 품은 당시의 독일교회의 상황을 좀 과장되게 설명한다. "종교가 감정으로 설교될 때 독일교회의 남성들은 교회에 가는 일을 멈췄기 때문이다. 이들은 종교가 명석한 인식이나 도덕적 행위에 관한 문제가 아니고 감정에 관한 문제라고 들었을 때 반발했다. … 교회는 텅 비게 되었다. 젊은이도 어른도 감정에 만족하지 않았다. 그들은 설교에서 날카로운 이상과 도덕적 의미를 찾았다."[19] 틸리히의 평가는 좀 지나친 듯하지만, 종교의 본질이 감정에 있다고 들은 당시 지성인들의 충격을 엿볼 수 있다. 그러나 신학의 새로운 길은 새로운 사고, 새로운 언어를 통해서만 열린다. 계몽주의 시대 고전적 형이상학이 끝나가는 시점에서 슐라이어마허는 신학의 새로운 가능성을 찾는 것이다.

첫째, 감정은 정신적 삶을 시간적으로 붙잡을 수 있는 순간으로서, 그 순간 다른 정신적 기능은 배후로 사라진다. 감정은 "감각적인 것과 정신적인 것이 포함된 분리되지 않은 전 인간 현존재의 직접적인 현재이며 인격과 그의 감각적이고 정신적인 세계의 직접적인 현재이다."[20] 감정은 반성적 자기인식이 아니며 감각도 아니다.[21] 슐라이어마허는 감정의 직접적 자기인식의 직접성으로서 사유와 존재의 통일성을 의도한다.

---

19 폴 틸리히, 『19~20세기 프로테스탄트 사상사』, 송기득 역 (서울: 한국신학연구소, 1980), 131.

20 Schleiermacher, *Der christliche Glaube,* I:17, §3.2 α.

21 Albrecht, *Schleiermachers Theorie der Frömmigkeit*. 292.

둘째, 슐라이어마허는 경건이 특수한 종류의 감정이라고 말하지 않고 감정이란 종교(경건)가 일어나는 주체성의 장소라는 점을 말하는 것이다. 다시 말해, 인간의 주체성을 구성하는 지정의知情意에서 슐라이어마허는 '정情'을 우선적으로 택한 것이다.

셋째, 감정을 생각과 의지 옆에 있는 또 하나의 기능으로 이해해서는 안 된다는 것이다. 감정은 직접적 자기의식으로서 거기로부터 대상적 지식과 능동적인 행위가 발원될 수 있다는 의미에서 앎과 행위 옆에 나란히 있는 제3의 기능이 아니라 양자를 포괄하는 근원적 기능이다.[22] 『신앙론』 전체는 경건의 감정에 대한 지식으로서 이 감정으로부터 발원한다. 지식과 행위가 경건을 만들지 못한다. 오히려 지식이나 행위가 경건에 속할 때 경건하게 된다.[23]

감정은 맨살의 마음, 진실한 생명체험이고 '삶의 느낌 Lebensgefühl'이다.[24] 감정은 내리꽂히는 마음의 번갯불이다. 인간은 감정 안에서 그의 삶과 그의 세계 전체와 근원적으로 연결된다. 감정이란 감각적이고 직관적인 상태를 총괄하는 개념으로서 그 자체로 매우 추상적인 상위개념이다. 이성 우위의 학문 영역에서 감정을 대하는 흥미로운 공통점은 감정을 제어하여 가능한 한 이성적이고 정신적인 차원으로 승화시키는 것이었다. 그러나 이러한 과거의 태도와 달리 오늘날 감정에 대한 새로운 연구가 부각되고 있음을 주목해야 한다.[25] 인간의

---

22 Schleiermacher, *Der christliche Glaube,* I:23, §3.5.

23 Schleiermacher, *Der christliche Glaube,* I:21, §3.4.

24 Wolfhart Pannenberg, *Systematische Theologie,* vol.2 (Göttingen:Vandenhoeck & Ruprecht, 1991), 223ff.

25 안토니오 다마지오, 『스피노자의 뇌. 기쁨, 슬픔, 느낌의 뇌과학』, 임지원 역 (서울: 사이언스북스, 2003); Antonio R. Damasio, *Ich fühle, also bin ich. Die Entschlüsselung des*

모든 감정은 관계를 긍정하고 공동체를 강화한다. 오직 두 가지만이 공동체를 파괴하는 데, 하나는 감정의 결핍과 인간 감정의 파괴적 표현인 폭력과 같은 것이다.[26]

『종교론』에서 이미 종교는 우주의 직관과 감정이었다. "종교의 본질은 사유나 행위가 아니라 직관과 감정이다. 종교는 우주를 직관하려 하며 우주의 고유한 서술과 행위 속에서 그에게 경건히 귀 기울여 들으려 하고 스스로 어린아이의 수동성으로 우주의 직접적인 영향에 사로잡히고 충만하게 채워질 수 있으려고 한다."[27] 『종교론』에서 감정은 종교의 능동적 원리였으며, 자기 자신을 초월하여 자기 자신을 능동적으로 상실하는 것이다. 반대로 직관은 슐라이어마허가 『신앙론』에서 수동적 '수용성'이라고 말하는 것에 가깝다. 여기에 개념적 이동이 일어난다. 그러나 양자에게서 공통적인 것은 수동적인 계기가 능동적인 계기보다 분명하게 우위를 차지한다는 사실이며,[28] 이는 사물들을 의식의 내부로 끌어당기려는 인식의 긴장 대신 사물들의 인력引力에 자신을 내맡기려는 정신의 근본태도인 것이다. 경건은 근본적으로 "그 어떤 것에게 맞닥뜨려진 존재Irgenwohergetroffensein"이다. 여기서 종교는 우선적으로 수용적 직관이다. 그 직관 안에서 나는 나에 대한 우주의 행위를 감수한다.

Bewußtseins (Berlin: List Taschenbuch, 2004).

26 스테판 G. 메스트로비치, 『탈감정사회』, 박형신 역 (서울: 한울, 2014).

27 슐라이어마허, 『종교론』, 50.

28 Wolfhart Pannenberg, *Problemgeschichte der neueren evangelischen Theologie in Deutschland,* (Göttingen: Vandenhoeck & Ruprecht, 1997), 66 참조.

3) 경건과 직접적 자기의식

감정은 직접적 자기의식이다. 직접적 자기의식은 감정으로서 '대상적 의식'과 다르다. 감정(느낌)은 모든 분석과 반성 이전의 사건일 뿐만 아니라 감정은 온갖 대상적 지식이나 능동적 행위와도 구별되는 사유와 의지 이전의 행위이다. "감정은 움직여진 상태로서 지속적으로 자기 자신 안에 머물러있음일 뿐만 아니라, 감정은 움직여지는 과정으로서도 주체에 의하여 움직여지지 않고, 주체 안에서 생기할 뿐이다. 이렇게 감정은 전적으로 수용성의 영역에 속하며, 전적으로 자기 자신 안에 머무름이다."[29]

감정은 우리말로 '느낌'이다. 느낌의 세계는 직접적이며 자기 자신만의 고유한 세계다. 우리는 타자가 좋아하는 취미를 알 수 있어도 그 취미를 즐기는 느낌의 세계를 모른다. 느낌의 세계는 직접적인 세계인데 그것이 간접적이고 매개적이 될 때만 비로소 소통 가능해진다. 감정은 대리 불가능하다. 감정은 개인화하며 이런 의미에서 감정은 개별적 인격을 세우는 출발점이다. 감정은 정신적 반성과 몸의 직접성 사이의 중개자이다. 느낌의 세계를 공감할 때 인격 간의 가장 깊은 세계가 서로 열린다. 간접적 인식을 통해서는 그 느낌의 세계를 공감할 수 없다. 감정의 역할은 통일성을 세우고, 지식과 행위 사이를 중재한다. 감정은 직접적 자기의식으로서 생의 수행 중에서 직접적인 것이며 따라서 가장 생동적인 것이다.

인간과 인간뿐 아니라 인간과 사물이 인식과 생각으로 만나기

---

29 Schleiermacher, *Der christliche Glaube,* I:18, §3.3.

전에 만져지고 더듬어지고 포착되는 것이 있다. 과학적 세계관은 한편에 객관적인 세계의 일부를 이루는 대상이 있고 다른 한편에 의식이라고 하는 주관적인 실체가 있다고 생각한다. 그러나 실제로 공동존재들이 함께 존재할 따름이다. 슐라이어마허는 데카르트와 칸트가 상실한 자연세계의 불가피한 부분으로서의 자기, 곧 "몸이 된 자기"[30]로서의 주체를 말한다.

4) 생(生)의 현상

인간 주체는 서로 독립된 세 영역, 주체의 이론적 인식영역인 사유와 실천적 인식영역인 행위 그리고 감정으로 구분된다. 그러나 이 세 영역은 항상 서로 관계를 맺는다. 인간의 자기의식의 삼중적 관계는 제삼자를 통해 통합되는 것이 아니라 주체의 교환관계를 통해 통합된다. 통합은 주체 자체의 본질이다. 슐라이어마허의 다음 구절은 삶의 현상에 대한 선언이라 할 것이다. "삶은 주체의 '자기 안에 머무름'과 '자기 밖으로 나감의 교환Wechsel von Insichbleiben und Aussichheraustreten' 행위로 파악된다."[31] 이 문장은 삶(生)의 현상에 대한 간결한 그러나 매우 응축된 이해다. 삶은 이원적 혹은 양극(양의)적이다. 삶의 양극성에 대한 이해는 초기부터 슐라이어마허의 사상에 내재해 있었다. 종교론에서 그는 삶의 이원성을 문학적 필치로 전개한 바 있다.

에벨링은 그의 연구에서 슐라이어마허가 존재의 근본 법칙을 삶

30 Thandeka, *The Embodied Self. Friedrich Schleiermacher's Solution to Kant's Problem of the Empirical Self* (Albany: The State University of New York Press, 1995).

31 Schleiermacher, *Der christliche Glaube,* I:18, §3.3.

의 과정에서 읽으려고 한다는 점을 상세히 밝힌 바 있다.[32] 슐라이어마허는 처음부터 육적인 것과 영적인 것을 서로 교환하여 사용하고 있으며, 가장 일반적인 논리적 구조로 환원된 존재의 개념을 사용하여 다양한 존재의 영역과 단계에 적용하지 않음으로써 삶의 수행을 통해 존재를 이해하는 통로를 열고 있다. 슐라이어마허의 '의식'은 생(생명)의 공감이고 관계이며, 그의 신학은 이성과 지식 중심의 신학이 아니라 생(생명)의 신학이다.[33] 항상 부족한 것은 하느님의 말씀이 아니라 하느님의 말씀에 응답해야 하는 공명판인 우리의 생이다.

슐라이어마허를 통해 신학이란 삶이 문제가 되는 삶의 상황 속에서 살아있는 생동적인 삶의 계기들을 포착하여 표현하는 일이라고 말할 수 있다. 슐라이어마허의 사유는 살아 있는 생(생명)의 현상에 정위定位되어 있다. 슐라이어마허를 주관주의나 정서적 감정의 신학자로 칭해서는 안 된다. 슐라이어마허는 공감과 대화적 삶生과 생의 공동체 형성의 신학자이다. 슐라이어마허의 『신앙론』은 개인 신학자의 신학적 의견이나 신앙 체험의 서술이 아니라 경건으로서의 교회공동체의 심장을 표현하려고 했다. 슐라이어마허가 제공하는 신학의 해석원칙에 충실해서 말하자면 신학적 담론이란 그리스도교 전체 공동체의 삶의 계기이기 때문에 그 담론을 학문적으로 세상에 내놓는다고 할지라도 그 충만한 의미는 성령이 교회 안에서 창조한 경험에 의해 움직여진 자의 마음인 경건에 의해서만 파악될 수 있다.[34] 경건은

---

32 Gerhard Ebeling, "Beobachtungen zum Schleiermachers Wirklichkeitsverständnis," in *Wort und Glaube*, vol. 3 (Tübingen: J.C.B.Mohr, 1975), 96-115.

33 게어하르트 에벨링, "신학을 위한 삶 - 삶을 위한 신학", 「神學思想」 제121집 (2003년 여름): 89-100 참조.

살아 있는 공동체의 생명현상 속에서 출현하는 전적 의존의 감정이다. 슐라이어마허에게 죄의식 아래에 있는 죄의 삶은 생명의 장애(『신앙론』 2부 1편)이며 은총 의식 아래에 있는 은총의 생은 생명의 날개이다(『신앙론』 2부 2편).

2. 전적 의존의 의식과 하느님

슐라이어마허가 『신앙론』 3절에서 감정으로서의 경건의 현-사실성은 4절에서 하느님 개념에 상응한다. 슐라이어마허의 입장에서 구체적인 관계점이 없는 전적 의존의 감정은 있을 수 없다. 슐라이어마허가 3절에서 경건의 현-사실성을 경험 가능한 직관의 감정으로 전제했다면, 이제 4절에서는 개인적이고 경험적인 주관성의 일반적 구조 요소들에 대한 선험적 이론 내에서 '전적 의존의 감정'임을 입증하고 이것이 하느님 개념에 조화롭게 어울림을 보여준다. 4절의 명제는 다음과 같다.

> **(§4) 모든 상이한 경건의 표현들에 공통적인 것, 그리고 이것 때문에 경건의 감정이 다른 모든 감정들과 구별되는 것, 달리 말해 경건의 동일한 본질은 우리가 전적으로 의존되어 있다는 의식, 혹은 같은 뜻이지만 하느님과 관계 속에 있는 존재라는 의식이다.**[35]

---

34 Richard R. Niebuhr, *Schleiermacher on Christ and Religion* (New York: Charles Scribner's Sons, 1964), 138f.

35 Schleiermacher, *Der christliche Glaube,* I:23, §4.

슐라이어마허는 3~6절에서 경건에 대하여 다차원적으로 해명한다. 3절에서 감정 혹은 직접적 자기의식의 특정한 형태로 설명된 경건이 4절에서는 "전적 의존의 감정das schlechthinnige Abhängigkeitsgefühl" 내지 하느님-의식으로 해석되고, 5절에서는 인간의 자기의식의 최고 단계로 간주되며, 6절에서는 인간의 종교 공동체, 즉 교회와의 관계에서 인간 본성의 근본요소로 설명된다. 3절이 주체의 자기 관계를 다루었다면 4절은 주체의 세계 관련성과 하느님 관련성을 다룬다. 슐라이어마허는 4절에서 경건한 의식을 선험적으로 규정하고 5절에서 경건한 의식을 경험적으로 규정한다. 다시 말해, 구체적이고 세계적인 감정들과의 연관성 속에서 자기의식을 규정한다. 여기서 경건한 의식의 실제 개념이 규정된다. 그리고 난 후 6절에서 교회에 관하여 언급한다.

1) 전적 의존의 감정

슐라이어마허는 모든 직접적 자기의식에는 두 가지 요소가 동시에 존재하며 동시에 자기의식을 규정한다고 이해한다. 이 두 가지는 세계에 대한 주체의 이중적 관계Duplizität이다. 슐라이어마허는 이 이중성을 대립적으로 파악하지 않고 동일성의 의식과 교환적 자기의식의 상태 사이의 관계 속에서 양극성으로부터 이해한다. 양극성의 한 계기는 능동적 '자기 활동성Selbsttätigkeit, activity', 즉 순수한 자기 관계성의 계기이며, 다른 하나는 수동적 '수용성Empfänglichkeit, receptivity', 즉 자기의식이 그때마다 규정되는 계기이다.[36] 전자는 "자신에 의한 자기 정립"(Sichselbstsetzen, a self-caused element)이며, 후자는 자기로부터 비롯되지 않은 "비자기적 정립"(Sichselbstnichtsogesetzthaben, a non-self-caused element)이다. 전자는 "자기 자신을 위한 주체의 존재"이며 후자는 다른 존재와 함께함으로써 주체가 "그 어떻게 되어진 존재Irgendwiegewordensein"이다. 주체가 동일성의 의식에 의하여 규정될 때 자기 활동성이 우위를 점하게 되고, 주체가 교환적 자의식의 상태에 의해 규정될 때는 수용성이 우위를 점하게 된다. 이때 자기 활동성과 수용성은 상관적인 의존관계 속에 있으며 그들의 내적 구조는 상호포함, 상호영향 그리고 상호 자격 부여의 관계이다. 그러므로 "자신에 의한 자기 정립"은 의식의 자발적인 자기 구성이라기보다는 모든 구체적인 규정성으로부터 추상화된 이상적이고 직접적이고 근원적인 감정의식의 매개 속에서 수행되는 자기 관계이다.

모든 자기 활동성은 타자에게 맞닥뜨린 존재라는 의미에서 수용성을 전제한다.[37] 여기서 자기 활동성은 자유의 감정이며 수용성은 의존의 감정이다. 슐라이어마허는 인간 주체의 이해에서 활동성보다 수용성이 우선이라고 이해한다. 그는 주체의 존재보다 다른 존재와 함께하는 존재가 우선이라고 파악한다. 전적 의존의 감정이란 다른 말로 하면 전체를 포괄하는 우리 전 실존의 매개인 성령의 우선성을 말하는 것이다. 살아 있는 인간의 삶이란 항상 수용적이고 능동적인 기능의 상호관계 통일성으로서 실현된다.

슐라이어마허는 자의식에서 수용성이 일차적이며 근원적이고 본래적인 것이며, 자기 활동성은 이차적이며 따라서 귀결적인 것이라

36 Schleiermacher, *Der christliche Glaube*, I:24, §4.1.

37 위의 글, §4.1.

고 보았다. 일차적인 존재는 "그 어떻게 어디에선가 출현한 존재Irgendwiewohersein", "그 어디에선가 밖으로부터 도래하여 맞닥뜨려진 존재Irgendwohergetroffensein"이다.[38] 전적 의존의 감정이란 그 존재에 단번에 매료되고 매혹되는 감정을 의미한다. 능동과 수동, 희열과 불열不悅, 삶의 모순의 이 깊이는 전적 의존의 감정을 둘러싸고 스며드는 규정할 수 없는 간절한 무한이다. 자유의 감정에 앞서 의존의 감정이 존재한다. 자기 존재에서 수동적인 것이 일차적인 것이고 능동적인 것은 이차적이며 일차적인 것으로부터 자라난 것이다. 나의 존재는 수용성에 있으며 행동하는 것에 있지 않다. 나의 존재는 절대적으로 "내 밖의 존재das Außeruns", 곧 세계에 의존된 존재이다.

2) 하느님, 인간 실존의 '본원'

슐라이어마허에게 '하느님' 용어는 전적 의존의 의식에 결여되어 있는 상대로서 내가 전적으로 의존되어 있음을 아는 인간실존의 '본원Woher, Whence'이요, '본향Wohin, Whither' 혹은 전적 의존의 감정 안에 "함께 설정되어 있는 무한자Mitgesetzte"의 현존에 대한 명칭이다. 하느님은 인간의 사유 안에 내재된 한계로서 사유 밖에서 인간 실존을 직접적으로 엄습하며 규정하는 것에 대한 실존적 표현으로서 감정에 주어진다. 슐라이어마허는 루터의 '신뢰Vertrauen' 개념을 받아들이고 재해석하여[39] 인간 자아에 대한 자신의 신실한 관계, 즉 신독愼獨과 하느님에

38 Schleiermacher, *Der christliche Glaube*, I:25, §4.2.

39 Dietrich Korsch, *Dogmatik im Grundriß* (Tübingen: J.C.B.Mohr, 2000), 62.

대한 인간의 성실한 관계, 즉 대월상제對越上帝가 함께 한통속이 되는 자리를 '감정' 개념을 통해 새로운 사유와 언어의 길을 연다.

슐라이어마허의 이 표현, "전적 의존의 감정의 본원"은 근원적이고 본래적이며 모든 것을 수반하는 하느님의 존재에 대한 정의이다. 하느님의 속성은 이 본질이 광범위하고도 밀도 있게 세계와 인간과 소통하는 자리이다. "자기가 전적으로 의존되어 있다는 감정과 자기 자신을 하느님과의 관계성 속에서 사는 존재로서 의식한다는 것은 하나이며 동일한 것이다. 왜냐하면 절대 의존성은 다른 모든 관계들을 포함하는 근본 관계이기 때문이다."[40] 이 발상을 넘어서는 어떤 것도 없다. 마지막 표현은 하느님-의식과 자의식이 서로 나누어질 수 없는 방식으로 관계되어 있음을 의미한다. 전적 의존의 감정은 자발적 표상이 됨으로써 명석한 자의식이 된다. 바로 이 점에서 하느님은 경건의 감정 속에서 우리에게 근원적인 방식으로 주어진 것이다. 슐라이어마허의 자의식과 전적 의존의 감정의 공동규정성은 키에르케고르가 자의식이 무한자와 영원자에 관련되어 있으며 칼 라너가 인간의 자기초월에는 하느님의 존재가 항상 함께 긍정되어 있다는 주장[41], 그리고 폴 틸리히의 "우리 존재의 근거와 의미에 대한 궁극적 관심"으로 이어진다.[42]

40 Schleiermacher, *Der christliche Glaube,* I:30, §4.4.

41 Wolfhart Pannenberg, *Systematische Theologie,* vol.1 (Göttingen: Vandenhoeck & Ruprecht, 1988), 105f.

42 폴 틸리히, 『조직신학 1』, 남성민 역 (서울: 새물결플러스, 2021), 85.

3) 살아계신 하느님

“우리의 의식 속에 포함된 ‘본원’은 우리의 수용적이고 활동적인 현존재의 본원이며, 그것은 하느님이라는 말로 지칭될 수밖에 없는 것이다. 이것이 우리에게 실제로 하느님이라는 말의 근원적 의미이다.”[43] 슐라이어마허에게 직접적 자의식으로부터 하느님-의식으로의 이행은 무의식과 무언의 과정에서 진행되는 것이 아니라 언어적 과정을 통해 진행된다. 하느님-의식은 전달되고 소통되기를 원하며 삶을 촉진하는 생의 고무적인 힘이 발휘되기를 원한다. 전적 의존의 감정은 하느님에 관한 언어에서 분명한 자의식에 도달한다. 이것은 슐라이어마허가 경건을 삶의 어떤 고립된 부분으로 이해하지 않고 삶의 정신적인 전 영역과 기능에 영향을 주는 원천으로 이해한다는 점과 통한다. 근대 개신교 신학의 흐름에서 경건은 모든 종교 특히 그리스도교의 뿌리이며 기반임에도 불구하고 개신교 신학의 주지주의적인 역사와 도덕적 전통의 역사의 영향력 때문에 무시되거나 주변화되어 왔다. 근대 이후의 개신교 신학은 비판적 계몽주의, 대화적 관용, 사회적 참여와 그리스도교적 사회봉사(디아코니아) 등, 그리스도교 신앙을 근대세계에 대하여 지성적으로 논증하거나 윤리적 행동을 추가로 강조함으로써 신학을 지성화하거나 윤리화하는 데 만족했다.

슐라이어마허는 계몽주의적 전통, 즉 사유와 행위를 비판적으로 수용하면서도, 그 전통에서는 신학이 형이상학이나 도덕으로 환원됨

43 Schleiermacher, *Der christliche Glaube*, I:28f, §4.4.

으로써 신학 자체의 주제인 경건한 삶이 실종되고 있음을 보았다. "지식과 행위는 경건에 속한다. 그러나 둘 중 어느 것도 경건을 만들지 못한다. 지식과 행위가 경건에 속하면서 고무된 감정이 감정을 고정하는 사유를 통해 진정되며 감정을 발언하는 행위 안으로 들어가게 된다."[44] 경건을 통하여 일반적인 근본 규정성으로서의 하느님-의식이 구체적인 하느님-의식으로 전환된다. 초록빛 삶의 근원적 연관성이 사변적인 백색 하느님-의식에 색을 칠하고 조형한다.

인간은 무형영無形影의 계시 자체를 직접적으로 알 수 있는 것이 아니라 상징이나 은유 혹은 삶을 통해 얻은 계시의 용用을 통해 간접적으로 계시의 체體를 상상하고 감지할 뿐이다. 이런 의미에서 슐라이어마허의 새로운 신학 방법론은 하느님의 현존에 의한 하느님 경험 속에서 직관되는 하느님의 존재인 성령(신앙고백의 제3항)을 신학적 사유의 원리에 적용한 방법론이다.

그리스도교 신학은 직접적으로 인간성 혹은 하느님 중 하나로부터 시작할 수 있는 게 아니다. 신학이 문자적으로는 신에 관한 학문이지만 슐라이어마허에게 신학이란 하느님과 인간 사이에서 발생한 "경건(신앙)"의 경험 안에 생긴 실존적 관계, 곧 삶 자체의 궁극적 깊이에 대한 자신의 고유한 경험이 바로 신학의 대상이다. 신앙이란 문자로 표현된 객관적 신조와 달리 어떤 특별한 감정에 근거하며 지각과 결부되어 있다. 슐라이어마허는 교회공동체의 신앙 안에서 하느님은 인간과 통감通感하고 공명해야 함을 제시한다. 바로 그럴 때만이 신앙은 진실된 생각(진리)과 참되고 자발적인 행동(윤리)으로 나타난다.

---

44 Schleiermacher, *Der christliche Glaube*, I:21, §3.4.

하느님의 생동성은 감각적 자기인식의 영역에서 하느님에 관해 진술하게 함으로써 불가피하게 드러난다.[45] 종교론에서 "종교란 무한자에 대한 감각과 맛"이듯이 하느님에 관한 진술은 감각을 피하지 않고 오히려 감각에 충실함으로써 가능하며 감각에 충실할수록 충만해진다. 감각은 몸과 마음, 물질과 정신의 경계다. 감각은 자아와 타자 사이를 잇는 가교다. 신앙인은 감각을 통해 자아를 포함한 세계와 만나 신적인 것과 교감하며 하느님을 노래한다. 중용 4장에서 "사람이면 누구든 마시고 먹지 않는 자가 없건마는, 그 맛을 제대로 아는 이는 드물다人莫不飮食也 鮮能知味也"라는 구절을 만난다. 슐라이어마허는 하느님에 관한 지식으로부터 하느님의 속성을 광범위하고 다채롭게 맛보는, 하느님에 대한 맛을 아는 심미적 경지를 제시한다. 이 맛은 나사렛 예수 그리스도를 통해 나타난 구속 사건을 통해 구체적으로 가능해진다.

하느님이 창조와 인간세계에 수여하는 생명의 맛은 슐라이어마허의 신론에서 아주 극명하게 나타난다. 슐라이어마허는 신론을 전적 의존의 감정으로부터 구상했는데, 그리고 그것은 신적 인과론, 곧 하느님의 선행은총과 관계하는 방법이다. 슐라이어마허는 하느님이 누구인가, 하느님 자체를 정의하려고 하지 않는다. 다만 '우리를 위한 하느님Deus pro nobis'만을 논의할 뿐이다.[46] 슐라이어마허는 전통적 교의학과 판연히 다르게 신론을 자리매김하고 배열한다. 『신앙론』의 모든 각론(창조론에서 종말론까지)이 전통적인 구속사의 관점을 거의

45 Schleiermacher, *Der christliche Glaube,* I:40, §5.

46 Julia A. Lamm, *The Living God: Schleiermacher's Theological Appropriation of Spinoza* (The University Park, PA.: Pennsylvania State University Press, 1996), 128.

그대로 따르고 있음을 감안할 때 그의 신론은 전통적 신론으로부터 파격적 일탈이다. 신론을 독립적으로 다루는 전통적인 배열은 하나님에 대한 가르침을 그리스도교 신앙의 근본 사실로부터 독립시켜 하나님만을 떼어놓아 고립적으로 다룸으로써 항상 신론이 세계와 무관하게 되어 사변적이라는 인상을 준다. 슐라이어마허의 신론은 "하나님의 속성 전체를 통하여 서술되며, 그것은 교의학 전 체계가 끝나기 전에 완성될 것이 아닌데, 보통은 단절되지 않은 채 서술되고 다른 모든 교리들 앞에 놓이는 것"[47]과 다르다. 하나님의 속성은 감각적으로 하나님을 보고 들으며, 맛보고 냄새 맡고 만지는 하나님 경험을 말한다. 슐라이어마허의 신론은 엄격한 의미에서 교의학 전체가 끝나면서 동시에 완성된다.

하나님은 하찮은 존재도 하나님 지식의 대상으로 삼으신다. "하나님은 각자를 전체 속에서 아시고, 전체를 각자 속에서 아신다."[48] 성경은 하나님이 개개인을 알고 만나고 느끼며 말씀하시는 세계를 말한다. 성경에서 개인은 단지 전체의 일부분이 아니라 하나님에 의하여 하나님을 위하여 유일무이하게 창조된 존재이다. 이스라엘의 족장이 그렇고 예언자들과 이스라엘의 열왕들이 그렇고 사도들과 그 외에 예수와 만난 인물들이 다 그렇다. 개인의 특수성은 그리스도교 신학이 고려해야 할 중요한 요소이다. 모든 개별적 인격은 관념주의가 깨어지고 하나님의 계시를 위해 열리는 장소를 표시하기 때문에 신학에서, 특히 슐라이어마허 신학에서 간과될 수 없는 중요한 지점이다.

---

47 Schleiermacher, *Der christliche Glaube,* I:165, §31.2.

48 Schleiermacher, *Der christliche Glaube,* I:300, §55.3,

슐라이어마허는 하느님을 현실 경험의 주된 차원들과 관련하여 말하고 있다. 현실성과 관계하지 않는, 세상 경험이 결여된 하느님 진술은 있을 수 없다. 하느님은 현실성 전체와 관련을 맺는다. 이런 의미에서 슐라이어마허의 하느님의 속성론은 현실성 전체에 관한 이론, 공간과 시간, 자연과 정신(1부), 양심과 역사적 삶 전체로서의 세계 그리고 하느님 자신(2부)에 관한 신학적 이론이기도 하다. 하느님의 속성의 다양성은 곧 두루두루(넓은 공간, 전 세계), 구석구석(작은 공간, 주변, 소외된 곳, 주목받지 못한 곳), 속속들이(섬세, 세밀, 하나하나) 다양한 생의 계기와 생의 경험을 말하는 것이며 하느님 의식이 다양한 생의 계기에 상응하여 경험됨으로써 실현된다는 것이다. 따라서 슐라이어마허 신론의 세계상실, 역사상실적 주관주의의 환원이라는 비판은 그 과녁을 한참 빗나간 것이다. 하느님의 속성론은 인간과의 관계 속에서 생성하는 생의 다양성, 세계의 다양성, 자연의 상호연관성, 역사의 상호연관성 등 경험의 총체성을 말하는 것이다. 살아계신 하느님은 사랑에서 본질과 하나가 된다(§167). "하느님은 사랑이다."[49]

III. 은총에 의한 구속의 감정

(§11) 그리스도교는 목적론적 유형의 종교에 속하는 유일신론적 신앙방식으로서, 그리스도교가 그와 같은 유형의 다른 신앙으로부터 본질적으로 구분되는 것은 그리스도교에서는 모든 것이 나사렛 예수에 의하여 완

---

49 Schleiermacher, *Der christliche Glaube,* II:449, §167.

성된 구원과 관계되어 있다는 사실이다.[50]

이 명제는 슐라이어마허의 입문적 사상노선을 간결하면서도 충분히 표현하고 있다. 이 명제는 사실 경건의 본질에 대한 정의와 전개(3~4절)보다 더 근본적이다. 슐라이어마허 사상은 이 명제를 통해 더욱 깊게 연구되어야 하며 알려져야 한다. 슐라이어마허 신학 사상의 핵심은 명제 §3과 §4만이 아니라 본 명제와 함께 명제 §88[51] 및 §100[52]과 더불어 해석되어야 한다.[53] 슐라이어마허에게 그리스도교는 예수 그리스도의 인격 안에 나타난 하느님의 계시, 곧 하느님의 구원 행위를 믿는 신앙이다. 『신앙론』 11절에서 슐라이어마허의 종교적 인간homo religiosus은 다시 복음적 인간homo evangelicus의 옷을 입고 나타난다.

슐라이어마허의 의식(생)의 신학에서 구원은 하느님을 만족시키는 나사렛 예수의 속죄의 죽음에 달린 것이 아니라 예수의 하느님-의식의 완전성에 달려있으며 구원은 마지막 완성을 향하여 나아가는 과정이며 우리에게 일어나는 새로운 삶(生)의 사건이다. 슐라이어마허는 죄와 구원을 소통적이며 공동체적 관점에서 재해석한다는 점이 그의 주요한 혁신이다.

그리스도교의 경건한 자의식은 결국 하느님-의식에서의 인간

---

50 Schleiermacher, *Der christliche Glaube,* I:74, §11.

51 "예수의 영향(활동)으로 소급하는 삶 전체 속에서, 구속은 예수로 인한 예수의 무죄한 완전을 전달함으로써 역사한다."

52 "구속자는 신앙인을 강력한 하나님 인식으로 받아들이는 바, 이것이 구속자의 구속적 행위이다."

53 Catherine Kelsey,*Thinking about Christ with Schleiermacher* (Louisville, Ky.: Westminster John Knox Press, 2003), 13-18.

예수 자신의 고유한 탁월성에 기인한다. 예수의 완전한 하느님-의식에 관해서는 성령론적으로 이해되어야 한다. 슐라이어마허가 여기서 주장하려는 것은 그리스도교의 절대성이 아니라 그리스도교의 고유한 역사 속에서 그리스도교의 경건한 자기해석의 기능을 강조하려는 것이다." 우리는 여기서 자신 안에 간직하고 있는 그리스도교의 필연성이나 진리에 대한 모든 증명을 무시한다. 그는 자신의 경건이 다른 형태가 아닌 바로 이 형태를 취할 수밖에 없다는 사실을 의식하며, 역사적이며 내적인 상호관계에 만족한다. 바로 이것이 신앙의 증명이다."[54] 하느님 의식은 특정한 자의식으로, 즉 특정한 경건한 공동체와 그 공동체의 창시자와 관계하여 가능한 것이기 때문에 유일신 하느님에 대한 그리스도교 신앙은 하느님의 존재에 대한 추상적인 믿음이 아니라 구체적으로 구원의식으로서 구속자이신 예수에 대한 신앙으로서 형성된다.

그리스도교적 경건한 자의식은 그리스도의 구원에 대한 신앙이 자기 확실성으로 되는 것이다. 이것이 슐라이어마허가 그리스도교의 본질을 변증적으로 규정하는 참된 핵심이다. 그리스도와의 인격적 만남으로부터 출발하고 교회공동체를 통해 영적 영향을 준 경건한 의식이 신자들의 경건 욕구와 만나 그 욕구가 충족된다. 슐라이어마허가 이 과정에서 사용하는 '인상', '예감', '증언', '경험' 등은 이미 교회의 선포를 소통의 수단으로 사용하고 있음을 말하는 것이다.[55] 그리스도

---

54 Schleiermacher, *Der christliche Glaube,* I:68, §18.5.

55 Dorothee Schlenke, *Geist und Gemeinschaft: die systematische Bedeutung der Pneumatologie für Friedrich Schleiermachers Theorie der christlichen Frömmigkeit* (Berlin: de Gruyter, 1999), 181.

교 신앙은 순수하게 예수에 대한 직접적이고 인격적인 만남과 사건으로부터 발생한다. 슐라이어마허는 의도적으로 예수에 대한 신앙을 일반화된 '기적에 대한 믿음', '성경에 대한 믿음' 혹은 '초자연적인 것에 대한 믿음'으로부터 분리한다. 유일한 기적이 있다면 그것은 예수 자신과 그의 구속적 영향이다. 다른 모든 것은 그 사건에 대한 예시일 경우에만 의미가 있다. 슐라이어마허는 이처럼 본질적 진리와 주변적 진리를 구분한다.

슐라이어마허는 전적 의존의 감정의 각성과 전달 그리고 그리스도인 안에서의 그 형성을 중시한다. 이것들은 그리스도교적 선포를 통해 감동되고 전달된다. 슐라이어마허는 그 감동이 매우 현재적이라고 말한다. "모든 후대의 사람들이 그리스도의 영향으로부터 받은 인상과 그를 통하여 전달된 공동의 영과 공동체로부터 받은 전 그리스도인의 인상은 그리스도의 삶과 본질에 대한 역사적인 서술을 통해 지지되며 예수와 동시대의 사람들이 직접 그로부터 받은 인상과 동일한 인상이다."[56] 이 대목은 그리스도의 구원을 이해하는 열쇠이다. 여기서 역사적 예수는 그리스도교적인 경건한 자의식의 촉발자이다. 예수의 역사는 신자들의 직접적인 내적 신앙 체험과 공동체를 통해 전달된 그리스도에 의해 중재된 공동의 영, 곧 성령을 통해 제자들에게서처럼 지금의 신자들 속에 동일하게 살아난다는 것이다. 예수의 제자들과 현재 신자들 사이의 동시성이 성령을 통해 매개되고 보장된다.

예수에게서 절대적으로 완성된 하느님 의식은 그리스도교적 경건의 원형으로서 모든 개별적 그리스도인들이 상징화하는 본질적 내용

---

56 Schleiermacher, *Der christliche Glaube*, I:96, §14.1.

이다. 하느님 의식은 그리스도로 말미암은 영향을 통하여 중재되고 그리스도교 공동체의 상징적인 소통과 그리스도를 통하여 전달된 공동의 영 안에서 통일됨으로써 하나가 된다. 그리스도교 신앙은 나사렛 예수의 영향으로부터 받은 직접적인 인상과 내적인 경험으로부터 발생하고 그리스도교 공동체인 교회의 경건한 상호주관성의 형성에서 성장한다. 그러므로 슐라이어마허의 교의학은 예수 그리스도를 통하여 중재된 감정으로서의 그리스도교적 경건의 직접적인 발생을 전개하는 것이며, 여기서 성령론이 중요한 의미를 갖게 된다. 교회의 완전성은 구원자이신 그리스도에게 얼마나 가까이 근접하느냐에 달려있다.

IV. 성령론적 전환

그리스도교 신앙은 천당-지옥 콤플렉스에서 비롯된 타율적인 하느님 동경이나 강압적이고 수동적인 말씀에 대한 복종이 아니라, 주체성을 바탕으로 한 자발적이며 자율적이고 능동적이고 책임적인 말씀의 수용이며 수행이다. 하늘 위에 있는 위엄과 존귀한 하느님의 말씀만이 아니라 자연 속에 보이지 않게 흐르고 인간의 삶 안에 들어와 피가 되고 살이 된 말씀이다. 이런 의미에서 슐라이어마허의 『신앙론』은 간접적인 말씀의 신학이며 직접적으로 체인, 체득, 체화, 체달된 말씀의 신학이다. 슐라이어마허 신학의 심장에는 요한복음 1장 14절의 성육신의 말씀이 있지 않은가! 이런 의미에서 슐라이어마허의 주체성의 신학은 인간학적 신학이 아니라 사실 성령의 신학이다.[57]

바르트도 간접적으로 이러한 판단을 인정했다. "슐라이어마허의 인간 중심적인 입장은… 가장 호의적인 해석을 통해 신경의 제3항의 신학을 해석하려는 특별한 시도로서 간주될 수 없었는지, 즉 성령 중심적인 신학으로 간주되고 발전될 수 없었는지를 고려하는 것은 매우 가치 있는 일인지도 모른다."[58]

바르트는 슐라이어마허-선집 후기에서 자신의 '꿈' 하나를 살짝 암시했다. 그것은 어떤 한 사람이, 아니 한 시대 전체가 '성령의 신학'을 만들어 내는 꿈이었다. "나(바르트)는 그 옛날 모세가 약속의 땅을 먼발치서 바라볼 수 있었던 것처럼 슐라이어마허의 신학을 보고 있다. 그가 바라보는 신학은 자신의 신학처럼 그리스도론의 지배적인 관점에서 쓰인 신학이 아니라 성령론의 관점에서 쓰인 신학이며, 18세기와 19세기의 신학을 반복하거나 계승하는 신학이 아니라 그의 신학의 주된 관심사를 제대로 이해하고 그것을 계속 사유하는 신학이다."[59] 슐라이어마허에게서 시작된 신학의 '주체적 전환subjectivist turn'은 하느님의 법을 우리들의 마음에 두고 무리들의 몸에 기록하는 일(렘 31:33)이며 그 근본에서 사실 그리스도에 기초한 공감과 대화가 가능한 공생체로의 전환, 곧 '성령론적 전환pneumatological turn'이다. 나는 슐라이어마허의 주체를 공감과 대화적 주체로 보고 신학에서 공감과 대화적 주체의 전환을 시행함으로써 근대 이후 현재까지 지속적으로 영향을 주고 있는 신학적 사유의 패러다임 전환의 요인으로 보고자 한다.

---

57 브라이언 게리쉬, 『19세기 개신교 신학』, 목창균 역 (서울: 대한기독교서회 1990), 53.

58 Karl Barth, "Liberal Theology: Some Alternatives," *Hibbert Journal* 59(1961): 217.

59 에버하르트 부쉬. 『Karl Barth』, 손성현 역 (서울: 복있는사람, 2014), 843f.

그렇지만 신학의 '주체적 전환'을 신학의 중심 주제가 '인간 주체'가 된 것으로 옹색하게 이해하는 일이 없어야 한다. 신학의 주체적 전환이란 신학의 언어가 근대 이전까지 "'사물'에 기초한 실체 존재론"으로부터 근대 이후 '살아 있는 주체, 곧 영sprit의 존재론'으로의 전환을 의미한다.60

슐라이어마허의 신학을 '감정의 신학'이라 부르는 것보다 '경험의 신학'이란 이름이 그의 신학 사상에 훨씬 적중한 이름이다. 역사신학자 존 딜렌버거John Dillenberger와 클로드 웰치Claude Welch가 근대 개신교 신학사에서 슐라이어마허를 "종교적 경험의 신학"이라 제목을 단 것은 매우 적정하다.61 사실 이는 성령의 신학이다. 폴 틸리히도 "전적 의존의 감정"을 심리학적 범주로 보거나 심지어 개인적 감동emotion으로 보는 위험을 지적하면서 '경험'을 그리스도교 신학의 원천으로 보는 것의 적절함을 제안한다.62 신학의 역사에서 경험의 원리가 도입된 것은 신학의 혁명이다.63 그 이유는 근대 인간은 더 이상 아무런 조건 없이 어떤 것을 신뢰와 믿음의 대상으로 받아들이지 않기 때문이다. 이제 인간은 자신의 감각, 자신의 의식, 자신의 확신과 함께 믿음의

---

60 Philip Clayton/Arthur Peacocke(ed), In *Whom We Live and Move and Have Our Being: Panentheistic Reflections on God's Presence in a Scientific World* (Grand Rapids, Mich.: William B. Eerdmans Pub. 2004), 78; Philip Clayton, *Adventures in the Spirit. God, World, Divine Action* (Minneapolis: Fortress Press, 2008), 142.

61 존 딜렌버거/클라우드 웰치, 『프로테스탄트 교회의 역사와 신학』, 주재용·연규홍 역 (오산: 한신대학교 출판부, 2004), 242-250.

62 Paul Tillich, *Systematic Theology,* vol. I (Chicago: University of Chicago Press, 1951), 15, 42, 45, 215; *What is Religion?,* trans. James Luther Adams (New York: Harper and Row, 1973), 160.

63 헤르만 피셔, 『슐라이어마허의 생애와 사상』, 오성현 역 (서울: 월드북, 2007), 197.

대상을 대한다. 그러므로 경험의 원리는 그리스도교적 경험의 대상이 될 수 없는 것은 교의학적 과제에서 제외된다는 혁명적 결과를 낳게 된다. 경험은 권위에 반대하면서 자유를 옹호한다. 권위는 오로지 자유의 기반 위에서만 새롭게 세워질 수 있다. 그런 한에서 신학을 경험의 신학, 의식의 신학으로 구상하는 것은 신학이 근대적인 자유의 형태로 전환됨을 의미한다. 슐라이어마허는 뤼케Lücke에게 보낸 첫 번째 편지에서, 제1판의 비판에 대한 대답으로 다음과 같이 쓰고 있다. "그래서 나는 다음과 같은 사실로 되돌아가야 한다. 내가 경건한 감정이라는 단어로 이해하고 있는 바는 결코 관념에서 나온 것이 아니다. 그것은 직접적인 실존적 관계에 대한 원초적인 표현"[64] 곧 성령의 경험이다. '전적 의존의 감정'은 "유한한 존재 안에 드러나는 무한한 존재, 신적 생명과 행위"[65]에 대한 전적 신뢰이며 그 뿌리에서 전 인간 실존을 포괄하는 매개로서 성령 경험의 우선성에 대한 또 다른 표현이다. 영의 경험은 공감의 토대이며 공감은 대화의 산실이다. '공감과 대화의 신학'은 슐라이어마허의 관심을 오늘날 가장 잘 살려낸 표현이라고 생각한다.

흔히 19세기의 대가 슐라이어마허를 '경험의 신학자'로, 20세기의 대가 칼 바르트를 '하느님 말씀의 신학자'로 대칭적으로 비교한다. 바르트는 하늘로부터 타고난 '때 의식'의 소유자인지라 인간의 경험에

---

64 Friedrich D. E. Schleiermacher, *Über die Glaubenslehre. Zwei Sendschreiben an Lücke, Theologische-dogmatische Abhandlungen und Gelegenheitsschriften, Kritische Gesamtausgabe* I/10, ed. Hans-Friedrich Traulsen/Martin Ohst (Berlin/New York: Walter de Gruyter, 1990), 318; 피셔, 『슐라이어마허의 생애와 사상』, 197f. 참조.

65 한스 큉, 『그리스도교. 본질과 역사』, 이종한 역 (왜관: 분도출판사, 2002), 864.

대해 하느님 말씀을 전면에 내세워 신(그리스도) 중심적인 삼위일체 신학의 문을 열었다. 그는 이 덕분에 종교개혁 이후 신학의 이탈을 다시 제 궤도에 돌려놓은 사람으로 칭송된다. 마치 하늘의 구름처럼 그를 따르는 자들이 몰려들었다. 바르트는 슐라이어마허를 촘촘히 비판하지만, 천국에 가면 모차르트에게 안부를 물은 다음 아우구스티누스 그리고 슐라이어마허에게 안부를 묻겠다고 언급하는 통 큰 사람이다.[66]

21세기에 사는 우리는 19세기 신학의 거봉 슐라이어마허와 20세기의 또 다른 대가 바르트 사이에서 그들의 신학적 방법론의 타당성과 적합성을 비판적으로 숙고할 수밖에 없다.[67] 나는 슐라이어마허를 오랜 기간 공부하면서, 경험신학이란 종교적 인문학이 되는 게 아니라 그 출발부터 성령의 능력에 의해 가능하고 궁극적으로 성령 신학에 이르게 된다는 확신이 서게 되었다. 그러므로 바르트의 '신 중심' 대(對) 슐라이어마허의 '인간중심'이라는 대립적이며 논쟁적 시각을 청산하고, 경험신학이란 성령 신학의 다른 이름이라는 것을 새롭게 인식하는 것이 오늘날 중요한 신학적 관건이라는 깨달음에 이른 것이다. 이 점에서 슐라이어마허와 오랜 애증愛憎의 관계 속에 있었던 위대한 바르트의 슐라이어마허에 대한 평가, 즉 슐라이어마허로부터 새로운 신학, 곧 사도신경의 제3조항인 성령과 함께 시작하는 새로운 신학에 대한 꿈이 잉태되고 있다는 판단은 대가다운 혜안이 아닐 수 없다.[68]

---

66 칼 바르트, 『칼 바르트가 쓴 모차르트 이야기』, 문성모 역 (서울: 예솔, 2006), 12; 에버하르트 부쉬. 『Karl Barth』, 843.

67 심광섭, 『신학으로 가는 길』 (천안: 한국신학연구소 1997), 20-29.

68 Karl Barth, "Nachwort zu: Schleiermacher," in *Schleiermacher Auswahl* (München:

이제 종교개혁 이후 그리스도론과 칭의론 중심의 신학이 슐라이어마허를 기점으로 성령-그리스도론과 공감과 대화적 하느님의 주체성의 체온이 느껴지는 '생명Leben' 중심의 신학으로 새롭게 자리매김하기 시작했다는 생각이다.

슐라이어마허의 그리스도교 신앙은 그 발생의 관점에서 보면 과거 지향적이라기보다는 미래 지향적이며, 전통적이라기보다는 개혁적이며, 보수적이라기보다는 진보적이며, 폐쇄적이라기보다는 개방적이기 때문이다. 나는 슐라이어마허의 진보성을 존 캅의 진보주의에 대한 설명을 받아들이면서 이해한다. "오늘날 진보주의자들이 최선의 세상 변혁적 재구성을 이룰 수 있는 사람들이라면, 이때의 진보주의자들은 자유주의의 최선, 보수주의의 최선, 정통주의의 최선, 신정통주의의 최선, 그리고 특히 현재에는 해방신학들의 최선으로부터 배우려는 사람들로 이해된다."69 그리스도교 신앙은 존재하는 것을 단순히 긍정하기보다는 존재해야 할 것을 추구하고 희망한다. 그러므로 그리스도교 신앙의 전통성과 보수성 그리고 폐쇄성은 신앙 발생의 관점에서 보거나 신앙의 미래 지향적 목표에서 볼 때 전혀 그리스도교 신앙의 고유한 본질로 보기 어렵다. 일반 대중들이 신앙을 찾는 이유가 대개는 마음의 안식과 평안을 얻기 위함임을 감안하더라도, 한국 사회에서 그리스도교 신앙과 교회가 보수주의의 최후 보루로 세우고 붙잡는 것을 결코 그리스도교 신앙에 대한 본래적 이해라고 말할 수 없다. 그리스도교 신학은 교회에서는 하느님을 경외하면서 생동적

Siebenstern Verlag, 1968), 310ff.

69 존 캅, 『영적인 파산. 행동을 요청하는 예언자적 외침』, 박만 역 (고양: 한국기독교연구소, 2014), 11.

이어야 하며, 사회에서는 진취적이고 생명 창조적이어야 하며, 학문 세계에서는 지성과 의지와 감성을 희생하지 않는 정직하고 진실한 태도를 취하면서도 초월적 지평을 지시해야 한다. 한마디로 한국의 그리스도인들이 어떻게 경건하면서 자유로운 영혼이며, 자유로운 영혼이면서 경건한 그리스도인이 될 수 있겠는가, 하는 물음이다. 슐라이어마허의 그리스도적 삶과 신학 사상은 이러한 물음에 하나의 대답을 주고 요구를 만족시켜 줄 것이다.

V. 나가는 말

한국의 개신교회는 경건주의와 대각성운동의 영향권 하에 있었던 서양 선교사들이 주류를 이루었다고 생각한다. 특히 1903년 토마스 하디에 의해 원산 부흥 운동이 점화되어 1907년 평양의 대각성운동으로 폭발하였고, 1910년 100만인 구령 운동으로까지 전개되었다. 이 부흥 운동은 3.1운동과 일제 치하에서 내면화된 탈세계적, 탈역사적 신앙이라는 비판도 있었지만 가난하고 곤고한 시절을 견디고 이겨나갈 수 있는 신앙심을 지탱해 주었고 한국 그리스도인들의 기본적인 심성인 경건을 형성했다고 생각한다. (심령) 부흥 운동은 잠자는 신앙을 각성과 회심에 효과적이었다. 그러나 1970년대부터 부흥 운동은 내적 각성보다 외적 성장을 주도하였고 최근 20~30년 동안 많은 도덕적 탈선과 영적 부작용을 낳고 있는 현실이다. 이에 대한 일환으로 영성 훈련(교육)을 시행하고 있으나 영성 훈련은 프로그램화되거나 행위화된 형태로 실행되고 있다. 또한 청교도주의에 내재된 자기제한

(엄숙주의와 도덕주의)은 도덕적 위선을 낳고, 타자에 대한 강한 부정(이웃 종교에 대한 부정, 반지성적 창조과학, 차별금지법에 대한 부정적 입장)은 문화와 사회와 소통할 수 있는 능력이 없는 집단으로 치부되고 있다는 느낌까지 받는다.

나는 슐라이어마허 『신앙론』 연구서인 『공감과 대화의 신학』을 내면서 슐라이어마허 르네상스라는 말을 쓰면서 이렇게 시작했다. 근현대 신학사와 지성사에서 슐라이어마허(Friedrich Daniel Ernst Schleiermacher, 1768~1834)가 차지하는 크나큰 위상과 엄청난 영향력에 비해 한국교회와 신학은 슐라이어마허를 일부 피상적으로 알고 있으며 그나마 많은 부분 왜곡되거나 편벽되이 알고 있다. 우선 슐라이어마허는 그 이름부터 루터, 칼뱅, 웨슬리나 바르트와 본회퍼에 비해 한국 사람이 발음하기도 어렵고 불편하지 않는가! 그래서 해방 전 문헌에는 쉴씨(氏)라 기록한 것 같다. 세계 신학계에서 20세기 초에 슐라이어마허는 엄청난 비난을 받았다. 한국에서는 아직 이 이름조차 언급하는 것을 꺼리는 개신교 교파들도 많다. 그러나 슐라이어마허는 이 한국 땅에서도 성경적, 종교개혁의 복음적 전통을 '근대'라는 정신적, 사회적, 역사적 혁명기에 계승하고 새롭게 해석한 신학자로 평가되어야 한다. 그는 이성중심의 계몽주의적 근대만이 아니라 감성 중심의 미적 그대와 더불어 영성 중심의 영적 근대의 토대를 마련한 사상가이다. 슐라이어마허는 단지 하나의 학파를 세운 사람이 아니라 한 시대를 만든 사람이라고 해도 과언이 아니다. 종교개혁 이후 교회와 신학에 생산적 의미를 주고 지속적 영향을 끼친 사상가로 슐라이어마허와 견줄만한 인물은 아직 없다.

이어 나는 한국교회와 신학의 지평에서 슐라이어마허 신학의 의의를 말했는데, 이 글의 결론으로 삼고자 한다. 한국 그리스도교 계에서는 슐라이어마허 이후 자유주의는 신앙을 해치는 인본주의이며 인본주의는 곧 신앙을 부정하는 무신론처럼 생각한다. 그러나 조금만 톺아 본다면 우리가 서양의 근대적 가치를 무조건 거부하는 한국 사회를 생각할 수 없듯이 자유주의를 무조건 외면한 한국교회와 신학의 앞날을 생각할 수 없다. 신학적 자유주의는 무신론적 인본주의가 아니다. 신학적 자유주의는 시도 때도 없이 '하느님의 뜻'을 남발하면서 인간이 마땅히 해야 할 일들을 적당히 타협하고 포기하거나 좋은 믿음을 빙자하여 초월한 척하는 위선적 태도가 아니라, 인간의 지성적 성숙과 영성적 성화를 위해 하느님의 은총과 믿음을 자기 안에서 부지런히 익혀 숙성시키고 체득함으로써 사회와 역사의 역동적 생명성을 위해 투신하자는 성실한 신앙적 삶과 학문의 태도이다. 사람의 몸에 비유하자면, 고대 교부신학과 종교개혁 신학은 다리에 해당하고, 현대신학은 머리에 해당하며, 근대 자유주의신학은 허리에 해당한다. 허리가 없는 다리와 머리는 서로 연결될 수 없으며 살아 움직이는 몸이 될 수 없다. 이 땅에서 교회와 신학이 살아있는 비판적 지성이요 구성적인 현실이 되고자 한다면, 그리고 더 나아가 새로운 창조적 신학을 만들고자 한다면, 우리는 고대와 종교개혁 신학을 현대신학과 연결하는 근대신학연구에 힘써야 한다.

그동안 한국의 근본주의 교리, 보수주의 신앙, 그리고 오순절 성령운동이 교회의 양적 성장에 기여했는지 모르지만, 교회의 복음적 정체성을 핵심적으로 드러내지 못하였고 오히려 흐려놓고 둔화시켰으며 때로는 왜곡했다. 그뿐만 아니라 한국교회는 한국 사회의 하위가치, 더 정확히 말해 퇴행적 가치인 맘몬이즘, 성공주의, 권위주의,

가부장주의, 반생태주의 그리고 반공주의의 대변인 노릇을 하고 있다. 한국에서 근대 신학에 대한 연구는 불모지에 가깝다. 그것은 한국교회가 근대 신학을 그리스도교의 복음과는 거리가 먼 자유주의 혹은 인본주의라는 흑백논리로 왜곡하고 정죄했기 때문이다. 또한 선교사가 전해준 보수, 근본주의 신학을 교회가 무비판적으로 수입하여 이식했고, 한국교회가 그것을 자신의 정체성으로 수용하여 확대 재생산하면서 내면화하고 고착화한 결과이기도 하다. 그러나 이것은 다른 학문, 가령 신학의 자매 학문인 철학에서 근대철학자들(데카르트, 스피노자, 로크, 흄, 루소, 칸트, 셸링, 헤겔, 마르크스, 프로이트, 니체, 제임스, 퍼스)에 대한 연구가 왕성한 것과 비교할 때 이상하고 기이한 현상이다. 얼마나 많은 새로운 지식이 근대에 장족의 발전을 거두었는가! 하지만 이것을 아는 그리스도인들조차 근대 신학의 발전에 대해서는 알지 못하는 경우가 대부분이다. 한국교회와 신학이 현대문화와 소통하면서 활력과 생동력을 얻기 위해선 종교 개혁기에만 머물러서는 안 되고 근대 그리스도교 및 신학과의 대화를 필수적인 전제로 받아들여야 한다.

한국 사회와 역사 속에서 교회와 신학이 거부당하지 않으려면, 이제부터라도 한국교회와 신학은 서양 근대 그리스도교 사상과 씨름하여 신앙과 신학에서 근대의 근본 가치인 이성의 자율과 비판, 인간의 자유와 인권, 감정의 공감과 소통 등을 수용해야 할 뿐 아니라, 그것을 넘어 심미성, 환경과 생태 등 보편적 생명과 인문적 가치와 공명해야 한다. 한국교회 안에서도 이러한 가치를 공통 기반으로 삼고자 하는 '진보적 복음주의'와 '복음적 진보주의' 층이 두터워지고 있으며 이들을 중심으로 새로운 형태의 교회가 출현하고 있다. 영적 진보의 망이 형성되어 복음적이고 생산적인 가치를 실현하기 위한 연합과 일치가 요청된다. 제레미 리프킨Jeremy Rifkin은 『공감의 시대』에서 "진정으로 인간이 된다는 것은 보편적으로 공감하는 것이고, 따라서 체화된 경험 속에서 도덕적으로 적절하게 되는 것이다"[70]라고 썼다. 몰트만은 『십자가에 달리신 하느님』에서 무감정한 하느님의 영역에서 인간은 그 자신을 무감정한 인간으로 발전시키는 반면, 하느님의 정열의 상황에서 인간은 '공감적인 인간homo sympatheticus'으로 발전시킨다고 말하면서 "공감이란 한 인격이 다른 인격의 현재에 대하여 가진 개방성"을 의미한다고 썼다. 계속해서 그는 하느님의 정열 안에서 인간은 하느님의 영으로 채워지며, 영으로 채워진 인간은 하느님과 '신비적 합일unio mystica'이 아닌 '공감적 합일unio sympathetica'에 이르게 된다고 말한다.[71]

탈근대의 시대정신을 말하는 오늘날, 이성에 대한 감성과 감정의 우위를 말하지만, 감정이 자본과 노동 사이의 매개로 작동되어 감정노동이나 감정 마케팅 등으로 상품화되고[72] 때로는 감정이 조작되고 변형된 모습으로 나타나기도 한다.[73] 그렇다고 이성적 의사소통의 바탕은 본래적 감성적 공감임을 부정할 수 없다. 공감은 나와 너 사이에 일어나는 느낌의 주파수가 같을 때 오는 것이다. 위당爲堂 정인보(1893-1950) 선생은 '간격間格–막힘에 의해 죽고, 감통感通–느낌이 통함에 의해 산다'고 했다. 소통이 주로 언어가 통하는 것을 말하는 데

---

70 제레미 리프킨, 『공감의 시대』, 이경남 역 (서울: 민음사 2010), 222.

71 위르겐 몰트만, 『십자가에 달리신 하느님』, 김균진 역 (천안: 한국신학연구소, 1979), 289f.

72 에바 일루즈, 『감정 자본주의』, 김정아 역 (서울: 돌베개, 2010).

73 스테판 G. 메스트로비치, 『탈감정사회』, 박형신 역. (서울: 한울, 2014).

비해 '감통'이란 감정이 통하고 마음이 통한 상태心通이다. 이런 의미에서 슐라이어마허의 '경건'과 그것을 바탕으로 전개된 '공감과 대화'는 탈종교를 지향하는 시대의 정신적 분위기와 동행하면서 신앙이 교회와 생의 활력에 공감과 울림을 주고, 나아가 사회와 소통하는 대화적 스밈의 신학이다.

슐라이어마허의 종교 개념과 공감

— 슐라이어마허와 하이데거의 철학적 상보관계에 입각한
공감의 존재론 시도

한상연

I. 여는 글

16세기와 17세기의 전환기를 살았던 영국의 성직자이자 시인 존 던은 〈누구를 위하여 종은 울리나?〉라는 시를 다음과 같은 말로 시작한다.

누구든, 자신의 전체로서, 완전한 섬은 아니지.
각자는 대륙의 한 조각, 본체의 한 부분이라네.

이 말 속에 담긴 사상은 현대 해석학의 창시자이자 현대신학의 아버지로 통하는 슐라이어마허의 첫 번째 출판저술 『종교론』에서 다음과 같은 말로 재현된다.

각자가 우주에 더 가까워질수록, 그리고 각자가 다른 사람에게 자신을 더 많이 전달할수록, 이들은 더욱 완전하게 하나가 된다. 어느 누구도 자기만의 의식을 갖지 않는다. 그는 동시에 타자에 대한 의식을 갖는다. 이들은 더 이상 인간이 아니라 오히려 인간성이다. 자기 자신으로부터 나와서 자신을 이겨내는 이들은 진정한 불멸성과 영원성을 향한 도정에 있는 것이다.[1]

존 던은 1572년에 태어나 1631년에 죽었고, 슐라이어마허는 1768년에 태어나 1834년에 죽었다. 두 사람 사이에는 200여 년의 시간 차가 존재한다.

누구나 알고 있듯이, 사람은 탄생을 통해 비로소 존재하게 되는 존재자이자 죽음을 통해 결국 존재하기를 그치게 되는 존재자이다. 이러한 사정을 전통적으로 철학자들은 유한성이라는 말로 불러왔다. 자신의 도래할 죽음에 대한 자각은 자신의 삶과 존재에 대한 두 가지 상반된 이해의 근거가 된다. 하나는 현세적 삶의 덧없음과 허무함을 유일무이하고도 자명한 삶의 형식으로 받아들이는 방식의 이해이다. 이러한 이해는 자신의 삶과 존재의 의미를 덧없고 허무한 현세적 삶 자체 안에서만 발견하고 한정하려는 경향으로 이어진다. 또 다른 하나는 현세적 삶의 덧없음과 허무함을 영원적 존재가 자신을 드러내는 그 자체 영원한 과정의 징검다리와 같은 것으로 받아들이는 방식의 이해이다. 이러한 이해는 슐라이어마허 인용문에 잘 드러나 있는 것처럼, 자기라는 이름의 음습한 감옥으로부터 나오고자 하는 의지,

1 프리드리히 슐라이어마허, 『종교론』, 최신한 역 (서울: 대한기독교서회, 2002), 194 이하.

기어이 유한하고 한시적인 자기에의 집착을 이겨내어, 자신의 삶과 존재를 불멸성과 영원성을 향한 도정에 있는 것으로서 발견하려는 경향이다.

불멸이란 무엇이고, 영원이란 또 무엇인가? 전자의 관점에서 보면, 불멸과 영원이란 형이상학적 망념일 뿐이다. 현세적 삶의 덧없음과 허무함을 유일무이하고도 자명한 삶의 형식으로 받아들이는 자에게 불멸하는 존재, 영원한 존재란 허명에 불과하거나, 혹은 설령 그러한 존재의 관념이 논리적 타당성을 확보한다고 하더라도, 결국 각자의 구체적인 삶과 존재를 위해서는 무의미한 것에 불과하기 때문이다. 반면 후자의 관점에서 보면, 불멸과 영원이란 존재의 근원적 전체성을 가리키는, 그리고 바로 그러한 것으로서 모든 논리적 사유의 한계를 근원적으로 넘어서는 상징의 언어이다. 여기서 모든 개별적인 것의 존재는 고정된 사물적 존재자의 존재 이념과 존재의 논리적 부정으로서의 무(無)의 이념을 근원적으로 넘어서 있다. 모든 존재자는, 슐라이어마허가 우주라는 말로 표현하는, 존재의 근원적 전체성의 개별화된 표현과 서술로서 존재하며, 바로 그러한 것으로서 한시적이면서 동시에 영원하다.

존 던의 〈누구를 위하여 종은 울리나?〉는 다음과 같은 구절로 끝을 맺는다.

> 누구의 죽음이든 내가 적어지게 하지.
> 그것은 내가 인류와 얽혀 있기 때문이나니,
> 하여 결코 사람을 보내 알아내려 하지 말라, 누구를 위하여 종이 울리는지.
> 종은 그대를 위하여 울리는 것이다.

종은 '누구의 죽음이든 내가 적어지게 하지'라는 구절로 비추어 보건대, 분명 그 누군가의 죽음을 알리는 종이다. 시인에 따르면, 죽음을 알리는 종은 실제로 죽음을 맞이한 타인을 위하여 울리는 것이 아니라 그 소리를 듣고 있는 우리 자신을 위하여 울리는 것이다. 그러나 자기 자신을 위하여 울리는 종의 소리를 듣고 애상만 느끼는 자는 아직 시의 의미를 조금도 이해하지 못하고 있다. 누구의 죽음이든 자신이 적어지게 한다는 시인의 말은 자기라는 이름의 음습한 감옥 밖으로 나오라는 일종의 존재론적 청유이다. 오직 이러한 자만이, 즉 기어이 유한하고 한시적인 자기에의 집착을 이겨내는 자만이, 자신의 삶과 존재를 불멸성과 영원성을 향한 도정에 있는 것으로서 발견할 수 있기 때문이다.

II. 슐라이어마허의 실존론적 종교 개념과 그 근원적 근거로서의 감각

슐라이어마허의 유명한 정의에 따르면, "종교는 우주에 대한 직관과 감정이다."[2] 여기서 직관은 독일어 'Anschauung'을 번역한 말로, 그 의미는 어떤 것을 '직접 봄'이다. 표준국어대사전에 의하면 우리말 직관은 보통 두 개의 뜻으로 나뉘어 정의된다. 하나는 '감관의 작용으로 직접 외계의 사물에 관한 구체적인 지식을 얻음'이다. 또 다른 하나는 '감각, 경험, 연상, 판단, 추리 따위의 사유 작용을 거치지

2 슐라이어마허, 『종교론』, 55.

아니하고 대상을 직접적으로 파악하는 작용'이다. 둘 다 '우주에 대한 직관'이 무엇인지 정의하는 데는 충분치 않다.

첫 번째 정의의 경우, 직접 외계의 사물에 관한 구체적인 지식을 얻는다는 규정으로 보건대, 감관의 작용이 사유 내지는 추론, 판단 등의 우회로를 거치지 않고 그 자체로서 구체적이고 실증적인 지식을 제공할 수 있음을 암시한다. 그러나 우주 자체에 관한 구체적이고 실증적인 지식은 감관의 작용을 통해 직접 주어질 수 없다. 우주 안에 있는 이런저런 사물들은 감관의 작용을 통해 직접 알려질 수 있다고 전제해도, 우주 자체가 감각되거나 지각되는 것은 아니기 때문이다. 두 번째 정의는, 감각, 경험, 연상, 판단, 추리 따위의 사유 작용을 거치지 않는다는 것으로 보아, 대상의 어떤 내적 본질을 통찰함의 뜻으로 직관을 규정하는 것이라고 볼 수 있다. 그러나 존재의 전체성으로서의 우주는 통찰의 대상으로서 눈앞에 주어질 수 없다. 사실 엄밀히 말해 감각, 경험, 연상, 판단, 추리 따위의 사유 작용을 거치지 않고서 대상을 직접적으로 파악하는 작용 같은 것은 있을 수 없다. 감각의 작용 및 이런저런 사유의 작용 없이 그 무엇이 통찰의 대상으로서 주어지는 일은 가능하지 않다는 뜻이다. 이러한 점에서 두 번째 정의는, 감각의 작용 및 사유의 작용을 통해 그 무엇이 이해와 해석의 대상으로서 주어졌을 때, 감각의 작용 및 사유의 작용을 통해 알려지게 된 것으로, 한정될 수 없는 사물의 어떤 내적 본질을 마음의 눈으로 예리하게 꿰뚫어 봄을 부정확한 방식으로 기술한 것이라고 볼 수 있다.

그렇다면 우주에 대한 직관이란 대체 무엇을 가리키는 말인가? 직관에 대한 두 가지 사전적 의미와 완전히 다른 직관 작용이 있다는 뜻인가? 물론 그렇지 않다. 직관이란 적어도 그 무엇을 직접 봄이라는 의미로 규정되는 한에서, 대상화된 그 무엇을 직접 감관함을 뜻하거나, 감관의 작용을 통해 직접 알려질 수 없는 것을 정신의 눈으로 꿰뚫어 봄을 뜻할 수밖에 없는 것이기 때문이다.

어쩌면 직관의 대상이 개별적 사물로 한정될 수 없다는 것을 지적하고 싶은 사람이 있을지도 모르겠다. 예컨대, 우리는 특정한 사회체제의 본질을 직관할 수 있는바, 이 경우 직관의 대상은 분명 개별적 사물이 아니다. 그러나 우리는 사회체제를, 체제라는 말이 이미 함축적으로 드러내고 있는 바와 같이, 여타의 세계와 구분된 하나의 조직화된 통일적 전체로서 개별화한 것으로서만 직관의 대상으로 삼을 수 있다. 즉 직관은 그 무엇을 직접 봄이라는 의미로 규정되는 한에서, 감관의 작용을 통해 알려진 어떤 사물적 존재자를 신체 기관인 눈으로 직접 봄과 사물의 외관 이면에 숨어 있는 어떤 내적 본질을 마음의 눈으로 개별화하며 꿰뚫어 봄이라는 두 가지 뜻 외에 다른 뜻을 지닐 수 없다. 사회체제의 본질을 직관함은 사회를 하나의 통일된 구성체로서 사물처럼 개별화함을 암묵적으로 전제하는 것이고, 사회에 관한 다양한 추론들을 전개해 나가는 과정에서 "추론의 논리적 형식만으로 설명하기 어려운 깨달음을 얻게 되었음"을 "눈으로 사물을 명민하고 예리하게 살펴보아 무언가 특별한 외적 특징을 발견했음"과 유비하여 생겨난 표현일 뿐이다.

그렇다면 슐라이어마허가 말하는 '우주에 대한 직관'이란 대체 무엇을 말하는가? 결론부터 말하자면, 종교가 우주에 대한 직관과 감정이라는 정의는 슐라이어마허의 종교관을 다소 부정확하고 왜곡된 방식으로 표현한다고 볼 수 있다. 직관이란 신체 기관인 눈으로 직접 봄의 뜻이든 마음의 눈으로 직접 봄의 뜻이든 상관없이, 직관하는 주체와 직관되는 객체 사이의 외적 대립의 관계를 전제로 한다. 반면 슐라이어마허적 의미의 종교는 우주를 직관의 객체적 대상으로 삼음을, 그럼으로써 직관하는 주체와 우주 사이에 어떤 외적 대립의 관계가 형성됨을 뜻하지 않는다. 바로 이러한 이유로 '우주에 대한 직관'이라는 표현은 본래 슐라이어마허의 종교 개념을 정확하게 드러내는 것일 수 없는 것이다.

그렇다면 슐라이어마허가 우주에 대한 직관이라는 말로 원래 표현하고자 했던 것은 무엇인가? 그것은 자기 존재의 근원적인 구조로서의 절대적 내재성에 대한 직관, 혹은 하이데거의 존재론적 용어를 차용하자면, 자기 존재의 실존론적 구조로서의 안에-있음In-sein에 대한 현존재의 존재론적 이해를 가리킨다. 슐라이어마허의 종교철학은 인간 현존재의 실존론적 구조에 대한 존재론으로 규정될 수 있다는 뜻이다. 그러나 슐라이어마허의 존재론과 하이데거의 존재론 사이에는 한 가지 커다란 차이가 있다. 후자는 현존재의 존재의 실존론적 구조를 주로 그 형식의 관점에서 기술한다. 반면 전자는 독특한 감각론에 입각해서 기술한다.

보다 정확히 말하자면, 하이데거의 존재론 역시 하이데거 특유의 감각론에 그 근거를 두고 있다. 다만 하이데거의 감각론은 본질적으로 시지각 중심이다. 반면 슐라이어마허의 감각론은 근원적 의미의 감각을 감각하는 자의 존재에게서 일어나는 변화에 대한 자각으로 해석하며, 바로 그러한 점에서 시지각을 중심으로 전개되는 하이데거의 감각론과 매우 다르다. 실은 하이데거가 현존재의 존재의 실존론적 구조를 주로 그 형식의 관점에서 기술하게 된 근본 원인 역시 하이데거가 감각을 시지각 중심으로 이해한다는 점에 있다.

하이데거는 『존재와 시간』 서론에서, 그대 그리스 철학의 관점에서 볼 때 "로고스λόγος는 진리의 시원적인 '자리Ort'라고 지칭되어서는 안 된다"고 지적하면서, "'참'이란 그리스적 의미로, 게다가 언급된 로고스보다 더 근원적인 의미로, 아이스테시스αἴσθησις, 즉 그 무엇을 순연히schlicht 감각적으로 받아들임Vernehmen이다"라고 밝힌다. 아이스테시스가 로고스보다 더 근원적이라는 것은 대체 무엇을 뜻하는가? 그것은 "로고스가 일종의 보게 함Sehenlassen 이기 때문에 참이거나 거짓일 수 있다"라는 것, 로고스란 "말에서 연관되어 '말'이 되는 그것을 드러나게 함"을 뜻한다는 것, 바로 그 때문에 현존재가 그 무엇을 순연히 감각적으로 받아들임으로서의 아이스테시스를 전제조건으로서 지닌다는 것을 뜻한다. 하이데거가 로고스를 일종의 보게 함으로 규정하는 것은 그가 아이스테시스를 시각적 봄 중심으로 해석하고 있음을 드러낸다. 달리 말해, 하이데거는 진리의 존재론적 의미로서의 탈은폐를 하나의 시각적 현상으로서 존재 자체가 드러남과 같은 것으로 파악한다. 실제로 하이데거는 로고스보다 아이스테시스가 더 근원적인 진리의 자리임을 설명하면서 시각적 봄을 강조한다. 예컨대 하이데거에 따르면, "봄이 색을 봄을 가리키는 경우 인지함은 언제나 참이다."[3]

이러한 설명은 명백히 현상학적이다. 전통적인 대응설적 진리론에 따르면, 하나의 논리적 명제는 그에 상응하는 객관적이고도 실제적

---

3 SZ(= Martin Heidegger, *Sein und Zeit* (Tübingen: Max Niemeyer Verlag, 1993), 32 이하.

인 사태를 지니는 경우 참일 수 있다. 현상학적 관점에서 보면, 진리에 대한 이러한 설명은 참도 거짓도 아닌 순전한 난센스일 뿐이다. 현상학적 의미의 현상은 사물의 겉모습을 가리키는 말이 아니라 경험의 절대적인 한계를 가리키는 말이다. 우리는 우리 자신에게 고유한 지각역량 및 이해의 역량에 상응하는 방식으로 생성되는 현상적인 것 외에 다른 아무것도 만날 수 없다. 바로 이러한 이유로, 예컨대 "이 꽃은 붉다"와 같은 명제는 그에 상응하는 객관적이고 실제적인 사태를 지닐 수 없다. 붉음이라는 말 자체가 붉음을 지각할 수 있는 우리의 지각역량에 근거를 두고 생겨난 현상적인 것이기 때문이다. 하이데거가 근원적인 진리의 자리는 아이스테시스라고 주장하면서 전제하는 것도 바로 이러한 현상학적 관점이다. "붉음이 꽃의 객관적 속성인 경우"에만 "이 꽃은 붉다"라는 말이 참일 수 있다고 전제하면, 우리는 이 명제가 참인지 거짓인지 확정할 수 없게 된다. 붉음은 붉음을 지각할 수 있는 지각역량을 지닌 현존재의 존재에 근거를 두고 생성되는 것이기 때문이다. 그러나 일반적으로 "말에서 연관되어 '말'이 되는 그것을 드러나게 함"으로서의 로고스가 꽃에 관한 개별 진술에서 꽃의 붉음 자체를 '말'이 되는 바로 그러한 것으로서 드러나게 하는 경우, 그것은 언제나 참이다. 로고스가 하나의 참된 아이스테시스, 즉 꽃을 붉은 것으로써 순연하게 감각적으로 받아들임에, 붉음 자체를 모든 논리적 추론에 그 참된 근거로서 근원적으로 앞서 있는 – 존재 자체의 드러남으로서의 – 현상성에 속한 것으로서 이해함에, 근거해 있기 때문이다.

하이데거와 달리 슐라이어마허는 "그 무엇을 순연하게 감각적으로 받아들임"을 시지각적 봄을 중심으로 이해하지 않는다. 앞서 언급했듯이, 슐라이어마허는 감각을 기본적으로 감각하는 자의 존재에게서 일어난 변화로서 고찰한다. 이 점은 매우 중요하다. 하이데거처럼 감각을 시지각적 봄을 중심으로 이해하는 경우, 현존재의 존재를 주체로서의 존재로 이해하는 전통 철학적 경향으로부터 자유롭기 어렵다. 결국 보는 자는 현존재 자신이며, 현상이란 현존재에게 시각적 봄의 대상으로서 주어지는 것이기 때문이다. 즉 시지각 중심의 감각론은 현존재를 지각의 주체로, 지각되는 현상을 주체로서의 현존재에 의해 대상화되는 하나의 객체로 파악하는 이분법적 사유로 이어질 수밖에 없다. 이러한 주객이원론적 도식은 물론 하이데거의 존재론과 맞지 않는다. 그럼에도 하이데거가 전통 철학의 이원론적 도식을 수미일관하게 극복하지 못했다는 점은 분명해 보인다. 그것은 로고스보다 더 근원적인 것으로 상정된 아이스테시스가 시지각 중심으로 파악됨으로부터 비롯되는 필연적인 결과이기도 하다. 바로 여기에 슐라이어마허의 종교철학이 지니는 현상학적 존재론으로서의 성격이 철학적으로 매우 각별한 의미를 지니게 되는 이유가 있다. 슐라이어마허의 종교철학이 현상학적 존재론으로서 규정될 수 있다는 것은 결코 그것이 후설의 『논리 연구』에서 시작되어 하이데거의 실존론적 존재론에서 정점을 이룬 20세기 현상학 운동의 프로토타입에 불과하다는 것을 뜻하지 않는다. 도리어 슐라이어마허의 종교철학은, 비록 슐라이어마허가 남긴 순수하게 철학적인 저술이 상대적으로 적은 편이기는 하지만, 가장 온전한 형태의 현상학적 존재론으로 파악되어야 한다.

슐라이어마허처럼 감각을 감각하는 자의 존재에게서 일어난 변화로서 고찰하는 경우, 감각하는 현존재는 도리어 수동적이고, 감각되는 그 무엇은 능동적이며, 바로 그 때문에 현존재는 자신의 존재를 자신에게 감각적으로 작용해 오는 그 무엇과 감각의 장 안에서 언제나 이미 하나로 통일되어 있음을 자각하는 존재자로 규정된다. 실은 슐라이어마허가 '우주에 대한 직관과 감정'이라는 말로 규정한 종교 개념의 핵심이 바로 이것이다. 직관되는 것은 우주가 아니라 감각의 장 안에서 자신이 이런저런 존재자들과 – 결코 순연한 외적 대립의 관계를 형성하는 일 없이 – 언제나 이미 하나로 통일되어 있음, 바로 그렇기에 나 자신은 고립된 원자적 실체로서가 아니라 존재의 전체성으로서의 우주의 개별화된 서술과 표현으로서 존재함, 나 자신의 실존론적 존재구조로서의 안에-있음, 그 안에-있음의 실존론적 구조 안에서 나 자신의 존재가 감각 생성의 근원적 자리이자 존재의 전체성으로서의 우주를 향해 고양되어 있음 등이다. 간단히 말해 슐라이어마허가 말하는 우주에 대한 직관과 감정은 본래, 우주가 하나의 대상으로서 직관되고 또 이러한 직관의 행위에 의거해 우주에 대한 어떤 감정이 내 안에서 일어남이라는 뜻이 아니라, 자신의 존재에게서 일어나는 변화로서의 감각에 의해 자신의 존재 전체가 그 근원적 가능 근거이자 존재의 전체성의 표현인 우주를 향해 감정적으로, 우주와 하나로 통일되어 있음의 느낌과 더불어 고양되어 있음이라는 뜻이다.

이러한 사정을 슐라이어마허는 다음과 같이 함축적이고도 명료하게 서술한다.

> 모든 직관은 직관되는 존재가 직관하는 존재에 끼치는 영향으로부터 출발하며, 직관하는 존재의 본성에 따라 받아들여지고 종합되며 파악되

는, 직관되는 존재의 근원적이고 독립적인 행위로부터 출발한다. 생기生起하는 빛의 유출이, 여러분이 유발시킨 행위와 무관하게 여러분의 신체기관을 접촉하지 않았다면, 물체의 가장 적은 부분이 여러분의 손가락 끝을 기계적으로나 화학적으로 자극하지 않았다면, 무게와 압력이 여러분의 힘과 저항과 한계를 드러내 보이지 않았다면, 여러분은 어떤 것도 직관하지 못했을 것이며 어떤 것도 지각하지 못했을 것이다. 여러분이 직관하고 지각한 것은 사물의 본성이 아니라 여러분에 대한 사물의 행위이다. 여러분이 이 사물에 대해 알거나 믿는 바의 것은 직관의 영역을 훨씬 넘어선 곳에 있다.

종교도 이와 같다. 우주는 끊임없는 활동 가운데 있으며 매 순간 우리에게 계시된다. 우주가 산출하는 모든 형식, 삶의 충만에 따라 각별하게 현존하는 모든 존재자들, 우주가 그 충만하고 늘 풍성한 품에서 쏟아내 놓는 모든 사건들, 이것이 곧 우리를 향한 우주의 행위이다. 이렇듯 종교는 모든 개별자를 전체의 부분으로, 모든 제약자를 무한자의 표현과 서술로서 받아들이는 것이다.[4]

인용문의 첫 번째 문장에서 알 수 있는 것처럼, 슐라이어마허는 직관되는 존재를 객체적이거나 수동적인 것으로 파악하지 않는다. 직관하는 자가 주체인 것이 아니라 실은 직관되는 것이 능동적 주체이며, 이는 직관되는 것이 직관하는 존재자의 존재에 능동적으로 행사하는 작용과 영향이 없으면, 그리고 이로 인해 직관하는 존재자의 존재에 모종의 변화가 일어나지 않는다면, 아무것도 직관되지 않을 것이기

4 슐라이어마허, 『종교론』, 60 이하.

때문이다. 즉 우리는 사물의 객체적인 본성을 직관하고 지각하는 것이 아니라 실은 우리 자신에 대한 사물의 행위를 직관하고 지각한다. 그리고 직관되는 사물의 행위 역시 직관하는 나와 무관한, 그리고 바로 이러한 의미로 순수하게 객체적인 것이라고 볼 수 없다. 그것은 직관하는 나의 존재의 본성에 따라 받아들여지고 종합되며 파악되는 것이고, 그런 한에서 나 자신에게 고유한 지각역량 및 이해의 역량에 상응하는 방식으로 생성된 현상으로서의 성격을 지닐 수밖에 없다. 바로 이 지점에서 슐라이어마허 철학의 현상학적 성격이 분명하게 드러난다. 슐라이어마허의 관점에서 보더라도 현상이 사물의 겉모습이라는 사전적 의미가 아니라 경험의 절대적 한계를 가리키는 현상학적 의미로 규정되는 경우, 내가 나 자신의 존재와 사물의 존재에 대해 경험할 수 있고 또 알 수 있는 모든 것의 전체이다. 이 말은 곧 우리의 판단이 지각되는 순간 꽃의 붉음과도 같이 순연하게 감각적인 것을 향하든 혹은 무게, 압력, 힘, 저항, 화학적 성질 등 다소간 추상화된 개념을 향하든, 우리 자신의 존재에 대한 사물의 행위로 인해 우리 자신의 존재 자체에서 일어나는 변화로서의 감각이 우리가 사유하고 추론하며 내리는 모든 판단의 근원적인 근거임을 뜻한다. 슐라이어마허 특유의 현상학 관점에서 보면, 모든 판단은 근원적으로 주체로서의 존재인 자기 자신에 대한 것도 아니고 객체로서의 존재인 어떤 대상에 대한 것도 아니다. 모든 판단은 결국 자신의 존재에게서 일어나는 변화로서의 감각에 근거를 두고 있는 것인데, 이러한 의미의 감각은 이미 그 자체 안에서 주체적인 것과 객체적인 것의 이분법적 구분을 근원적으로 넘어서 있기 때문이다.

III. 공감의 존재론적 근거로서의 종교

슐라이어마허가 '우주에 대한 직관과 감정'이라고 규정한 종교는, 그것이 자신을 비롯한 모든 개별자를 무한한 우주의 개별화된 서술과 표현으로 받아들임을 함축하는 한에서 공감의 존재론적 근거이기도 하다. 이 점을 구체적으로 논하기에 앞서 왜 하이데거의 존재론에는 일상적 자기의 비본래성을 자각한 현존재와 공동 현존재 사이의 실존론적 관계에 대한 구체적인 언명이 거의 부재하다시피 한지 그 이유에 관해 생각해 보자. 그 근본적인 이유는 하이데거에게 일상적 자기의 비본래성을 자각한 현존재가 자기 존재의 근원적인 형식으로서 발견하는 고유함을 공동 현존재와의 일상적이고도 구체적인 실존론적 관계와 양립시킬 방법을 발견하지 못했기 때문이다.

하이데거는 죽음의 선구성이 현존재에게 자신의 존재가 일상 세계와 근원적으로 무연관적이라는 점을 발견하게 할 존재론적 근거임을 논하면서 다음과 같이 밝힌다.

> **현존재에게는 평균적인 일상성 속에서도 이러한 가장 고유한, 무연관적이고 넘어설 수 없는 존재가능이 늘 걸려 있다. 비록 자신의 실존의 극도의 가능성에 맞서 아무 지장 없이 무관심한 채로 단지 마련함Besorgen의 양태에만 머물고 있다손 치더라도 말이다.[5]**

이 명제의 의미는 외견상의 복잡함에도 불구하고 비교적 단순하

---

5 SZ 255. 원문에서의 강조.

고 명료하다. 잘 알려져 있듯이, 일상성은 하이데거에게, 현존재가 자신의 본래성을 자각함으로써 극복할 수 있는 것이 아니라, 현존재의 근원적 존재방식에 속한다. 죽음의 선구성 및 불안은 현존재가 일상성과 완전히 무관한 존재방식을 지니도록 하는 근거와 같은 것으로 오인되어서는 안 된다는 뜻이다. 그런데 실은 그 역도 마찬가지이다. 현존재는 순연하게 일상적이기만 한 존재자로서 머물 수 없다. 죽음의 선구성이 일깨우는 불안이 현존재의 근본 기조에 속하기 때문이다. "현존재에게는 평균적인 일상성 속에서도 이러한 가장 고유한, 무연관적이고 넘어설 수 없는 존재가능이 늘 걸려 있다"는 하이데거의 주장은, 죽음의 선구성이란 죽음과 함께 일상 세계에서 일상적 존재자로서 현존함이 불가능해진다는 점에서 현존재로 하여금 자신의 존재가 일상 세계와 근원적으로 무연관적이라는 것을 자각하도록 하는 존재론적 근거라는 것을 뜻한다. 즉 하이데거의 관점에서 보면, 현존재의 존재는 1) 일상성과 2) 자기 존재의 일상 세계와의 근원적 무연관성이라고 하는 두 가지 상반된 계기의 부단하고도 역동적인 통일성에 의해 특징되어야 한다. 문제는 일상성이 현존재의 비본래적 존재방식으로서 규정되는 한에서, 그리고 그와 동시에 본래성은 현존재의 존재의 일상 세계와의 근원적 무연관성에 의해 자각되는 것으로서 파악되는 한에서, 현존재의 본래적 자기를 공동 현존재와의 근원적 무관계성을 통해 설명해야 할 논리적 필연성이 제기될 수밖에 없다는 점이다. 현존재가 공동 현존재와 만나는 자리는 결국 일상 세계이다. 달리 말해 현존재와 공동 현존재 사이의 실존론적 관계는 일상성을 매개로 할 수밖에 없다. 그러나 자신의 본래적 자기에 대한 현존재의 자각은 죽음의 선구성 및 불안을 통해 알려지는 자기 존재의 일상 세계와의 근원적 무연관성에 대한 자각과 동일한 것이거나, 혹은 이러한 자각을 수반하며 일어나는 것이다. 그렇다면 현존재는 공동 현존재를 오직 일상적이고 비본래적인 존재자로서만 만날 수 있다는 결론이 따라 나오는 셈이다. 물론 원한다면 자기의 존재가 일상 세계와 근원적으로 무연관적이라는 것을 자각한 현존재는 공동 현존재 역시 그러하다는 이해와 함께 현존하는 존재자일 수밖에 없다고 지적할 수도 있다. 그러나 이러한 이해가 자동적으로 현존재와 공동 현존재 사이의 관계를 비일상적이고 본래적인 것으로 만들어주는 것은 아니다. 현존재가 공동 현존재와 실존론적 관계를 맺는 자리가 일상 세계일 수밖에 없다는 점에서, 그럼에도 현존재는 자신의 본래적 자기를 일상 세계와의 근원적 무연관성 속에서 발견할 수밖에 없다는 점에서, 공동 현존재 역시 자기와 마찬가지로 일상 세계와 근원적으로 무연관적이라는 현존재의 자각은 자신과 공동 현존재가 각각의 비본래성으로 인해 일상 세계 안에서 함께 있으면서 동시에 각각의 본래성으로 인해 제각각 완전한 무관계성의 심연 속에 잠긴 채 홀로 있을 뿐이라는 자각과 같다. 결국 하이데거의 관점에서 보면, 본래적 자기로서의 현존재는 공동 현존재와 아무 구체적 관계도 맺을 수 없는 무능력에 의해 특징되어야 하는 셈이다.

왜 이러한 문제가 생겼을까? 그 근본 원인은 하이데거가 현존재를 — 시지각적으로 — 그 무엇을 발견하는 존재자로 상정했다는 점에 있다. 이미 살펴보았듯이 하이데거는 진리의 근원적인 자리는 로고스가 아니라 아이스테시스, 즉 "그 무엇을 순연하게 감각적으로 받아들임"이라고 보면서, 동시에 이러한 감각적 수용성을 시지각 중심으로 설명한다. 그렇다면 존재론적 진리란 근원적으로 시지각적으로 봄,

보임, 발견함, 발견됨, 발견하도록 자신을 드러내 줌 등과 연관된 말일 수밖에 없다는 결론이 나오는 셈이다. 그런데 대체 무엇이 어떻게 보인다는 것인가? 하이데거의 철학에서는 이러한 물음에 대한 구체적인 대답이 두 가지로 나뉜다. 하나는 눈앞에-있음이다. 또 다른 하나는 손-안에-있음이다. 잘 알려져 있듯이, 양자 중에서 근원적인 것은 손-안에-있음이고, 이는 눈앞에-있음이 손-안에-있는 것으로서 발견된, 그리고 이러한 의미에서 도구적인, 존재자에 대해 현존재가 이론적 관찰자의 태도를 취함으로써 생성된 일종의 파생태이기 때문이다. 결국 존재자를 눈앞에-있음으로 발견함은 이론적 태도에 입각해서 존재자를 발견함이고, 손-안에-있음으로 발견함은 도구적 실천의 태도에 입각해서 존재자를 발견함이다. 물론 하이데거는 현존재의 존재를 이론적 사유의 방식이나 도구적 실천의 방식으로 다 설명할 수 있다고 보지 않는다. 『존재와 시간』에서는 사유와 실천으로 한정될 수 없는 현존재의 존재가 죽음의 선구성이 일깨우는 현존재의 존재의 세계와의 근원적 무연관성을 통해 설명된다. 자신의 존재를 세계와의 근원적 무연관성 속에서 발견하는 본래적 현존재란 자신의 존재의 본래성을 일상 세계에서의 사유 및 실천과 무연관적이라는 것을 발견하는 존재자와 같다는 뜻이다. 소위 '전회[Kehre]' 이후 하이데거의 사유에서는 사유와 실천으로 한정될 수 없는 현존재의 존재가 예술작품 및 손-안에-있는 존재자의 사물성 개념 등을 중심으로 설명된다. 하나의 존재자에게서 작품성 및 손-안에-있음으로 탈은폐된 존재의 의미가 동시에 작품성이나 손-안에-있음으로 환원될 수 없는 존재 자체의 은폐이기도 함을 알리는 그 존재론적 근거로서 사물성 개념이 제시되고 있다는 뜻이다. 사실 '전회' 이후 시 짓기로서의 예술 개념을 중심으로 전개된 하이데거의 사유는 일상적 자기의 비본래성을 자각한 현존재가 공동 현존재를 비롯한 이런저런 존재자와 맺는 실존론적 관계의 성격을 존재론적으로 구명하고자 하는 시도이기도 하다. 유감스럽게도 하이데거의 이러한 시도는 절반의 성공을 거두었을 뿐이다. 일상적 존재이해의 한계에 대한 현존재의 자각이 존재론적으로 어떤 근거를 지니고 있는지 『존재와 시간』에 비해 훨씬 더 구체적이고 진일보한 방식으로 해명되기는 했지만, 자기의 존재가 일상 세계와 근원적으로 무연관적임을 자각한 현존재가 공동 현존재를 비롯한 이런저런 존재자들과 맺는 실존론적 함께-있음의 관계는 여전히 명료하고 구체적으로 해명되지 못했다는 뜻이다.

이제 이와 같은 문제의식을 염두에 두면서 우주에 대한 직관과 감정으로서의 종교가 자신을 비롯한 모든 존재자를 무한한 우주의 개별화된 서술과 표현으로서 이해하도록 한다는 슐라이어마허의 근본 관점에 관해 생각해 보자. 슐라이어마허가 우선 강조하고자 하는 것은 존재자의 존재가 사유와 실천의 대상으로서의 존재와 같은 것일 수 없다는 점이다. 왜 그러한가? 우주의 무한성 때문이다. 현존재의 사유와 실천 속에서 대상화된 존재자는 안에-있는 존재자로서 발견되는 것이며 우주를 존재의 전체성의 이념으로 이해하는 한에서, 안에-있음의 가장 궁극적이고도 최종적인 형식은 무한한-우주-안에-있음일 수밖에 없다. 아마 하이데거의 철학에 밝은 독자라면 존재론적 안에-있음은 물리적 공간 안에 있음과 같은 것이 아니라고 지적할지도 모르겠다. 그러나 슐라이어마허가 말하는 우주는 물리적 공간의 이념과는 본질적으로 아무 상관도 없다. 물리적 공간의 이념이 암묵적으로 상정하는 것은 물리적 사물들이 제각각 별개의 존재영역을 형성하면서 서로 외적 대립의 관계를 이루고 있다는 것이다. 물론 물리적 공간 속에서 각각의 사물들은 상호 작용의 관계를 맺고 있으며, 그런 한에서 물리적 공간 개념이 상정하는 사물들 사이의 외적 대립의 관계는 절대적이지 않다. 그럼에도 물리적 공간의 이념이 시지각적 관찰의 주체와 관찰되는 객체적 대상들 사이의 외적 대립의 관계 및 객체적 대상들 사이의 외적 대립의 관계라는 이중의 외화外化에 지반을 두고 있는 것이라는 점이 무효화하는 것은 아니다. 슐라이어마허가 말하는 우주는, 그것이 우주에 대한 직관과 감정으로서의 종교를 자신의 근원적 존재방식의 하나로서 지니는 현존재의 실존론적 자기 이해 속에서 각성되는 것인 한에서, 물리적 공간의 이념이 전제하는 이중의 외화의 근원적 불가능성에 대한 이해를 수반하게 된다. 왜 그러한가? 우주 및 우주 안의 이런저런 개별자들이 시지각적 관찰의 주체인 현존재의 주체적 행위에 근거해서 발견되는 것이 아니기 때문이다. 현존재가 직관하는 것은 자신에 대한 우주의 행위이며, 여기서 우주의 행위란 개별자와 무관한 별도의 존재자로서의 우주가 현존재에게 작용해 온다는 것을 뜻하는 말이 아니라, 자신에게 작용해 오는 모든 개별자들이, 개별자들의 직관됨 자체가 개별자들의 행위를 통해 자신과 개별자들 사이의 외적 대립의 관계가 이미 지양되었다는 것을 뜻한다는 바로 그러한 점에서 나뉠 수 없는 하나의 전체를 이루며, 어떤 외적 대립의 관계도 알지 못하는 절대적 통일성의 관계 속에서 순연하고도 절대적인 안에-있음을 모든 존재자들의 근원적이고도 본래적인 존재형식으로써 알려온다는 뜻이다. 한마디로 종교적 현존재는 각각의 존재자를 사유와 실천의 대상으로 삼을 수 없다. 존재자를 사유와 실천의 대상으로 삼음 자체가 현존재 자신과 여타 존재자 사이의 외적 대립 관계를 전제하는 것일 수밖에 없기 때문이다.

오직 슐라이어마허적 의미의 종교만이 현존재와 공동 현존재 사이의 참된 공감의 존재론적 가능 근거일 수 있다. 왜 그러한가? 사유와 실천의 대상으로서 발견되는 공동 현존재는 이미 참된 의미의 현존재가 아니기 때문이다. 장 폴 사르트르가 타자의 시선이 객체일 수 없는 나를 객체화한다는 점을 근거로 '타자는 나의 지옥'이라고 선언했을 때, 그는 부지불식간에 시지각 중심의 존재 이해가 존재론적으로 참된 공감의 형성을 불가능하게 하는 것임을 드러냈던 셈이다. 자신과 공동 현존재 사이의 관계를 외적 대립의 관계로 발견하는 한에서, 현존재는 공동 현존재와 존재론적으로 참되게 공감할 수 없는 무능력 속에서 자신을 발견할 수밖에 없다. 참된 공감의 관계 형성을 위해 현존재에게 필요한 것은 공동 현존재로서 발견되는 존재자가 바로 그러한 존재자로서 자신의 존재를 언제나 이미 변화시켜 왔음을, 발견함이란 발견하는 자신을 주체로 만드는 것이 아니라 도리어 자신의 존재에 대한 존재자의 행위가 발견함의 근원적 가능 근거임을 순연하게 감각적으로 수용하는 일이다.

우주에 대한 직관과 감정, 자신의 존재에 대한 우주의 행위 등의 표현이 너무 거창하게 느껴지면 자신과 친밀한 사랑의 관계를 맺고 있는 자가 자기 삶과 존재를 위해 지니는 의미에 관해 생각해 보라. 모든 사랑하는 자는 자신의 삶과 존재에 작용해 오는 연인의 행위에 응답하는 자이며, 그가 자신의 사랑의 열정과 행위라고 이해하는 것이란, 그 시원적 의미에서는 자신에 대한 연인의 작용과 행위에 대한 수동적 반작용일 뿐이다. 연인을 사랑의 대상으로써 발견하며 기꺼워할 때, 우리는 실은 연인의 삶과 존재에 의해 자기 삶과 존재에 일어난 변화에 대해 자각하고 있을 뿐이다. 그러한 자각 속에서 우리는 연인과 자신의 존재 사이의 외적 대립의 관계가 추상적 사유나 실천적 관심에 의해 나타나는 파생적이고 불건전한 존재 이해의 결과에 불과함을 발견하게 된다. 물론 연인은 연인으로, 나는 나 자신으로, 존재론적 각자성을 유지하고 있다. 오직 고유하고 각자적인 존재자들 사이에서만 사랑의 관계가 형성될 수 있기 때문이다. 그러나 서로 사랑하는 자들은 자신과 연인이 사랑이라는 이름의 불가해한 힘, 고유함과 각자성 가운데 머무는 것들 사이의 관계를 절대적인 내면성의 관계로 전환하며, 동시에 실은 오직 이러한 과정을 통해서만 존재론적으로 참된 의미의 고유함과 각자성이 형성되도록 하는 그 무한한 힘의 개별화된 서술과 표현으로서 자신과 연인이 존재함을 언제나 이미 알고 있다. 정도와 드러나는 양태의 외형적 차이는 있을지언정 현존재와 공동 현존재 사이에 형성되는 참된 공감의 관계는 모두 이와 같은 방식으로 형성되는 것이다. 그 이유는 단순하고 분명하다. 앞에서 이미 밝혔듯이, 서로 외적 대립의 관계를 형성하고 있는 현존재와 공동 현존재는, 그러한 관계가 서로 대상화함을 뜻한다는 바로 그러한 점에서 자신과 타자의 존재의 참된 의미를 이미 망각하고 있기 때문이다.

IV. 닫는 글을 대신하여 – 도덕의 지양을 통해 도리어 도덕을 완성하게 할 그 근거로서의 존재론적 공감

슐라이어마허에 따르면, "종교는 그 본질이 형성하는 모든 것에서

뿐 아니라 그 작용이 특징짓는 모든 것에서 형이상학 및 도덕과 대립한다."[6] 슐라이어마허가 말하는 형이상학과 도덕은 이론적 사유와 실천적 사유 일반을 지시하는 것으로서, 두 개념의 본뜻보다 훨씬 넓은 뜻을 지닌다. 우주에 대한 직관과 감정으로서의 종교가 이론적 사유 및 실천적 사유와 대립의 관계를 형성할 수밖에 없음은 자명하다. 이론과 실천은 그 본질에서부터 하나의 존재자를 사유를 위해 대상화함을 함축할 수밖에 없기 때문이다. 바로 이 때문에 존재론적으로 참된 공감은 이론과 실천이 아니라 슐라이어마허적 의미의 종교에 그 가능 근거를 두고 있을 수밖에 없다. 앞에서 살펴보았듯이, 대상화된 현존재는 이미 본래적 의미의 현존재가 아니다. 현존재의 대상화를 통해 형성되는 공감이란 본래적 의미의 현존재의 존재에 대한 부정에 근거를 두고 있는 것이고, 바로 이러한 의미에서 자신이 함께 공감한다고 여기는 그 대상으로서의 공동 현존재의 존재를 무화하고자 하는 잠재적-현실적 의지의 계기를 지닐 수밖에 없다.

왜 사랑과 자비를 부르짖는 소위 보편종교의 이름 아래 수없이 많은 학살이 자행되어 왔는가? 우리 가운데 가장 신실하고 엄격한 신앙의 소유자가 결코 드물지 않게 잔혹한 폭군인 까닭은 대체 무엇인가? 사랑과 자비가, 겉으로 드러나는 관용의 정신 이면에서, 인간의 현세적 삶을 세세하게 규정할 도덕적 규범의 체계를 만들고 정당화하고자 하는 일종의 지배욕으로 곧잘 전환되기 때문이다. 도덕적 규범이란 본래 사랑의 의무화를 그 시원적 가능 근거로서 지니는 것일 수밖에 없다. 그것은 도덕적 규범이, 그 은밀하고도 집요한 강제성에도 불구

---

6 슐라이어마허, 『종교론』, 56 이하.

하고, 규범에 순응해야 하는 자의 자발적 의지에 호소하는 법이라는 것으로부터 자명하게 따라 나오는 결론이다. 국가를 사랑하지 않을 뿐 아니라 자신이 그러하다는 것을 공언하는 자에게 국가를 위해 각각의 개인이 지녀야 하는 이런저런 의무들을 자발적 의지를 발휘해서 수행해 주기를 기대할 수는 없다. 이러한 자에게는 국가에 대한 도덕적 의무의 가능 근거로서의 국가를 향한 사랑이 결여하기 때문이다. 왜 연인들은 종종 격렬하게 다투는가? 서로에 대한 사랑이 강하고 깊을수록 연인들 사이의 다툼이 더욱 격렬해지는 까닭은 무엇인가? 사랑이 자신과 연인에게 서로에 대한 의무를 부과한다는 생각과 믿음 때문이다. 사랑의 감정이 작을수록 의무감도 작고, 반대로 사랑의 감정이 클수록 의무감도 크다. 바로 이 때문에 평소 서로 상대의 기대를 충족시킬 때는 한없이 다정다감하던 연인들이 그렇지 않을 때는 서로에 대한 격렬한 증오와 분노에 사로잡힌다. 사랑은 사랑의 대상을 향한 너그러운 마음과 이해심을 요구하는가? 물론 분명 그러하다. 그러나 역설적이게도 바로 이러한 생각조차 결코 드물지 않게 무시무시한 적개심의 원인으로 작용한다. 너는 나의 연인으로서 마땅히 나에게 너그러워야 했는데 그러지 않았다는 생각이야말로 연인을 가장 혹독하게 원망하고 미워할 근거가 되기 때문이다.

통념적 의미의 사랑과 자비는 공동 현존재를 사랑과 자비의 수혜자로서 대상화할 뿐 아니라, 동시에 사랑과 자비가 부과하는 이런저런 의무를 수행해야 하는 자로서 대상화한다는 점에서 언제나 이미 공동 현존재의 존재에 대한 존재론적 무화와 부정이다. 사랑과 자비의 정신이 도덕적 규범의 근거로 작용할 때, 그리고 사랑과 자비의 정신을 근거로 삼아 생성된 도덕적 규범이 특정한 행위와 실천에 대한 의무의 근거로 작용할 때, 사랑과 자비는 은밀하고도 집요한 증오와 적개심으로 변해버리고 자신의 정신이 사랑과 자비로 충만해 있는 고결하고 아름다운 정신이라고 믿는 자로 하여금 아무 거리낌 없이 잔혹한 폭력을 행사하도록 하는 그 원인이 된다.

'심판하지 말라!'는 마태복음의 전언은 우리의 행동을 규제하는 형식적 규범과 같은 것으로 오인되어서는 안 된다. 그것은 다만 자신과 타자 사이의 외적 대립의 관계를 지양하라는 청유일 뿐이다. 무엇이 우리가 이러한 청유를 정당한 것으로 수용하도록 할까? 바로 존재론적 의미의 공감이다. 슐라이어마허의 어법으로 말하자면, 너와 내가 외적 대립의 관계를 형성하고 있는 것이 아니라 제각각 무한한 우주의 개별화된 서술과 표현으로서 존재한다는 깨달음, 자신의 존재가 무한한 우주의 부단한 행위를 통해 모든 존재자와 내적 통일성의 관계를 이루고 있다는 자각, 절대적 안에-있음의 실존론적 구조 안에서 자신을 비롯한 모든 존재자가 존재의 전체성으로서의 우주를 자신의 근원적 존재지반으로서 지닌다는 존재론적 이해가 공동 현존재를 대상화될 수 없는 순연한 공동 현존재로서 수용하고 함께 공감하게 할 그 가능 근거이다.

슐라이어마허가 말하는 바와 같은 의미의 종교 정신에 사로잡힌 자는 공동 현존재를 도덕적 심판의 대상으로 삼음으로써 공동 현존재의 공동 현존재로서의 존재를 무화하고 부정하지 말아야 한다는 식의 규범의식으로부터도 이미 벗어나 있다. 그는 본래적으로 심판하지 않는 자이며, 그가 일상 세계에서 행하는 외견상의 심판은 자신이나 공동 현존재가 심판하지 않을 자로 거듭나야 한다는 일종의 청유일 뿐이다. 이러한 인간은 자기를 부정하는 자인가? 물론 그렇다. 그는 또한 타자 역시 부정하는 자인가? 이러한 질문에 대한 답변 또한 '물론 그렇다'이다. 그러나 부정되는 자기와 타자는 모두 존재의 전체성으로서의 우주와 외적 대립의 관계 속에서 머물려는 개별자이며, 이러한 개별자로서의 자기와 타자에 대한 부정은 그 자체로 자기와 타자의 존재에 대한 무조건적인 긍정과 사랑의 표현이다.

오직 모든 존재자의 존재를 자신과 하나로 이해하는 자만이 자기라는 이름의 음습한 감옥으로부터 벗어날 수 있는 법이다. 오직 이러한 자만이 심판하지 않을 수 있고, 무한한 우주의 개별화된 서술과 표현으로서의 자신의 존재에 충실할 수 있다. 자신의 자기-성이 폐쇄적인 감옥이 아니라 모두를 향한 탁월한 개방성으로 작용한다는 점에서 이러한 자는 우리 가운데 가장 탁월한 자이며, 외견상 심판으로 보이는 모든 말과 행위를 통해 모두가 음습한 감옥으로서의 자기로부터 벗어나 모두를 향한 탁월한 개방성으로 작용할 새로운 자기-성을 지니도록 부드러이 이끄는 자이다. 슐라이어마허의 어법을 따르자면, 이러한 자는 "더 이상 인간이 아니라 오히려 인간성이다. 자기 자신으로부터 나와서 자신을 이겨내는 이들은 진정한 불멸성과 영원성을 향한 도정에 있는 것이다."[7]

7 슐라이어마허, 『종교론』, 60 이하.

신적 '자기 묘사'에서 드러난 슐라이어마허의 예술적 주체로서 '우리-존재'의 문제

최태관

I. 들어가는 말

인간이란 무엇인가? 그 질문은 인류가 풀지 못한 영원한 수수께끼이다. 역사적으로 정치적 인간, 경제적 인간, 사회적 인간, 종교적 인간과 같은 다양한 규정에도 불구하고 인간 본질에 관한 질문에 명쾌한 답변이 주어지지 않는다. 게다가 포스트휴먼 시대가 도래하면서 인간 본질에 대한 인식은 더욱 복잡해졌다. "20세기 후반부터 사이버네틱스, 뇌과학, 진화생물학, 생명공학이 부상하면서 하나의 물체 또는 물질조직으로 간주할 국면에 처한 인간 앞에 유사 인종이 그것도 21세기 중에 출현할 가능성이 높아졌다고 한다."[1] 이는 기존의 인간 이해로는 새로운 인간성에 대응하기가 점점 어렵다는 사실을 보여준

1 백종현, "포스트휴먼 사회의 도래와 휴머니즘," 『포스트휴먼 사회와 새로운 규범』 (파주: 아카넷, 2019) 27.

다. 또한 과학기술의 발달이 새로운 인간상을 앞당길 수 있음을 의미한다. 포스트휴먼 시대에 전통적인 인간과는 다른 유사 인종이 도래할 수 있는 현실에서 신학적 인간학은 의미가 있을까?

본 논문은 슐라이어마허의 종교론과 신앙론이 제시한 인간상에서 새로운 가능성을 찾아보려고 한다. 종교론에서 슐라이어마허는 새로운 인간상으로 나아갈 수 있는 길을 제시하고 있기 때문이다. 새로운 인간상은 신적 자기 묘사die Selbstdarstellung Gottes에 나타난 우주의 활동성과 관계하는 인간이다. 신적 자기 묘사는 역사적 예수가 우주를 직관하고 감각적으로 느끼는 과정에서 근원적으로 형성된 예술적 자아와 전체로서 우주에 각인된 무한자의 현실성을 묘사하는 우주의 활동을 의미한다. 한편으로 신적 자기 묘사가 끊임없이 인간의 미래적 차원을 개방함에 따라 인간은 우주를 직관하고 느끼는 과정에서 포괄적인 힘과 접촉하고 우주에서 자신을 표현하는 새로운 예술가로 이해한다. 다른 한편 개인은 독립적으로 존재하면서도 우주와 우주 안에 있는 다른 존재자와 관계함으로써 신적 자기 묘사에 참여한다. 지금껏 슐라이어마허의 인간 이해는 종말론적 구원을 지향하는 궁극적인 교회공동체의 맥락에서 이해되었다. 그러나 그는 역사적 예수의 중심 직관에서 무한자 의식과 그와 관계하는 인간의 새로운 존재 가능성을 보여준다. 이는 우주와 관계하는 인간에 의해 형성된 신적 자기 묘사이다. 우주에서 소외된 상태에서 인간은 자신의 본래성을 깨달을 수 없고, 우주와 고립된 인간은 자신의 존엄을 상실할 수밖에 없기 때문이다. 그러나 우주를 직관하는 나사렛 예수와 관계하는 인간은 무한자가 자신을 우주 안에서 역사적이고 총체적으로 묘사하는 우주의 활동을 깨닫는다.

따라서 본 논문은 슐라이어마허의 종교론에서 서술된 우주의 직관과 감정에 나타나고 있는 신적 자기 묘사의 시각에서 관계적 존재로서 인간 이해의 가능성을 모색한다. 첫째, 본 논문은 종교론에서 드러난 인간의 예술적 주체성을 형성하는 역동적인 힘으로서 신적 자기 묘사에 대해 살핀다. 둘째, 본 논문은 신적 자기 묘사에 나타난 우주와의 교제가 지닌 현재적 의미로서 '우리 존재'를 살피려고 한다. 셋째, 신앙론에서 나타난 신적 자기 묘사의 보편적 의미를 살핀다. 이는 우주에 대한 직관과 감정을 현실화되는 종교적이고 신학적 차원의 종합으로서 총체적 삶이 드러내는 보편적인 예술종교를 의미한다. 이 과정을 통해서 역사 종교로서 기독교가 지닌 예술적 의미를 모색한다.

II. 예술적 주체를 현실화하는 우주의 활동으로서 '신적 자기 묘사'[2]

종교론 이전에 슐라이어마허는 종교적 삶에 크게 매력을 느끼지 못했던 것으로 보인다. 그는 신학의 다양한 주제들보다 철학과 윤리학적 주제에 많은 관심을 보였다. 실제로 그는 교리적인 주장들에 대해 동의할 수 없었기 때문에 교의학에서 큰 의미를 찾지 못했던 것으로 보인다. 청소년 시절 슐라이어마허가 헤른후트적 경건주의에 심취했

---

2 본 개념은 슐라이어마허가 직접 사용한 개념이 아니라, 우주를 중심으로 형성된 무한자와 인간 사이를 잇는 우주의 활동성과 그의 관계적 주체성을 표현하기 위해 저자가 다음의 책에서 인용한 개념이다. 독일의 신학자 크리스티안 단츠가 자신의 저서에서 사용한 개념-"Dogmatische Christologie als Selbstdarstellung des Glaubens"-이다. 다음의 책을 참고하라. Christian Danz, *Grundprobleme der Christologie* (Tubingen; Mohr Siebeck, 2013), 193.

음에도 불구하고 바비에 있는 세미나 시절에 경건주의와 이별을 했고 오랜 시간 방황했다.[3] 그가 신학에 재미를 느끼지 못했던 이유는 교회의 폐쇄성과 협소함 때문으로 보인다. 신학 공부에 회의를 느끼기 시작한 그는 칸트의 저작을 읽고 토론하거나 야코비나 스피노자에 관한 글들을 쓴다. 할레로 옮기면서 그는 더욱더 철학에 몰두했다. 결국 1785년 신학과 졸업시험에서 그는 교의학에서 좋은 점수를 받지 못했다.[4]

그럼에도 그가 종교론, 신앙론과 같은 종교적이고 신학적인 저작을 쓰게 한 원동력은 무엇이었을까? 궁극적으로 그가 자신의 해석학적 원리, 즉 감정이입을 통해 고전 텍스트들에 존재하는 근원적 사태를 포착하는 과정에서 드러난 신적 '자기 묘사'의 현실성을 인지한 까닭이 아닐까? 1830/1831년에 출간한 신앙론에서 슐라이어마허는 자신의 내면에서 무한자와 관계하는 절대 의존의 감정을 통해 자기 의식화하고 이를 바탕으로 자유를 느끼는 존재로서 인간을 이해했기 때문이다. 따라서 그의 『종교론』(1799)이나 『신앙론』(1830/1831)을 단순히 그의 학문적인 유산으로만 보기는 어렵다. 슐라이어마허의 신학적 도약은 종교론에서 계속해서 이어져 온 우주의 활동성에서 비롯된 결과이기 때문이다. 또한 신앙론에 나타나고 있는 절대 의존의 감정은 인간만이 지니는 독특한 삼위일체 하나님에 대한 신앙에서 비롯된 것이기 때문이다. 판넨베르크에 따르면, 이와 같은 슐라이어

3 헤르만 피셔,『슐라이에르마허의 생애와 사상』 오성현 역 (서울: 월드북, 2007), 25.

4 위의 글, 29. 1794년 3월 말에 치른 신학과 2차 졸업시험에서도 교의학 과목에서 좋은 성과를 얻지 못했다고 한다. 그가 교의학을 종교로 보지 않고 종교에 대한 반성으로 이해하는 것과 관련이 있다.

마허의 경향은 자연종교나 혹은 자연신학과 구분되는 자신의 실증종교에 관한 인식에 따른 것으로 볼 수 있다.[5]

그의 실증종교는 모든 개인이 역사 안에 나타난 우주와의 교제를 표현하고 총체적으로 종합하는 신적 자기 묘사의 장소場所이다. 실증종교에서 구체화하는 우주와의 교제는 역사적 예수의 중심 직관에서 발생한 것으로 칸트의 도덕적 완전성과 구분되는 경건성의 원형이다.[6] 신적 자기 묘사에서 슐라이어마허는 우주 직관의 원형으로서 역사적 예수와 개인 사이에 존재론적 동일성을 발견한다.[7] 그 원형과 관계함으로써 각 개인은 원형적 인간에게 나타난 근원적 직관과 관계함으로써 종교적 인간이 된다. 근원적으로 우주의 활동성이 가시화되는 과정에서 신적 자기 묘사가 비롯되기 때문이다.[8] 우주의 활동성은 역사적 예수가 근원적 직관을 통해 무한자와 접촉하는 과정에서 우주와의 교제를 구체화하고 다양한 현실성을 직관적으로 종합함으로써 신적 자기 묘사의 특징을 드러낸다. 한편으로, 신적 자기 묘사는 종교적 개인이 우주를 직관하고 느끼는 감정에서 드러난 개별적 자아를 이해하고 타자와의 관계에서 형성된 보편적 현실성-인간성-의 근거로서 무제약적 실재가 드러난 사건을 의미한다. 근원적으로 신적

5 Wolfhart Pannenberg, *Die Problemgeschichte der neueren evangelischen Theologie in Deutschland* (Göttingen: Vandenhoeck & Ruprecht, 1997), 48.

6 Christian Danz, *Grundprobleme der Christologie* (Tubingen; Mohr Siebeck, 2013), 119.

7 우주직관의 원형은 우주를 직관하고 감각적으로 느끼는 과정에서 무한자와 일치를 경험한 최초의 인간이라는 뜻이다. 종교론에서 슐라이어마허는 무한자와 유한자 사이의 일치가 완전히 성취된 원형적 인간을 나사렛 예수로 이해한다.

8 무한자가 가시화되는 신적 자기 묘사는 나사렛 예수의 근원적 직관에서 존재의 다양성에 관한 인식과 그의 예술적 종합을 담는다.

자기 묘사는 전통 교리가 주장해 온 방식과 달리 역사적 예수의 근원적 직관과 감정을 통해서 형성된다. 그는 우주를 직관하고 감각적으로 느끼는 과정에서 무제약적 실재와 구분된 자신을 이해하고 자기 이해에서 드러난 신적 현실성을 서술한다. 이처럼 직관과 감정을 통해서 인식하게 된 종교는 슐라이어마허가 곧 기독교의 교의학적 진리의 숨은 가치를 인식하는 계기가 된다.

예컨대, 슐라이어마허는 그리스도의 성육신이 전통적 교리가 못 담는 신적 현실성을 담고 있다고 주장한다. 성육신을 통해 드러난 신적 자기 묘사는 역사의 저편에서 시작되어 자연적 삶과 인간의 삶에 총체적으로 들어와 우주쇼와 같은 생생한 의미의 공동체성을 드러내기 때문이다. 그는 우주를 직관하고 있는 자신과 구분하면서도 동시에 그의 삶에 깊게 파고들어 각인시킨 신적 자기 묘사의 현실성을 자신의 개성적 삶의 근거로 이해한다. 실제로 슐라이어마허는 종교학자로서, 철학자로서, 정치가로서 신학자로서 다채롭게 살았다. 그의 전체적 삶은 우주와 세계, 이웃과 어울려 살면서 형성된 한편의 예술가와도 같은 삶이다. 아름다운 그의 삶을 가능하게 했던 존재의 힘은 우주의 직관을 통해 포착되고 그의 감정의 매개를 통해서 구현된 궁극적 실재로서 우주이다. 우주는 그의 삶에 생생하게 비춘 빛과 같이 그의 삶을 물들인다. 물론 우주가 누구에게나 주어졌음에도 불구하고 모두가 우주를 직관하고 느끼는 것은 아니다. 원형적으로 우주를 온전하게 직관하는 과정에서 무한자와 완전한 일치를 이루게 된 역사적 예수의 삶이 있는 반면에, 개인들은 그 근원적 직관을 중심으로 상호관계를 형성하고 그 과정에서 총체적 삶으로서 공동체를 구성한다. 슐라이어마허 자신도 역사적 예수의 근원적 직관에서 자신의 종교적 개성에 이르는 방식인 신적 자기 묘사-종교-를 발견하고 그의 공동체에서 궁극적 현실성으로서 경건성을 이해한다.

역사적 예수의 삶에서 구체화한 직관과 감정을 기초로 하는 종교적 삶이란 다른 개인적 삶과 구분된다. 예컨대 형이상학자는 우주에 대한 지식을 쌓는데 애를 쓴 반면에, 도덕가들은 신의 의지를 자기 삶의 중심으로 삼았을 뿐이다. 이들과 달리 역사적 예수는 주어진 우주를 직관하고 그에 따른 무규정적 실재를 무한자로 느낀다. 이것이 슐라이어마허가 주장하는 근원적 직관이며 종교의 근간이 된다. 형이상학이나 도덕으로부터 자기를 구분하고 우주를 직관하는 과정에서 자신을 근원적으로 이해하는 '자기 구분'으로서 종교이다. 자기 구분의 중심에는 우주의 활동이 존재한다. 우주의 활동은 곧 종교적 개인이 자신과 구분되는 무한자를 이해하고 그에 따른 신성을 묘사한다. 그의 우주는 한 종교적 개인이 그의 직관과 감정을 통해 자신을 종교적 자아로써 인식하고 무제약적 실재와의 일치를 통해서 형성된 보편적 자아로 나아가게 한다.

신적 자기 묘사는 한 개인이 단순히 감각적으로 경험한 것을 표현하는 것과 달리 개인 차원을 넘어 다른 사람들과 함께 보편적 인간성에 도달하는 과정에서 총체적 삶을 이루는 신적 현실성을 의미한다. 그러므로 우주의 활동을 통해 가시화된 신적 자기 묘사는 우주의 중심으로서 인간이 아니라 무제약적 실재를 드러낸다. 신적 자기 묘사는 형이상학과 도덕과 구분되는 종교의 개별적 인식에서 개인의 삶을 형성하는 힘으로서 무제약적 실재를 드러낸다는 사실을 의미하기 때문이다. 형이상학과 도덕에서 인간이 모든 관계의 중심인 반면에, 종교에서 인간은 우주라는 무한자를 드러내는 세계의 중심임을 깨닫는다. 인간은 우주와의 직관에서 개성적 자아를 자기 구분으로 이해하고 무한자에 의해 각인된 흔적들을 발견하기 때문이다. 그는 종교적 자아를 우주의 직관에서 발견하게 된다. 종교적 자아는 감각적 자아나 혹은 이지적 자아나 도덕적 자아와 구분된다. 다시 말해 종교적 자아는 계몽주의 이후 형성된 인간이 아니라, 우주를 중심으로 하는 새로운 자아이다. 우주를 통해 인간은 모든 다른 개별자와 같이 다른 인간에게서 무제약적 실재를 발견하고 그가 활동하고 각인하는 흔적을 통해 자신을 이해하기 때문이다.[9]

다른 한편, 슐라이어마허는 우주와의 교제에서 다른 사람에게 자신을 전달하고 그들과 소통하는 과정에서 우주로 나아가는 길을 발견한다. 우주의 중심으로 초월하면 할수록 개인은 자신의 유한성을 상실하고 타자를 포함하는 포괄적 현실성에서 근원적인 우주의 현실성을 접촉한다. 이와 같은 과정에서 무제약적 실재는 스스로 자신을 드러냄으로써 신적 자기 묘사의 근거가 된다. "중심으로 더 반복해 보라. 그러면 여러분은 금방 유한자를 상실하게 되며 우주를 이미 발견한 것이 될 것이다."[10] 그는 이처럼 무한자가 공동체 안에 드러나 있는 현실성을 우주의 작품으로 이해한다. 그가 바라보는 작품은 신적인 힘이 개인의 생명과 삶을 계시함으로써 구체화되는 작품이다. 그 작품에서 다양한 개인들은 우주와의 밀접한 관계를 통해서 자기 자신을 전달하고 전달받음으로써 상호관계 안에서 일치를 경험하고 타자의 인식을 자기 인식에 담는다. 그 인식에서 완전한 일치에 이르

9 프리드리히 슐라이어마허, 『종교론』, 최신한 역 (서울: 대한기독교서회, 2002), 57.
10 위의 글, 143.

게 되고 자의식의 차원을 넘어 인간성의 보편적 차원에 이르게 된다. 그를 통해서 구체화하는 것이 성스러움das Heilige이다.

그렇다면 이와 같은 우주와의 보편적 교제에서 신의 자기 묘사가 일어나는 방식은 무엇일까? 미카엘 목스터Michael Moxter는 이를 타인에게 넘길 수 없는 고유한 영역으로서 개성에 대한 예술적 주체인식의 길로서 이해한다. 그가 인용하고 있는 슐라이어마허의 진술을 살펴보자. "나의 감정은 절대적으로 나의 것이다. 그것은 타자일 수 없다. 그러나 그 안에서 개성은 이성의 통일성으로서 자신 안에 갇히는 것이 아니다."[11] 왜냐하면 우주와의 교제에서 일어나는 예술적 주체인식은 다른 사람에게 넘길 수 없는 고유한 감정을 전달함으로써 그 감정을 중심으로 다른 사람과 소통할 수 있게 만들기 때문이다. 그러므로 슐라이어마허는 신적 자기 묘사를 개인이 다른 타자와 동일시될 수 없는 자신의 개성을 이해하는 데에서 시작한다. 그가 개별화라고 부르는 자기 구분은 인간이 자신을 형성하는 고유한 힘을 깨닫기 위해 직관과 감정을 통해서 끊임없이 자신을 초월하고 다시 돌아오는 원환운동을 의미한다. 이 과정에서 인간은 다양화의 근간으로서 초월적 실재로서 우주와 접촉하고 개성화된 자신을 발견한다. 슐라이어마허는 인간의 직관과 감정을 통해서 포착된 우주를 관조하는 자신을 세계 안에 이해함으로써 자기 이해를 일으키는 신적 현실성을 발견한다. 그 신적 현실성은 인간이 직관과 감정을 통해서 무제약적 실재와 관계하는 자신을 예술적 자아로 이해하고, 동시에 타자와의 관계에서

11 Michael Moxter, "Arbeit am Unübertragbaren: Schleiermachers Bestimmung des Ästhetischen," *Schleiermacher und Kierkegaard* (Berlin: Walter de Gruyter, 2006), 55.

보편적 자신을 이해할 수 있는 예술가로서의 삶으로 나아가게 하는 힘이다. 우주와의 교제를 통해 인간은 자신의 개성을 표현하고 다른 사람과의 소통을 통해 신적 자기 묘사가 가시화되는 보편적 삶을 확장시키기 때문이다. 따라서 종교론이 표현하고 있는 역사적 예수의 직관과 감정은 그의 삶을 수용하고 그 삶을 중심으로 다른 사람과 소통하는 과정에서 재현되고, 그 안에서 무한자가 드러난 종교적이고 예술적인 자아이다. 그는 예술적 자아와 종교적 자아를 동일하게 이해한다.

예술적 자아는 인식적 자아와 혹은 도덕적 자아와 달리, 우주의 직관과 감정을 통해 무한자와 접촉함으로써 형성된 개성적 자아이다. 슐라이어마허는 개성적 자아를 바탕으로 신적 자기 묘사가 일어나는 보편적 사건을 예술작품으로 이해한다. 그는 감각적으로 느끼고 있는 실재를 단순히 언어로 표현하는 차원을 넘어서 다양한 묘사의 형태로 변형시킴으로써 완성 정도에 따라 그 묘사의 정도로 평가하기 때문이다.[12] 실제로 그는 모든 역사적 개인을 우주의 한 부분이며 우주의 작품으로 이해한다.[13] 한 개인이 작품인 것은 신적 자기 묘사가 그 안에서 활동하고 창조적 표현으로 표현함으로써 전체적 세계를 드러내기 때문이다. 신적 자기 묘사는 역사적 예수가 근원적으로 발견한 중심 직관에서 구체화한다. 그러므로 개인이 우주에 가까워짐에 따라 더욱더 타자와 하나가 됨으로써 자기를 초월하는 인간성의 근원적 고유한 우주와 관계하는 예술적 주체는 자신이 드러내는 무한자와의

12 위의 글, 62.

13 슐라이어마허, 『종교론』, 194-195.

실재를 중재함으로써 다른 사람들과 함께 예술적 현실성이 된다.

신적 자기 묘사가 일어나는 예술적 주체성으로서 종교 인식을 통해 슐라이어마허는 그동안 종교를 멸시하던 사람들이 간과하고 있었던 우주를 중심으로 형성된 종교적 다양성의 지평으로 초대하고 있다. 적어도 우주를 직관적으로 수용하는 사람은 자신의 직관적 삶이 지닌 유의미성을 깨닫기 때문이다. 그 유의미성은 우주를 직관하는 사람들을 통해 형성된 공동체 안에 구분된 현실성을 지지하는 신적 자기 묘사에 있다.

> 모든 사람은 자신이 우주의 한 부분이며 작품이고 자신 안에 신적인 작용과 생이 계시되어 있음을 잘 안다. 따라서 그는 여타의 존재에 대해 자신을 가치 있는 직관의 대상으로 간주한다. 그가 우주의 여러 관계로부터 내적으로 지각한 모든 것 그리고 그가 우주 속에 일반적인 인간성의 요소로부터 자신을 고유한 존재로 형성해 온 모든 것은 성스러운 경외와 함께 드러난다. 각자가 우주에 다 가까워질수록 그리고 각자가 다른 사람에게 자신을 더 많이 전달할수록 이들은 더욱 완전하게 하나가 되고 자기만의 의식이 아니라 타자에 대한 의식을 갖게 된다. 이것이 개인적 차원을 초월해 있는 인간성이다.[14]

그러나 예술적 주체의 생산적 역할에 의해 종교는 더는 다양한 개인들의 개성을 통합적으로 구성하는 학문이 아니라, 전체의 개성적 특징을 담아내는 예술이 된다.[15] 이 체계를 통해서 종교적 개인은

---

14 위의 글.

주체들 사이에 특별한 공동체-윤리적 공동체-를 형성하거나 혹은 주체-내적Intrasubjekt인 교제의 삶Gesamtleben으로 확장한다. 다시 말해 슐라이어마허는 어떠한 이론적 정의를 통해서도 포착될 수 없는 개인들의 상호관계를 총체적인 예술작품으로 묘사한다. 신적 자기 묘사는 개별화된 종교적 주체들을 신적 주체로 통합하고 확장한다. 이는 신적 자기 묘사가 개인들을 신적 공동체적 차원으로 확대하는 것을 의미한다. 개인은 전체로서 우주에서 개별화되고 분화됨으로써 다른 이들로부터 자신을 구분한다. 그럼에도 불구하고, 인간은 우주에서 자신의 개성을 상실하지 않은 채 다른 이들과 함께 교제 공동체를 형성한다.[16] "이것은 우리에 대한 우주의 행위이며 모든 개별적인 것들을 전체의 부분으로 받아들이고 모든 제한된 것들을 무한한 것에 대한 서술로 받아들이는 것이 종교이다."[17]

III. 우주의 활동성에 나타난 교제의 삶으로서 '우리-존재'

슐라이어마허는 신적 자기 묘사에서 나타난 우주의 활동성을 '우주와의 교제'로 표현한다. 우주의 활동성은 개별적인 인간과 보편적 인간상 사이에서 성취하게 될 교제의 삶Gesamtleben, 즉 종교를 드러낸

15 Moxter, "Arbeit am Unübertragbaren: Schleiermachers Bestimmung des Ästhetischen," 56.

16 목스터는 묘사의 현실성을 개인적 차원의 표현과 구분한다. 목스터에 따르면, 각 개인이 직관과 감정에서 자신의 개별화된 개성을 경험할 때, 묘사의 주채로서 개인은 다른 개인의 개별적 삶과의 상호관계에서 보편적 인간성을 드러낸다.

17 슐라이어마허, 『종교론』, 61.

다. 종교론에서 우주를 직관하고 감각적으로 경험하는 슐라이어마허는 역사적 예수에게서 구체화한 우주의 활동을 구체적으로 표현한다. 우주의 활동은 인간의 개성을 형성하고 보편적 인간성을 드러내는 종교적 힘이다. 그 힘에서 슐라이어마허는 절대 의존의 감정과 자유의 감정의 토대로서 신적 자기 묘사를 발견하였다. 신앙론에서 신적 자기 묘사는 죄와 그를 통해서 벌어진 불행한 현실을 극복하고 지복에 이르는 역사 과정에서 보편종교로서 기독교의 실증성을 드러낸다.[18] 따라서 슐라이어마허는 절대 의존의 감정과 자유 감정을 초자연적 방식이 아니라 역사적 현실성에서 비롯된다고 보았다. 역사적 예수의 역사적 삶과 속죄에서 지복을 지향하는 교제의 삶을 드러내기 때문이다.[19]

신적 자기 묘사는 우주를 중심으로 형성된 교제의 삶을 가시적으로 드러낸다. 사건의 중심에는 인간의 자유와 절대 의존의 감정의 대립을 극복하는 사건으로서 원형적 인간이 존재한다. 원형적 인간은 우주의 활동을 통해 무한자와 그와의 일치를 개시한다. 슐라이어마허는 우주의 활동에서 그를 발견한다. "우주를 향해 기관이 개방된 사람, 모든 논쟁과 대립과는 거리가 멀고 모든 논쟁에 초연해 있고 우주의 영향에 감화되어서 그와 일치된 사람에게서 여러분은 존경과 경외를 표하지 않을 수 없을 것이다."[20] 이와 같이 우주의 활동과 접촉하는 원형적 인간이 역사적 예수이다. 그에 따르면, 역사적 예수는 우주의

18 Friedrich D. E. Schleiermacher, *Glaubenslehre* (1830/1831) (Berlin: Walter de Gruyter,2008), 2: 18.

19 Kurt Nowak, *Schleiermacher* (Göttinen: Vandenhoeck & Ruprecht, 2001), 104.

20 슐라이어마허, 『종교론』, 198.

활동과 접촉함으로써 보편종교로서 기독교를 형성하는 결단에 이르고 현재적이면서 동시에 미래적인 인간상을 드러낸다. 원형적 인간이 가지는 현재적 의미는 역사적 예수의 성육신에서 비롯된다. 성육신은 종교적 개성과 보편적 인간성을 확대하는 종말론적 사건이다. 『성탄축제』에 다음과 같은 대화가 나온다. "우리 모두는 그리스도의 탄생에서 자신의 보다 숭고한 탄생을 직관한다. 그 탄생에는 기억이나 사랑 이상 다른 것이 나타날 수 없고 하나님의 영원한 아들이 나타난다. 그러므로 축제는 하늘의 빛과 같이 나타난다. 그러므로 보편적 기쁨의 맥박이 총체적이고 새로 태어난 세계에 나타난다."[21] 『성탄축제』에서 나타난 성육신의 본래적 의미는 종교론에 나타나는 개별성의 창조와 신적 자기 묘사에 따른 무한자와의 일치에 있다. 모든 개인이 동등하게 우주에 접촉하면 할수록 자신의 개별성을 구현하고 다른 개인들과 더 접촉할 수 있다. 무제약적 실재가 유한자 안에 임재할 때 모두가 차이를 넘어 하나가 된다. 슐라이어마허는 우주와의 접촉을 통해 우주 안에 있는 존재를 우리-존재로 이해한다.[22]

우리-존재는 그리스도의 근원적 직관을 통해 우주와 하나됨으로써 그리스도를 중심으로 신과 하나 된 교제의 삶[Gesamtleben]을 묘사한다. 물론 마틴 레데커[Martin Redeker]가 지적하는 바와 같이 슐라이어마허의 종교에 대한 이해가 범신론으로 해석될 수 있는 오해의 여지가 있으나 이신론적이며 초자연적인 신 이해를 거부하는 측면에서만 스피노자의 범신론에 접촉한다.[23] 오히려 그는 "성육신을 유한한 육체에 본래

21 Friedrich D. E. Schleiermacher, *Die Weihnachtsfeier* (Zürich: Manesse, 1989), 81.
22 마르틴 레데커,『슐라이에르마허의 생애와 사상』, 주재용 역 (서울:대한기독교서회, 1985), 95.

적이고 신적인 이성이 들어온 것으로 이해한다. 그러므로 우리가 축하하는 것은 우리 자신, 우리와 함께 하는 것, 인간 본성, 그리고 무엇이든지 신성을 통해서 보이고 알려진 것을 찾으려는 것 이상 다른 것이 아니다."[24] 슐라이어마허는 궁극적 인간의 본질을 종교로써 표현된 예술에서 찾았다. "자신을 감각적이고 영적으로 파악한 인간은 예술가적인 활동의 중심점이며 출발점이기 때문이다."[25]

둘째, 우주의 활동은 신적 자기 묘사가 인간의 내면에서 자신의 존재를 이뤄가는 공간을 만들고 그의 공동체적 확장을 통해 우주의 신비를 드러낸다. 슐라이어마허는 이를 신적으로 발생한 교제의 삶을 증명[Nachweis]하는 것으로 이해했다.[26] 이와 같은 우주의 활동은 우주를 포함한 모든 세계가 일치된 공간임을 드러낸다. 또한 우주의 활동은 다양한 개인들을 전체라는 측면에서 포괄하고 그 안에서 다양한 개인들이 세계에 펼쳐진 신적 자기 묘사의 현실성에 이르게 한다. 우주가 개인에게 능동적으로 자신의 본질을 드러내기 때문이다. 판넨베르크는 우주 안에 형성된 슐라이어마허의 실증종교를 인간이 스스로 종교적 도야를 감행하는 초-개인적 현상으로 이해한다.[27] 왜냐하면 인간이 우주를 직관하는 것이 아니라 우주에 의해 붙들린 존재이기 때문이다. 따라서 인간의 개별성이란 우주가 인간 안에서 내면화된 특성을

---

23 위의 글, 53.

24 위의 글, 100.

25 Holden Kelm, *Ästhetik (1832-1833) Über den Begriff der Kunst* (Hamburg: Felix Meiner Verlag, 2018), 17.

26 Schleiermacher, *Glaubenslehre (1830/1831)*, 2: 20.

27 Wolfhart Pannenberg, *Die Problemgeschichte der neueren evangelischen Theologie in Deutschland* (1997), 55.

말한다. 슐라이어마허가 곧 우주활동을 인지하고 있었다는 것은 무제약적 실재의 영향력에 따라 자신의 개성을 다양하게 형성되고 그럼에도 불구하고 보편적 인간상이 형성되었음을 의미한다. 우주의 활동이 실증종교를 통해 상호주체적 인간상을 묘사하기 때문이다.

"18세기 후반부와 19세기 초반부도 시간적으로나 지리적으로 좁은 공간에서 탁월한 천재들이 가득 차 있는 매력 있는 시기이다. 그가 태어나기 6년 전에 피히테가 태어나고 슐라이어마허가 태어난 지 3년 후에 헤겔과 횔더린이 태어난 시기… 5년 뒤에 쉘링이 태어난 시기이다."[28] 그는 문학가(괴테), 철학자(칸트, 쉘링, 헤겔), 시인(횔더린)과 만나서 교류했으며 그들과의 교제를 통해 시대적 보편성을 드러내었고 하나의 종교인으로서, 철학자로서, 정치가로서 궁극적으로 신앙인으로서 그의 개인적 삶을 드러내기도 하였다. 슐라이어마허는 다양한 그의 작품을 통해서 역사적 예수의 중심 직관과 다른 사람들과의 관계에서 자신을 이해할 수 있도록 많은 문을 열어 두었다. "그의 작품에 원래적인 매력을 부여하고 또 200년이 지난 지금도 우리의 관심을 그의 작품으로 끌어가는 것은 그의 사상이 가진 보편성 때문이다."[29] 그의 삶을 연구했던 딜타이가 그의 역사적 삶에서 역사적 본질로서 인간 이해를 발견한 것은 슐라이어마허 스스로가 자신의 창조적 삶을 이해했기 때문이다. 또한 그가 그의 삶을 언제나 자기 자신만이 아니라 다른 사람과의 교제에서 발견했기 때문이다. 따라서 그의 삶은 언제나 '우리-존재'를 위한 길이었고 신의 자기 묘사로 나아가는

28 헤르만 피셔/오성현 역, 『슐라이어마허의 생애와 사상 』, (2007), 13.
29 위의 글, 15.

길이었다. 그의 작품들은 우주의 활동에서 신적 자기 묘사를 분명히 드러낸다.

독백론에서 슐라이어마허는 우주의 활동에서 드러난 인간됨의 근거를 밝힌다. 우주와의 관계에서 개인은 자신의 개성을 표현하고 우정, 사교, 사랑, 부부와 같은 다양한 삶의 형식에서 개별적인 도덕성을 드러낸다.[30] 레데카에 따르면, 그의 독백은 우주 안에 존재하는 무한자와 관계하는 자유로운 개체성을 찬양하는 노래이다.[31] 여기서 인간은 자신의 개별성을 자기 대화Sebstgespräche의 형식에 따라 표현하고 이를 윤리적 형식으로 발전시킨다. 독백에서 나타난 자기 담화에 근거를 둔 윤리는 칸트의 윤리학이나 피히테의 주체 의식과 구분된다.[32] 왜냐하면 인간이 자신의 실존이 아니라, 우주의 활동성과의 상호관계를 통해서 새로운 윤리의 지평을 형성하기 때문이다. 게다가 슐라이어마허는 영적인 세계, 즉 영원하고, 무한하고 자유로운 세계를 그 궁극적 토대로 주장한다. "자연과 세계… 나에게는 영이 가장 최초의 것이고 유일한 것이다. 왜냐하면 내가 세계로서 인식하고 있는 것은 그의 가장 아름다운 작품이기 때문이다. 그 작품은 그 자신이 창조한 거울이다."[33] 슐라이어마허는 우주의 활동에서 드러나는 영적 세계를 인간을 끊임없이 궁극적 완성을 향해 추동하고 끊임없이 새롭게 갱신하게 하는 삶 안에 내재된 힘으로 이해한다. 우주의 활동에서 비롯된 그 힘이 인간 자신을 예술작품으로 표현한다. 이는 무한

30 위의 글, 80.

31 레데커, 『슐라이에르마허의 생애와 사상』, 66.

32 Nowak, *Schleiermacher,* 116.

33 위의 글, 116.

적인 전체가 인간의 내면에서 자신을 개별화함으로써 자신을 묘사하고 있는 과정이 예술가가 작품을 만들어 가는 과정임을 의미한다. 개인이 무한자를 드러내고 있는 것으로 보이지만, 역으로 개인들을 총체적으로 다양하게 가시화하는 주체는 신적 자기 묘사이다. 신적 자기 묘사가 각각의 개인에게서 개별성을 구체화하고 우주의 활동에서 그 인간성의 전체를 묘사하기 때문이다. 우주의 활동에서 모든 인간은 신적 자기 묘사에서 비롯된 작품이다. 인간이 자신의 본질을 깨닫게 됨에 따라 스스로가 고양된 존재가 되는 것이다. 슐라이어마허는 이를 낯선 현실성, 즉 무한자가 세계 안에 존재하는 모든 인간을 작품으로 표현하고 이를 역사적으로 자기 묘사의 현실성으로 구조화한다.

예를 들어, 그는 신적 자기 묘사를 수천 개의 구성된 톱니바퀴를 통해서 구동하는 기계에 비유한다. 각자가 다른 개성을 가지고 있음에도 불구하고 하나의 목적, 즉 하나의 인간성을 향해 나아간다. 슐라이어마허는 이렇게 다양한 개성을 지닌 개인들이 조화로운 인간성을 구현하는 과정을 역사적 예수에게서 나타났던 근원적 인간성이 우주 전체로 확장되는 사건으로 이해한다. 이는 보편적 인간성의 종교적이면서 동시에 예술적 발현이다. 그래서 슐라이어마허는 역사적 예수의 삶에서 모든 실재와 개체적 인간을 연결하는 힘의 실재를 인식하고 작품으로서 구체화하는 과정을 분명히 인식한다. "그들이 행했던 모든 것이 그의 작품으로 완성된다. 나에게 공동으로 고양된 삶의 감정은 크게 찬양하는 사람들 안에서 더 생명력 있고 아름답게 나타난다."[34] "지구에서 나는 본래의 힘을 보충하는 과정으로서 삶의 모든 순간에 모든 실재와 나를 연결하는 공동체를 느낀다. 각자는 자신의 규정된 일을 수행하고 그가 몰랐던 하나의 작품을 완성하고 그를 둘러싼 공적에 대해서 아무것도 알지 못하는 사람들 앞에서 준비 작업을 한다."[35] 신적 자기 묘사는 우주 안에서 모든 것이 구별되고 대립하는 과정에서 발생하는 인간과 인간성의 대립을 극복하고 무한자의 아름다움을 묘사하는 데에서 그 정점에 이른다. 슐라이어마허는 신적 자기 묘사의 궁극적 이념을 덕, 의로움, 사랑으로 표현한다.[36] 그 정점에서 신적 자기 묘사의 영향으로 인간은 타인과 함께 공동체를 형성하고 그 이념을 구체화한다.[37] 그 과정에서 인간의 언어는 세계를 형성하고 조화로운 공동체를 형성하는 수단이 된다. 인간이 언어를 통해 타인과의 대립과 갈등을 극복하고 조화로운 관계를 형성할 수 있기 때문이다. "정신의 언어는 내적인 사유와 그의 직관을 최고로 묘사하고 그 행위 안에 있는 가장 비밀스러운 사실을 반복해서 고려하고 그들의 놀랄 만한 음악은 그가 제시한 가치, 즉 그의 사랑의 단계를 인도하는 자로 해명해야 한다."[38]

다른 한편, 슐라이어마허는 우주의 활동에서 구현된 '세계정신'을 이해한다. 신적 자기 묘사는 우주를 직관하고 느끼는 예술적 주체를 통해 자신을 개시하고 상호 주체성으로 확장함으로써 그의 무제약적 현실성을 드러낸다. 신적 자기 묘사가 가시화되는 우주의 활동에서 세계는 원형적 인간으로서 예수 그리스도를 중심으로 형성된 전체로

34 Friedrich Schleiermacher, *Monologen* (Leibzig: Felix Meiner, 1914), 51.

35 위의 글, 51.

36 앞의 책, 52.

37 Nowak, *Schleiermacher*, 120.

38 Schleiermacher, *Monologen*, 64.

서 나타난다. 슐라이어마허는 신적 자기 묘사의 정점에 있는 존재를 원형적 인간으로서 그리스도로 이해한다. 원형적 인간으로서 그리스도는 인간 자의식의 출발점이고 동시에 그리스도 안에 존재했던 우주의 활동이 곧 다른 인간의 자의식으로 확장되는 실증적 사건이다. 자신 안에 무한자를 담은 역사적 실존으로서 "그는 본래적인 기독교적 삶의 형식을 전달하면서 동시에 능력을 전달한다. 왜냐하면 하나님의 의식 안에서의 예수의 삶은 그 자체가 역사적 영향을 미친 역사적 행위였기 때문이다."[39] 우주의 활동이 그를 중심으로 기독교적 공동체를 일으킨 것이다. 이와 같은 우주의 활동은 신앙론을 통해서 구체적으로 드러난다.

슐라이어마허가 『신앙론』(1830/1831)의 부제에서 "개신교회의 기본교리와의 관계에서 묘사되었다"라고 표현하듯이 기독교 신앙은 전통적으로 형성된 교리적 진술들을 인간의 내면에서 의식화하는 과정을 통해 공개적으로 신적 자기 묘사를 가시화한다. 물론 신적 자기 묘사가 가시화되는 과정에서 슐라이어마허는 보편적인 교의학적 전통과 자신의 종교적 개성 사이에서 균형적인 관계를 세우려고 했다.[40] 그러나 직접적인 자의식으로서 절대 의존의 감정은 개성적 인간과 교의학적으로 전개된 교리적 인식 사이에서 나타난 기독교 신앙의 예술적 표현이다. 신적 자기 묘사가 교제적 삶으로서 우주의 현실성을 예술적으로 묘사하기 때문이다. 개인들이 자신의 개성을 드러내면서도 지복[Geselligkeit]에 이르는 총체적 삶을 그려내는 한편의

39 피터 C. 하지슨, 『현대조직신학』, 윤철호 역 (서울: 한국장로교출판사, 2013), 353.
40 Nowak, *Schleiermacher,* 421.

그림이 드러난다. 신적 자기 묘사는 종교적 개인에게서 절대 의존의 감정을 형성한다. "그 감정은 계속해서 움직이는 상태에서 자신 안에 머무르는 것일 뿐만 아니라 주체에 의해 움직이게 된 것이 아니라 단지 주체 안에서 상태로 나타난다."[41] 슐라이어마허는 그 안에서 발견한 절대적으로 신에 의존하고 있는 자의식을 경건성으로 이해한다. 경건성은 인간의 지식이나 행동으로 환원될 수 없는 신적 자기 묘사의 현실성이다. 절대 의존의 감정에서 각각의 존재에게 영향을 미치고 있는 신은 공동체를 형성하고 그 공동체를 바탕으로 총체적 자의식을 표현한다. "세계 내 존재로서 우리-존재의 자기의식 혹은 세계와 함께하는 우리-존재로 나뉜 자유 감정과 의존 감정의 하나의 순서이다. 그러나 절대 의존의 감정은 자유 감정이 없이는 혹은 절대적인 자유 의식 없이 절대 의존의 감정은 존재하지 않는다."[42] 우주를 중심으로 형성된 우리의 자의식으로서 우리-존재는 인간의 자유와 의존적 자의식을 통해서 구체화한다. 그 안에서 경건성은 신을 중심으로 한 개인들의 공동체를 구현하는 종교적 힘이다. [43] "감각적으로 정해진 순간의 통일성에서 더 높은 자의식과 관계됨은 자의식이 완성되는 지점이기 때문이다."[44] 신적 자기 묘사의 현실성은 높은 자의식

41 Schleiermacher, *Glaubenslehre(1830/1831)*, 1: 25.

42 앞의 책, 36.

43 슐라이어마허는 자의식의 세 가지 단계를 구분한다. "자의식의 세 가지 단계는 가장 낮은 단계의 자의식으로 감각적인 자의식이다. 이 의식은 전적으로 그리고 거의 이 대립에서 중간지점으로서 존재한다. 두 번째는 절대의존의 감정이다. 이 감정에서 자유의 감정과 의존감정의 대립이 사라진다. 주체가 중간단계에서 주체가 대립하고 그와 함께 동일한 것으로 정리되는 모든 것이 최고의 자의식이다." 앞의 책, 43.

44 앞의 책, 46.

이 구현되는 순간이다. 독백론에 신적 자기 묘사가 전적으로 개별성을 지시하고 있다면, 신앙론에서 신적 묘사는 개인의 자의식 차원들을 포괄하는 데에서 공동체성을 가시적으로 드러난다. 예컨대, 세계와 관련해서 슐라이어마허는 창조론에서 신적 자기 묘사를 구체화한다. 신적 자기 묘사는 인간의 절대의존의 감정과 자유의 감정 사이에서 양자의 대립이 사라지고 총체적 삶에서 드러난 세계정신의 최고 의식이다.

IV. 신적 자기 묘사에 나타난 종교적이고 신학적 차원의 종합으로서 교제의 삶: 예술작품

종교론에서 슐라이어마허가 우주의 의미를 해명하는 것은 우주를 중심으로 형성된 무제약적 실재를 드러내는 일이었다. 예술가로서 자신을 이해한 그는 종교를 우주에 대한 직관을 통해 형성된 예술작품으로 이해하고 그 안에서 무제약적 실재를 분명히 표현했다. 무제약적 실재는 우주의 활동성을 통해서 드러난 신적 자기 묘사이다. 슐라이어마허는 신적 자기 묘사를 개인적 차원의 자극에서 비롯된 개인적 표현과 구분한다.[45] 구체적으로 신적 자기 묘사는 종교적 개인들이

45 목스터에 따르면, "개인적 차원의 표현과 달리 묘사는 자극의 순간들의 총체적인 부분과 관계하기 때문에 자극들을 지속할 수 있고 그와 같은 부분의 모든 순간을 하나의 각인 속에서 변형한다. (개인의 표현에 존재하는) 자극과 표현 사이의 중단을 통해 지금 미학적인 완성의 법칙에서 온전하게 지배될 수 있는 외형적인 형태를 변형시키거나 주체적 감정을 변혁할 수 있다. Moxter, "Arbeit am Unübertragbaren: Schleiermachers Bestimmung des Ästhetischen," 62.

우주를 직관하고 감각적으로 경험하는 과정에서 자기 자신의 개성을 형성하고 이를 바탕으로 다른 사람들과 상호교호적 관계를 통해서 초월적이고 궁극적 보편성을 지향하는 교제의 삶을 현실화하는 무제약적 현실성이다. 신적 자기 묘사에는 개별적인 종교적 개인들과 관계하는 우주의 활동성이 존재한다. 이 활동성은 개인들을 관계하게 하고 교제적 삶으로서 공동체를 형성하는 신적인 자기 묘사이다. 게다가 슐라이어마허는 묘사에서 근원적 자극이 비롯된 원형을 전제하고 그에 따라 인간의 보편적인 자기 경험이 매개된다고 보았다. 이와 같은 주장에서 슐라이어마허는 역사적 예수의 근원적인 우주 직관에서 시작되었고 신적 자기 묘사를 통해서 공동체로 구현된 종교의 본질을 인식했다. 종교론의 시각에서 슐라이어마허는 그 원형을 역사적 예수의 삶에서 찾았고, 그를 중심으로 형성된 공동체 사이의 관계가 형성된다. 슐라이어마허는 이와 같은 능력을 종교적 개인이 우주를 직관하면서 얻게 된 감각적인 감정을 단순히 주관적 느낌으로 드러내는 자연적인 표현 방식과 구분되는 예술적 능력으로 이해한다.[46] 종교적 개인이 지닌 예술적 능력은 다양한 종교적 자극들을 응집하여 인간의 보편적 자기 경험의 근간을 세우고 이를 바탕으로 전체로서 공동체를 구성하는 능력이다.

그럼에도 불구하고 그는 우주를 세계의 전체나 혹은 존재의 전체, 사건 전체로 한정 짓지 않는다. 전체로서 우주는 인간이 직관하고 감각적으로 느끼는 대상에 따라 확장하고 자연과 역사의 총체적 사건을 세계정신으로 표현하는 과정에서 새롭게 무제약적 실재를 드러내

46 위의 글, 62.

기 때문이다. 슐라이어마허에게서 "우주의 전체성과 불변성을 경험적으로 인지될 수 있는 것도 아니며, 사람과 사물 안에 작용하는 궁극적인 것이다. 즉 유한한 다양성을 모두 포괄하는 양식이다."[47] 한 개인이 외부적 실재와의 관계를 통해 형성된 직관의 내용을 개인적으로 표현하기 때문에, 외부적 실재의 자극과 그에 따른 말 혹은 의견은 그의 개성을 드러낸다. 전체로서 우주가 자연과 역사 그리고 모든 실재를 포괄하고 응집함으로써 예술적 실재로 드러난 것이다.[48] 결과적으로 그는 자연사나 혹은 세계사를 일으키는 신적 자기 묘사의 근원적인 힘을 인식하고 궁극적으로 세계정신에 도달한다. 그 과정에서 우주는 개별자의 개성을 드러내고 총체적 현실성에서 보편적 인간상을 구현하는 무제약적 실재를 개시한다. 종교론에서 슐라이어마허는 종교적 개인들이 보편적 종교를 가시화하는 신적 자기 묘사의 실재로 우주의 활동성을 이해한다. 그는 신적 자기 묘사를 일으키는 우주의 활동을 접촉하는 인간의 직관과 감정에 대한 인식으로 구체적으로 안내한다.

> 여러분은 종교의 보편적 형상을 완성하기 위해 모든 직관이 본성상 감정과 결합되어 있다는 것을 기억해야 한다. 기관은 대상과 여러분 사이의 연관을 매개한다. 여러분에게 그 현존을 계시하는 대상의 갖가지 방식으로 이 기관을 자극하고 여러분의 내적 의식에 변화를 야기해야 한다.[49]

---

47 레데커, 『슐라이에르마허』, 46.

48 Paul Seifert, *Die Theologie der jungen Schleiermacher* (Gerd Mohn: Gütersloher Verlaghaus, 1960), 80.

49 슐라이어마허, 『종교론』, 68-69.

직관과 감정의 통합적 구조를 통해서 모든 종교적 개인이 우주의 활동을 통해서 드러나는 무제약적 실재를 포착하고 자신들을 둘러싸고 있는 무제약적인 힘을 깨닫고 세계 안에서 궁극적으로 일치를 지향하기 때문이다. 이것이 세계정신으로서 우주가 의미하는 바이다.[50] 따라서 슐라이어마허는 신의 개념보다 우주의 활동성을 강조한다.[51] 왜냐하면 신은 종교에 존재하는 개별적 표현 방식에 지나지 않기 때문이다. 이와 달리 우주의 활동성은 다양한 개인들이 관계하는 무제약적 실재의 자극들을 응집하고 계속해서 새로운 보편적 인간성을 드러내기 때문이다. 슐라이어마허는 이와 같은 계시의 특성을 거울, 날인, 묘사로 표현한다.[52]

젊은 시절, 슐라이어마허는 예술가와 교호적 관계를 맺었고 그 지평이 예술가에게 이르기까지 확장됨은 우주의 활동이 빚어낸 창조적 역사이다. 예컨대, 슐라이어마허와 교제했던 예술가 프리드리히는 자기 작품에서 그의 영향을 가시적으로 드러냈다. "카스파 다비트 프리드리히의 해양 풍경화와 슐라이어마허의 영향"이라는 논문에서 박민수는 프리드리히에게서 슐라이어마허의 영향이 두드러지게 나타난다고 주장했다.[53] 프리드리히가 뤼겐섬에서 포착했던 풍경을 회화로 표현하는 과정에서 자신이 맛본 우주의 흔적이 분명히 나타났기 때문이다. 프리드리히에 따르면, 종교는 "유한의 순간에 맛보는

50 Seifert, *Die Theologie der jungen Schleiermacher*, 80.

51 슐라이어마허, 『종교론』, 118.

52 Seifert, *Die Theologie der jungen Schleiermacher*, 80.

53 박민수, "카스파 다비트 프리드리히의 해양풍경화와 슐라이어마허의 영향," 「해향도시문화교섭학」 9 (2013), 227.

무한의 경험, 완성된 순간이며 보이고 인식될 수 있는 것, 인간의 유한한 앎에 유한한 수수께끼로 남을 것을 표현하려는 시도이다."[54] 슐라이어마허에게 우주는 곧 천체가 아니라, 종교적 개인이 직관과 감정을 통해 포착한 무제약적 실재를 담고 있는 예술적 실재이다. 왜냐하면 우주는 인간이 경험할 수 있는 차원을 넘어 무제약적 힘을 확장하고 세계와 인간을 연결하고 무제약적 힘을 담은 총체적 세계Weltall를 표현하는 예술작품으로서 자신의 활동성을 드러낸다. 우주의 활동성이 확장됨에 따라 신적 자기 묘사는 예술작품으로서 우주를 드러낸다.

슐라이어마허는 자신의 우주관을 신앙론에서 더욱 확장한다. 물론 신앙론에서 슐라이어마허가 우주라는 표현을 사용하지 않지만, 교제의 삶Gesamtleben 에서 우주의 의미를 찾을 수 있기 때문이다. 종교론에서 신적 자기 묘사가 교제의 삶에서 궁극적 의미를 드러냈지만, 신앙론에서 신적 자기 묘사가 종교론의 우주 이해와 신앙론의 총체적 삶을 연결짓는다. 종교론에서 슐라이어마허가 개인의 직관과 감정에서 우주의 활동성을 인지했다면, 신앙론에서 그는 개인적 차원에 머물러있던 신적 자의식을 창조 세계에서 살아가는 다양한 개인들과의 관계에서 확장한다. 그는 절대 의존의 감정과 자유 사이에 대립을 넘어 역사적 예수의 구원을 바탕으로 형성된 교제의 삶으로 이해한다. 우주의 활동성이 점진적으로 확장한 결과로써 교제의 삶은 신적 자기 묘사가 된다. 신적 자기 묘사의 궁극적 의미는 세계를 통치하시는 삼위일체 신의 사랑과 지혜에 있다.

---

54 위의 글, 229.

신앙론의 논제 §166에 따르면, "신적 본질이 통보되는 특성으로서 신적 사랑은 구속의 행위에서 구현된다."[55] 그 구속 행위는 역사적 예수가 궁극적 구원으로 인도하면서 형성된 신적 자기 묘사이다. 종교론에서 슐라이어마허가 직관과 감정의 대상이었던 우주를 종교적 개인의 개성과 공동체의 근간으로 이해한다. 이와 달리 신앙론에서 그는 절대 의존의 감정과 자유의 대립을 극복하고 자의식화하는 우주의 활동으로서 신적 자기 묘사에 참여함에 따라 무한자의 세계가 확장되는 것을 인지하게 된다. 이와 같은 신적 자기 묘사로서 교제의 삶은 예술적 세계가 된다. 이 과정에서 우주의 활동이 지향하는 보편적 의미가 생긴다. 물론 다음과 같은 지적이 제기되기도 한다. "종교와 예술은 직관과 감정에 기초한다는 공통점을 가지고 있으며 개별성과 직접성에 근거한다는 점에서 일체의 개념성이나 체계성에 반발한다."[56] 그래서 신앙론은 절대 의존의 감정과 자유를 바탕으로 형성된 체계론에 가까워서 예술적이라고 보기 어려울 수 있다. 그러나 신앙론의 예술적 의미는 신적 자기 묘사가 무한자를 직관하고 감각적으로 느끼는 종교의 주체적 차원을 넘어 교제를 통해 확장하는 과정에서 구체화된다. 전체로서 우주와의 관계에서 그리스도인은 다른 사람들과의 상호교호적 관계를 맺고 그에 따라 자신의 삶을 총체적 삶으로 묘사함으로써 신적 자기 묘사의 근원적 의미를 발견하기 때문이다.

슐라이어마허의 예술은 절대 의존의 감정과 자유 사이에서 성취되는 신적 자기 묘사에 대한 참여이며 교의학적이고 윤리적 총체적

55 Schleiermacher, *Glaubenslehre(1830/1831)*, 2: 500.

56 박민수, "카스파 다비트 프리드리히의 해양풍경화와 슐라이어마허의 영향," 226.

삶을 현실화한다. 이와 같은 체계에 대한 인식변화는 그의 윤리(1805/1804)에서 시작된다. "체계는 부차적인 것이나 외형적인 내재적인 것의 보충도 아니다. 과도한 것이나 감정의 내재적 삶의 세계에 나타난 영역이 아니다. 오히려 개성의 형성을 위한 구성적 영역을 가진다. 우리가 예술작품이라고 부르는 것에서만 개별적 삶은 그의 특수성을 완성한다."[57] 신적 자기 묘사에서 종교적 개인이 초월자와 다른 존재자들과의 관계에서 자신의 개성을 성취한다는 것이다. 따라서 신적 자기 묘사 없이 인간은 자신의 개성적 삶을 구체화할 수 없다. 오직 신적 자기 묘사에서 인간은 자신을 자유로운 존재와 무제약적 실재에 대해 의존하고 존재로 느낀다. 궁극적 자기 이해는 곧 신적 자기 묘사를 통해 표현된 교제의 삶에서 가능하다. 그러므로 "그의 예술은 인간이 세계 안에서 자신의 위치를 인지하고 자신이 속한 교제의 삶을 묘사하는 것이다."[58] 결국 종교적 개인이 우주를 직관하고 느낀 것들에서 나타난 신적 묘사의 힘과 접촉함으로써 자유롭게 어울리고 그 과정에서 총체적 예술작품을 형성하는 것이다. 신적 자기 묘사는 우주가 신과 세계, 신과 인간, 인간과 세계 사이의 관계를 내적으로 연결하고 개인과 개인을 소통하게 함으로써 그의 실재를 종교적이고 역사적이고 윤리적이고 궁극적으로 묘사한다. 이는 개성 차원의 보편화이다. 특히 슐라이어마허는 다차원적인 지평 확대를 통해 신적 자기 묘사가 확장하는 종교적 개인들의 개성을 보편성이라는 측면으로 구조화한다. 신의 자기 묘사를 중심으로 형성된 개인들이

---

57 Moxter, "Arbeit am Unübertragbaren: Schleiermachers Bestimmung des Ästhetischen." 56.

58 위의 글, 69.

함께 이루어 놓은 대화의 결과이다. 신앙론에서 슐라이어마허는 기독교의 실증사에서 역사적 예수에게서 시작된 근원적 직관을 발견한다. 그 근원적 직관에서 시작된 신적 자기 묘사는 인간이 절대 의존의 감정과 자유를 느끼는 과정에서 교제의 삶을 확산한다. 그 과정에서 그리스도인들은 자신들의 개성이 조화롭게 어우러지는 과정에서 예술작품으로서 교제 공동체를 형성하게 된다. 따라서 교제의 삶이 구체화됨에 따라 그리스도인들은 자신의 종교적 개성을 상실하는 것이 아니라, 신적 자기 묘사가 다채로운 삶을 묘사하는 과정에서 타인의 개성과 함께 조화로운 삶을 이루어 간다. 그 길에서 종교적 개인들은 자신의 삶을 이해하고 성취한다. 그와 같은 묘사가 나타남에 따라 언어가 아니라, 예술이 중심이 된다.59

종교론과 달리 신앙론에서 슐라이어마허는 창조-구속-완성으로 이어지는 신적 자기 묘사는 원죄에서부터 시작된 죄의 현실성을 극복하고 세계를 일치로 이끌어간다. 이는 총체적 삶을 구성하는 신적 자기 묘사에서 드러난 우주의 의미이다. 종교적 삶이 개인에게서 초-개인적 현실성으로 확장되는 과정에서 종교론에서 주장했던 우주의 보편사적 의미가 가시화된다. 역사적 예수에게서 시작된 구속의 영향력이 창조 세계에 영향을 미치고 총체적 삶을 재구성한다. 신적 자기 묘사가 총체적 삶을 구성하는 과정에서 종교적 개인으로서 한 개인이 나사렛 예수가 일으킨 구원의 영향력을 받아들이고 이에 따라 새로운 공동체를 형성한다.

새로운 공동체를 통해 신적 사랑과 그의 지혜를 현재화하는 것이

---

59 위의 글, 55.

그리스도를 중심으로 하는 신적 자기 묘사의 길이다. 그 길은 세계에 대한 예수의 영향력을 통해 구속에 대한 의식을 일으킴으로써 지속된다. 우주의 활동성을 통해 무한자가 모든 개별자들 안에서 자신을 계시하고 있기 때문이다. 따라서 신앙론에서 슐라이어마허는 기독교 공동체에서 나타난 은혜 의식이 발전되고 있음을 강조하게 된다. 구체적으로 이는 그리스도인이 공동체로 받아들여지면서 형성된 자의식을 의미하고 구체적으로 중생과 성화를 의미한다. 이와 같은 과정에서 우주의 활동성이 지닌 보편적 의미는 곧 구원이 확장되고 있음을 의미하며 자신이 새로운 삶을 받아들였음을 의미한다. 그 삶을 받아들이는 과정에서 신적 자기 묘사가 확장한다. 슐라이어마허는 그리스도를 중심으로 형성된 총체적 삶이 신적 자기 묘사가 지향하는 의미이다. 이 새로운 힘이 전체를 거룩화[Heiligende] 하는 공동정신이다.[60]

그렇다면, 슐라이어마허가 신앙론에서 발견하고 있는 신적 자기 묘사의 예술적 지평은 무엇인가? 무한자를 담은 유한한 존재로서 종교적 개인을 중심으로 형성된 공동체성에 대한 언어적 표현과 그의 총체적 삶에 대한 종교사적 묘사이다. 신앙론에서 죄의식이 고양되는 과정에서 신적 무한성이 세계 안에 존재하는 다양한 현실성에도 불구하고 내적 조화를 드러내는 것이 예술적 지평으로 읽어낼 수 있는 부분이다. "신적인 인과율은 우리에게 세계의 지배에서 사랑과 지혜로서 자신을 묘사하기 때문이다."[61] 슐라이어마허는 이를 신적 자기 묘사의 내적 근거로서 이해했다. 신적 자기 묘사는 인간성으로 한정되

60 Schleiermacher, *Glaubenslehre(1830/1831)*, 2: 149.

61 위의 글, 498.

지 않은 인간과 세계를 융합하는 총체적 현실성을 계속해서 표현함으로써 총체적 삶을 계속해서 개방적으로 묘사한다. 이와 같은 총체적 삶은 우주의 활동성이 확장됨에 따라 신적 자기 묘사가 무제약적 사랑과 지혜를 표현하고 구속자의 사랑에서 신적인 본질과 인간적인 본질을 통합한다.62 따라서 슐라이어마허는 정당하게 신적 사랑의 곁에서 신적 사랑을 완전하게 현실화하는 예술Kunst로서 신적 지혜라고 불렀다.63 신적 자기 묘사에서 가시화된 신적 지혜는 다양한 차이에도 불구하고 다른 것과 일치하고 다른 것 안에 존재하는 것이다. 즉 타자 안에서 형성된 예술적 자아로서의 현실성이다. 슐라이어마허는 이를 세계에 대한 주권의 토대이며 구속이고 궁극적 하나님 나라를 형성하는 과정으로 이해한다.64 신적 자기 묘사에서 비롯된 궁극적 상징이 삼위일체Dreieinigkeit이다. 무한자를 담은 신적 자기 묘사에서 삼위일체는 역사적 예수가 직관과 감정을 통해 나타난 우주적 활동이 드러낸 신과 인간의 완전한 일치를 의미한다. 우주를 직관하고 느끼는 과정에서 외부적인 자극을 받고 총체적 삶을 상징적으로 표현하는 것이 곧 슐라이어마허가 주장하는 예술을 뜻한다. 따라서 슐라이어마허의 예술Kunst은 자연과 역사를 포괄하는 유기적인 전체로서 우주와 개인들 사이의 상호교호적 관계를 주제로 삼는다.65 종교적 개인은 항상 신적 자기 묘사에서 사라지기도 하고 또한 새로운 위치를 재정위

62 위의 글, 445.

63 위의 글, 499.

64 위의 글, 499.

65 Moxter, “Arbeit am Unübertragbaren: Schleiermachers Bestimmung des Ästhetischen,” 67.

하기 때문이다.

이와 관련하여 목스터는 다음과 같이 주장한다. "조직적인 총체성의 이념Idee 아래에 무규정적 현상은 지속된다. 그렇지 않다면 예술적 놀이나 예술적 관념과 함께 무규정성은 사라지고 만다. 예술작품에서 무규정적인 개인에게서 무한자로 넘어가는 과정에서 영역 내의 놀이가 나타난다."[66] 목스터는 예술적 작품을 형성하는 우주의 활동성에서 예술가와 예술작품 사이에서 자유로운 놀이를 가능하게 하는 창조적 힘을 발견한다. 이 창조적 힘은 다양한 역사적 실재를 통합하여 총체적 삶에서 다양한 실재가 어우러져 만들어내는 '아름다움'을 예술적으로 묘사한다. "예술작품은 반복해서 자유로운 놀이를 가능하게 하는 자유로운 조화이다. 개인 경험의 촉매자와 같은 위기의 지점이다. 예술작품은 동일한 조화의 힘을 강화할 수 있고 예술가의 영감은 전달하는 과정에서 예술작품에 합리성과 정신이 존재한다."[67] 하나의 예술작품은 우주의 활동성이 일으킨 신적 자기 묘사의 결과이다. 판넨베르크가 정확히 지적했듯이, 슐라이어마허의 예술종교론은 "종교의 본질을 신개념Gottesgedanke의 속박에서 해방하고 우주라는 포괄적인 개념을 사용했다는 것의 의의는 주체 밖에서 타자의 활동으로서 우주를 인식했다는 점에 있다. 물론 우주가 종교적 경험의 구체적 대상이 아니라, 성찰을 통해서 배치되는 보편적 영역이라는 한계 안에서 그렇다."[68] 하지만 슐라이어마허는 끊임없이 유한자 안에서

---

66 위의 글, 70.

67 위의 글, 71.

68 『판넨베르크 조직신학 1』, 234-236.

우주가 활동하고 영향을 미침에 따라 그를 자각하고 있는 자가 그것을 표현하고 다른 직관들의 관계에서 그 활동을 개방하는 데에 있다. 이것이 신적 자기 묘사의 현실성과 우주의 주체적 활동을 의미한다. 이와 같은 신적 자의식은 절대정신을 지향하는 헤겔의 정신 발전과 구분되는 신적 자기 묘사의 현실성이다. 신적 자기 묘사는 우주의 활동성을 중심으로 교제의 삶을 형성하고 그 과정에서 구원을 현재화한다. 이는 우주의 활동성을 통해서 드러난 창조 세계 안에서 인간이 자신의 신적 자의식을 구체화하는 과정에서 자신의 전인적 인격을 회복하는 데에서 그 예술적 의미를 얻게 됨을 의미한다. 따라서 예술 작품으로서 신적 자의식은 현실 세계에 신적 자기 묘사의 힘을 가시적으로 드러낸다. 개별적 인간은 그 힘을 자신의 개성적 삶에서 드러내고 이를 교제적 삶으로 확장하는 신적 자기 묘사의 힘으로 표현할 수 있다.

V. 나오는 글

지금까지 『종교론』에서 출발하고 『신앙론』에서 현실화된 구체적인 신적 자기 묘사의 문제를 살펴보았다. 그의 학문적 여정은 그가 다양한 총체적 삶, 종교, 윤리, 기독교 신앙을 가능하게 했던 우주의 활동성을 총체적으로 묘사하는 신적 자기 묘사의 길이었다. 이는 보편종교로서 기독교 이해로 나아가는 우리 존재의 길을 의미한다. 종교의 본질을 예술적으로 묘사하는 과정에서 궁극적인 하나님 나라의 현실성을 제시하는 것이 신적 자기 묘사의 정점이었다. 궁극적으로 삼위일체에 이르는 순간까지 종교적 개인의 능동적 행위로 보이는 학술 활동이 '예술작품'을 현실화하는 우주의 활동성에서 비롯되었기 때문이다. 이와 같은 그의 예술적 시각은 형이상학적 인식과 인륜성 Sittlichkeit을 지향하는 도덕적 행위와 구분되는 제3의 길, 예술종교의 길이다. 그의 예술종교에 나타난 신적 자기 묘사가 현대적 인간 이해에 줄 수 있는 의미에 대해서 생각해 본다.

그의 예술종교는 우주의 독립적 활동성과 그의 역사적 확장성에 기초한 새로운 교제로 인도한다. 우주의 활동성에서 비롯된 신적 자기 묘사는 궁극적인 교제의 삶을 지향하는 새로운 역사적 공동체를 형성하기 때문이다. 그 안에서 전체로서 우주는 무한자를 중심으로 하는 절대 의존의 감정과 자유를 인간에게 일으키고 그의 삶을 계속해서 개별화하고 새로운 인간성으로 나아가게 한다. 또한 그 우주는 계속해서 새로운 예술작품과 같이 대립과 갈등을 극복하는 조화로운 인간의 삶을 구체화한다. 그러므로 우주와의 교제를 통해서 형성되는 실증종교의 본래 의미는 신적 자기 묘사를 통해 전체로서 우주와 관계하는 교제의 삶을 새롭게 구성하는 데에 있다.

이성을 중심으로 하는 합리적 종교와 달리, 실증종교는 궁극적 실재 자체가 다양한 종교적 개인들의 삶을 개별화하고 자연사와 역사를 통합하는 과정에서 자신을 묘사함으로써 우주 안에서의 교제의 삶을 구조화한다. 실증종교가 기독교라는 보편종교로서 구현되듯이, 우주의 직관과 감정에 따른 종교적 표현과 다양한 실재를 포괄하는 교제의 삶을 예술작품으로 담아내는 것 그것이 슐라이어마허가 말하는 예술종교의 현실화라고 볼 수 있다. 이와 같은 슐라이어마허의 예술종교는 트뢸치의 종교사 신학이나 틸리히의 문화신학이나 판넨베르크의 보편사 신학으로 확장되어왔다. 이와 같은 확장성은 우주의 활동성이 개인의 차원에 한정될 수 없는 지역, 문화, 세계, 천체, 하나님 나라로 확장됨에 따라 신적 자기 묘사의 다차원적으로 확장될 수 있음을 보인다. 인간은 신적 자기 묘사에서 주체일 수 없고 우주의 활동성의 한 차원에 지나지 않는 것이다. 따라서 그의 예술종교로서 기독교 이해는 창조 세계와 역사와 함께 어우러진 전인적 인간상을 제시하고 있다는 점에 긍정적이다. 인간이 우주의 활동성과 자연 세계에서 배제된 채 본래적 존재와의 괴리된 상태로 살아갈 수밖에 없기 때문이다. 그러나 슐라이어마허의 우리-존재는 인간이 개인적 차원의 실존에 머무를 수 없고 신적 자기 묘사의 차원에서 구현되고 있는 우주의 활동성에서 관계적 존재로서 자아를 형성하고 진정한 공동체에 이를 수 있음을 보여준다. 따라서 그의 우리 존재는 점점 고립된 존재로서 살아가는 인간에게 자연 세계와 이웃과 공동체의 소중함을 인식하게 하는 교제 공동체로서 한국교회의 공적 역할을 명시적으로 제시한다. 실제로 슐라이어마허의 우리-존재의 확산은 21세기 다자적 공동체 신학의 가능성을 여는데 기여할 것으로 보인다. 그의 종교론에 대한 비판에서 예술과 종교의 혼동이라는 지적이 있지만, 우리-존재를 지향하는 그의 예술종교론은 신적 자기 묘사의 궁극적 성취라는 종교와 신학의 본질을 드러내는 과제를 지닌다. 역사학과 사회학 사이에서 구현하게 되는 예술의 길에서 인간은 자신의 개성을 현실화하는 우주의 활동성과 그에 따라 우주와 관계하는 보편적 인간상을 실현할 수 있을 것이다.

다가오는 4차 혁명에 직면해서 인간은 우주의 활동성에 맞서 스스로 만든 인위적 세계를 통해 세계를 새롭게 구성해 가고 있다. 앞으로 파괴적 현실성이 될지도 모를 인간의 창조물과의 공존-로봇 혹은 사이보그-을 만들어 가고 있다. 계속되는 과학기술의 발전은 기계와 어우러지는 인간의 모습이나 혹은 변종된 인간의 모습을 계속해서 제안하고 있고 그에 따른 세계를 다양한 예술적 매체를 통해서 표현한다. 과학기술 발달과 함께 인간은 창조자로서 새로운 인간의 미래상을 제시한다. 그러나 그 미래적 인간상은 다양한 종류의 인간과 자연 세계가 어우러지는 인간이 아니라, 여전히 자연 세계나 우주를 효과적으로 지배하는 절대적 권력의 소유자로서 인간을 그린다. 인간은 신과 같이 무한한 창조력과 과학기술을 바탕으로 하는 가상 세계의 확장에서 자신을 이해한다. 그러나 현재의 팬데믹 상황은 인간이 인간 중심적 태도로 살아갈 수 없음을 명백히 보여주고 있다. 오히려 타인과 자연세계와 궁극적으로 우주와 전인적으로 관계할 때 비로소 인간은 우리 존재를 실현할 수 있고 그 안에서 새로운 미래를 창조할 수 있을 것이다. 우주의 활동성이 신적 자기 묘사로서 세계를 구현할 수 있기 때문이다. 따라서 한국교회는 제4차 산업혁명의 맹목적인 추종자가 아니라, 하나님의 계속된 창조에 참여하는 공동체가 되어야 할 것이다. 그래서 우리-존재가 구현되는 신적 자기 묘사의 현실성에 참여한 공동체가 되어야 할 것이다.

제3부

해석학의 전개와 적용

슐라이어마허의 보편해석학의 고린도전서 9장 주석에의 적용
—바울의 역설적 자유의 종교사상을 중심으로

김덕기

I. 서론: 슐라이어마허의 보편해석학에 의한 고린도전서 9장의 종교사상 탐구

슐라이어마허(1768-1834)는 종교의 본질을 우주의 직관을 통해서 얻게 되는 절대의존의 감정으로 이해했다. 이 명제는 종교의 핵심을 형이상학이나 도덕으로부터 독립된 고유한 영역을 확보하려고 제시한 것이라고 알려졌다. 이러한 고유한 영역 확보는 인식의 고유한 대상을 칸트적 의미의 주관이 아니라 우주라는 전체 존재에 의해서 사로잡힘을 받는 절대 의존의 감정으로 간주함으로써 가능하다는 것이다.[1] 이러한 종교철학적 통찰은 그의 해석학과 어떤 관련이 있는

1 프리드리히 슐라이어마허, 『종교론』, 최신한 역 (서울: 한들출판사, 1997), 45-68; "종교의 본질은 사유나 행위가 아니라 직관과 감정이다. 종교는 우주를 직관하려 하며 우주의 고유한 서술과

가? 우리는 성서해석을 그의 보편해석학으로 구성하려 했을 때 종교적 관념이 어떻게 성서에서 더 잘 포착되는지 탐구하고자 한다.

이를 위해서는 그의 보편해석학 논의에서 종교철학적 사유가 어떻게 작동하고 있는지 우선 논의해 보아야 할 것이다. 하지만 그의 해석학에는 이러한 상호관련성이 잘 드러나지 않는다. 그래서 우리는 그의 보편해석학으로 성서 본문을 주석하게 되었을 때 성서의 본문에 이 종교철학의 주제가 더 잘 포착되어서 기독교의 본질도 더 잘 드러나게 할 수 있는지 탐구하는 간접적 방법을 제시하고자 한다. 다시 말해서 보편해석학을 성서에 적용하고자 할 때 성서의 고유한 주제인 종교의 중심 사상, 즉 기독교의 본질을 어떻게 포착할 수 있는지 묻고자 한다.

위의 관점과 과제에 따라서, 우리는 그의 해석학의 방법을 적용하여 고린도전서 9장을 주석하는 과정에서 그의 종교 철학적 통찰이 어떻게 포착되는지 논의하는 간접적 방법을 제시하고자 한다. 고린도전서 8-10장의 한 본문(9장 1-18절)을 해석하는 과정에서 우리는 본문의 종교 철학적 통찰을 구성해 보는 예를 제시하고자 한다. 최근 학자들의 연구에 따르면, 슐라이어마허의 해석의 전체 구도는 시대의 언어와 저자(작가)의 사유, 특수성과 보편성, 본문의 문법적 해석과 저자의 기술적 또는 심리적 해석의 관계는 상호제한적이고 상호보완적(교호

행위 속에서 그에게 경건히 귀 기울여 들으려 하고 스스로 어린 아이의 수동성으로 우주의 직접적인 영향에 사로잡히고 충만하게 채워질 수 있으려 한다." 프리드리히 슐라이어마허, 『기독교신앙』, 최신한 역 (서울: 한길사, 2006), 65-69; "모든 경건한 자극이 공통적인 것, 즉 경건의 본질은 우리가 우리 자신을 절대의존적으로 느끼는 것, 다시 말해서 우리가 신에게 의존하고 있음을 느끼는 것이다." 위의 글, 65.

적)이면서 순환 관계로 적용할 것을 제안하고 있다.[2] 따라서 위의 해석 절차에 따라서, 이 논문은 고린도전서 주석에 적용하여 그의 보편해석학의 정당성을 시험하게 될 것이다. 그 적용 결과로 나타난 핵심 주제, 즉 중심 사상이 어느 정도로 보편해석학의 목적을 달성하는지 평가하게 될 것이다. 특히 우리는 바울 시대의 언어와 문화에 비추어서 슐라이어마허가 강조하는 저자의 구성 원칙과 천재성과 고유한 사상인 종교의 본질을 제시하고자 한다.

II. 보편해석학의 성서 본문 적용에서의 문제점과 종교철학과의 연관성

슐라이어마허는 성서해석학이 특수해석학(문헌해석학, 신학해석학, 법률해석학 등)으로 존재하였던 것을 보편해석학으로 전환할 것을 기획하게 된다. 해석학은 방법의 차원에서 이해의 기술이라는 것을 전제한다. "제1원리: 해석학은 이해의 기술Kunst이다."[3] 그리고 해석학의 보편성은 화자와 청자의 대화를 모델로 사고와 언어의 해석학적 순환을

2 김은수, "슐라이어마허의 해석학에 대한 분석적 연구," 「조직신학연구」 29 (2018), 258-281; 강돈구, 『슐라이어마허의 해석학』, 이동희 역 (서울: 이학사, 2000), 64-255.

3 프리드리히 슐라이어마허, "1819년 해석학 강의-제I장 서론: 해석학의 기본원리," 『Schleiermaher 해석학』, H. Kimmerle 편/구희완 역 (서울: 양서원, 1992), 127; "제5원리: 마치 말이 이중 관계를 갖듯이, 즉 말의 행위는 언어의 전체성과 관계하고 또 화자의 전체적인 생각과도 관계하듯이, 이와같이 모든 이해는 다른 계기로 이루어진다. 언어(의 전체적인 맥락)에서 도출된 말을 이해하는 것과 동시에 화자의 사고영역 내에서 사실로서의 말을 이해하는 것이다." 이에 대한 설명에 관해서는 김은수, "슐라이어마허의 해석학," 259-260; 강돈구, 『슐라이어마허의 해석학』, 49-62.

통해서 형성된다. 여기에 이해의 보편성은 사유와 언어의 상호연관성과 교호작용에 의해서 확립된다.[4] 하지만 이 사유와 언어의 상호연관성은 변증법적 순환에 따라서 근사치적 보편성을 형성하게 된다. 순수사유에 보편성이 있는 것이 아니라 언어에 의해서 제한받으면서 언어로부터 보충받아서 보편적 이해를 형성한다고 본 것이다.[5] 더 나아가서 사유와 언어의 개별성과 독창성이 오히려 이해의 보편성을 드러낼 수도 있게 된다. 그래서 이해의 목표인 저자의 창작과정의 창의적 정신과 창의적 구상Konzeption의 계기를 포착할 수 있다고 보았다.[6]

그런데 이 해석학의 보편성을 확립할 때 성서 본문과 같은 종교문서의 해석의 원리를 확정할 때는 몇 가지 보충되어야 할 해석의 방향이 필요하다고 생각된다.[7] 종교문서는 매우 개별적이고 독창적인 체험을 표현한 것이므로 개별자들의 공통성이 아니라 구체적 보편

---

4 슐라이어마허, "1819년 해석학 강의-제I장 서론," 『Schleiermaher 해석학』, 129; 슐라이어마허가 생애 후기에 기술한 사유와 언어의 통일성과 상호연관성에 관한 글(1832)에 대한 자세한 설명에 관해서는 강돈구, 『슐라이어마허의 해석학』, 76-85 참조.

5 강돈구, 『슐라이어마허의 해석학』 (2000), 43-91; 슐라이어마허의 보편해석학의 전체 구성과 그의 단계적 해석 방법의 중요성과 해석학 계보에 관한 이 책의 간략한 해설은 박순영, "서평: 『슐라이어마허의 해석학』 이학사(2000), 강돈구 저/이동희 역," 「철학연구」 51 (2000. 12.), 348-351 참조.

6 대화의 해석학과 언어와 사유의 교호관계의 측면에서 창의성과 보편성의 관계를 강조한 글에 관해서는 강돈구, 『슐라이어마허의 해석학』, 53-54, 82-85 참조; 이해의 목표가 저자의 직관의 창의적 차원이라는 것을 강조한 글에 관해서는 이규호, 『현대철학의 이해』 (서울: 민영사, 1965), 245-248과 전철, "슐라이어마허의 직관에 관한 연구," 「한국기독교신학논총」 65 (2009. 10.), 91-97 참조.

7 슐라이어마허는 도그마와 성서 해석의 특수한 규칙을 거절하고 일반해석학의 원칙만으로도 성서의 특수한 내용을 도출할 수 있다고 확신했다. 하지만 이 입장에 대해서는 이후의 불트만, 새 해석학, 바르트의 신학적 해석학의 도전을 받아 몇 가지 보충이 필요하다고 판단한다. 이러한 그의 한계에 관해서는 Werner G. Jeanrond, *Theological Hermeneutic* (New York: Crossroad, 1991), 49-50 참조.

성(독창성과 고유성)을 내포하기 때문이다. 우선 종교적 문서에서 언어와 사유는 둘 다 독자에게 새로운 존재를 구성하게 하도록 직접적 자기의식 내에 모든 존재의 대화 가능성의 근거를 마련하는 초월성을 지향한다. 이런 의미에서, 종교라는 독립된 기능에 의해서 언어와 사유가 직접적 자기의식 내에 도래하는 초월적 존재와 만나는 이해가 발생한다. 바로 이 발생 지점에서 기독교 신앙의 전승을 내포한 성서 해석학의 보편성이 구성된다고 해석할 수 있는 것이다.[8]

슐라이어마허가 이해의 기술로서 규정한 해석학의 정의에 기초하여 사고와 언어의 대화적 변증법을 해석학의 핵심 과제로 확립한다. 이때 그가 중요시 여긴 것은 저자의 사고 속에서 정립된 작가의 작품 구성 의지와 관련된 저자의 창조적 정신과 창작 과정의 재구성이었다.[9] 하지만 구체적인 세부 절차를 적용할 때 그의 해석학은 두 가지 한계를 보완해야 한다.

첫 번째, 우선 그의 해석학은 체계적인 저서로 발표된 것이 아니라 강의 노트 형식의 파편적이고, 그것도 단편 형식으로 전승되어 왔다. 따라서 이것들에 대한 총체적인 재구성은 학자마다 매우 다른 상황이다.[10] 따라서 우리는 특정한 학자들(강돈구, 김은수 등)의 전체적인 해석

---

8 슐라이어마허의 초월성이 반형이상학적이라서 외적 존재의 실재성을 의미하는 것이 아니라, 직접적 자기의식 내에 초월적 근거를 갖는 것으로서 이해한 글에 관해서는 한상연, "사유와 존재-헤르더와 슐라이어마허의 존재론," 「해석학 연구」 21 (2008), 15-27과 한상연, "슐라이마허와 하이데거의 초월 및 실존 개념," 「존재론 연구」 36 (2014), 258-274 참조.

9 이에 관해서는 FR. 슐라이어마허, 『해석학과 비평』, 최신한 역 (서울: 철학과 현실사, 2000), 163 -193; 이에 대한 자세한 해설에 관해서는 강돈구, 『슐라이어마허의 해석학』, 166-226과 그 요약과 해석 방법 단계의 중요성에 관해서는 김은수, "슐라이어마허의 해석학," 261-263 참조.

10 슐라어어마허의 해석학의 원래의 취지를 이해하기 위해서는 19세기 말~20세기 초의 지성사적 관점의 연구에 의해서 그 개념을 정확히 파악할 필요가 있다. 이러한 노력의 한 결실로서 이러한

학의 재구성과 종합적 해석 절차 관련 글에 근거한 본문 해석 방식을 제시하고자 한다.[11]

두 번째, 그의 보편해석학과 종교철학적 통찰과의 관계를 슐라이어마허 자신이 해석학 강의에서 구체적으로 제시하지 못하였기 때문에 성서 본문에 적용하게 되었을 때 해석의 구체적 목표 설정에 문제가 발생한다.[12] 실제로 종교 본문은 저자의 사상이나 천재성과 신비한 하나님과의 만남만이 아니라, 청자나 독자가 제기하는 궁극적 실재에 관한 물음에 대한 대답으로서 신격 신의 계시가 주는 구원의 메시지에 이르게 하는 수도 있기 때문이다.[13]

김승철, 『역사적 슐라이어마허 연구』, 40-50 참조; 그리고 슐라이어머허와 당시 헤겔철학과의 대립관계와 슐라이어마허를 지지하고 있었던 베를린 대학의 역사학 분야의 헤르더, 훔볼트, 랑케와 같은 교수들과의 영향관계 및 친분관계도 충분히 고려해 볼 필요가 있다. 이에 관해서는 Georg G. Iggers, *The German Conception of History* (Hanover: Wesleyan University Press, 1988^2), 29-62 참조.

11 특히 슐라이어마허의 강의 노트를 중심으로 그의 '문법적 해석'보다는 '심리적 해석'을 강조한 딜타이W. Dilthey와 이 입장을 계승하여 방법보다는 진리를 강조한 가다머H. Gadamer의 해석학이 주류를 형성한 바 있다. 반면 킴멜레K. Kimmerle의 미간행 수고 간행(1959) 이후 그의 '문법적 해석'을 강조한 새 입장이 등장한 것은 잘 알려진 바 있다. 따라서 필자는 이 두 가지 연구경향을 종합하여 그의 해석학의 방법의 포괄적 해석 단계를 연구한 튀빙겐 대학 박사 논문(1977), 강돈구, 『슐라이어마허의 해석학』, 19-41을 참조하였다. 또한 이 책을 근거로 그의 보편해석학을 본문에 구체적으로 적용할 수 있도록 재구성한 논문에 관해서는 김은수, "슐라이어마허의 해석학"을 참조하였다.

12 리쾨르Paul Ricoeur는 보편해석학이 성서 본문 해석에 적용될 때는 신학적 해석학이나 국부적 해석학의 범주가 필요하다고 지적한 바 있다. 이에 관해서는 Paul Ricoeur, *Conflict of Interpretations* [1969] (Evanston: Northwestern University Press, 1974), 381-497 참조. 또한 철학적 해석학을 종교문서에 적용했을 때 나타나는 보편해석학의 문제에 관해서는 김윤구, "국부적 해석학으로서 리쾨르의 해석학," 『해석학과 현대철학』 (서울: 철학과 현실사, 1996), 219-237 참조.

13 틸리히는 전자를 우주론적 접근방법, 후자를 존재론적 접근방법으로 제시하면서 성서 종교에서는 인격신의 계시를 궁극적 실재에 대한 물음의 대답이라고 본다. 이 관해서는 Paul Tillich, "The Ontological and Cosmological Approaches," in *Classical and Contemporary*

그래서 우리는 위의 두 가지 통찰의 한계를 극복하기 위해서 다음과 같이 그 구체적 방법 차원의 종교의 본질 파악을 위한 기본 전제를 제시하고자 한다. 우선 필자는 슐라이어마허의 문법적 해석과 심리적 해석(기술적 해석)의 절차에 나타나는 언어와 사고, 부분과 전체, 개별성과 보편성의 상호관계와 그 해석학적 순환의 방향을 어떻게 해석을 설정하느냐에 따라 종교적 본질 파악의 열쇠가 있다고 생각한다. 해석학적 순환은 일차적으로 전체와 부분과의 보충관계이면서 제한적 관계이다. 본문은 맥락 속에서 그 의미가 제한받기도 하고 조건 지워지기도 하면서 그 맥락의 내용으로부터 보충된다. 그는 부분에서 전체로, 그리고 전체에서 부분으로 순환하면서 의미의 도약이 일어난다는 것이다. 여기에서 중요한 것은 순환의 방향이 원저자 사고의 고유한 의미와 이를 파악하려는 원독자가 포착한 본문의 고유한 의미이다.[14]

우리는 이 해석학적 순환의 방향을 성서 본문에 적용할 때 다음의 세 가지 해석의 전략을 초점으로 맞출 것을 제안하고자 한다. 첫째로는, 슐라이어마허는 원독자와 원저자가 공유하고 있는 공동의 것 이외에도 원저자와 원독자의 고유한 측면을 재구성할 것을 중요시한다고 생각한다.[15] 여기에서 원저자는 심리적 해석에서 저자의 삶과

Readings in the Philosophy of Religion 2nd ed. (Englewood: Prentice-Hall, 1970), 308-320과 폴 틸리히, 『성서 종교와 궁극적 실재 탐구』, 남성민 역 (서울: 비아, 2021), 1-25, 27-48, 99-128 참조.

14 강돈구, 『슐라이어마허의 해석학』, 76-87과 김은수, "슐라이어마허의 해석학," (2018), 266-267.

15 슐라이어마허, 『Schleiermaher 해석학』, 23; "1805년 강의 제I장 서론. 19) (보충: 일반적인 서문): … 취급 방법에 의해서 생기는 어려움(예: 상호 관계의 이중적 의미). 내용에서 생기는 어려움. 이는 다음 세 가지로 분류할 수 있다. 1. 저자와 독자가 함께 공유하고 있는 것에 대한 이해 2. 해석자가 독자의 위치에서 텍스트를 재구성할 때, 본래 저자의 것이라고 간주한 것에

저자의 창작 순간, 저자의 작품과 저자의 창작 순간을 해석학적 순환으로 상호연관시키는 것을 가장 중요시 여긴다.[16] 반면 원독자는 저자의 사상에 동의하는 친밀한 내부자일 수 있고, 이 저자의 사상에 대해서 전혀 잘 모르는 외부자일 수가 있다.[17] 이 논문에서는 우선 해석자는 저자가 숨겨진 의미를 외부자보다는 내부자만이 알 수 있도록 숨겨 놓은 심오한 종교적 의미를 찾고자 한다. 두 번째로, 그는 저자보다 새로운 독자가 저자나 그의 본문을 더 잘 이해할 수 있다고 주장한다. 이러한 이유는 독자는 저자의 삶과 그의 시대정신에 대한 역사적 지식이 더 많기 때문이다.[18] 새 시대에 더 많은 역사적 재구성에 의해서 새로운 해석을 첨가해야 한다는 것이다. 이런 의미에서 해석학적 순환은 새로운 독자의 지평에로 확대될 수 있다는 것이다.

세 번째로, 슐라이어마허는 이 해석학적 순환에서 '도약'이 발생한다고 생각하였는데 이 도약을 종교문서 해석에서 규정해 주어야 한다고 생각한다.[19] 필자의 견해로는 여기에서 일어나는 도약을 구체적인

대한 이해 3. 저자가 자기 자신을 특히 다른 어떤 사람과 구별짓고 있을 때, 독자의 고유한 것에 대한 이해."

16 최신한, "슐라이어마허의 해석학과 변증법," 『해석학과 현대철학』 (철학과 현실사, 1996), 21-42.

17 필자는 특히 '기술적 해석'의 창의적 사용은 원독자와 후대 독자인 우리의 본문 이해의 차이를 잘 드러낼 수 있다고 보았다. 이것은 본문의 어떤 것을 더 창의적으로 존재의 근원으로 이해하는지를 결정하는 독자의 의지와 연관된다. 슐라이어마허, 『Schleiermaher 해석학』, 145 (1819년 강의: 제1장 서론: 해석학의 기본원리 14). 특히 원 독자를 친밀한 내부자로 상정하는 해석학의 원리를 단초로 슐라이어마허의 『종교론』의 새 해석을 시도한 책으로는 김승철, 『역사적 슐라이어마허 연구』 (서울: 한들출판사, 2004), 9-39 참조. 고린도전서 9-10장에서 친밀한 내부자로서 원독자(베드로파)의 해석에 관한 예로서, 이 논문 232-233쪽 참조.

18 슐라이어마허, 『Schleiermacher 해석학』, 73; "1805년 강의 제I장 서론: 기술적 해석: 143) 3월 23일 금요일 (강의): 2. 저자가 자기 자신을 이해하는 것보다 (독자가 오히려) 저자를 더 잘 이해한다. 왜냐하면 a. 우리는 이해를 증가시키고, b. 그 이해를 교정하기 때문이다."

갈등의 상황에서 논의되는 종교적 중심사상의 핵심 주제라고 생각한다. 여기에서 맥락(전체)은 본문(부분)에 반영되는 저자의 사상이 발생하게 되는 구체적 갈등의 삶의 정황에서 발생되는 핵심 쟁점도 연관된다.[20] 이 순환의 방향이 정확하게 슐라이어마허가 언급하지 않았지만, 이것은 결국 그가 말하는 경건한 의식에 의해 나타나는 구원과 관련된 의미로서 종교의 본질이다. 우리는 위의 세 가지 전략을 어떻게 활용하여 성서 본문에 구체적으로 적용할 것인지는 다음 장에서 제시하고자 한다.

III. 슐라이어마허의 기본적 해석학적 순환에 의한 8-10장의 통일성 탐구

1. 전체와 부분, 본문과 작품의 기초적인 해석학적 순환

우리는 우선 위에서 언급한 슐라이어마허 해석학의 단계적 적용

---

19 해석학적 순환의 도약은 '심리적 해석'의 최종 목표를 드러낸다. 특히 이 도약은 개괄적 직관(예료적 해석)에 의한 근접화 과정을 통해서 도달될 수 있다. 이 점에 관해서는 슐라이어마허, 『해석학과 비평』, 137-162 참조; 이 해석학적 도약의 중요성과 그 적용에 관해서는 각주 60과 V장 참조.

20 종교의 본질 해석의 방법론적 문제의 자세한 논의와 그 해석 결과에 관해서는 김덕기, "신약학은 어떻게 공동체의 위기와 혼돈을 극복하는 데 이바지할 수 있는가?," 「신약논단」 26^2 (2019), 449-503 참조; "신약학은 공동체의 가치의 혼돈과 분쟁을 가져오는 행동 패턴과 그 근본 원인을 중층기술로 묘사하고, 다르게 재해석하고, 징후적 독해의 미시사로 설명함으로써 당시 지배문화를 변혁시키려 했던 신학적 비판의 사유방식과 그 핵심주장을 새롭게 제시할 수 있어야 한다." 위의 글, 464-465.

방법 중 특히 본문의 언어와 문학적 구성을 분석하는 '문법적 해석'에서의 전체와 부분, 본문과 작품 전체, 통독과 정독의 해석학적 순환을 적용하고자 한다.[21] 특히 그의 기본적인 해석 과정의 절차에 따라서, 9장 1-18절의 본문을 전체 고린도전서가 아니라, 여기서는 8-10장의 맥락에 적용하고자 한다. 이에 따라서 우리는 언어와 사유와 관련된 본문 부분과 작품 전체, 보편적 계기와 개별적 계기, 보편성과 개별성(특수성)의 세부 요소 간의 해석학적 순환에 따라 고린도전서 8-10장에 적용하였을 때 나타나는 본문의 핵심 사상과 그 통일성을 드러내고자 한다. 결국 슐라이어마허의 이런 기초적인 해석학적 순환[22]에서 가장 중요한 초점은 본문과 작품의 해석학적 순환에 따라서 형성되는 구성 원리와 전체의 통일성이다. 특히 여기에서 저자의 창의적이고 고유한 창작의 특성을 포착하기 위해서 이를 이상적 독자로서 추체험함으로써 사상의 통일성과 그 통일된 구성 원리를 추론해 보는 것이다.[23] 바로 이 결과를 종교철학적 관점에서 재기술하여 바울

---

21 슐라이어마허, 『Schleiermaher 해석학』, 63과 89-121 (특히 109-117의 부분과 전체의 성서 응용 부분); "단일한 말Einseln을 개별적으로 이해하는 것은 전체Ganze에 대한 이해를 통해서만 가능하다."(63); "문법적 해석은 문장 표현의 언어 및 그 언어의 도움을 받아 그 텍스트 Rede의 참된 의미를 발견하는 것이다."(89) 또한 김은수, "슐라이어마허의 해석학," 266-268, 270-274. 강돈구, 『슐라이어마허의 해석학』, 64-255 참조.

22 기초적인 해석학적 순환은 언어와 사유 사이에 나타난다. 여기서 순환이란 기본적으로 부분과 전체, 추론과 직관, 개별 이해와 전체 이해, 의미와 뜻, 비교와 예료적 선이해와의 순환적 상호 교호작용이다. 이것은 언어가 사유를 제한하고, 사유가 언어를 제한하는 상호 교호적 관계에 의해서 도출되는 새로운 의미 창출의 과정을 의미한다. 이에 관한 기본 소개는 강돈구, 『슐라이어마허의 해석학』, 76-91, 261-278 참조.

23 슐라이어마허, "1819년 강의: 제 II 장 해석학의 방법," 『Schleiermacher 해석학』, 151-153[19원리와 20원리], 219-221[기술적 해석, 1과 2]; F.D.E. Schleiermacher, *Hermeneutics: The Handwritten Manuscripts*, ed. H. Kimmerle (Missoula: Scholars Press, 1977), 185, 217. 그리고 슐라이어마허 해석학의 핵심 요점을 창작 시점의 재구성의 과정으로서 이해로

의 종교사상과 기독교의 본질(메시지)을 도출하고자 한다.

2. 8-10장의 제물 먹기 주제의 통일성과 관련된 주석적 쟁점과 그 해결 모색

〈도표 1〉 제물 먹기 허용/금지에 대한 바울의 네 가지 다른 수사법

권고	제물 먹기 허용		제물 먹기 금지	
권면 구절	먹으라 (10:25, 27)	자제하라 (8:9~12)	먹지 말라 (10:7, 28)	절대 먹지 말라(10:20)
관련 본문 범위	10:23~11:1+9장 19-23절 (융통성 있는 적응력)	8:1~13+9:1-18 (바울의 예: 9:24 -27)	10:1-22, 10:28	10:1-22
본문 내용	25절: 시장에 파는 것은 양심(자의식)을 위하여 묻지 말고 먹으라. 27절: 불신자 중 누가 너희를 청할 때 양심을 위해 묻지 말고 먹어라.	약한 자의 양심을 생각해서 약한 자를 위해 우상 제물 먹는 것을 조심하라.	7절: 우상숭배하는 자와 같이 먹고 마시며 뛰놀지 말아라. 28절: 제물이라고 말하면 너희의 양심을 위해 먹지 말라.	우상 제물을 먹음으로 너희가 귀신과 교제하는 자가 되지 않기를 원한다.

본문(9:1-18)에 나타난 바울의 역설적 자유의 핵심 사상을 이해하기 위해서는, 8-10장의 전체 맥락에서 우상의 제물 먹는 쟁점에 대해서 다양하게 응답하는 그의 서로 다른 권면들과 이것들의 전체 맥락을

보는 글에 관해서는, 리차드 E. 팔머, 『해석학이란 무엇인가』, 이한우 역 (서울: 문예출판사, 1988), 132-133 참조.

살펴보아야 한다. 이 해석학적 과제는 이 다양한 권면들에 반영된 그의 역설적 자유의 사유방식을 이와 연관된 창의적 구성 원리와 구상방식으로 추체험하는 것이다.

우리가 위의 〈도표 1〉에 따라 8-10장을 언뜻 읽어보면, 본문(9:1-18)과 간접적으로 연관 있는 8장 1-13절은 사실 단순히 우상의 제물 먹는 것을 완전히 거절한 것이라고 해석하면 10:1-22과 연결하여 배타성을 강조한 것일 수 있다.[24] 그러나 우리는 이 본문을 보다 융통성 있는 입장을 제시한 10:23-11:1과 연결하면 둘 다 개방성을 갖는 입장이라는 것을 알 수 있다.[25] 더군다나 금지/허용의 권면의 차이가 너무 커서 이를 해결하기 위해서 학자들은 바울이 파편적으로 쓴 것을 바울 학파가 편집하였다는 편집 가설이나 파편 가설로 해결하려는 학자들의 견해도 있고, 수사학적인 통합설도 나타나게 된 것이다.[26]

---

24 R. A. Horsley, *1 Corinthians* (Nashville: Abingdon Press, 1998), 115-116, 134; 고든 피, 『고린도전서』, 최병필 역 (서울: 부흥과개혁사, 2019), 467-473.

25 특히 후자를 지지하는 학자들은 바울이 처음에 우상의 제물에 관한 쟁점을 들었을 때 유대적 기독교의 전통적 입장을 대변하는 10장 1-22절을 먼저 서술하였다는 것이다. 그런데 바울의 유대적 기독교와 유사한 배타적 입장에 대해서 우상의 제물을 먹을 것을 주장한 지식 있는 자들이 이 경직된 견해에 대해서 문제를 제기하게 되었다. 그런데 나중에 이처럼 첨예한 쟁점이 되었을 때 바울은 입장을 바꾸어서 이들을 설득하기 위해서 8장 1-13절의 보다 부드러운 설득의 방식으로 자제할 것을 권면하는 방식으로 저술하게 된 것이라는 것이다. 이처럼 동일 저자의 입장 변화를 신중하게 설명하는 방식으로 서로 다른 입장들을 가진 본문들의 통일성을 유지하게 된다. 이에 대한 자세한 논의는 H. Conzelmann, *1 Corinthians, Hermeneia* (Philadelphia: Fortress, 1975), 137-138; Khiok-Khng Yeo, *Rhetorical Interaction in 1 Corinthians 8 and 10* (Leiden: Brill, 1995), 75-83 참조.

26 독일 학자들은 파편설로 해석하는 경향이 많았지만, 미국 성서학계에서 미첼M. M. Mitchell과 포토푸로스J. Fotopoulos는 8-10장이 수사학적으로 치밀하게 상호연결된 것으로 간주하는 통합설을 제기하였다. 반면 이후 가장 중요한 파편설 지지자로는 슈미탈스W. Schmithals의 고전적 파편설을 수정한 쥬잇 R. Jewett의 편집비평적 파편설을 수용하여 발전시킨 여키옥-쿵Yeo Khiok-Khng이다. 여Yeo가 파편설을 8~10장에 적용한 결과는 이방종교의 도전과 부활 문제에

신약학자들의 파편설이나 통합설의 해결책과 달리, 우리에게는 바울의 신학의 통일성이나 구성과정을 바울의 생애의 특별한 상황이나 숨겨진 저작 동기를 재구성하여 조명하면서 해석하는 것이 슐라이어마허의 보편해석학의 중요한 과제로 남는다.[27] 따라서 우리는 세 가지 가능성을 고찰해야 할 것이다. 우선 슐라이어마허의 보편해석학은 우상의 제물 먹는 문제가 발생한 정황을 재구성하여 당시의 서로 다른 언어 관습에 비추어서 바울의 사상과 생애와 사도권의 자기의식, 자유사상을 비교 분석할 수 있어야 한다. 두 번째로는, 우리는 바울의 저작과정에서 어떤 특별한 천재성이나 영감을 갖게 되었는지 논의해야 할 것이다. 세 번째로는, 위의 두 가지를 해석학적 순환을 통해서 동시에 통찰하여 바울의 역설적 자유의 진정한 의도의 숨겨진 의미를 재구성해야 하는 해석학적 과제가 남는 것이다.

8-10장에서의 통독의 해석학적 과제는 본문(9:1-18)의 역설적 자유의 주제와 나머지 본문에서 다양하게 전개된 다른 주제들(융통성 있는 상황적응력, 면류관 쟁취를 위한 경쟁, 출애굽 모티브, 우상숭배의 배타성 등)과 서로 통합되는 통일된 창의적 구성 방식과 이에 반영된 저자의

대한 조언을 다루고 있는 9:24-10:22, 15:1-15와 16:13-24(B 서신)와 '페리~데'로 시작하는 여러 쟁점과 우상의 제물을 다루고 있는 8:1-13, 9:19-23, 10:23-11:1 등(C 서신), 그리고 재정적 지원 거절과 사도권의 주제를 다루는 9:1-18(서신 E)이 서로 다른 단계에 형성된 것으로 간주한다. Yeo의 파편설에서 서신 A는 11:2-34이다. 최근 파편설에 관해서는 Yeo, Rhetorical Interaction, 75-83 참조; 파편설과 통합설의 쟁점과 핵심 주장을 학자별로 요약한 것에 관해서는 John Fotopoulos, *Food Offered to Idols in Roman Corinth* (Tübingen: Mohr Sebeck, 2003), 1-48 참조.

27 슐라이어마허, "1819년 강의: 제 I 장 서론," 『Schleiermaher 해석학』, 151(해석학의 기본원리 19). 김은수, "슐라이어마허의 해석학에 대한 분석적 연구," 261-263; 김은수는 창작과정을 재구성하는 것이 슐라이어마허의 보편적 해석 이해의 본질로 생각한다.

일관된 저작 목적과 이에 대한 원독자(특히 숨겨진 내적 독자)의 뜻 해석 가능성을 잘 파악하는 것이 된다(각주 17 참조). 우선 8:1-13은 지식 있는 자가 우상의 제물(8:1)과 이를 먹는 일에 대해서(8:4) 쟁점을 제기하게 되었고, 이에 대해서는 바울이 지식에 대해서 사랑의 우선 원칙을 강조한다. 바울은 지식 있는 자가 우상이 없다는 특별한 지식(그노시스)을 통해서 약한 자로 하여금 우상의 제물을 먹게 하여 이들의 양심을 손상시키고, 결국은 죄를 짓게 만든다고 이들을 비판하게 된다. 이와 달리, 10:1-13은 어떤 이견도 허용하지 않고 이스라엘 역사를 예로 들어 우상숭배를 거부하고 있고, 10:14-22은 이방 신에게 고기나 잔을 신전 경내나 신전 식당에서 먹고 마시면서 우상과 교제하는 것을 성례전의 그리스도와의 교제와 배치되므로 금지하게 된다. "주의 식탁과 귀신의 식탁에 겸하여 참여하지 못하리라(10:21b)".

반면 8장과 10장과 달리, 9장에서 바울은 자신의 경제적 후원을 받을 사도권이 있음을 예증사례를 통해서 논증했음(1-14)에도 불구하고 특히 이를 권리를 사용하지 않고 거절한 역설적 자유의 신학적 근거 제시(15-18)와 바울의 사도성의 모범적 패러다임의 두 가지 사례, 즉 융통성 있는 선교 전략(19-23)과 자기 수련을 통한 진정한 보상의 목적(24-27)을 제시한다.[28] 특히 종교적인 역설적 자유와 사도권은, 모든 사람을 구원하기 위한 사명(22-23)이라는 주장을 매개로, 자신의

28 9장의 장르의 수사학적 비평에 관해서는 Kei Eun Chang, Omnibus Omnia, 「신약논단」 28.2 (2021/6), 427-466 참조. 9장을 바울의 수사학적 '본보기 사례Exemplar'로 이해하는 장계은의 수사적 통일성과 달리, 필자는 '예증사례exemplum'들에 의해서 드러내는 새로운 유형의 사도와 그리스도인의 존재양태의 패러다임παράδειγμα으로 이해한다. 이러한 패러다임의 개념에 관해서는 조르조 아감벤, "패러다임이란 무엇인가," 『사물의 표시』, 양창렬 역 (서울: 논장, 2014), 11-47 참조.

복음 선포 전략에 있어서 융통성 있는 상황적응력을 실천하게 된 것이라는 내용(19-23)을 연결하도록 요청하게 된다.

다른 한편, 이러한 9:19-23절의 선교의 융통성 강조는 8장 1-13절에 논의된 우상의 제물 먹는 쟁점을 10:23-11:1에서 시장에서 파는 고기를 먹는 것 허용하기나 이방인으로부터 초청받았을 때 거절하지 말라는 융통성과 자연스럽게 연결된다. 다시 말해서, 8장 1-13절의 우상의 제물 먹기의 완곡한 금지와 10장 1-22절의 배타적 금지와 달리, 10장 23-11:1에서는 시장에 파는 고기를 먹는 문제와 이방인의 식사 초청에 대해서는 우상의 제물일지라도 먹을 수 있도록 허용하는 융통성을 발휘할 것을 제안하게 된다. 그래서 결론 부분인 10장 23-11장 1절에서는 전체 공동체를 위해서 허용과 금지를 동시에 말함으로써 전체 공동체의 화합을 말하게 된다.

3. 9장과 10장 1-22절의 상호연결성과 연관된 해석학적 순환

그런데 가장 어려운 연결고리는 9장의 바울 자신의 역설적 자유(15-18)와 이것의 발전적 형태인 융통성 있는 선교전략(19-23)과 승리를 위한 자기-절제의 내용(24-27)과 10장 1-22절의 우상의 제물만 아니라 우상숭배 자체에 대한 배타적 입장과의 상호관련성이다.[29]

29 8-10장의 통일성과 비일관성의 쟁점에 관한 전반적인 주석적 문제에 관해서는 Anthony C. Thiselton, *The First Epistle to the Corinthians* (Grand Rapids: Eerdmans, 2000), 607-612; Raymond. F. Collins, *First Corinthians* (Collegeville: Liturgical Press, 1999), 304-307 참조. 또한 김덕기, 『고린도전서: 연세신학백주년기념 성경주석』 (서울: 연세대학교 출판사, 2022), 321- 328 참조.

우선 사도권의 생계비 받을 권리가 있다는 것(1-13)과 이를 포기하는 신학적 근거 제시(9:15-18)는 사실 9장 19-23절에서처럼 모든 종류의 사람들을 얻기 위한 융통성 있는 선교전략의 토대로 작용하기도 한다. 그런데 이러한 융통성 있는 선교전략은 사실 여호와가 이스라엘 전체를 새로 세우실 때 우상숭배와 우상의 제물을 먹는 것을 금지했던 것(10:1-22)과 모순된 것처럼 보인다. 하지만 이러한 융통성 있는 보편적 구원 선교의 목적이 바로 자기-수련을 통한 궁극적 보상의 종말론적 목표 제시(24-27)를 매개로 새로운 이스라엘인 교회공동체 정체성을 확립하기 위한 것으로 생각한다면 그렇지 않게 된다. 오히려 이것은 이제 현재 에클레시아(교회) 구성의 때와 이스라엘 구성의 때를 유형론적으로 대비시킴으로써 둘 다 하나님 백성의 공동체 구성의 특별한 섭리의 때에는 우상의 제물을 먹지 말라는 금지의 종교적 금기 명령이 가능하다는 것을 암시하게 된 것이다.[30] 더군다나 이것은 9장 24-27절에서 썩지 않을 면류관을 향하여 달리는 운동선수의 비유를 통해서 바울이 자기 절제(자기-정복)의 훈련을 통해 승리하려는 배타적 투쟁의 모습과 연결된다. 바로 이러한 역설적 자유의 발전된 사유로서 자기-절제의 모티브를 매개로 본문(9:1-18)은 이 배타적인 우상숭배와 제물 먹기 금지를 요구하는 10:1-22절의 새로운 출애굽 구성을 위한 종교적 금기와 자연스럽게 연결된다. 그래서 출애굽의 위기 상황에서 우상숭배의 완전 금지와 9장의 사도의 권리포기와 자유의 자기-절제의 문제, 그리고 융통성 있는 선교전략 제시의 모든 내용들이 해석학적 순환에 의해서 상호연결시킬 수 있게 된다. 이를

30 Horsley, *1 Corinthians*, 134-142와 비교.

통해서 우리는 우상의 제물을 먹는 문제를 해결하려는 목적이 9장 24-27절을 매개로 바로 10장 1-22절에서 보다 명확하게 나오게 된다는 점을 잘 이해하게 된다.[31] 결국 역설적 자유의 종교사상은 출애굽 때와 같은 에클레시아 구성의 초창기 위기 시에 새 이스라엘(교회)의 정체성을 확립하려는 주제와 통일성을 이룬다. 이러한 10:1-22의 유형론적 대비는, 8장이 그리스도파의 주장을 논박하는 것과 대조적으로, 바로 슐라이어마허가 매우 강조하는 내적 독자(친밀한 원독자: 아마도 베드로파)만이 알 수 있는 숨겨진 의미이며 저자의 천재성이다(각주 17 참조).[32]

우리가 슐라이어마허 해석학을 적용하기 위해서 특히 주목해야 하는 것은 8:1-13과 10:23-11:1에서 바울은 이들의 배타적 입장을 반박하기 위해서 양심(자의식: συνείδησις)의 용어[33]를 사용해서 복잡 미묘한 쟁점에 대해서 융통성 있게 대처함으로써 바울이 우상의 제물

31 Jerry L. Sumney, "Critical Note: the Place of 1 Corinthians 9:24-27 in Paul's Argument," *JBL* 119/2 (2000): 329-333; Sumney는 9장 24-27절이 1-23절의 결론이라기보다는 10:1-22절의 서론이라고 본다. 하지만 필자는 오히려 중심 사상(16-17절)의 명상의 발전이라고 보고, 문맥상으로는 10:1-22절의 우상숭배의 금기를 매개하는 역할을 동시에 하고 있다고 본다.

32 고린도 교회에서는 네 가지 파당(1:11-13)이 있었고, 8장에는 그리스도파가 9장에는 베드로파가 더 많이 분열의 갈등을 일으켰다고 여겨진다. 하지만 신약학계에서 연구된 소위 '적대자'는 원시영지주의Proto-Gnosticism이었다고 본다. 이에 관한 자세한 논의에 관해서는 김덕기, "고린도전서의 적대자로서 원시영지주의의 가능성 탐구," 「신약논단」 28.1 (2021), 159-188 참조.

33 8장에서의 양심(쉰에이데시스)은 일반적으로 성서에서는 '양심'으로 해석되고 번역되는 것처럼 도덕적 의미의 양심으로 해석하는 학자들(Murphy-O'Connor, Cheung 등등)도 있다. 하지만 최근에는 의식(consciousness)이나 자의식(self-awareness)으로 번역하자는 학자들(Maurer, R. Horsley, P. W. Gooch, H.-J. Eckstein, Wills, Collins)의 제안도 점점 수용되기 시작하고 있다; G. Lüdemann, "συνείδησις," *EDNT* vol. 3, 301-303. 이에 대한 포괄적 소개에 관해서는 김덕기, "바울의 양심," 『양심』 진교훈 외 19인 편저 (서울: 서울대학교출판사, 2012), 385-396 참조.

을 먹는 문제를 해결하려고 시도한다는 점이다. 바울은 자의식이라는 특별한 용어뿐 아니라 자유(권리), 덕 세움, 그노시스, 숙명(아낭케), 사명(오이코노미아) 등의 핵심 용어를 창의적으로 사용함으로써 지식 있는 자(아마도 그리스도파)와 약한 자 둘 다를 효과적으로 설득하여 조화롭게 공동체가 구성되도록 설득하려고 한다는 것이다. 이처럼 서로 상대방을 인정하지 못하는 두 집단들을 설득하는 보편적인 수사 기술은 그 자체로 슐라이어마허가 강조하는 저자의 창의성을 발현시키는 바울의 특별한 종교적 체험과 보편적인 경건한 자기의식을 동시에 드러내고 있을 가능성이 있는 것이다.

중요한 점은 바울이 처음부터 어느 정도 우상 제물 먹기의 종교적 쟁점을 해결하기 위한 사상 전개의 통일된 저작 구도가 있었다는 것이다. 이것은 바로 두 개의 분파(베드로파와 그리스도파: 1:12)의 특권에 대항하는 역설적 자유를 매개로 새 이스라엘(교회)의 정체성을 확립하는 것이었다. 그래서 다양한 입장 차이는 그 자신의 소명과 보편적 구원, 자기-정복의 종말론적 목표와 이스라엘과 고린도 공동체의 유형론적 해석의 흐름에 따라 네 개의 파당싸움을 극복하는 고린도 교회의 정체성의 전체 주제의 변주가 반복된 것일 뿐이라고 본다(1:12-13). 우리는 바로 배열구조와 바울 고유한 사유의 해석학적 순환에 의해서 주제의 통일성에 근접해 갈 뿐이다.[34]

---

34 슐라이어마허, "1819년 해석학 강의-제 I장: 해석학의 방법," 『Schleiermaher 해석학』, 223; "(기술적 해석의 목적은) 오직 근접시킴Annäherung을 통해서만 이를 수 있다." 강돈구, 『슐라이어마허의 해석학』, 63; "그렇기 때문에 해석학적 목적은 해석학적 순환 속에서 오로지 '접근Annäherung'을 통해서만 도달할 수 있다." 이에 대한 간략한 설명에 관해서는 박순경, "서평," 351; "사유와 언어에 완전히 외화될 수 없고 언어가 사유에로 완전히 내면화될 수 없기 때문에 이해는 완결되는 것이 아니라 무한한 접근일 뿐이다."

이 과정에서 우리는 8-10장에서 바울의 사도의 존재양태, 그리스도인의 존재양식, 그리고 교회의 존재 근거raison d'être와 정체성이 상호 연관되는 구성 원리에 의해서 보편적 구원을 위한 교회정체성 확립의 전체 주제를 발견하게 된다. 슐라이어마허의 보편적 해석학의 적용 결과를 종합하여 말하면 8-10장의 맥락에서 본 본문(9:1-18)은 바울 자신의 고유한 사도의 사명이 표출된 경건한 자의식의 구체적 사례를 통해서 새로 도래하는 공동체인 에클레시아에 적합한 창의적 정체성에 근거한 그리스도인의 보편적 존재양식을 제안하는 것이었다.[35] 달리 말하면, 8-10장 전체 본문의 구성원칙은 교회의 사회적 갈등에 직면하여 교회공동체의 공동 존재양식을 제시하는 것이다. 이러한 구성원칙을 도표로 제시하면 다음과 같다.

IV. 해석학적 순환의 9장에의 적용과 그 종교적 사상 도출 가능성 탐구

1. 문법적 해석에서의 해석학적 순환(1): 자유/권리 단어 중심으로

여기서는 보편적 의미의 언어와 특수한 상황에서의 저자의 고유한 언어를 비교하면서 사유의 구조를 논하고자 한다.

---

35 필자는 이미 차이를 횡단하는 바디우의 '전투주의적 보편성'(또는 보편주의적 전투주의: universalist militantism)과 예외적 차이를 전체의 토대로 인정하는 지젝의 '구체적 보편성'(또는 급진적 보편성)의 중요성을 제시한 바 있다. 이에 관한 철학적 탐색에 관해서는 김덕기, "최근 철학계의 성 바울의 보편성 논의와 그 비판적 평가," 「해석학연구」 23.1 (2009 봄), 179-237; 김덕기, 『바울의 문화신학과 정치윤리』 (대전: 도서출판 이화, 2007), 125-137 참조.

〈도표 2〉 제물 먹기 허용/금지에 대한 바울의 전체 저작 구성 원칙

권고	제물 먹기 허용/금지의 쟁점의 특수성에 대한 쟁점 제시와 신학적 해결책 제시	제물 먹기 자제의 설득을 위한 바울의 사도권리 포기	제물 먹기 금지가 필요한 이유로서 이스라엘 역사의 재구성과 융통성 있는 상황적응력. 그리고 목표를 향한 투쟁과 제물 먹기 금지		원래의 권리 포기의 자유와 관련된 구체적 쟁점과 전투적 자유의 종합으로서 조화의 공동체 정체성 확립
핵심 사상	자제해야 하는 이유로서 신에 대한 올바른 지식으로서 신론과 그리스도론 제시(8:8)	바울의 사도권의 특혜 거절의 구체적 예와 사도 소명의 존재 양식	선교 대상에 따라 자신을 변화시키는 융통성 있는 보편성(19-23)과 면류관 쟁취 목표 의식(24-27)	먹지 말라(10:7, 28) 절대 먹지 말라(10:14, 20~21) [종교적 금기]	먹으라(10:25, 27)와 먹지 마라(28)가 공존한다.
관련 본문 범위	8:1~13	9:1-18 (바울의 예)	9:19-27	10:1-22	10:23~11:1+9장 19-23절
본문 내용	종교적 경외적 자기의식의 형성: 약한 자의 경건한 자의식(양심)을 손상하는 것은 죄이다.	사도권의 경건한 자의식은 권리를 포기할 수 있는 숙명적 위임: 자유의 역설적 존재 양식 구성	교회 구성의 특별한 때에 모두를 선교하기 위해서는 약한 자처럼 되는 융통성과 전투성 동시 필요: 융통성있는 전투주의적 태도	이스라엘 구성의 특별한 때의 우상의 제물 섭취 금지: 배타적 전투주의적 태도 설정	도래하는 교회 공동체의 존재 근거와 창의적 정체성 확립: 그리스도인의 존재양식 – 융통성과 전투주의가 동시에 있는 창의적 교회관 확립

저자가 의도한 언어의 의미와 일반적으로 활용되는 사전적 의미로서 보편적 의미를 대비하여 저자의 언어의 고유한 의미나 내적 독자를 위한 숨겨진 의미를 파악하는 것이다.[36] 따라서 우리는 이 저자의 고유한 의미가 초월적 존재를 만나서 직관적으로 감지한 기독

36 슐라이어마허, "1809년 강의: 제 II 장 문법적 해석,"과 "1819년 강의: 제 II 장 해석학의 방법," 『Schleiermaher 해석학』, 89-121, 163-219.

교 구원의 본질이 본문의 언어 사용에서 어떻게 나타나는지 탐구하게 될 것이다. 이에 따라 9장에서 사용된 희랍어 엑수시아ἐξουσια가 내포한 권리와 자유의 이중성을 바울이 어떻게 특수하게 사용했는지 파악하고자 한다.

우선 9장 1-4절에서 바울은 적어도 고린도 성도들에게는 사도로 인정받기 때문에 먹고 마실 권리ἐξουσία가 있다고 주장한다. 이를 설득하기 위해서 그는 독자의 동의를 유발하는 수사적 질문을 연속해서 다섯 번이나 제시하면서 독자의 생각을 공유한다. 5-9절에서 그는 누구나 일하면 이 일한 삯을 받을 권리가 있게 마련이라는 독자의 관념과 일치시킨다는 점을 그 논거로 제시한다. 1-4절에서 특히 바울이 사도로서의 자유인(엘류테로스: ἐλεύθερος[1,19절])과 먹고 마실 권리(4)를 연결시켜서 변증하려 할 때 그의 사유는 자유와 권리의 두 가지의 의미를 동시에 갖게 되는 고대의 자유(엘류테리아: ἐλευθερία)의 개념에 주목할 필요가 있다. 엘류테리아는 권리(엑수시아: ἐξούσια)라는 관념도 내포하고 있다. 자유의 희랍어 엘류테리아는 현대처럼 '~으로부터의 자유'(freedom)보다는 '~를 위한 자유'로서 권리(rights)의 관념과 매우 비슷하므로 자유인(9:1)이 권리를 가진 자라는 의미도 내포한다. 또한 엑수시아ἐξουσία는 원래 '권리'의 의미에 더해서 '권위'의 의미도 있어서 특권의 뉘앙스를 내포한다.[37] 그래서 〈개역개정역〉

37 엑수시아(ἐξουσία)의 희랍어는 ① 제어 상태, 선택의 자유, 권한(고전 9:12) ② 명령하고, 제어하고, 지배하는 잠재력이나 자원, 능력, 힘의 뜻 이외에도 ③ 조정하거나 명령하는 권리, 권위, 절대적인 권능(고전 10:8) ④ 통치자나 높은 지위에 있는 다른 사람들에 의해서 그 지위, 지배권력, 공적 권력에 의해서 행사되는 권력, 지배권력~ 등의 의미도 내포한다. *BDAG*, 352-353. 따라서 독자에게는 바울이 자유인으로서 먹고 마실 권리만 아니라 그 사도의 권위도 가지고 있다고 이해하게 된다.

8장 9절에서도 희랍어 엑수시아를 '권리'가 아니라 '자유'라고 번역하였다.

이에 따라서 9장에 나오는 엑수시아는 사도로서의 자유인(엘류테로스–ἐλεύθερος: 9:1, 19)이 당연히 가져야 할 생계비를 받을 권리(엑수시아[ἐξουςία]-9:4, 5, 6, 12, 18에는 권리로 번역)의 의미를 나타내기 위해서 사용된다. 바울은 사도로서 특별히 생계를 보장받을 권리를 가지고 있지만, 자유인으로서 일하고 얻은 대가를 받을 수 있는 권한을 스스로 포기하는 자유로운 선택을 하게 된 것이다. 특히 5절에서 아내 같은 자매ἀδελφὴν γυναῖκα를 데리고 선교여행을 갈 수 있는 베드로파의 권한을 스스로 포기했다고 선언한다.

이와 달리, 이 8장 9절의 엑수시아ἐξούσια는 "그런즉 너의 자유(엑수시아)가 믿음이 약한 자들에게 걸려 넘어지게 하는 것이 되지 않도록 조심하라"(개역개정)에서 사용되었다. 여기에서 바울이 단어를 통해서 드러내고자 하는 특별한 의미는 우상의 제물을 먹는 권리와 관련된다. 특히 8-10장에서 바울이 문제삼은 적대자의 행동 양식과 관련된 엑수시아의 자유의 권능은 바로 8장 1절의 그노시스γνῶσις, 지식의 자의식의 깨달음에서 오는 자유로운 행동양식의 하나로서 우상의 제물도 먹을 수 있는 특권을 의미한다.[38] 그것은 우상의 제물을 먹을 수 있도록 세속적 한계를 초월할 수 있는 자의식의 그노시스에서 분출되는, 내적인 권력과 권위에서 오는 특권을 지칭한다. 따라서 바울은 지식 있는 자가 '그노시스에 따라서' 우상의 집에서 우상의

38 8장의 영지와 관련된 원시영지주의의 적대자의 정체성과 활동과 사회적 지위에 관한 자세한 설명에 관해서는 김덕기, "고린도전서의 적대자," 159-188.

제물을 먹는 특권을 자랑하면서 이웃에게도 이를 먹도록 요구하게 될 때 바울은 이들의 엑수시아가 약한 사람들로 하여금 죄짓게 한다고 신랄하게 비판하게 된다(8:10-12).

2. 심리적 해석에서의 해석학적 순환(2): 부득불/숙명/사명, 자발적/비자발적

'심리적 해석'은 저자의 핵심 사상이 삶에 영향을 주고 작품의 통일성을 형성하는 '맹아적 결심Keimentschluß'이 어떻게 발전하여 화자에게 창의적으로 소통하는 구성을 형성하는지 탐구하는 사유와 언어의 교호과정을 다룬다.[39] 그런데 김은수 박사는 이 심리적 해석의 세부단계로서 다음의 세 가지 해석학적 순환의 상호관계를 제안하였다. ① 시대정신과 개별적인 인간 정신의 상호관계, ② '순수심리적 해석'과 '기술적 해석'의 상호관계, ③ 예료와 비교의 상호관계로 구분하여 논하고 있다.[40] 이에 따라서 우리는 심리적 해석을 ① 저자의 시대정신과 삶에 비추어서 나타나는 중심사상 형성에 기초가 되는 맹아적 결심의 탐색, ② 저자의 중심 사상이 작품의 구성으로 나타나서 새로운 독자에게도 소통하려는 비밀스러운 의도 탐색, ③ 장르 구성을 통해서

---

39 '심리적 해석'에 관해서는 슐라이어마허, 『해석학과 비평』, 137-193, 이 해설에 관해서는 강돈구, 『슐라이어마허의 해석학』, 166-185과 이규호, 『현대철학의 이해』, 248 참조. 특히 이규호는 사유가 저자의 고유한 언어에 발현되는 내적 형성과정을 다음의 심리적 해석의 세 단계로 제시한다. ① 핵심 판단으로 나타나서 사유의 방향과 중심사상의 구성 방식을 이해하는 것, ② 핵심 판단이 객관적으로 실현된 것으로 나타나는 구성의 이해, ③ 구성이 실현되는 과정으로서 성찰되는 명상을 이해하는 것.

40 김은수, "슐라이어마허의 해석학," (2018), 274-277; 기술적 해석과의 용어 차이는 각주 46, 그리고 심리적 해석의 예료와 비교 방법에 관한 설명에 관해서는 각주 60 참조.

중심 사상의 발전 양태, 숨겨진 의도, 작품의 통일성을 형성하기 위한 명상(성찰)의 특징으로 기술하려고 한다. 따라서 9장 1-18절에서 바울의 자유와 권리에 관한 맹아적 결심과 이와 관련된 중심사상이 통일성 있게 나타나도록 제시되는 성찰의 명상이 가장 잘 논의되는 15-18절을 주석하고자 한다. 여기서는 권리 포기의 자유사상이 사도의 사명으로 발전되는 사상의 전개 과정을 탐구하면서 그 종교적 관념을 제시하고자 한다.

1) 바울 사유의 중심사상('맹아적 결심')과 명상

바울은 자신이 복음을 전하는 자로서 보상받을 권리가 있는 것은 "복음 전하는 자들이 복음으로 말미암아 살리라"(고전 9:14)라는 주님의 명령에 근거해서도 확실하다는 것을 인정한다. 하지만 그의 사도권의 권리 개념의 고유성은 보상의 권리뿐 아니라 이를 포기할 자유도 받았다는 것이다. 따라서 9장 15절에서 바울의 사도의 권리 이해는, 주의 명령(눅 10:7; 고전 9:6)을 유지하는 베드로계의 사도의 생계비 피후원 권리를 비판할 뿐 아니라, 거저 받았으니 거저 주라는 또 다른 주의 명령(마 10:8, 10)에 따라 노예가 보상 없이 일할 때 진정으로 자유로울 수 있는 역설적 자유를 확충하게 된다.[41] 이렇게 권리를

41 여기서 역설성은 바울의 다른 역설적 자유(갈 5:1, 12)와 통일성을 이루면서 생계비 피후원 권리를 사용하지 않는 권리의 자발적 포기와 관련된 9장 전체의 신학적 사유(IV. 3과 V)의 일관된 흐름을 말한다. 이것은 당시 문화와 상식에 반하는 억견의 의미도 내포하지만, 무엇보다 진정한 자유인은 주의 노예로서 모든 사람의 노예가 되는 바울 자신의 고유한 종교적 차원의 역설적 자유사상을 말한다. Conzelmann, *1 Corinthians*, 157과 Thiselton, *First Epistle*, 693-695와 필자의 견해와 비교.

사용하지 않는 사도의 역설적 자유를 강조하기 위해서 8장 13절처럼 그는 "내가 차라리 죽을지언정~"[μᾶλλον ἀποθανεῖν ἤ-](15b절)이라고 문장이 끊어진 자신의 침묵의 언어로 죽음을 무릅쓰고 사도의 생계 유지비 피후원 권리 포기를 선언한다.[42] 이것이 일반적 의미의 자유와 권리의 관념과 기득권 권력의 결탁관계를 비판할 수 있는 그의 사도로서의 절대 의존의 종교적 자의식이라고 할 수 있다. 따라서 이러한 비판적인 역설적 자유가 바로 16-17절에서 위임된 복음 선포의 불가피성(아낭케)과 권리포기의 과장적 강조로 발전되는 맹아적 결심(중심사상)이다. 특히 16b절의 바울의 격정적인 다음의 말은 15b절의 "내가 차라리 죽을지언정~"의 맹아적 결심의 발전이며 그 명상(성찰)이라고 볼 수 있다. "~만일 복음을 전하지 아니하면 내게 화가 있을 것이로다[~~οὐαὶ γάρ μοί ἐστιν ἐὰν~](16b)." 이것이 바로 슐라이어마허의 절대의존의 감정으로서 사유와 일상적 경험과 언어가 균열되는 지점이면서 바울의 삶에 영향을 준 비밀스러운 종교적 차원을 내포한다.[43]

반면 16-18절에서 바울은 가정법을 두 번 사용하기 시작하면서(16절) 중심사상인 사도의 권리포기와 연관된 역설적 자유를 보조하

42 <개역개정역> 15b절에는 나타나지 않지만, 희랍어 문장은 끊겨 있다. 다음 학자들은 이를 돈절법aposiopesis으로 설명하고, 이를 대체로 바울의 감정적 어조로 해석한다. Thiselton, *First Epistle*, 694; David E. Garland, *1 Corinthians* (Grand Rapids: Baker Academic, 2003), 422; Collins, *First Corinthians*, 344. 하지만 필자는 바로 이 침묵의 언어를 절대의존의 감정으로서 경건한 자기의식의 종교체험을 드러내는 사유와 언어의 균열 지점이라고 생각한다.

43 슐라이어마허는 맹아적 결심이 어느 정도 그의 전체 삶에 크게 영향을 미치는지에 따라 그 작품의 통일성과 그 비밀스러운 가치를 가늠하려 한다. 슐라이어마허, 『해석학과 비평』, 164-170 참조.

는 명상(성찰)을 제시한다. 그래서 이 사도의 사명이 자유의사에 의한 것이 아니라 위에서부터 온 것이며, 거부할 수 없는 숙명이므로 바울이 자신의 권리를 포기하는 것은 자유의 제한이나 권리의 남용이 아니라 그것의 가장 적절한 사용(18절)이라고 강조한다. 만일 바울이 자진해서 복음 전하는 일을 맡았던 것이라면 그는 그가 세운 교회들에 합법적으로 보수를 요구할 수 있었을 뿐만 아니라 하나님께도 자기 일에 보상을 요구할 수 있었다고 가정한다. 그러나 바울은 자신의 사도의 소명을 자신에게 맡겨진 사명(오이코노미아: οἰκονομία)의 책무로 보았다. 이 오이코노미아의 뉘앙스는 마치 노예가 자신의 주인이 청지기에 충실하게 일하도록 떠맡긴 책무를 암시한다. 이때 노예가 주인에게 삯을 요구하지 않는 것이 당연한 경우와 같다는 것이다.[44]

2) 9장 15-18절에서 문법적 해석과 심리적 해석의 해석학적 순환

여기에서 우리는 이제 '문법적 해석'과 '심리적 해석'('기술적 해석')[45]의 순환에 따라서 바울의 근본 의도만 아니라 숨겨진 독자에게 제시하는 특별한 의미를 추출하게 된다. 9장 전체 구성의 형식적 차원은

---

44 16-18절의 바울의 주장과 고대 노예의 경우와의 유사점을 강조한 글에 관해서는 Collins, *First Corinthians,* 344-346과 Dale B. Martin, *Slavery as Salvation* (New Haven & London: Yale University Press, 1990), 71-77 참조.

45 '기술적 해석'과 '심리적 해석'("심리학적 해석")의 차이와 상호관계에 관해서는 강돈구, 『슐라이어마허의 해석학』, 166-185 참조. 1819년 이후에 슐라이어마허는 기술적 해석 대신 심리적 해석이라는 용어를 사용한다. 필자는 기술적 해석이 수사학에 보다 더 가까운 사상의 구성과 관련되는 반면, 심리적 해석은 보다 순수한 심리적 차원을 해석하는 것을 의미한다. 심리적 해석이 기술적인 수사보다는 저자가 성숙한 독자에게 전달하려는 심오한 사상의 명상의 차원이 더 강조된다고 여겨진다.

다음의 3)에서 맥락을 통해서 조명하게 되는 반면, 여기에서는 위의 1)에서 논의된 중심사상(15절)과 명상(16-17절)이 숨겨진 독자나 새로운 독자를 위해서 더욱 발전시키는 저자의 고유한 사유구조와 그 사유의 언어적 조건을 고찰하게 된다. 이러한 작업들은 바울의 고유한 사상과 당시 자유사상, 운명론, 권리론의 해석학적 순환에 따라서 바울의 고유한 사유방식과 그 숨겨진 의미를 재해석할 수 있다고 여겨진다. 우리는 바울의 특권 포기로서의 '사도적 자유'를 스토아적(Stoic) 운명론과 자유론, 그리고 예언자의 소명 사상과 비교하여 자신의 고유한 종교사상과 이의 성찰 내용, 그리고 다른 종류의 독자에게 주는 새 의미를 추론하고자 한다. 그것은 사실 스토아 철학만이 아니라 유대교 전통을 아는 자들과 로마제국의 후원제 사회[각주 54 참조]에 특권을 누리는 자에게도 특별한 의미를 내포한다.

16절에서도 바울이 말하는 바는 복음을 전파할 때 자신의 명예와 보상을 누리지 않고 있다는 것이다. 또한 그가 자랑할 필요도 없다고 하는 이유가 복음 전파자로 소명을 받은 것은 선택의 여지가 없는 숙명, 즉 "부득불 할 일"(ἀνάγκη)이기 때문이라는 것이다.[46] 하지만 바울의 청중의 맥락에서는 스토아 철학에서 의미하는 우주의 섭리에 따라서 이미 결정된 숙명적 원리에 이끌리는 행동이나 사건을 의미한다. 이와 유사하게 하나님으로부터 사도로서의 특별한 사명이 주어졌다는 의미에서 바울도 자유와 상반되는 숙명성을 강조한다. 하지만 이 용어를 사도의 소명과 관련해서 사용한 점에서는 노예들의 숙명적 태도를 비판했던 당시의 스토아 철학자들과 필로[Philo]의 유대 철학자

46 *BDAG*, 60-61; *LSD*, 53; '아낭케ἀνάγκη'는 사실 강압 또는 필요성, 섭리의 뜻을 갖고 있다.

들과 차이 난다.[47] 여기에서 바울은 결정론적 의미의 운명에 체념하듯이 노예처럼 사도의 운명에 의해서 사도의 권리를 단순히 포기하는 것은 아니다. 그래서 바울의 아낭케(숙명) 언어 사용은, 단순히 운명론의 강압을 극복하는 스토아적 현자의 소극적 자유론이 아니라, 오히려 기존 국가의 사회적 인습에 도전하면서 이를 무효화하는 견유학파의 비판적 자유론의 성격도 내포한다고 보아야 할 것이다.[48] 결국 바울과 이 두 철학과의 결정적 차이는, 하나님이 사도 바울에게 부여하신 복음 선포 사명에 따라서, 모든 사람의 노예가 되었을 때 진정으로 자유롭게 된다는, 고유한 역설적 자유의 종교적 차원을 암시한다. 12절과 15a절에서 그의 사도로서의 숙명이 일반적 의미의 사도의 특권과 권리들을 스스로 사용하지 않는 자유인의 고유한 종교적 존재 양식을 선택한다고 주장한다.

이제 17절에서 바울은 스토아 철학자들과 달리 자발적으로 복음 선포의 직무를 담당하지는 않았다고 말한다. 당시 스토아 철학에서는 자의적으로 행하지 않는 일이 수치스러운 일이라고 생각했고, 자의적으로 행하는 것이 명예스러운 일이라고 여겼다. 하지만 여기에서

---

47 대표적으로는 필로의 글(특히 Good Person, 59-61)과의 비교를 통한 간략한 주석에 관해서는 Collins, *1 Corinthians*, 345 참조; 필로와 바울과 에픽테투스의 숙명론에 유사성과 차이에 관해서는 Lincoln E. Galloway, *Freedom in the Gospel* (Leuven: Peters, 2004), 7-8, 180-184 참조.

48 A. J. Malherbe, "Determinism and Free Will in Paul," in *Paul in His Hellenistic Context* (Edinburgh: Clark, 1994), 231-255. 또한 이 글을 활용하여 바울 사상을 조명한 글에 관해서는 김덕기, "헬레니즘 철학과 바울기독교의 비교," 「한국동서철학회」 81 (2016/9), 272-296 참조; Malherbe의 글을 활용하여 9장을 주석한 글로는 Pheme Perkins, *First Corinthians, paideia Commentaries on the New Testament* (Grand Rapids: BakerAcademic, 2012), 119-120 참조.

바울이 자신의 일을 자의로 하지 않았다는 것을 표현한 17a절의 단어는 '자의로'로 번역된 헤콘(ἑκών)[49] 앞에 부정 접두어 '아'(α)가 합성된 아콘(ἄκων)이다. 특히 그의 복음 선포의 소명은 자의적으로 선택한 일이 아니라 '부득불'(아낭케)의 사명으로서 부여받았으므로 그의 사도권 철회의 행동 동기도 자의적인 것(헤콘)이 아니라 비자발적 무위(아콘)에서 비롯되었다고 암시하는 것이다. 바로 이런 식으로 자유/권위의 단어처럼 헤콘/에콘(자발적/비자발적)의 단어를 사용하여 당시 그의 독자들을 향하여 노예의 비자발적 육체노동을 비판하고 자발적으로 일이나 공직을 맡는 것을 더 명예롭고 귀한 것으로 여겼던 그레코 - 로마 문화를 비판한다.[50]

새로운 독자에게 주는 해석학적 맥락에서 바울은, 스토아 철학의 숙명처럼 보이지만 이와는 달리, 유대인 독자나 유대계 그리스도인이 잘 알듯이 하나님의 직무를 도맡아야 할 예언자가 이것을 떠맡을 수밖에 없는 불가피한 것이라고 말하게 된 것이다. 특히 '사명'으로 번역된 오이코노미아οἰκονομία는 예레미아 예언자(렘 20:7-9)처럼 특별한 하나님의 섭리로 운영하여야 할 청지기 일(고전 4:1-2)을 나타내는 단어이다. 이들 유대계 독자들에게는, 이것을 거절할 수 없는 것은 오로지 하나님의 특별한 시대적 사명을 위한 예언자적 소명에 의해서

---

49 Collins, *1 Corinthians*, 348-349; 희랍어 '헤콘'은 외적 압력 없이 호의를 가지고 어떤 것을 지향한다는 의미와 '자발적으로'라는 뜻을 갖는다. 이 단어는 17절과 롬 8:20를 포함하여 단지 2회만 언급되었다. 당시 스토아 철학자들에게 이 단어는 자유인의 기본 동기로서 '자발적 의지'를 의미한다.

50 이러한 노예의 비자발적인 노동에 대한 철학자들의 사회적 편견과 대비하여 경제적 지원을 거절하고 스스로 노동하는 바울의 자비량 선교의 사회비판적 의미의 중요성을 강조한 글에 관해서는 Collins, *1 Corinthians*, 346과 Martin, *Slavery as Salvation*, 74-77 참조.

강압된 것이기 때문이라고 여겨진다.[51] 그런데 바울은 단순히 그에게 우상의 제물에 관해서 묻는 고린도 교인들만 아니라 바울의 소명에 관해서 의심하는 유대인과 유대계 그리스도인을 향하여 예언자나 일반적 의미의 베드로계의 '사도'의 사명과도 달리 메시아가 죽고 부활하여 새 시대가 도래했다는 선포 사명의 중요성을 강조하게 된 것이다.[52] 결국 바울은 자신의 사명이 단순히 예언자가 아니라 특별한 '사도'로 부름받은 것이라고 주장한다. 그래서 바울에게는 복음을 전하지 않으면 안 되기 때문에(16b) 이 사도로서의 사명이 곧 그의 삶 전체를 지배하게 되었을 뿐만 아니라 구원받은 그리스도인의 자유의 본질과 존재(실존) 양태를 동시에 드러내 보이게 된다.[53]

이처럼 바울은 스토아철학의 운명론이나 견유학파의 사회비판적 자유가 아니라 이러한 두 가지 극단적 자유론의 입장을 타개하기 위해서, 숙명(아낭케)처럼 주어진 사도권은 인정하지만 이 사도의 특권을 사용하지 않는 무위無爲의 역설적 자유의지를 드러내고 있다.

---

51 이것을 '예언자적 강압'(prophetic compulsion)[암 3:8과 렘 20:9]으로 해석하는 주석에 관해서는 Robert Scott Nash, *1 Corinthians.* (Macon: Smyth & Helwys Pub., 2009), 266 참조. 또한 이 아낭케를 하나님의 사랑에 대한 응답으로서 바울의 이웃의 사랑의 표시로 자신의 권리를 포기하는 그리스도의 법으로 해석한다; 이에 관해서는 E. 케제만, "'운명에의 사랑'(Amor fati)에 대한 바울적 표현," 『신의와 성례전』 (서울: 대한기독교서회, 1987), 135-144 참조.

52 예언자가 그가 당하는 고통을 슬픔으로 표현하는 반면 바울은 이를 기꺼이 죽음을 무릅쓰고 감내한다. 이러한 차이에 관해서는 Collins, *1 Corinthians,* 348과 Garland, *1 Corinthians,* 423-424 참조. 이뿐 아니라 사실 예언자의 메시지와 근본적으로 차이 나는 십자가의 죽음과 관련되는 보편적 구원의 존재양태로서 복음의 계시성이 그 근본 차이를 드러낸다고 여겨진다.

53 15-18절이 바울의 사도권만 아니라 그리스도인의 보편적 존재양태를 나타낸다는 논지에 관해서는 문병구, "사도의 생계비 포기와 그리스도인의 자유," 「신약논단」 18.4 (2018), 1093-1096 참조.

바로 이 숙명이 된 사도의 사명만이 자신의 특권을 버리는 자유의 권한을 누릴 수 있다는 것이다. 바로 이런 의미에서 이러한 방식의 특권 포기(12, 15절)는 유대교 율법 사상과 할례를 중요시하는 유대계 그리스도인(III. 3과 각주 32의 베드로파 언급 참조: 고전 9:5)을 비판할 뿐만 아니라, 후원제 사회에서 특권 향유를 스토아 철학의 운명 결정론을 통해서 정당화하는 로마 주류 문화의 철학적 사변을 근원적으로 문제 삼게 된다.[54]

3) 본문(9:1-18)의 9장 19-27절의 맥락에서 나타나는 언어와 사유의 해석학적 순환

여기에서 특히 우리가 주목할 점은 16절과 18절에 바울의 숙명이 되는 복음 선포를 매개로 19-23절에서 복음 선포로 사람들을 구원하는 방식이 매우 치밀하게 나온다는 것이다. 모든 사람의 종이 될 수 있는 사도의 자유는 다양한 그룹(노예, 유대인들, 율법 아래 있는 자, 율법 없는 자, 약한 자 등)에게 각각 그들에게 속하는 다양한 사람들처럼 되어 그들 모두를 구원시키기 위해서 그 그룹의 상황에 복음을 적응시키는

54 견유학파와 스토아 철학의 자유 관념과 바울의 자유 관념의 비교에 관해서는 Malherbe, "Determinism and Free Will in Paul," 242-255(특히 240, 249)와 Perkins, *First Corinthians*, 119-120과 비교. 또한 후원제의 의미는 다음과 같다. 로마제국의 후원제는 지위, 권력, 경제적 계층이 더 우위에 있는 후원자가 이것들에 대해서 훨씬 열등한 피보호자에게 재화와 봉사, 신체적 보호, 법률적 도움을 제공하고, 이에 상응하여 피보호자가 후원자에게 명망과 명예를 증진시켜 주는 비대칭의 사회적 관계를 말한다. 이것은 결국 문화적, 심리적, 정치적 차원에서 서로에게 의존하게 되지만 결국 이들 사이의 불평등한 관계가 모든 사회계층에 연계되어 있으므로 로마제국의 위계주의적 사회질서를 영속적으로 유지하게 된다. 이에 관한 보다 자세한 설명에 관해서는 김덕기, 『고린도전서』, 651-653 참조.

바울의 융통성 있는 선교전략adaptability을 실행할 수 있다는 것이다. 또한 이러한 상황 적응적 선교전략(19-23)으로 모두를 구원하는 것도 1-18절의 바울의 특권을 포기하는 역설적 자유의 주제의 구체적인 목표가 된다. 그리고 다시 24-27절에서 상황 적응 선교전략을 구사하여 모든 사람을 구원하려는 것은 자기-정복의 수련을 통해서 썩지 않는 면류관을 쟁취하는 종말론적 목적을 위한 것이다.[55]

이를 언어 형식적 차원(문법적 해석)에서 보면 'A-B-A''의 교차대구법적 구조에 따라서 이 주석은 9장의 핵심 주제가 '특권 포기를 실행하는 역설적 자유'(A: 1-18: '귀족적' 의무) – '상황 적용 융통성의 지략 사용'(B: 19-23) – '자기-정복의 목표로서 면류관 쟁취'(A': 24-27)의 3 단계(A-B-A')로 전개되는 점을 강조하게 된다. 이러한 3 단계의 핵심 주제 전개방식은 전쟁의 지략을 통해서 트로이 전쟁을 승리로 이끌었던 오딧세우스Odysseus처럼, 신의 섭리에 따라서 전사가 된 자가 특권을 버리는 자기-절제를 통해서 상황 융통성의 지략을 발휘하여 전쟁에서 승리할 수 있다는 고대인의 사유 방식의 흐름에 매우 적합하다.[56]

더군다나 9장 24-27절에서 이 자유의 또 다른 역설적 차원을 바로 자신의 감정을 다스리는 자기-정복ἐγκράτεια의 삶(9:25)에 적용한

55 9장이 8장과 10장과 관련하여 사도권의 변증인지 사도의 특수한 권리포기의 예문인지에 따라 9장의 전체 중심사상의 핵심과 이와 연관된 단락 나누기도 달라진다. 이러한 장르 문제나 편집설과 상관없이, 우리는 세 부분(9:1-12, 13-18, 19-27)으로 나누어질 수 있는 9장 전체가 사도의 자유의 역설성 주제(9:1-18)가 융통성 있는 적응의 선교전략을 매개(19-23절)로 자기-정복의 종말론적인 경쟁의 주제(24-27절)로 발전되어 전개된다고 본다; Conzelmann, *1 Corinthians*, 151-163과 비교.

56 각주 32에서처럼, 필자는 당연히 24-27을 10장의 서문으로 이해하는 섬니Sumney의 견해와 달리, 16-18절의 중심사상의 명상이 19-23절을 매개로 24-27절의 다른 명상으로 발전된 것이라고 본다.

다.[57] 그리고 모든 그리스도인은 운동 경기하는 사람들처럼 하나님이 보장하는 금빛 면류관을 받기 위해서 바울 자신을 모델로 올림픽 경기의 달리기 선수가 경주하듯이 노력해야 한다고 결론을 맺는다. 여기에서 본문 1-18절의 중심사상인 권리포기의 사도의 자유(15-17절)와 모든 사람을 구원하기 위해서 모든 수단을 강구하는 선교 전략(19-23절)은 24-27절의 바울의 자기-수련의 윤리와 해석학적 순환관계에 의해서 하나님의 영광을 나타내는 썩지 않을 면류관 쟁취와 연관된다. 바울은 사도권의 특권 포기만이 아니라 이를 위해서 자기-정복(또는 자기 수련)의 모델까지 제시한 것이다. 이것은 당시 자기-정복 로마 정치문화에서 널리 통용되는 특권 포기의 귀족 문화의 일반적 관념을 활용하지만 결국 바울 자신의 보상의 목표는 운동선수의 월계관이 아니라 면류관으로 달리 상정한 것이다.

V. 종교적 관념을 도출하기 위한 해석학적 순환의 도약

문법적 해석에서 나타난 권리/자유의 역설성, 그리고 심리적 해석에서 나타난 역설적인 숙명의 자기 권리포기는 해석학적 순환의 무한한 접근으로 나아간다.[58] 여기에서 우리는 바울의 자기희생적 사랑과

---

57 '자기-수련'이나 '자기-절제'로 번역되는 엥크라테이아ἐγκράτεια 개념이 헬라적 유대교와 로마의 정치문화에서 중요성과 양심 용례와의 연관성에 대한 설명에 대해서는 김덕기, 『양심』, 397-410 참조.

58 무한한 '접근Annäherung'에 관해서는 슐라이어마허, 『Schleiermaher 해석학』, 223; 강돈구, 『슐라이어마허의 해석학』, 63; 박순경, "서평," 351 참조. 이에 관한 자세한 인용구는 각주 35 참조.

죄의식, 그리고 복음 선포의 종교적 관념이 새로운 신학적 사유를 낳게 되는 의미화 과정을 제시하고자 한다. 따라서 이 V장에서는 본문의 수사와 언어의 고유성(9:15-18)을 바로 이러한 해석학적 순환의 도약에 의해서 8장 12-13절의 기독교 신앙의 본질인 죄, 죄의식과 9장 19-23절에서 이것으로부터의 모두의 구원의 문제와 연결시킬 수 있다. 부분과 전체의 해석학적 순환에서 부분인 본문(9:1-18)이라면 전체는 바울서신에서의 내적 중심 사상인 기독교 복음의 본질과 연결될 수 있기 때문이다.

중요한 점은 우리의 본문 9장 1-18절은 바로 앞의 8장 13절과 본문 바로 뒤의 9장 19-23절이 전부 바울 자신의 고백처럼 주어가 '나'로 나온다는 것이다. 그런데 9장 19절, 22-23절은 복음의 보편성을 나타내는 모든 사람과 모든 수단으로 등의 무인칭 대명사를 사용해서 복음의 보편성, 복음 활동의 보편성, 복음 대상의 보편성을 강조한다는 것이다. 따라서 필자는 예료적(예언적: divinatorische) 방법에 따라서 이 두 가지 맥락의 전체적인 뜻을 파악하고, 이에 따라서 바로 본문의 역설적 자유의 종교적 관념(9:15-18)을 더욱 명확하게 하고자 한다.[59] 이러한 슐라이어마허의 심리적 해석에 의하면, 9장 1-18절의 사도의 권리포기의 종교적 의미는 이를 약한 자의 자의식을 손상하여 죄를 짓는 문제(고전 8:12-13)와 모든 사람의 구원 주제(고전 9:22-23)와 연결하는 해석학적 순환의 도약[60]으로 가장 잘 드러난다.

59 슐라이어마허, "1819년 해석학 강의: 제II장 해석학의 방법," 『Schleiermaher 해석학』, 225와 슐라이어마허, 『해석학과 비평』, 140. 본문 전체를 직관하여 뜻을 미리 파악하는 예료적 방법과 이를 토대로 부분들을 비교하여 보다 더 명징한 의미를 도출하는 비교적(komparativ) 방법의 해석학적 순환에 관해서는 김은수, "슐라이어마허의 해석학," 226-227 참조.

1. 8장 12-13절과 관련된 해석학적 순환의 도약

우선 8장 12-13절에서 바울은 공동체의 문제를 해결하기 위해서 죄와 죄의식을 극복하는 죽음을 무릅쓴 자기희생의 결연한 의지를 보여준다. 8장 1-11절에서 우리는 고린도 공동체에서 지식 있는 자가 약한 자에게 우상의 제물을 먹는 그들의 특권을 자랑하면서 공동체의 분열 사건이 일어난 것을 알 수 있다. 이제 마지막 설득 방법으로 12-13절에서 그가 그 자신이 이 문제를 해결하는 개인적 결심을 제안하게 된다. 우선 8장 12절에서 바울은 우상의 제물을 먹는 습관으로 나타나는 자신을 성찰하는 도덕적 자의식(양심: 각주 33)[61]을 훼손시키거나, 지식에 근거한 자유로운 행동이 약한 양심을 가진 자가 모방할 정도로 남의 양심을 배려하지 못하여 타인의 양심을 상하게 하는 것, 등은 결국 그리스도에게 죄를 짓는 일이 된다고 주장한다.

8장 13절에서 바울은 고기를 결코 먹지 않겠다는 자신의 결심을 과장법으로 표현한다. 그런데 8장 1-12절은 2인칭(9, 12절)과 3인칭(2~3, 7절)으로 진술하는 것을 표시하지만 13절에서는 1인칭으로 마

---

60 이 도약에 관해서는 II장의 각주 19 참조. 또한 김은수, "슐라이어마허의 해석학," 267쪽에 인용된 팔머, 『해석학이란 무엇인가』, 134쪽 참조; "… 해석의 과정 속에서 이해를 향한 해석학적 순환에로의 일종의 '도약'(leap)은 반드시 일어나기 마련이며 우리는 전체와 부분들을 함께 이해한다…." 팔머는 부분의 의미들은 전체를 조망하는 직관을 통해서 전체와의 해석학적 순환의 도약이 일어나게 마련이며 이것이 맥락과 지평에서 일반적 의미Bedeutung와 뜻Sinn을 형성하게 된다고 주장한다.

61 이러한 타자의 자유를 존중하는 윤리적 성찰과 관련된 양심의 의미가 고대에는 자의식의 의미로 사용될 수 있다. 양심의 희랍어 쉰에이데시스συνείδησις의 어원은 '쉰오이다 에마우토'(σύνοιδα ἐμαυτῷ: 고전 4:4)에서 왔다. 이 동사는 재귀대명사와 함께 쓰여서 한 주체 안에 지식을 가진 자와 이 지식을 공유한 두 개의 자아들이 대화하고 있다는 자의식을 암시한다. 김덕기, "바울의 양심," 385-386 참조.

무리된다. 이러한 1인칭 표기는 9장 전체가 압도적으로 1인칭 시점으로 진술하는 것을 도입하는 역할도 하게 된다.[62] 특히 8장 1-12절까지 전체에는 지식 있는 자가 먹는 음식을 우상의 제물로 지칭하지만 13절에서는 본인이 먹는 고기는 우상의 제물이 아니라, 모든 종류의 고기를 의미하는 희랍어 크레아(κρέα)를 사용한다. 이러한 단어 선택으로 고기를 전혀 먹지 않겠다는 바울의 결심은 바로 이 본문에서 공격하는 우상의 제물을 먹는 사람의 태도와 극단적으로 대조된다. 음식이 형제를 실족하게 한다면 바울 자신이 영원히 고기를 먹지 않아서 형제를 실족하게 하지 않게 하겠다는 것이다. 이와 관련하여 특히 12절에서 지식 있는 자가 형제의 약한 양심을 상하게 하여 죄를 짓게 하고 그리스도에게 죄를 짓게 하는 두 번의 죄짓는 행위와 대조하여 두 번 '실족하다'가 나온다.[63]

이제 약한 자를 위한 바울 자신의 결연한 행동 선언(8:13)은 고기를 먹지 않을 뿐만 아니라 모든 사람의 종이 되는 것(9:19)과 약한 자처럼 되는 것(22a)을 포함하여 모든 사람을 위한 보편적 구원(9:20-23)으로 발전된다. 8장 7-13절에서는 약한 자들의 양심을 상하게 했던 지식 있는 자들을 비판하였던 반면, 이제 9장 22a절에서 바울은 '약한 사람들'에게는 이들과 공감하기 위해서 약한 자와 같이 되었다고 말한다. 이 약한 사람은 아직 율법주의로부터 완전히 벗어난 그리스도인들이

---

62 Garland, *1 Corinthians*, 391.

63 두 번 사용된 '실족하다'는 동물을 잡는 올무의 뜻을 가진 스칸달론의 동사형 '스칸달리조σκανδαλίζω'로 표현되었다; *BDAG*, 926. 70인역 구약성서에서도 명사형 스칸달론은 죄에 빠지도록 올무를 놓는 것으로 이해되었다. (사 2:3; 여 23:13; 시 105:36; 신 7:16); Garland, *1 Corinthians*, 390.

아니라서[64] 바울은 이들을 성숙하게 만들기 위해서 이들처럼 되었다고 말한다. 이것은 약한 자를 걸려 넘어지게 하거나(8:9) 음식 때문에 형제를 실족하게 하는 것(8:13)과 대조적으로, 약한 자 편에서 자신의 특권을 포기하는 행동 패턴을 의미한다.

바로 이런 점에서, 8장 12-13절은 9장 15-18절의 역설적 자유의 주제와의 해석학적 순환에 의한 종교적 자의식의 비약을 잘 나타낸다. 12절에서 바울은 경건한 자의식(양심)을 손상시키는 것을 그리스도에게 죄를 짓는 것이라고 한다. 여기에서 에클레시아가 구성되는 때에 이 약한 자는 그리스도에게 절대 의존의 감정을 갖게 된 종교체험으로 기독교 교회에 입문한 자였을 것이다. 그래서 지식 있는 자의 그노시스가 그를 멸망시킨 것이고(11절) 그의 경건한 자기-의식과 절대 의존의 감정을 손상하는 것이 바로 그리스도에게 죄를 짓는 것이 된다(12절). 이에 따라서 13절에서 바울은 이런 식으로 약한 자를 실족하게 한다면 영원히 고기를 먹지 않겠다고 선언한다. 그래서 9장 1-18절 본문의 사도권 포기의 주장은 단순히 8장 13절의 타자를 위한 결심과 연속되는 예를 제시하려는 것만이 아니다. 이것은 바로 새로운 교회공동체가 구성하기 위해서 자신이 받은 사도권의 보편적 구원의 종교적 소명을 1인칭의 종교적 자의식의 언어로 말하려고 하기 위한 것이다.

64 C. K. Barrett, *The First Epistle to the Corinthians* (New York: Harper & Row, 1968. 1999), 215와 Conzelmann, *1 Corinthians*, 161.

2. 9:19, 22b-23절과 관련된 해석학적 순환의 도약

본문 15-18절과 달리, 9장 19절에서 9장 1절에서처럼 바울이 자유롭다는 말이 또 한 번 나온다. 그는 '모든 사람으로부터ἐκ πάντων' 자유하였지만 동시에 '모든 사람에게πᾶσιν' 노예가 되었다고 스스로 소개한다.[65] 여기서 노예는 현실적으로 모든 사람에게 노예가 될 수 없는데도 모든 사람에게 노예가 되었다고 말한다. 1-18절에서 사도의 권리를 포기하는 역설적 자유와 맥을 같이 하여 이제 19절에서는 모든 사람들로부터 자유하였지만 모든 사람에게 종이 되었다는 역설적 자유의 또 다른 차원을 제시하고자 한다. '더 많은 사람들을 얻는다'(19절)는 '구원한다'는 말을 더 평이한 용어로 기술한 것이다.

또한 22b절에서 "여러 사람에게 여러 모양이 된 것은"이라고 말한 것은 희랍어로는 "내가 모든 사람에게 모든 것들이 되어 왔다"라고 직역될 수 있는 문장이다. '여러 사람에게'로 번역된 희랍어 토이스 파신(τοῖς πᾶσιν)은 '모든 사람에게'로 번역될 수 있다. '여러 모양'으로 번역된 희랍어 '판타'는 '모든 것들'로 번역되지만 문맥에 맞게 여러 모양으로 의역된 것이다. 이렇게 한국말 번역(개역개정)에서는 잘 포착되지 않지만, 희랍어πάντα(모든)가 여러 번 반복된 것을 보면 바울의 원독자는 바울의 고유한 방식의 보편성 강조를 파악했을 것이다. 22b절과 23a절의 '모든 것'으로 번역된 '판타'와 함께 '모든'의 의미가 반복되는 것은 복음 내용의 보편성뿐만 아니라 선포방식의 보편성도

65 그런데 첫 번째 '모든 사람에게'로 번역된 것은 희랍어로는 '에크 판톤'이므로 '모든 사람으로부터'로 번역할 수 있다.

강조하고 있다고 여겨진다. 특히 22b절의 "아무쪼록 몇몇 사람을 구원코자 함이니"는 바울의 여러 모양의 변신의 노력의 정도와 이유를 나타낸다는 점에서 그 독특성이 드러난다. 특히 19절~21절에서 자주 쓰이는 '얻고자 함이라'는 목적과 대조적으로 22b절에서만 '구원하다'가 사용되었다. 중요한 것은 19-22절에서처럼 종(노예), 유대인, 율법 아래 있는 자들, 율법 없는 자들(이방인), 약한 자들처럼 되었던 목적이 바로 이들을 단순히 얻는 것 정도가 아니라, 이들을 구원하는 것이라고 명시한 것이다.

더군다나 '아무쪼록'(22)으로 번역되는 희랍어 부사 '판토스πάντως'는 22절의 '여러 사람에게πᾶσιν'와 '여러 모양으로πάντα'와 23절의 '모든 것을πάντα'에 조응하여 모든 수단을 동원하여 모든 사람들처럼 되어 모든 종류의 사람을 구원하겠다는 복음의 보편성과 자신의 구원 활동의 보편성의 의미를 내포한다.[66] 결국 그는 그 목적을 하나님의 영원한 종말론적 심판에서 사람들의 영혼의 생명을 그리스도의 복음을 위한 모든 수단을 동원하여 구원하려는 것이라고 말한다. 여기서도 '모든 것πάντα'를 매개로 22b절의 '여러 사람에게πᾶσιν'와 '여러 모양πάντα', '아무쪼록πάντως'의 반복적인 단어 사용을 고려하면, 해석학적 순환에 의해서 바울 자신의 개별적 종교체험과 모두를 구원하려는 복음의 보편성이 서로 근접해서 만나고 있는 것을 알 수 있다. 바로 이것이 슐라이어마허가 말하는 절대의존의 종교체험의 직관으로 시작된 자유의 역설성의 중심사상이 글의 구성과 사상의 전개 과정에 따라 그리스도의 존재양태의 패러다임으로 발전되는 보편해석학의

66 Thiselton, *The First Epistle*, 706과 비교.

목표가 완성되는 지점이 된다.

VI. 결론: 슐라이어마허의 보편해석학에 의해서 도출된 역설적 자유의 종교사상

슐라이어마허의 보편해석학은 철학, 문학, 법학, 신학(성서)에서 보편적으로 적용할 수 있는 이해의 기술을 구성하는 것이다. 이 보편해석학의 기획은 기본적으로 저자의 천재성, 독자의 추체험, 구성원칙, 주제의 내적 중심과 이에 대한 발전과정을 해석학적 순환에 의해서 분석하는 것이었다. 여기서 중요한 것은 원독자와 원자자의 천재성과 구성원칙을 재구성해서 주제의 내적 중심(맹아적 결심)을 파악하여 저자의 원독자 상황과 다른 숨겨진 다른 독자나 그 이후의 시대 독자가 저자의 의도를 더 잘 파악하는 것이었다. 따라서 저자도 모르게 본문에 새로운 숨겨진 의미를 찾음으로써 저자의 고유한 사상을 제시하는 것이 해석의 중요한 점이다. 그의 이러한 슐라이어마허 해석학은 역사비평 방법의 한계를 극복하는 해석학적 순환의 방향이 도약에 의해서 종교적 주제를 포착하게 되었을 때 성서 해석에 매우 적합한 것임을 고린도전서 9장 1-18절에 적용하여 입증하게 된 것이다.

이 논문에서 논자는 이러한 슐라이어마허의 해석학의 기획의 취지를 살리기 위해서는 성서의 핵심 주제가 종교철학적 차원을 갖는 것이므로 이것에 초점을 두고 해석의 방향을 설정할 것을 제시하였다. 이를 위해서 논자는 전체와 부분, 문법적 해석과 심리적 해석의 해석학적 순환의 도약 방향을 설정하여 종교적 사상의 핵심을 포착할 것을 제안하였다. 바로 이러한 방식으로 슐라이어마허의 보편해석학을 포괄적인 단계에 따라 고린도전서 8-10장에 적용하는 것이 적합하다는 것도 입증한 셈이다.

특히 고린도전서 8-10장 중에서 9장은 바울 자신의 개인 고백이 많이 나오므로 저자의 직관과 천재성을 중요시하는 슐라이어마허의 보편해석학의 기획에 매우 적합하다. 특히 8-10장이 매우 파편적인 내용들의 연결점이 약하여 파편설이 더 많이 논의되는 내용이다. 하지만 이것을 저자의 숨은 구성원칙 찾기의 해석학적 기획에 따라 재구성하게 되면 바울 자신의 고백적 수사라 할지라도 결국은 공동체의 화합을 위해서 이스라엘 구성의 출애굽 때와 고린도 공동체 구성의 때라는 유비를 통해서 우상제물 먹기의 배타적인 거절과 융통성을 조화시키고 이를 위해서 자신의 사도의 특권을 포기하고 자신의 고기를 먹지 않는 의지까지 제시하는 자기희생적 자기-정복의 예를 보여주는 것이었다.

8-10장에 나타난 바울 사상의 중심은, 결국 자신의 전全 존재의 실존양태로서 사도권의 권리 포기의 자유가 자신이 받은 사도권의 섭리로부터 왔기 때문에 사도권의 포기를 통해서 이것을 자신의 사명의 목표를 바로 모든 사람을 구원하는 것으로 설정하는 것이 된다. 이를 위해서 바울은, 목표를 달성함으로써 썩지 않을 면류관을 얻기 위해서 자기-수련의 수련을 쌓는 운동선수처럼, 복음을 전달받을 사람들처럼 되는 자기희생을 감수하는 것이다. 여기에 바울 자신의 사도권과 그리스도인의 존재양태의 새 패러다임과 모든 수단을 동원하는 융통성 있는 적응력의 복음 선포 방식, 우상숭배 금지의 종교적 금기 설정을 통한 고린도 교회의 정체성을 확립하는 것이 모두 서로

연관된다. 그래서 결국 바울은 우상의 제물을 먹는 문제로 시작해서 사도로서의 특권 포기의 구체적인 행동을 매개로 새로운 출애굽의 새로운 이스라엘 구성의 때와 같이 새로운 고린도 공동체를 확립의 때에는 제물 식사뿐 아니라 우상숭배 자체를 거부하는 단호한 자세를 취하면서도 동시에 융통성을 가진 고린도 교회의 사회적 정체성 확립을 위한 역설적 자유의 종교사상을 제시하게 된다.

결국 슐라이어마허의 보편해석학의 근본 취지는 저자의 천재성과 구성의 원칙을 재구성하여 숨겨진 의미를 파악하는 것이다. 하지만 이 취지를 종교문서에 적용하였을 때는 해석학적 순환의 초점을 종교적 주제로 도약할 수 있도록 초점을 맞출 필요가 있다는 것이 확증된다. 이러한 전제 조건으로 그의 보편해석학의 분석적 과정에 따라 9장의 본문(9:1-18)을 해석하게 된다면 바울 서신의 종교 사상의 핵심을 보다 적합하게 파악할 수 있다는 것이 예증된 것이다. 결국 역설적 자유와 연관된 경건한 자기-의식의 종교 사상은, 융통성 있는 선교전략과 자기-절제의 존재양식을 매개로 고린도의 에클레시아 공동체의 사회적 정체성을 확립할 뿐만 아니라, 독자 당대의 로마의 제국주의 이데올로기에 저항하는 보편적 구원을 위한 정치신학적 비전을 제시하게 된다.

슐라이어마허의 의무론 이해와 그 실제로서 그리스도인의 국가 활동

— 전체와 개별의 관계에 대한 해석학적 통찰을 중심으로

박광우

I. 서론

전체와 개별 간의 관계 정립은 근대 이후 제기된 중요한 철학적 논쟁 중 하나이다. 고중세 기간 동안 전체를 기준으로 고찰된 인간은 종교개혁 이후 자신만의 신념을 지닌 존재로, 그래서 개별적인 존재로 여겨지기 시작했다. 이러한 인간의 개별성 발견은 정치 사회 경제 영역에 대한 혁명과 문화의 진보로 이어졌다. 전체주의에 대한 항거, 민주주의의 증진, 개인의 자유 보장 등이 그 예이다. 하지만 동시에 이러한 개별성 개진의 급진화 및 과도한 강조는 여러 사회적 문제를 야기하기도 한다. 신자유주의로 인한 빈부격차, 능력주의의 과도한 부각, 공동체 와해 등이 그 예이다. 전체와 개별 간의 관계 정립은 인간 삶 실제에 있어 가장 절실한 문제 중 하나이며, 지금도 이 관계

정립을 위한 많은 노력 및 논쟁이 이루어지고 있다.[1]

의무론을 중심으로 윤리를 탐구하고자 하는 논의에서도 전체와 개별 간의 관계 정립이 중요하다. 의무론적 윤리학은 행위에 따른 결과로 윤리적으로 평가하는 목적론적 윤리학과 다르게 규범과 의무로 제시되는 것을 기준으로 행위가 진행되었는지를 고찰한다. 의무론적 윤리학의 대표자는 임마누엘 칸트Immanuel Kant이다. 그에 따르면 행위는 오로지 실천이성에 입각하여 정립된 정언명령der kategoriale Imperative을 따를 때만 윤리적으로 정당하다. 그래야 어떤 주관적 조건에 휘둘리지 않아 보편적으로 타당한 윤리 결과가 도출될 수 있기 때문이다. 그래서 칸트는 "너의 의지의 준칙이 항상 동시에 보편적인 법칙 수립의 원리로서 타당할 수 있도록, 그렇게 행위하라"라고 말한다.[2] 여기에서는 전체에 대한 개별의 복속이 형식적 차원으로 나타난다. 하지만 헤를레Willfried Härle가 정당하게 지적하듯이 이러한 원칙은 "윤리적으로 수용할 수 없는 행동을 방해할 수 있을지는 모르나 윤리적 규범을 긍정적으로 논증하기에는 불충분하다."[3] 여기에서 의무론에 있어서 전체와 개별 간의 문제가 불거진다. 전체가 어떤 특정한 공동체로 여겨진다면, 그 공동체가 내세우는 규범에 따른 윤리적 행위가 반드시 보편적으로 정당하리라는 보장은 없다. 그렇다고 개별자의 윤리적 신념을 의무론적 규범으로 내세운다면 그 신념에 따른

1 대표적으로 개인주의와 공동체주의 간의 논쟁을 들 수 있다. 개인주의와 공동체주의 간 논쟁의 역사와 그것의 한국 상황적 적용 및 한국의 공공성 논쟁에 대하여 참조하라. 김동노, "개인주의, 집단주의, 자유주의, 공동체주의와 한국 사회의 변화," 「사회이론」 63 (2023), 153-196; "개인주의, 공동체주의 그리고 한국 사회의 공공성," 「사회이론」 45 (2014), 77-108.

2 임마누엘 칸트/백종현 옮김, 『실천이성비판』 (파주: 아카넷, 2012). 91.

3 빌프리드 헤를레/김형민 옮김, 『선의 매혹적인 힘』 (성남: 북코리아, 2016), 117.

행위가 전체로서의 공동체를 손상하거나 위협할 수도 있다.

본 연구에서 다루고자 하는 프리드리히 슐라이어마허Friedrich D. E. Schleiermacher 역시 전체와 개별 간의 관계 정립을 그의 학문적 소명으로 여겼다. 슐라이어마허에 따르면 개별성에 대한 고찰이 없는 칸트의 윤리 철학, 형식적 차원으로 정립된 도덕철학은 현실의 복잡다단함 가운데 그 효능을 발휘할 수 없다. 형식적인 의무 규범은 현실 속에서 다양하게 분화및 개진하여 서로 충돌할 수도 있기 때문이다.[4] 이를 극복하기 위해서는 개별성을 강조하면서도 그것과 전체와의 관계를 조화롭게 짜야 한다. 이러한 문제의식으로부터 구상된 전체와 개별 간의 관계는 슐라이어마허에게 있어서 모든 학문 체계의 기초이다.[5] 그렇기에 전체와 개별 간의 관계는 존재론적 이해와 결부한다. 동시에 그것은 비판의 정수이기도 하다. 비판은 "경험적인 것을 사변적인 서술과 긴밀하게 연결시키고자 하는 욕구, 그러니까 어떻게 이념의 서술들인 개별적인 형상들이 등급뿐만 아니라 개별적인 제한성에 따라서 관계하는지에 대해 판단하고자 하는 욕구"로부터 비롯되기 때문이다.[6] 존재론적 이해인 전체와 개별 간의 관계가 서술될 때 그에

---

4 Friedrich D. E. Schleiermacher, *Über den Begriff des höchsten Gutes. Erste Abhandlung, Akademievorträge, Kritische Gesamtausgabe* I/11. ed. Martin Rössler/Lars Emersleben (Berlin/New York: Walter de Gruyter, 2002), 537-538.

5 "모든 학문의 기초들과 연관성에 대한 학문은… 어떤 전체로밖에 생각될 수 없다. 그 전체 안에서 각자는 시작할 수 있고, 모든 개별적인 것은 상호적으로 서로 규정하는 가운데 전체에 근거한다." Friedrich D. E. Schleiermacher, *Grundlinien einer Kritik der bisherigen Sittenlehre, Schriften aus der Stolper Zeit (1802-1804), Kritische Gesamtausgabe* I/4. ed. Eilert Herms, Günter Meckenstock und Michael Pietsch (Berlin/New York: Walter de Gruyter, 2002), 48.

6 Friedrich D. E. Schleiermacher, *Ethik (1812/13) mit späteren Fassungen der Einleitung, Güterlehre und Pflichtenlehre*, 4th edition, ed. Hans-Joachim Birkner (Hamburg:

따라 정립되지 않은 사상 또는 체계는 자연스럽게 비판의 대상이 된다.[7] 따라서 전체와 개별 간의 관계 정립은 윤리학의 정초이기도 하다.

그렇다면 슐라이어마허가 구상한 전체와 개별 간의 관계는 어디에서 발견되고 적용되는가? 우리는 슐라이어마허의 해석학에서 저 구상을 발견할 수 있고 저 적용을 그의 의무론 이해에서 찾아볼 수 있다. 슐라이어마허에게서 해석학은 '이해의 기예'이다. 그에 따르면 기예는 전체와의 연관성 가운데 있는 개별자를 특정한 자연 조건과 그로부터 생겨난 특정 대립들과 연관하여 다루는 특정한 방식으로 짜맞춘다.[8] 이해의 기예인 해석학은 이해가 이루어질 수 있는 존재론적 질서를 전제하고 자신의 전개 과정을 통하여 그 질서를 현실 가운데 보여준다. 즉 해석학은 전체와 개별 간의 관계를 보여주고 거기에 따라 이행된다. 이렇게 해석학이 밝히는 전체와 개별 간의 관계는 의무론에 적용되어 윤리적 함의를 지닌다. 슐라이어마허에게서 의무는 "윤리적 힘과 윤리적 과제 전체에 대한 방향"으로 나타나는 존재론적 질서를 실현하는 '행위방식들의 체계'이기 때문이다.[9] 이러한 점에서 슐라이어마허의 해석학과 의무론 이해가 서로 연관될 수 있다.

Meiner, 1981), 12.

7 이러한 존재 서술에 관해서 참조. Eilert Herms, "Sein und Sollen bei Hume, Kant und Schleiermacher," in *Menschsein im Werden*. Studien zu Schleiermacher (Tübingen: Mohr Siebeck, 2006), 298-319.

8 Schleiermacher, *Ethik (1812/13)*, 12.

9 Friedrich D. E. Schleiermacher, *Versuch über die wissenschaftliche Behandlung des Pflichtbegriffs, Akademievorträge, Kritische Gesamtausgabe* I/11, ed. Martin Rössler/Lars Emersleben (Berlin/New York: Walter de Gruyter, 2002), 418.

기예로서의 해석학은 존재론적 질서, 즉 전체와 개별 간의 관계를 드러내보여 현실 속에 개진하는 의무 이행 과정이 저 관계에 따라 이루어지도록 방법론적으로 인도하고, 의무론은 자신의 이행 과정이 해석학적인 방식으로 이루어진다는 것을 보여줄 뿐만 아니라 해석학이 가리키는 전체와 개별 간의 관계를 현실 가운데 개진하기 때문이다.

본 연구는 슐라이어마허의 의무론을 해석학과 연관하여 이해함으로써 어떻게 전체와 개별 간의 조화로운 관계가 윤리적 실천 가운데 나타날 수 있는지 알아본다.[10] 먼저 슐라이어마허의 해석학을 통하여 전체와 개별 간의 관계 양상이 어떻게 구상되어 있는지, 그리고 현실적 개진은 어떠한 과정을 통해 진행되는지를 알아본다. 그후 슐라이어마허의 의무론을 돌아봄으로써, 전체와 개별 간의 관계 정립에 따라 윤리적 행위가 어떻게 서로 충돌을 일으키지 않고 조화로운 방향으로 전개되는지를 알아본다. 그 다음, 슐라이어마허가 구상한 그리스도인의 국가 활동을 돌아봄으로써 앞에서 살펴본 전체와 개별의 관계에

10 슐라이어마허의 철학적 윤리학에 대한 전반적 소개로 참조. Matthias Heesch, "Philosophische Ethik," *Schleiermacher Handbuch*, ed. Martin Ohst (Tübingen: Mohr Siebeck, 2017), 267-280. 슐라이어마허의 해석학에 대한 전반적 소개 및 분석으로 참조. 김은수, "슐라이어마허의 해석학에 대한 분석적 연구," 「조직신학연구」 29 (2018), 248-285. 슐라이어마허의 윤리학과 해석학 간의 연관성을 살펴본 연구로 참조. Gunter Scholtz, "Ethik und Hermeneutik," *Ethik und Hermeneutik. Schleiermachers Grundlegung der Geisteswissenschaften* (Frankfurt a. M.: Suhrkamp, 1995), 126-146; 최신한, 『지평확대의 철학. 슐라이어마허, 점진적 자기발견의 정신탐구』 (파주: 한길사, 2009), 251-257. 하지만 필자가 알기로 현재까지 슐라이어마허의 의무론을 해석학과 연관하여 이해한 연구는 없다. 또한 슐라이어마허의 의무론에 대한 본격적인 연구 또한 잘 이루어지지 않은 상태이다. 이는 슐라이어마허의 철학적 윤리학 연구가 주로 그의 선론(Güterlehre)을 중심으로 이루어졌기 때문이다.

입각하여 이해한 해석학적 의무론이 현실 속에서 어떻게 유효하게 적용되는지를 돌아본다. 마지막으로 본 연구를 정리하면서 의의 및 한계를 짚어보고, 앞으로의 연구 방향을 정립한다.

II. 해석학을 통해 본 전체와 개별의 관계

슐라이어마허는 성서뿐만 아니라 모든 문헌에 통용될 수 있는 보편적 해석학을 정립하고자 시도했다. 그의 시도는 고전문헌학자인 프리드리히 아우구스트 볼프Friedrich A. Wolf와 게오르그 안톤 프리드리히 아스트Georg A. Friedrich Ast의 해석학과의 대화를 통하여 이루어진다. 슐라이어마허는 볼프의 해석학은 각 문헌이 지닐 수 있는 고유성, 저자의 개성과 천재성 등 구체적이면서 부분적인 것에 집중한다고 평가한다. 반면 아스트의 해석학은 전체를 강조한다고 평가한다. 아스트는 어떤 문헌에 대한 전체인 인간의 정신을 강조함으로써 각 문헌이 저 정신의 부분적이면서 개별적인 개진이라고 주장하기 때문이다. 슐라이어마허가 보기에 이 둘의 주장은 보편적 해석학 정립에 있어서 모두 필요하다. 이들이 해석학이라는 사태를 서로 반대되는 구도에서 바라볼 뿐이기 때문이다. "우리 가운데에서 볼프가 문헌학의 세밀한 정신과 자유로운 천재성을 드러낼수록, 아스트 선생이 전반적으로 철학적으로 구성하는 문헌학 방법을 정립하기 위해 노력할수록, 이 둘을 연관시키는 것은 반드시 더욱 계몽적이고 유익해진다."[11] 결국 보편해석학의 정립에 있어서 관건은 전체와 개별의 관계 정립이다.

그렇다면 슐라이어마허의 해석학에서 전체와 개별 간의 관계는 어떻게 정립되는가? 잘 알려진 것처럼, 슐라이어마허는 아스트의 견해에 따라 이 둘은 순환적인 관계 속에 있다고 말한다. "아스트 선생에 의해 발표되고 다양한 측면에서 자세하게 고찰된 해석학의 근본원칙, 곧 전체가 당연하게도 개별로부터 이해되지만, 하지만 개별 또한 오직 전체로부터 이해될 수밖에 없다는 것은 이 기예(해석학)를 위한 분명한 영역이고 그 원칙이 적용되지 않으면 첫 작업들이 실행될 수 없다는 점에서 이론의 여지가 없다."[12] 그러나 이러한 전체와 개별 간의 순환적 관계가 슐라이어마허의 기예로서의 해석학 가운데 어떻게 구체적으로 개진되는가?

먼저 슐라이어마허는 언어 사용에 전체와 개별 간의 순환적 관계가 반영되어 있다고 말한다. 그에게 있어서 해석학의 기초 작업은 언어를 통하여 저자와 해석자 간의 공동토대를 마련하는 것이다. "말은 사고의 공동성을 위한 매개"이기 때문이다.[13] 하지만 슐라이어마허는 해석되어야 할 텍스트에 저자만의 독특한 언어 사용, 그리고 저자의 의도적인 단어 선택 및 구사 등이 반영되어 있다고 말한다. 다른 말로 말하자면, 저자와 해석자에게 있어서 공동의 지평인 언어는 각자의 실존 및 개별성과 연관하여 각기 다른 방식으로 개진될 수

---

11 Friedrich D. E. Schleiermacher, *Über den Begriff der Hermeneutik, Erste Abhandlung, Akademievorträge, Kritische Gesamtausgabe* I/11. ed. Martin Rössler/Lars Emersleben (Berlin/New York: Walter de Gruyter, 2002), 603.

12 Friedrich D. E. Schleiermacher, *Über den Begriff der Hermeneutik. Zweite Abhandlung*, 625.

13 프리드리히 다니엘 에른스트 슐라이어마허, 『해석학과 비평』, 최신한 역 (서울: 철학과현실사, 2000), 19.

있는 것이다. "모든 사람은 주어져 있는 언어가 독특한 방식으로 형태화되는 장場이다."[14] 전체로서의 언어는 각 사람에 따라서 개성적으로 분화하여 개진되어 있고, 그 사람의 특정하고도 고유한 언어 사용은 저 전체로서의 언어의 대자적 개진이면서 동시에 전체를 가리키는 실제적인 표징이다. "우리가 언어를 객관화한다면, 우리는 말의 모든 행위가 오로지 언어가 그 고유의 속성으로 나타나는 것과 같은 방식이라는 것을 발견하며, 우리가 저명한 저자에게서 그의 언어에 주목하고 그에게서 상이한 문체를 관찰하는 것과 같이 모든 개인은 오로지 언어가 현상하는 장소라는 사실을 발견한다."[15] 해석학에 있어서 시작점인 언어와 각 사람의 고유한 언어 사용에 대한 고찰은 이처럼 전체와 개별 간의 순환 관계를 이미 반영하고 있으며 그 순환 관계에 근거한 이해가 필수적이라는 사실을 일깨우고 있다.

슐라이어마허는 한편으로 인간 삶 이해에도 전체와 개별 간의 순환적 관계가 반영되어 있다고 주장한다. 슐라이어마허에 따르면 저자가 그만의 방식으로 언어를 사용할 수 있는 이유는 "모든 삶의 계기가 갖는 조건" 가운데에서 나타나는 "오로지 그의 삶의 계기"가 반영되기 때문이다.[16] 즉 저자는 모든 인간에게 공동적이면서 전체인 삶이 자신에게 부딪히는 순간, 곧 자신의 실존 가운데에서 그것이 분화 개진하는 순간을 체험한다. 그 순간이 저자의 언어 사용을 좌우한다. 저자만의 언어 사용에는 바로 인간 삶 전체의 개별적 발화로서

14 위의 글, 22.

15 위의 글, 22.

16 위의 글, 22.

의 삶의 순간이 반영되어 있는 것이다. 하지만 동시에 그러한 삶의 순간은 인간 삶 일반을 지시한다. "왜냐하면 발화하는 자의 직접적인 현재, 그가 정신적인 존재 전체에 참여하고 있다는 것을 알리는 생동적인 표현, 그리고 여기에서 그의 사상들이 공동의 삶으로부터 어떻게 개진하는가에 대한 방법, 이 모든 것은 어떤 고립된 문헌 전체에 대한 고독한 고찰로부터 벗어나 사유들의 일련을 갑자기 등장한 삶의 순간과 동시에 다른 많은 사람들뿐만 아니라 다른 방식으로도 연관되는 한 사태로 이해하도록 더욱 더 자극하기 때문이다."[17] 그렇다면 한 인간의 개별적 삶의 순간은 어떻게 인간 전체와 결부하는가? 슐라이어마허에 따르면 "모든 인간은 각자의 방식으로 인간성을 드러내야만 하고 인간은 인간성의 요소들의 고유한 혼합"이다.[18] 이는 모든 인간 삶을 아우르고 포괄하는 우주의 자기-드러냄을 자기 안에서 관조할 때 나타난다. 인간과 관련될 때 인간성으로 여겨지는 우주의 자기-드러냄이 곧 개별 인간의 존립 근거가 될 때 모든 인간이 각자 다양한 방식의 인간성 개진이라는 점이 인정되는 것이다. 이는 곧 "자기만의 고유한 규정으로 만들어지는 삶의 최고점에서 새로운 인간(의) 탄생"과 "다른 사람과 구별되는 고유한 인간(의) 등장"을 의미한다.[19] 이렇게 볼 때 각 인간은 개별적인 삶의 순간을 통한 "우주의 부정적 계시"이다.[20] 개별 인간의 개별적인 삶의 순간은 전체인 인간성을 가리키고,

17 Schleiermacher, *Über den Begriff der Hermeneutik, Erste Abhandlung*, 610.

18 Friedrich D. E. Schleiermacher, *Monologen. Eine Neujahrsgabe, Schriften aus der Berliner Zeit (1800-1802), Kritische Gesamtausgabe* I/3, ed. Günter Meckenstock (Berlin/New York: Walter de Gruyter, 1988), 18.

19 최신한, "슐라이어마허의 인간성 개념," 「동서철학연구」 63 (2012), 79.

20 프리드리히 슐라이어마허, 『종교론: 종교를 멸시하는 교양인을 위한 강연』, 최신한 역 (서울:

전체인 인간성은 그러한 개별적인 삶의 순간에 대한 기초이다. 저자의 고유한 언어 사용과 연관되는 그의 개별적인 삶의 순간과 인간 전체는 서로 순환적인 관계를 이루고 있다.

전체와 개별의 순환적인 관계는 해석학 이행의 기초이자 방법 그 자체이다. 슐라이어마허는 해석자가 이해하고자 하는 저자는 자신만의 방식으로 사유를 구성하고 언어를 구사한다. 그래서 비록 저자가 다른 사람과 똑같은 역사적 상황에 처해 있을지라도 또는 다른 사람의 글과 같은 장르에 속한 글을 쓸지라도, 그의 글에는 저자만의 독특성이 반영되어 있다. 해석자는 자신과 마찬가지로 전체와 개별의 순환적 관계 – 언어이든지, 역사적 상황이든 간에 – 속에 저자가 처해 있다는 점을 인지하면서, 그가 어떻게 저 전체와 개별의 순환적 관계를 표상했는지를 예감하여 일종의 가설을 세운다. 슐라이어마허는 이를 해석학의 '예감적 방식'이라고 명명한다. 하지만 이러한 예감적인 방식으로 구상된 저자만의 독특성은 보다 확실한 증거를 바탕으로 규명되어야 한다. 그렇지 않으면 그 저자의 독특성은 해석자의 자의적인 해석에 지나지 않을 것이다. 따라서 슐라이어마허는 해석학의 '비교적 방식'의 중요성을 역설한다. 비교적 방식이란 저자가 처해 있던 당시 상황, 그리고 저자와 다른 사람들이 공동으로 사용하는 언어에 대한 지식을 기초로 저자와 다른 사람들을 비교하며 저 저자의 독특성을 규명하는 것이다. 여기에서 해석자는 자신이 예감적 방식으로 일종의 가설로 세운 저자의 독특성을 다른 자료를 통하여 확인한다. 여기에서 예감적인 방법과 비교적 방법은 서로에게 의존적이다. 해석자가 예감

대한기독교서회, 2002), 89.

적인 방법으로 저자의 내적 상태에 대하여 세운 가설은 비교적인 방법을 통하여 비로소 온전해질 수 있고, 비교적인 방법은 저 예감적인 방법을 통한 가설 정립 없이는 시작될 수 없기 때문이다. 이러한 예감적 방식과 비교적 방식 간의 상호의존은 한편으로 전체와 개별 간의 순환적 관계의 반영이기도 하다. 예감적 방식이 개별을 주목하는 것이고, 비교적 방식이 전체와의 연관을 중심으로 한다면, 저 둘 간의 상호의존은 곧 전체와 개별 간의 순환적 관계와 다르지 않기 때문이다. 이때 간과해서는 안 되는 것은 저 예감적인 방법과 비교적인 방법 자체에도 역시 전체와 개별 간의 순환적 관계가 각각 반영되어 있다는 점이다. 해석자가 저자의 내적 상태를 예감할 수 있는 방법은 그와 저자가 공동으로 사용하는 언어, 그와 저자 모두 인간이라는 전체에 대한 상정하면서 동시에 그와 저자 간의 개별성 차이를 주목할 때에야 비로소 가능하다. 또한 해석자가 저자의 내적 상태를 구체적으로 확인하기 위해 사용하는 비교적인 방법 역시 저자와 저자 당시 시대 사람들의 공동적인 역사적 상황, 공동적 언어인 전체를 전제함과 동시에 각기 개별자인 저자와 그 당시 사람들 간의 차이에 대한 주목 역시 염두해야 한다. 즉 전체와 부분의 순환적 관계는 예감적 방법과 비교적 방법 간의 상호의존성에 기초로 놓여 있을 뿐 아니라, 각각 그 자체에 반영되어 있다. 해석학의 구체적 이행은 각 방법에 기초로 놓여 있는 전체와 개별의 순환적 관계의 현실적 개진이다.

전체와 개별의 순환적 관계의 현실적 개진 방법인 해석학은 슐라이어마허에 따르면 끝없는 접근으로 이루어진다. 이는 어린 아이가 언어를 배우는 과정과 다르지 않다. 아이는 언어가 가리키는 바를 예감하지만 아직 그가 예감하는 바를 어떻게 언어로 구현할지 모른다.

하지만 아이는 부모 또는 그가 속한 집단의 어른들의 언어 사용과 자신의 언어 사용을 비교하면서 자신의 예감적인 이해가 어떻게 언어로 표현되는지 알아간다. 이를 해석학에 적용하면 다음과 같다. 먼저 해석자는 저자의 언어 사용을 문법적으로 접근하면서 그 안에 반영되어 있는 전체와 개별 간의 순환적 관계를 발견해 간다. 해석자는 저자가 쓴 개별 단어 안에 내포되어 있는 의미를 예감하면서 그 단어의 측면에서 보자면 전체인 문장과의 연관성을 바탕으로 그 의미를 발견해 나간다. 해석은 문장과 문단 간의 관계 지평으로, 문단과 전체 글의 관계 지평으로, 그리고 그 글과 그 글이 속한 장르의 관계 지평으로 점진적으로 확대된다. 이러한 문법적 해석을 거친다면 해석자는 비로소 저자가 그 글을 통하여 말하고자 하는 바를 어렴풋이 예감할 수 있게 된다. 그 다음 이루어지는 심리적 해석, 곧 저자와 해석자 간의 공통토대인 인간 삶과 그것의 개별적 개진인 실존에 대한 고찰을 통하여 이루어지는 해석 역시 저 단계와 비슷한 과정으로 이행된다. 즉 해석자는 저자의 심리 상태를 예감하면서 그와 동시대에 살았던 사람들, 그가 처했던 역사적 상황, 더 나아가 인간 삶 전체와 비교하면서 점진적으로 이해해 나간다. 이러한 심리적 해석을 거쳐서 분명해진 저자에 대한 이해는 다시금 문법적 해석과 연관된다. 해석자의 저자에 대한 이해는 다시금 인간 전체의 공동지평인 언어의 발전 가운데에서 비교적으로 증명되어야 하고, 동시에 그 언어에 대한 고찰은 저 해석자의 저자에 대한 확고해진 예감으로부터 시작되기 때문이다.[21] 이러

21 슐라이어마허의 문법적 해석과 심리적 해석의 상호연관성에 대해서 참조. 강돈구, 『슐라이어마허의 해석학』, 이돈희 역 (서울: 이학사, 2000).

한 전체와 개별의 순환적 관계가 해석을 통하여 보다 더 분명하게 드러난다면, 해석자는 저자보다 저 관계를 더욱 잘 이해하게 되며 그렇기에 저자보다 더 넓은 해석학적 지평으로 나아간다. 이렇게 지평확대로 나아가게 하는 해석학은 주체의 생동적 활동 그리고 의미화를 기반으로 하는 비판 담론으로 기능한다.[22] 동시에 저 지평확대는 전체와 개별의 순환적 관계의 상대적 현실화이고 저 관계에 대한 잠정적인 이해에 지나지 않으므로 아직 궁극적이지 않다.[23] 따라서 슐라이어마허에게 있어서 해석학은 끝없는 접근 과정으로 여겨질 수밖에 없다. "부분 존재에 대한 규정적 이해가 일정한 지점에서 종결되지 않고 무한하게 지속됨으로써 해석은 규정적 사고를 능가하는 해석과 해석의 적용으로 이어지고 여기서 새로운 사고가 산출"되기 때문이다.[24] 해석학이 전제하면서 구현하는 전체와 개별의 순환적 관계는 지평확대를 통하여 지속적으로 개진되지만 동시에 해석학이 궁극적으로 이룰 목표로 제시된다. 해석의 성공은 전체와 개별 간의 순환적 관계를 얼마나 잘 파악하느냐에 달려 있기 때문이다.[25]

슐라이어마허의 해석학은 전체와 개별의 순환적 관계를 전제하면서 동시에 그것의 개진 과정이라고 볼 수 있다. 이 관계는 해석학의

22 최신한, 『지평 확대의 철학』, 97-128 참조.

23 "또한 저 반복된 이해 후에 남는 모든 이해는 이렇게 보다 더 높은 차원의 관계에서는 그저 잠정적인 것에 지나지 않는다. 만약 우리가 각각의 이해에 적용된 구성 영역을 완전히 거치고 마찬가지로 저자의 다른 작품과 연관되어 그 작품을 고찰한 후 최대한 저자의 전체 삶을 바탕으로 개별 작품으로 돌아와 고찰한다면, 저 반복된 이해는 우리에게 있어서 전혀 다르게 이해될 것이다." Schleiermacher, *Über den Begriff der Hermeneutik. Zweite Abhandlung*, 631.

24 최신한, 『지평 확대의 철학』, 80.

25 Schleiermacher, *Über den Begriff der Hermeneutik. Zweite Abhandlung*, 627.

기초일 뿐만 아니라 해석학의 이행 과정에도 반영되어 있다. 전체와 개별의 순환적 관계는 해석학이 이행됨에 따라 보다 더 넓은 차원으로 개진되며, 그 결과 전체와 개별 간의 관계가 중층적으로 구성되어 있다는 점이 발견된다. 처음 개별에게 전체로 여겨지는 것은 그보다 더 큰 전체에 비하면 역시 개별일 뿐이기 때문이다.[26] 기술로서의 해석학은 이러한 존재론적 질서인 전체와 개별 간의 관계에 따라 이루어지며 그 관계를 더욱 분명하게 실현한다. 해석학은 전체와 개별 간의 순환적 관계를 가리키며 그 관계에 입각하여 이행된다.

III. 전체와 개별의 순환 관계에 기초한 의무 이해

슐라이어마허에게 있어서 의무론Pflichtenlehre은 윤리의 목적인 최고선이 어떻게 구체적으로 실현될 수 있는지를 다룬다. 그는 첫 번째 학문적 저서인 『지금까지의 윤리학 비판 개요*Grundlienien einer Kriitk der bisherigen Sittenlehre*』에서 기존의 윤리학이 균형적인 체계를 이루지 못한다고 비판한다. 그것들은 전체에 속한 부분에 지나지 않는 특정 관점으로부터 출발하기 때문이다. 체계는 전체로서의 기본 원리가 모든 부분의 기초로 깔려 있고 각 부분은 그에게 있어서 이념인 저 기본 원리를 주어진 영역에서 나타내면서 함께 연동하여 이념으로서의 기본 원리를 즉자대자적으로 구현할 때 나타난다. 따라서 윤리학 체계의 기본 원칙은 윤리적 행동에 반영되어 있어야 하고, 각 윤리적

26 Schleiermacher, *Über den Begriff der Hermeneutik. Zweite Abhandlung*, 627-628.

행동은 그 기본 원칙을 현실화하는 것으로 여겨야만 한다.[27] 이렇게 볼 때 슐라이어마허의 윤리학 체계에서 강조점은 목적론Güterlehre에 있다. 목적론은 윤리학 체계의 기초 원리인 최고선이 어떻게 현실 속에서 개진되는지를 다룸으로써 윤리적 행위 주체자인 인간이 주어진 상황 가운데에서 무엇을 목적으로 삼아야 하는지를 분명하게 하기 때문이다. 목적론은 인간의 부분적인 관점으로부터 출발하는 덕론과 의무론을 포괄한다. 그 둘은 언제나 전체로서의 목적론을 기초로 한다.[28] 의무론은 저 윤리적 행위의 동기를 다루는 덕론과 그 윤리적 행위를 통하여 성취될 선, 즉 목적을 다루는 목적론 사이에 있다. 다시 말해서 의무론은 주어진 상황에 걸맞은 윤리적 목적을 성취하기 위하여 어떻게 덕으로 표현되는 윤리적 힘이 개진되는지를 다루는 것이다. 여기에서 우리는 의무론에서 이미 전체와 개별의 순환 관계가 전제되어 있음을 알 수 있다. 의무론은 한편으로는 최고선이라는 윤리의 전체 목적을 전제하면서도 동시에 그것이 개진될 구체적인 현실, 즉 개별적 현실을 고려해야 하기 때문이다.

그런데 슐라이어마허는 의무론을 다루면서 의무 행위에 의한 윤리적 목적 성취가 현실 정황의 복잡성으로 인하여 간단하게 전개되지 않는다는 점을 지적한다. 그에 따르면 칸트 식의 정언명령에 따른 의무 이행은 윤리적 목적의 보편적 성취를 보장하지 않는다. 그러한 의무 이행은 개별자인 인간의 제한된 관점으로부터 출발하므로 언제나 의무 이행자인 인간이 처해 있는 삶의 부분과 그 관점에서 적용될

27 Schleiermacher, *Grundlinien einer Kritik der bisherigen Sittenlehre*, 105.
28 Schleiermacher, *Über den Begriff des höchsten Gutes. Ersten Abhandlung*, 544ff.

뿐이다. 따라서 의무 이행을 통하여 나타나야 할 "이성적인 의지 또는 이성의 법칙 제정으로부터 출발하는 모든 것의 생동적인 연관성은 여기에서 전혀 눈에 띄지 않는다."[29] 더구나 인간이 처해 있는 각기 다른 윤리적 상황과 그 복잡성은 보편적 윤리성 성취를 위한 의무 이행을 어렵게 한다. 슐라이어마허는 이를 의무 이행에 있어서의 결정과 연관하여 설명한다. 그에 따르면 일반적인 결정이 있을 수 있으나, 그 결정은 구체적이고 개별적인 사항과 관련되는 결정이 내려지기 전까지 의식될 수 없다. 하지만 그렇다고 하여 구체적이고 개별적인 사항들은 일반적인 사항의 전제 없이는 의식될 수 없다. 이러한 일반성과 구체성의 대립 및 상호의존하는 현실 속에서 의무 이행은 다음과 같은 대립들에 봉착한다.[30] 먼저 각 의무 행위의 최종 목표인 최고선이 윤리성 전체의 이념이자 목적이므로 의무 행위 이행은 전체와 상관해야 하지만, 의무 행위는 특정한 윤리 영역에서만 이루어지므로 늘 부분과 관계된다. 또한 의무 행위 이행은 행위 주체자인 개인이 처해 있는 개별 상황과의 연관 가운데 다른 개별 상황과 관련된 의무 행위 이행과 더불어 질서를 이루는 연결적인 성격을 지니나, 최고선이 의무 행위를 통하여 개진된다는 점에서 완전히 근원적이어야 하기도 하다. 그리고 의무 행위는 최고선이라는 이념이자 윤리적 목적이 상세하게 개진되는 통로이므로 필연성을 전제하지만 동시에 그 주체자인 인간이 의무 행위를 위한 윤리적 동기를 자유롭게 개진한다는 면에서 자유를 특징으로 지녀야만 한다. 마지막으로

29 Schleiermacher, *Über den Begriff des höchsten Gutes. Ersten Abhandlung*, 538.

30 Schleiermacher, *Ethik (1812/13)*, 166-168.

모든 윤리적 영역은 언제나 개진 중에 있고 그 가운데 모든 개인은 각자의 관점과 순간에 따라 행동하므로, 각 의무 행위는 서로 간의 충돌을 피할 수 없지만, 모든 의무 행위의 총체성인 최고선 안에서는 어떠한 충돌도 생각될 수 없으므로 모든 의무 행위는 서로 조화로워야 한다. 정리하면 다음과 같은 대립 사항이 나타난다. 전체 대[對] 부분, 근원적 대 연결적, 필연 대 자유, 조화 대 충돌. 이는 곧 전체와 개별 간의 대립이다. 의무 행위가 보편적 윤리성 성취, 즉 최고선의 완전한 현실화를 이루려면 저 대립들이 해소되어야 한다.

슐라이어마허에 따르면 의무 이행은 해석학적 통찰이 밝히는 것처럼 전체와 개별 간의 순환 관계가 점차 현실화되면서 대립을 해소하는 방식으로 이루어진다. 먼저 슐라이어마허는 의무를 이행할 윤리적 주체인 인간이 전체와 개별 간의 순환 관계를 예감한다고 본다. 어떤 의무를 행할 특정한 상황에서의 결정은 그 특정한 상황을 포괄하고 근거짓는 전체 상황과 관련된 전체 결정을 전제하지만, 전체 결정은 저 특정 결정을 통해서만 의식될 수 있기 때문이다. "어떤 연관된 행위로 이루어진 순간의 개별화는 어느 정도 완전히 상대적이다. … 행위의 올바름을 판가름할 수 있는 단순하면서도 보편적으로 통용되는 규칙은 개별적 순간이 필연적으로 근원적인 결정으로부터 생기는 정도에 따라 주어질 수 있다."[31] 의무 이행을 위한 전체와 개별 간의 순환 관계를 예감하는 윤리적 주체는 이 관계를 현실 속에서 자신의 내적 확신에 따른 의무 이행과 외적 요구에 따른 의무 이행이라

31 Schleiermacher, *Versuch über die wissenschaftliche Behandlung des Pflichtbegriffs*, 421.

는 대립으로 경험한다. 이는 곧 '준칙들의 대립'이다.[32] 이는 윤리적 주체가 전체와 개별 간의 순환 관계를 주관적으로 확신하는 예감적 방법에 근거한 의무 이행과 그가 속한 외적 공동체와 연관하여 진행하는 비교적 방법에 근거한 의무 이행 간의 대립이다. 슐라이어마허에 따르면 이 대립의 지양은 외적 공동체의 요구가 내면의 경향으로 형성되고 내면의 경향이 외적 공동체의 요구를 갱신하는 새로운 지평으로 나아가면서 이루어진다. "모든 개별자는 어떤 윤리적 행위의 가능성이 그에게서 생겨나자마자 자신이 언제나 그가 살기 시작하기 이전부터 공동체 안에 있다는 점을 알아차리고, 이러한 공동체로부터 누구도 윤리적 행위의 어떠한 부분과 관련해서도 그가 언제나 이 공동체를 통해서 규정되어 있지 않다는 방식으로 완전히 스스로를 고립시킬 수 없다는 점이 확실해진다." 이제 개별자의 의무 이행은 "모든 윤리적 삶을 구성하고 진정한 총체성으로 나아가는 보편적인 것의 흘러나옴"으로 여겨진다.[33] 하지만 중요한 것은 이러한 공동체의 개진 및 전개는 오직 행위자의 '주관적 확신'과 '인정', 그리고 그가 그것을 자신의 개별성과 연관하여 자기 것으로 삼을 때 Aneignung이 이루어진다는 점이다.[34] 이는 저자가 공동의 언어 – 의무 이행에서 외적 공동체와 연관되는 것 – 의 영향 아래에서 자신의 고유한 사유를 개진하고 기존의 언어는 저자의 개성적인 사유 및 사용 – 의무 이행에 있어서 내면의 경향과 상관되는 것 – 에 의해서 새롭게 된다는 해석학

32 위의 글, 423.

33 위의 글, 424.

34 위의 글, 425.

적 통찰과 상응한다. 이로부터 의무 행위 이행에 있어서의 필연과 자유 간의 대립이 해소된다. 필연은 곧 자유의 전제이고, 자유는 필연의 현실적 개진이기 때문이다. 이러한 필연과 자유 간의 대립 해소는 더 나아가 근원과 연결 간의 대립 해소로 이어진다. 개별적 의무 행위 이행에 있어서 전제되어 있는 근원은 "오직 개별자의 계속되는 행위를 통해서만" 지속적으로 현실화되고 구체화될 수 있기 때문이다. 즉, 윤리적 자유에 해당하는 개별적 의무 행위는 윤리적 필연을 함께 구현해 나가는 연결점들이고, 저 윤리적 필연은 개별적 의무 행위를 근거짓는 근원인 것이다. 이러한 의무를 둘러싼 대립의 지양 과정을 통하여 전체와 개별 간의 순환 관계의 현실화가 점차 이루어진다. 여기에서 의무 이행에 있어서의 모든 대립은 지양되고, 윤리적 주체인 개별자는 자신이 속해 있는 근원적인 관계 – 특정 공동체부터 시작하여 인류 전체 공동체 – 를 자기 것으로 삼으면서 자신의 자유에 입각하여 의무를 전개한다. 여기에서 미리 전제되어 있던 저 필연적인 모든 관계는 의무 이행에 의하여 새롭게 의식되고 갱신된다. 이는 해석학의 궁극적 목표인 해석자가 저자 자신보다 더 그를 잘 이해하는 경지에 해당한다고 볼 수 있다. 대립을 지양하면서 점진적으로 전체와 개별 간의 순환 관계를 현실화하는 의무 이행은 모두가 다르지만 동시에 서로 하나라는 인간의 사회적 의식을 완성한다.[35]

전체와 개별의 순환 관계를 지시하는 슐라이어마허의 해석학은 그의 의무론 이해에 있어서도 상당한 연관성을 지닌다. 우리가 앞에서

35 참조. Kwangwoo Park, *Kirche als solidarische Gemeinschaft. Eine ethische Rekontruktion der Kirchentheorei mit Blick auf die Christliche Sittenlehre von Friedrich D. E. Schleiermacher* (Wien/Zürich: LIT Verlag, 2023), 81-85.

살펴본 것처럼, 의무의 전개에 있어서 대립의 해소 과정은 슐라이어마허가 해석학에서 밝힌 여러 도정과 비슷하게 이루어진다. 여기에는 해석학의 양대 방법인 예감적 방법과 비교적 방법과 상응되는 측면이 발견된다. 동시에 그 방법들이 해석 과정 속에서 서로 얽히듯이 의무 이행에 있어서도 저 방법들과 상응하는 것들이 서로 얽히는 가운데 의무 이행에 있어서의 대립 해소, 즉 전체와 개별의 순환 관계에 입각한 의무 전개를 가능하게 한다. 이렇게 볼 때 슐라이어마허의 해석학은 의무론 이해에 있어서 기초인 전체와 개별의 순환 관계를 정초할 뿐만 아니라 그 관계 전개의 양상인 의무를 둘러싼 대립들의 해소 과정의 방법으로도 작용한다. 해석학은 의무론의 기초를 마련해 주면서 동시에 그것의 개진 방법이다.

IV. 그리스도인의 국가 활동: 해석학적 의무론의 실제

그리스도인과 국가 간의 관계 논의는 전체와 개별 간의 대립 및 갈등이 그리스도교 윤리학적으로 표출되는 바이다. 그리스도인이 국가 안에서 어떻게 생활해야 할지에 대해서 초기 그리스도교회 때부터 많은 논의가 있었다. 그리스도인에게 있어서 궁극적인 지향점은 하느님 나라이다. 이 하느님 나라는 공의와 모든 대립의 지양, 그리고 항구적인 평화가 가득한 삶을 의미한다(이사야 11:1-9). 그리스도인은 이러한 하느님 나라의 현실화를 예수 그리스도를 통해서 보았고 그가 재림하고 심판함으로써 완전히 하느님 나라가 도래할 것이라고 기대했다. 따라서 사도 바울을 위시한 초기 그리스도인은 예수 그리스도의 임박한 재림과 세상의 종말에 대한 기대에 힘입어 국가를 그저 지나가 버릴 것으로 여기며 그 질서에 잠시 순복해야 한다고 가르쳤다. 하지만 재림과 종말의 지연, 로마 제국에 의한 그리스도교의 공인, 그리고 그리스도교회의 권위 약화로 인한 민족 국가의 부상 등으로 인하여 국가는 그리스도교적 삶 영위를 위한 필수적인 장場으로 여겨지기 시작했고 더 나아가 하느님의 나라를 위한 기관으로까지 부상한다.[36] 그러나 모든 사람 간의 화목과 조화, 그리고 항구적인 평화를 가리키는 하느님 나라와 특정 민족을 중심으로 구성되고 운영되는 국가는 서로 대립한다. 국가는 국가이성에 따라 국익을 충실히 좇아야 하지만, 하느님 나라는 그러한 국익의 부분성, 그리고 상대성을 늘 상기한다. 또한 국익추구를 위한 국가 간의 갈등과 대립은 하느님 나라 현실화에 있어서 부정적인 것으로 여겨지기까지 한다. 여기에서 우리는 전체와 부분의 대립 관계를 찾아볼 수 있다. 하느님 나라가 모든 민족을 포괄하고 그들 가운데 임하는 평화를 가리킨다면, 이는 인류 전체의 보편 공동체, 화해 공동체를 의미한다. 이러한 측면에서 하느님 나라는 전체이다. 반면 국가는 어떤 특정한 민족을 중심으로 구성되어 있고 그의 국민의 이익을 위하여 움직이는 기관이다. 이러한 측면에서 국가는 하느님 나라에 비추어볼 때 개별에 속한다. 동시에 국가는 그에게 속한 국민인 그리스도인에게 있어서는 전체이기도 하다. 국민으로서의 그리스도인의 삶은 국가라는 공동의 지평을 기초로 하기 때문이다. 동시에 그리스도인은 전체 중의 전체인 하느님 나라를

36 이러한 경향은 특별히 개신교 진영에서 많이 보인다. 여기에 대하여 참조. Arnulf von Scheliha, *Protestantische Ethik des Politischen* (Tübingen: Mohr Siebeck, 2013), 1-218.

향한 신념을 지니고 있다. 이러한 구도에서 그리스도인의 국가 안에서의 의무, 즉 국가에 대한 충성과 정치 질서에 대한 순복, 그리고 외국으로부터의 침략 대비 모든 사람의 평등과 자유, 그리고 전 인류에 대한 보편적 사랑을 강조하는 하느님 나라에 대한 의무와 상충될 수 있다. 이러한 하느님 나라와 국가 간의 대립적 상황에서 우리가 앞에서 살펴본 슐라이어마허의 해석학적 통찰에 근거한 의무론 이해는 국가 안에서 살아가면서 동시에 하느님 나라를 지향하는 그리스도인이 어떤 국가 활동을 해야 할지에 대하여 방향을 제시한다. 그 의무론은 이제 국가 안에서의 그리스도인의 행위 이론으로 구체화된다.

먼저 슐라이어마허는 하느님 나라와 국가 간의 상호대립적 상황을 구체적으로 밝힌다. 그에 따르면 하느님 나라란 "하느님에 의해서 생겨난 새로운 삶의 총체"이다.[37] 그리스도인은 이러한 하느님 나라를 오직 예수 그리스도의 구원을 통해서만 의식하기에, "이 땅 위에 임하는 하느님 나라에 대한 서술은 그리스도인이 살아가고 행동하는 방식에 대한 서술과 다르지 않다."[38] 여기에는 유한한 것의 절대화가 들어설 수 없다. 하느님 나라를 드러내는 그리스도인의 자기의식의 기초를 이루는 경건[Frömmigkeit]에는 "모든 유한적인 것에 대한 모든 대립이 필연적으로 지양"되어 있고 "모든 유한자의 통일성"이 기초로 놓여

37 Friedrich D. E. Schleiermacher, *Der christliche Glaube nach den Grundsätzen der evangelischen Kirche im Zusammenhange dargestellt. 2. Aufl. (1830/31), Kritische Gesamtausgabe* I/13, ed. Rolf Schäfer (Berlin/New York: Walter de Gruyter, 2003), 1:20.

38 Friedrich D. E. Schleiermacher, *Die christliche Sitte nach den Grundsätzen der evangelischen Kirche im Zusammenhange dargestellt, Sämmtliche Werke* I/12, ed. Ludwig Jonas (Berlin: Reimer, 1843), 13.

있기 때문이다.[39] 하지만 국가는 이성을 통하여 자연을 구성하는 인간의 윤리적 활동이 인간의 현존 특징 중 하나인 동일성과 연관되어 구성된 공동체이다. 따라서 국가는 인륜성 전체 개진을 위하여 윤리적 활동을 벌이는 개인이 모이면서 형성한 가족, 그리고 그러한 가족이 통혼通婚을 통하여 동일성을 발견하는 가운데 나타난 민족 통일성Nationaleinheit을 기초로 한다.[40] "국가는 최고선 구현을 목표로 서로 다르게 활동하는 개인, 개별적 공동체들을 하나로 묶어주어 그들의 활동 연관성에 일치성을 부여"하는 윤리적 의의를 지닌다.[41] 따라서 지구 위에는 다양한 국가가 존재할 수밖에 없으며, 그들은 서로 소통하면서도 자신의 국익을 위해 경쟁하고 대립한다. 또한 슐라이어마허가 보는 국가의 가장 큰 특징은 지배층과 피지배층 간의 구분 및 대립이다. 전자는 인륜성을 위한 보편적 의지와 개별적 의지가 지양되어 일치된 상태를 지닌 반면, 후자는 저 두 의지가 서로 대립하는 상태에 놓여 있기 때문이다. 이러한 지배층과 피지배층 간의 구분 및 정립은 정치 체제Verfassung의 기초이지만, 상호 간에 갈등이 나타날 수 있다는 측면에서 하느님 나라 이념과 구분되고 대립된다.

그러나 그리스도인은 하느님 나라와 국가의 순환적인 관계, 해석학적으로 말하자면 전체와 개별 간의 관계를 예감한다. 전체인 하느님 나라에 비해서 부분적이고 개별적인 국가는 하느님 나라 개진 과정에 있어서 '통과점'이고,[42] 아직 그리스도인에게 있어서 이념에 머무르

39 프리드리히 슐라이어마허, 『기독교 신앙』, 최신한 역 (파주: 한길사, 2006), 70-71.

40 Schleiermacher, *Ethik (1812/13)*, 93f.

41 박광우, "연대하는 삶을 위한 종교의 의미와 기여에 관하여 – 슐라이어마허의 윤리학 및 종교철학을 바탕으로," 「한국조직신학논총」 72 (2023), 110.

고 있는 하느님 나라는 국가가 발전하고 다른 국가와 교류하는 과정 속에서 비로소 현실화될 수 있기 때문이다.[43] 따라서 그리스도인이 의무 이행에 있어서 경험하는 하느님 나라와 국가 간의 대립은 준칙의 대립이라고 볼 수 있다. 그리스도인은 모든 인간 공동체를 포괄하는 하느님 나라를 주관적으로 예감하면서 추구하지만 그 현실화는 언제나 그가 이미 처해 있는 국가라는 틀 가운데에서 비교적으로 이루어져야만 하기 때문이다. 따라서 하느님 나라와 국가 간의 대립에서 비롯되는 그리스도인의 의무 이행에 대한 윤리적 고찰은 앞에서 우리가 살펴본 대립의 해소 과정과 연관하여 이해될 수 있다.

슐라이어마허는 그리스도인이 의무 이행에 있어서 먼저 그의 실존 상황인 국가 질서를 따라야 한다고 주장한다. 그에 따르면 국가는 그리스도교회가 등장하기 전부터 이미 존재하던 제도이자 기관이다. 따라서 그리스도인은 "어느 정도로 그리스도교가 그 주어진 바(즉, 국가)를 용인하는지 아니면 용인하지 않는지, 변화하는지 아니면 그대로 놔두는지"에 대하여 질문해야 한다. "그리스도교는 국가를 새롭게 정립하여 자기 것으로 삼아서는 안 된다."[44] 이는 그리스도인이 국가

42 Schleiermacher, *Die christliche Sitte,* 446.

43 슐라이어마허에 따르면 국가는 개인이 이성으로써 자연을 구성하는 경제적 활동을 법으로 규정하고 보호하여 서로 다른 개인 간의 공동의식을 함양한다. 따라서 슐라이어마허에 따르면 계약, 분업, 화폐 등은 국가의 등장 이후에야 비로소 나타난다. 참조. Schleiermacher, *Ethik (1812/13)*, 98-100. 따라서 슐라이어마허에게서 법이란 헤겔의 경우와 같이 절대정신의 객관적 현실화가 아니다. 법은 "공동체성과 소유 간의 교호작용"을 위하여 규정된다. Andreas Arndt, "Der Begriff des Rechts in Schleiermachers Ethik-Vorlesungen," in *Wissen schaft, Kirche, Staat und Politik. Schleiermacher im preußischen Refrom prozesses* (Berlin/Boston: Walter de Gruyter, 2019), 226.

44 Schleiermacher, *Die christliche Sitte,* 241.

의 윤리적 퇴행을 마주쳤을 때에도 해당한다. 슐라이어마허에 따르면 그리스도인은 지배층이든 피지배층이든 간에 국가의 윤리적 퇴행을 개선해야 할 의무를 지닌다. 그에게 있어서 국가란 하느님 나라가 현실화되는 장소이기 때문이다. 하지만 그는 그리스도인 개인이 자신의 정치적 위치에 따라서만 그 개선 활동이 일어나야만 한다고 주장한다. 비록 그가 "전체에 대한 생동적인 확신"을 지니고 있을지라도 저 정치적 위치와 질서로부터 벗어나서 자신의 뜻을 관철하려고 한다면, 그의 노력은 언제나 '폭력적인 활동'을 통하여 이루어지기 때문에 '비윤리적'이다.[45] "국가를 개선하기 위한 모든 노력은 주로 조언으로부터 생겨나야만 한다. … 정치적 기구에 속하지 않는 개인들은 (정치적 사안으로부터) 좀더 떨어진 지점으로부터 시작할 뿐이지 정치적 기구에 속한 개인들과 같은 방법으로 영향을 미칠 수 있다. 한편 정치적 기구 구성원들 역시 (국가) 전체적으로 퇴행하는 움직임과 얽힐 때 다른 모든 개별자와 같은 방식으로 영향을 미칠 수 있다. 다만 그들은 개혁하고자 하는 충동을 보다 빨리 그리고 다양하게 확산할 수 있는 위치에 있을 뿐이다."[46] 그리스도인이 그의 실존 상황인 국가 질서를 존중하는 가운데 의무 행위로 나아가야 한다는 슐라이어마허의 주장은 개별을 뒷받침하면서 동시에 그러한 개별의 등장을 가능하게 하는 전체에 대한 주목을 요구하는 해석학적 이해와 연결된다. 그리스도인 개인에게 있어서 국가는 실질적으로 전체로 기능하고 국가를 통하여 그는 자신의 권리와 정치적 질서를 부여받기 때문이다. 또한 그리스도인의

45 위의 글, 265.

46 위의 글, 266.

국가개선은 "국가를 이전의 완전했던 상태로 되돌리는 일"이므로,[47] 국가의 선제적인 영향 없이 그의 노력은 시작될 수도 없기 때문이다. 하느님 나라라는 그리스도인의 내적 신념에 기반한 의무 이행은 그에게 있어서 전체인 국가와 그 질서를 먼저 존중 및 인정하며 시작한다.

국가 질서를 먼저 존중하면서 하느님 나라 이념을 실행에 옮기는 그리스도인은 이제 국가의 질서를 자신의 신념, 즉 하느님 나라를 지향하는 의무 이행의 장소로 여긴다. 슐라이어마허는 이를 국가의 사법 시행과 연관하여 설명한다. 그에 따르면 인류 공동체인 국가는 그리스도교회에 의하여 하느님의 뜻 성취와 하느님 나라 실현를 위한 실현의 장소이자 도구로 재해석된다. 이는 그리스도인이 주어진 질서인 국가를 존중하면서 자신의 신념을 이행한 해석학적 의무에 따른 지점이다. 이제 국가의 사법은 악한 것이 아니라 하느님의 뜻을 성취하기 위한 통로로 여겨진다.[48] "사법은 하느님의 영에 의하여 생기어려진 보편적 의지의 표현 외에 다른 것이" 아니다.[49] 따라서 슐라이어마허에 따르면 그리스도인은 자신의 권리 보호를 위하여 적극적으로 사법 제도를 활용할 수 있다. 이는 한편으로는 그리스도인 자신을 보호하기 위한 조치이기도 하지만 다른 한편으로는 국가의 보호라는

---

47 Schleiermacher, *Die christliche Sitte,* 277 (Vorl. 1824/25).

48 대표적인 사례로 마르틴 루터(Martin Luther)의 두 왕국론을 들 수 있다. 그에 따르면 그리스도교회는 하느님이 자신의 뜻을 이루기 위한 오른손이요 국가는 그의 왼손이다. 국가는 그가 지닌 강제력으로 악한 자들을 막고 처벌함으로써 하느님의 뜻을 성취한다. 따라서 국가의 관료들, 정치가들, 법률가들 역시 자신이 속한 자리에서 하느님의 뜻을 이루는 제사장들이다. 마르틴 루터, "독일 크리스찬 귀족에게 보내는 글," 『루터선집 9. 세계를 위한 목회자』, 지원용 편집 (서울: 컨콜디아사, 1983), 144 이하 참조.

49 Schleiermacher, *Die christliche Sitte,* 251 (Vorl. 1826/27).

의무를 성취하는 것이기도 하다. 개인이 범법자를 신고하는 것은 국가가 미처 알아차리지 못한 범법자를 적발하여 질서 보존에 기여하는 일이기 때문이다. 그렇기에 슐라이어마허는 그리스도인의 사법 제도 활용이 자신을 위한 보상을 목적으로 해서는 안 된다고 분명하게 말한다. 그리스도인이 자신의 권리와 관계된 범법자를 신고하는 것은 오히려 "그(국가)에 대한 사랑" 때문이다.[50] 그리스도인 개인이 사법 제도를 적극적으로 활용하여 자신의 권리를 보호하는 것은 그 권리를 보장하는 국가에 대한 보호라는 의무로 연결된다.[51] 이제 그리스도인에게 있어서 국가의 외적 요구에 따른 의무는 내적 신념과 일치하게 됨으로써 타율의 영역이 아닌 자율의 영역에 위치한다. 즉, 국가 질서인 사법 제도는 그리스도인의 신념 개진의 통로가 되는 것이다.

이처럼 국가의 질서 요구에 따른 의무와 자신의 하느님 나라 신념에 따른 의무가 일치된 지평에 올라선 그리스도인은 국가 개혁과 사법 활동 간의 순환성을 경험한다. 그리스도인의 내적 신념에 따른 의무와 국가의 요구에 따른 의무 간의 대립이 지양될 때 그리스도인은 국가의 질서를 그리스도교적으로 재편하며 그 질서에 자발적으로 복종한다. 이제 사법 시행은 그리스도교적인 정신, 즉 "하느님의 은총은 인간의 개별 행위들보다 더 막강하다"는 정신으로 이루어져야 한다.[52] 따라서 범법자가 하느님의 은총을 받아들일 수 있는 기회를 박탈하는 사형, 하느님과 직접적으로 관계하는 모든 개인의 신체에

50 위의 글, 255.
51 위의 글, 259.
52 위의 글, 249.

위해를 가하는 고문, 하느님의 은총의 통로인 예배에 대한 참여 기회 박탈 등은 모두 폐지되어야 한다. 그리고 그리스도인은 두려움 때문에 사법 제도에 순응하지 않고 양심에 따라 순응한다. 그리스도교적으로 해석된 국가는 하느님이 제정한 기관으로 여겨지기 때문이다(롬 13:1-7). 이 지점에서 그리스도인이 자율적으로 존중하고 순종하는 국가는 전체로 작용한다. 이는 그리스도인의 국가 개혁 활동이 계속될 수 있는 기초이다. 저 전체로서의 국가, 그리스도교적으로 이해되고 해석된 국가는 그리스도인의 국가 개혁 활동의 목표 지점, 다시 회복되어야 할 국가의 모습을 상기시키기 때문이다. 동시에 그리스도인의 국가 개혁을 통하여 새롭게 구성된 국가는 다시금 새로운 질서와 사법 시행을 통하여 보호되고 운영된다. 이 국가의 질서와 사법 제도는 그리스도인의 국가 개혁 활동의 결과물이자 동시에 그에게 전체로서의 국가가 작용하는 길이 된다. 여기에서 우리는 국가라는 전체와 그리스도 개인이라는 부분이 그리스도인의 의무 활동 이행을 통하여 서로 순환적으로 관계한다는 점을 알 수 있다. 그리스도인이 국가와의 연관성을 염두하면서 하느님 나라에 대한 신념을 의무로 이행할 때, 국가는 그리스도인의 의무 개진을 위한 기초가 되고 그리스도인의 그러한 의무 행위를 통하여 갱신된다. 동시에 국가는 그리스도인의 의무 활동을 보장하면서 그의 활동이 계속되도록 지속적으로 영향을 미친다. 역으로 그리스도인 개인을 통하여 국가의 의무는 개별적이면서도 생동적으로 구현되고, 국가의 영향 아래에서 그리스도인 개인은 비로소 자신이 확신하는 하느님 나라 의무 이행으로 나설 수 있다. 이는 해석학이 알리는 전체와 개별 간의 순환 관계가 그리스도인의 국가 활동에서 드러나는 것을 의미한다.

그러나 그리스도인 개인과 국가 간의 순환 관계를 바탕으로 한 그리스도인의 의무 이해는 국가와 하느님 나라 간의 순환 관계라는 더 넓은 지평으로 확장된다. 앞에서 언급한 것처럼, 국가란 전체이면서 인류의 절대적 공동체인 하느님 나라의 측면에서 보자면 부분 또는 상대적인 것에 지나지 않는 민족성을 기초로 한다. 그렇기 때문에 국가는 자기 자신을 궁극적 목적으로 삼을 수 없다. 민족 공동체로서의 국가는 그리스도교적 문화 발전 이념, 즉 하느님의 영의 지배를 구현하고 표현하는 통과점이기 때문이다. "따라서 세계시민주의적으로 고찰해 볼 때 정의롭지 않은 시민 덕목은 존재할 수 없음이 분명하다. 하느님의 섭리는 절대로 그저 한 민족의 존속에만 향할 수 없고, 오히려 본질적으로 언제나 모든 이의 공존과 관련되기 때문이다."[53] 그렇기 때문에 '민족 일치성'만을 "궁극적인 관계 지점"으로 설정하는 국가는 '자기사랑' 안에만 머무르고 그렇기에 '비윤리적'이다.[54] 국가 안의 질서를 순복하면서 거기에 맞추어 자신의 하느님 나라 신념에 따른 의무를 구체적으로 개진한 그리스도인은 이제 국가를 넘어선 하느님 나라의 현실화를 지향한다. 이 가운데 "민족, 문화 및 대륙의 한계를 넘어 세계시민의식의 기초"가 마련된다.[55] 그리스도인의 하느님 나라 지향 활동 가운데에서 "조국을 이기적인 법인으로 만드는 애국주의"가 방지되기 때문이다.[56] 그러나 한편으로 그리스도인의

53 위의 글, 461.

54 Schleiermacher, *Die christliche Sitte,* 476 (Vorl. 1824/25).

55 Arnulf von Scheliha, "Religion, Gemeinschaft und Politik bei Schleiermacher," in *Christentum–Staat–Kultur. Akten des Kongresses der InternationalenSchleiermacher-Gemeinschaft in Berlin. März 2006*, ed. Andreas Ardnt, Ulrich Barth und Wilhelm Gräb (Berlin/New York: Walter de Gruyter, 2008), 331.

하느님 나라 지향 활동 가운데 민족 국가가 사라지는 것은 아니라는 점 역시 유념해야 한다. 각 그리스도인이 처해 있는 각 나라의 민족성이 전체로서의 하느님 나라를 위한 필수적인 요소이다. 전체는 언제나 개별과 개별 간의 상호작용을 통하여 현실화될 수 있기 때문이다. 따라서 전체적 보편성Ganze Allgemeinheit인 하느님 나라는 개별적 보편성Individeullel Allgemeinheit인 민족 국가 간의 상호소통 및 교류 증대를 통하여 점진적으로 개진된다. 하느님 나라를 고유하게 담지하는 민족 국가는 "하느님의 영이 전체 인류로 퍼지고 여기에 더해 그의 형성 과정을 최대로 끌어들이는" 교류를 통하여 자신과 다르게 하느님 나라를 담지하는 다른 민족 국가와 관계하면서 함께 자신이 담지한 하느님 나라를 전달하고 모자라는 부분을 서로에게서 채워나가기 때문이다.57 여기에서 우리는 하느님 나라와 국가 간의 관계에서 나타나는 필연과 자유 간의 대립, 근원성과 연결성 간의 대립이 지양된다는 점을 알 수 있다. 하느님 나라를 지향하는 그리스도인의 활동 가운데 모든 민족 국가를 포괄하는 하느님 나라가 필연으로 기초되어있고 그의 활동 현장인 민족 국가는 그러한 하느님 나라를 다양한 방식으로 개진하는 자유의 장場이다. 하느님 나라는 그러한 그리스도인의 활동 가운데 근원으로 자리잡혀 있고, 각 민족 국가 안에서의 펼쳐지는 그리스도인의 활동은 서로 연결되어 기초이자 근원인 하느님 나라를 현실화한다. 이처럼 하느님 나라와 국가 간의 순환 관계는 국가에 충실하면서도 동시에 인류 전체를 향한 사랑으로 나아가는 그리스도

56 Schleiermacher, *Die christliche Sitte,* 461.

57 Schleiermacher, *Die christliche Sitte,* 491(Vorl. 1826/27).

인의 의무 행위의 기초이다.[58]

그리스도인의 국가 활동은 해석학적 통찰이 밝히는 전체와 개별 간의 순환 관계를 기초로 삼고 있다. 그는 하느님 나라에 대한 신념만으로 활동하는 자도 아니요, 국가에 맹목적으로 충성하는 자도 아니다. 오히려 그는 자신에게 주어진 실존 상황인 민족 국가의 질서를 존중하면서 동시에 그 질서 너머에 있는 하느님 나라의 현실화를 이루기 위하여 점진적으로 노력한다. 그리스도인의 국가 활동은 전체와 개별 간의 순환 관계를 따르는 의무론의 그리스도교적 개진이다.

V. 결론

슐라이어마허의 보편적 해석학은 전체와 개별 간의 순환 관계를 잘 드러내고 그 관계에 따라 개진된다. 이러한 그의 해석학적 통찰은 비단 텍스트 해석에 국한되지 않고 오히려 윤리적 차원에도 투영되어 있다. 특별히 그의 의무론 전개는 전체와 개별 간의 대립을 해석학적으로 풀어나가는 가운데 해소되는 과정이다. 우리는 이러한 해석학적 의무론 전개를 그리스도인의 국가 활동 안에서 구체적으로 확인할 수 있다. 그리스도인은 자신에게 있어서 전체인 국가와의 대립을 해소하면서 동시에 전체 중의 전체인 하느님 나라를 지향하면서 하느

58 이러한 점에서 슐라이어마허는 애국심과 세계시민주의가 서로 모순되지 않고 오히려 순환적이라고 본다. 이에 대하여 박광우, "애국심과 세계시민주의 간의 관계에 대한 그리스도교적 이해 연구: 슐라이어마허의 그리스도교 윤리학적 관점을 중심으로," 「신학논단」 111 (2023), 73-109 참조.

님 나라에 비해 개별이자 상대적인 국가를 더욱 개선하는 윤리적 활동 가운데 있다. 전체와 개별 간의 순환 관계에 대한 해석학적 통찰은 슐라이어마허의 의무 이해에 기초이자 방법으로 작용하고 있다.

본 연구는 슐라이어마허의 해석학을 그저 특정한 텍스트 해석 기술로 여기고 이를 윤리학에 적용한 이전의 연구를 보충하는 데에 의의가 있다. 슐라이어마허에게서 해석학은 언어로 표현되는 타자를 잘 이해하는 기예이다. 이는 자연의 이성화와 이성의 자연 속에서의 인식화를 추구하여 인간 공동체의 형성과 발전을 꾀하는 슐라이어마허의 윤리학의 출발지점이다. 언어를 통하여 표현되는 타자를 이해하는 것은 "공동체를 만들고 공통점을 조성하여 발화자와 청자가 같은 영역 가운데 함께 존재하도록 하는 사태를 포괄하기에 윤리적"이기 때문이다.[59] 하지만 슐라이어마허의 해석학은 윤리학의 출발점을 마련하는 데에 그치지 않고 오히려 최고선의 구체적인 개진 방법이기도 하다. 이는 그의 해석학이 전체와 개별 간의 순환 관계를 보여줄 뿐만 아니라 그것에 따라 전개되기 때문이다. 이는 특별히 슐라이어마허의 의무론 이해, 그리고 그것의 그리스도교적 적용인 그리스도인의 국가 활동에서 발견된다. 해석학은 윤리학의 출발점이면서 동시에 윤리학 개진 과정의 중추이다.

그러나 슐라이어마허의 전체와 개별의 순환 관계에 입각한 의무론 이해는 해석학적 갈등 상황과 관련하여 후속 연구를 필요로 한다. 슐라이어마허는 윤리적 주체가 전체와 개별 간의 순환 관계에 입각하여 의무를 이행한다고 보고 그 가운데 나타날 수 있는 의무를 둘러싼

59 Scholtz, "Ethik und Hermeneutik," 141.

대립들이 해석학적 과정을 통해 해소될 수 있다고 본다. 그리스도인의 국가 활동로 보자면 그리스도인의 개인 신념에 따른 의무와 국가가 요구하는 외적 의무는 그의 의무 행위 진행 속에서 지양된다. 이러한 사태는 전체와 개별 간의 순환 관계 발전에 따른 대립의 해소가 한 인격체 안에서 나타나는 것, 즉 한 인격체가 개별로부터 벗어나 전체로 나아가는 수직적 과정을 그린다. 하지만 여기에는 개별과 개별 간에 해석학적 갈등 가능성이 보이지 않는다. 그리스도인의 국가 활동과 연관해서 보자면, 국가 안에서의 해석학적 의무에 대하여 개별 그리스도인의 이해와 실천이 서로 다를 수 있다는 점, 즉 그리스도인의 정치 활동에서 해석학적인 갈등 상황이 나타날 수 있다는 점을 의미한다. 슐라이어마허는 여기에 대하여 언급하지 않는다. 그는 의무를 한 인격체와 그가 속한 공동체 간의 관계를 바탕으로 고찰할 뿐 그 의무를 둘러싼 다른 인격체와의 조우와 만남, 갈등과 연관하여 이해하지 않기 때문이다.[60] 하지만 의무를 둘러싼 서로 다른 의견의

60 여기에 대하여 슐라이어마허가 그의 저서 『종교론』에서 제시하는 종교 공동체의 사회 원리인 종교 감정의 상호전달은 정치를 둘러싼 해석학적 갈등 상황과 관련될 뿐만 아니라 그에 대한 해결책으로 작용할 것처럼 보인다. 그러나 이러한 상호전달의 원리는 슐라이어마허의 정치 이해에 따르면 통용될 수 없다. 상호전달의 원리는 전체에 대한 개별적이면서도 독특한 인식에 근간한 상호평등을 전제한다. 하지만 슐라이어마허의 정치 이해에는 그러한 상호평등이 나타나지 않는다. 그는 국가 및 정치 이해에 있어서 전체에 대한 동일성을 강조함으로써 정치적 지배자와 피지배자 간의 구분을 상정한다. 정치적 지배자는 법으로 대표되고 공적으로 통용되는 보편적 의지와 사적인 영역에만 유효한 개별적 의지 간의 대립이 지양되어 있는 쪽에 가까우므로 국가의 특성인 동일성을 강하게 드러내는 반면, 정치적 피지배자는 여전히 개별적 의지의 강한 영향 아래 있으므로 국가의 동일성으로부터 상대적으로 떨어져 있다. 물론 슐라이어마허는 피지배자들의 의견 전달을 통하여 정치적 지배자들의 의지만을 강조하는 전체주의를 막을 수 있다고 주장하지만, 그렇다고 하여 정치가 정치적 지배자들과 피지배자 간의 상호전달 및 견제를 통하여 이루어지지는 않는다고 본다. 오히려 그에게 있어서 기본적인 정치 질서는 정치적 피지배자들은 정치적 지배자의 통치와 지도에 복종해야 하고, 정치적 지배자는 피지배

대립, 개별과 개별 간의 해석학적 대립 상황은 결코 간과할 수 없는 현실이다. 현재 한국의 상황을 보더라도 정치와 여러 경제 이익을 둘러싼 개별자들 간의 갈등이 팽배한 가운데 사회 일치를 해치고 있기 때문이다. 후속 연구는 이러한 개별과 개별 간의 해석학적 갈등 상황, 국가와 연관해서 보자면 정치와 사회적 갈등을 슐라이어마허의 해석학을 넘어선 다른 지평에서 탐구해야 할 것이다. 그때 슐라이어마허가 꿈꾸었던 더 넓은 지평으로의 확장으로서의 해석학, 그리고 거기에 입각한 의무론 이해가 보다 완전해질 것이다.

자들의 의견을 존중하면서 그들의 역할을 다해야 한다는 것이다. 슐라이어마허가 생각한 국가 및 정치 영역에서는 상호평등이 나타나기보다는 오히려 동일성을 둘러싼 일종의 위계적인 질서가 성립되어 있다. 이러한 슐라이어마허의 이해는 정치 지도자를 선거로 직접 선출하고 그 가운데 정치를 둘러싼 해석학적 갈등이 발생할 수 있는 자유민주주의적 정치 질서에 어울리지 않는다.

가다머의 슐라이어마허 해석학 평가에 대한 비판

서동은

I. 들어가는 말

가다머는『현사실성의 해석학』에서 개진된 하이데거의 해석학에 대한 새로운 입장에 영향을 받아 근대 방법 지상주의의 자연과학적 접근과 구별되는 철학적 해석학을 발전시킨다. 그는 자신의 철학적 해석학을 정당화하는 과정에서 슐라이어마허와 딜타이의 해석학적 입장과 비판적 대결을 취한다. 이 대결은『진리와 방법』 2부에서 다루어지고 있다.[1] 가다머가 하이데거의『현사실성의 해석학』에서 수용하는 하이데거의 해석학에 대한 입장은 기존의 텍스트 해석학의 관점을 넘어서 인간 삶 그 자체가 이미 해석의 과정이라는 입장이다. 하이데거의 이러한 입장은 슐라이어마허의 해석학적 입장과도 그대

1 Hans Georg Gadamer, *Wahrheit und Methode Grundzüge einer philosophischen Hermeneutik*(Tuebingen: Mohr Siebeck, 1986), 177-246 참조.

로 통하기도 한다. 슐라이어마허 역시 위와 같은 하이데거와 같은 발언을 한 바 있기도 하기 때문이다. 가다머는 이러한 하이데거의 입장을 자신의 철학적 해석학의 토대로 삼으면서, 슐라이어마허의 해석학에 주목하게 되는데, 이때 그에게 다가온 슐라이어마허의 해석학은 딜타이에 의해 매개된 슐라이어마허의 해석학이라 할 수 있다. 이때 가다머는 슐라이어마허의 해석학을 텍스트에 대한 보편적 해석학의 창시자이면서 저자의 삶 그 자체를 감정이입을 통해 '객관적으로' 접근할 수 있다는 주장을 한 해석학자로 해석하며 동시에 낭만주의 해석학으로 위치 지운다.

그가 이러한 입장에 서게 된 것은 한편으로는 삶 그 자체를 해석으로 보는 하이데거의 입장을 수용한 결과라고 할 수 있고, 다른 한편으로는 헤겔적인 자기 실현Bildung의 입장을 수용한 결과라고 할 수 있다. 가다머는 이렇게 두 관점에서 슐라이어마허의 해석학의 위치를 파악하는데, 이 과정에서 가다머는 슐라이어마허의 해석학에 대한 일면적 해석에 기울고 말았다. 그 일면적 해석이란 슐라이어마허 해석학이 두 측면 즉 문법적 해석과 심리적 해석 가운데 심리적 해석만을 강조한 나머지, 문법적 해석의 측면을 간과하고, 더 나아가 슐라이어마허의 해석학의 이 측면을 자신의 입장으로 전면에 부각하고 있다. 가다머의 슐라이어마허의 해석학에 대한 이러한 접근과 서술의 문제점은 그가 주장하는 개념사적인 접근에서 볼 때 문제가 된다. 다시 말해 가다머는 슐라이어마허의 해석학의 역사적 위상에 대한 정당한 평가를 수행하지 않았다.[2]

2 이와 비슷한 주제의 논문이 이미 출판되었다. 최신한은 『지평확대의 철학』에서 가다머의 슐라이

슐라이어마허는 서양 학문 전통에서 보편적 해석학의 창시자라 할 수 있다. 왜냐하면 그는 그 이전에 특수 해석학 즉 법학이나 신학에서의 개별 해석학적 입장을 떠나 해석학 일반의 상황에 관심을 가지고 인간의 삶 자체가 지니는 해석의 측면에 관심을 환기했기 때문이다. 이는 가다머도 인정하는 바이다. 또한 슐라이어마허는 성서를 비롯하여 그리스어로 된 플라톤의 저작을 독일어로 번역하는 과정에서 자신만의 독특한 해석학적 '방법론'(기술)을 발전시킨다. 슐라이어마허는 특별히 고전 해석의 과정에서 언어의 장벽이 있기에, 고전어를 습득하고, 이 고전어 이해를 바탕으로 고전 텍스트 이해 과정에서 필연적인 문법적 해석의 과정에 주목하였다. 물론 이 과정에서 저자의 의도나 심리를 이해하는 예감이 요청된다. 슐라이어마허의 해석학의 이 두 측면 가운데서 딜타이는 심리적 해석에 중점을 두어 과거 텍스트의 추체험이 가능하다고 생각했다.

가다머는 딜타이의 이러한 관점에서 슐라이어마허의 해석학을 과거 텍스트에 대한 재구성의 해석학에 해당한다고 간주하였다. 이렇게 딜타이의 관점에 따라 슐라어이머허의 해석학을 규정하면서, 가다머는 문법적 측면에서의 슐라이어마허의 해석학을 외면하고, 낭만주의 해석학[3]으로 간주하며 그의 보편적 해석학의 의미를 축소한다.

어마허 비판은 타당한가를 묻고 있다. 이 책에서 최신한은 세 가지 관점에서 가다머의 슐라이어마허 비판의 타당성을 묻고 이에 대한 대답을 시도하고 있다. 심리주의 비판, 재구성 비판, 천재미학 연관성 비판과 관련해서 가다머의 슐라이어마허 해석학 비판의 일면적인 측면을 말한다. 최신한, 『지평확대의 철학-슐라이어마허, 점진적 자기발견의 정신 탐구』 (서울: 한길사, 2009), 129-156 참조. 이 가운데서 심리주의 비판과 재구성 비판과 관련해서는 전적으로 동의하는 바이다. 나는 이 논문에서 가다머의 슐라이어마허 해석학에 대한 '비판'이 그 자신이 채택한 개념사적인 접근 곧 기존의 철학에 대한 역사적 의미와 한계를 지적하고자 하는 그의 입장 자체에 입각하여 볼 때 타당한지를 묻고자 한다.

이것은 하이데거의 해체Destruktion 개념을 수용하여 개념사적인 접근을 시도했던 가다머의 '방법론'에 따라서 살펴볼 때 문제가 된다.[4] 이 논문은 바로 이러한 관점에서 가다머의 슐라이어마허 해석학에 대한 평가가 정당하지 못함을 지적하고자 한다. 즉 가다머가 자신의 철학적 해석학을 전개하면서 채택한 그의 방법론 즉 전통적인 개념의 역사적 의미와 한계를 드러내는 해체 혹은 개념사적인 접근 방식에 따라 슐라이어마허 해석학을 접근할 때 철저하지 못했음을 드러내고자 한다. 이를 위해서는 먼저 그의 '방법론'을 살펴볼 필요가 있다.

II. 가다머의 개념사적인 접근

잘 알려져 있듯이, 가다머의 주저 제목 『진리와 방법』에서 방법에

---

3 이러한 관점은 장 그롱댕Jean Grondin 등이 해석학의 역사를 서술할 때도 그대로 반영되어 있는데, 가다머는 철학적 해석학 관련 세미나 책자에서 낭만주의 해석학자로 아스트Ast, 스타인탈Steinthal, 드로이젠Droysen 등을 열거하고 있다. 그리고 하이데거Heidegger와 립스Lipps 그리고 자신의 해석학을 철학적 해석학으로 분류하고 있다. 다음의 책을 참조. Hans G. Gadamer/Gottfried Beohm (eds), *Seminar: Philosophische Hermeneutik* (Frankfurt am Main: Suhrkamp, 1976).

4 가다머는 하이데거의 해체Destruktion 개념이 다른 언어로 번역되면서 '파괴'의 의미로 오해되는 것을 지적하면서 독일어 Destruktion이 지니는 의미를 이야기한다. 그에 따르면 해체Destruktion란 오늘날에는 잊혀 있어서 접근할 수 없는 전통적으로 내려온 개념의 의미를 근원적인 사유 경험에 이르기까지 추적해 들어가서 그 본래적 의미를 추적하는 것이라고 말한다. 이 과정은 곧 고대 그리스, 중세 라틴어 그리고 근대 각 민족의 언어로 번역되면서 망각된 개념의 의미를 재구성하는 것이다(Hans G. Gadamer, Heidegger und die Sprache, in *Hermeneutik in Rueckblick*, Tuebingen: Mohr Siebeck, 1995, 17). 이 가운데서 가다머는 특히 근대 학문적 언어로 번역되기 이전의 개념의 역사를 재구성하고자 한다. 이러한 접근 방식에 대해서 가다머는 나중에 개념사적인 접근이라고 명명하기도 한다. Gadamer, *Wahrheit und Methode Hermeneutik* II, 1986, 77-91 참조.

해당하는 것이 자연과학적 접근이고, 진리는 이러한 방법으로 접근되기 이전에 인문학적 진리 혹은 해석학적 진리를 뜻한다. 이러한 구분 자체 안에 이미 방법론적 접근에 대한 비판이 함축되어 있다. 이때의 방법론이란 가다머가 이 책 어디에서도 구체적으로 밝혀서 체계적으로 설명하고 있지는 않지만, 귀납이나 연역을 통해 사물에 대한 객관적 인식에 도달하는 과정임을 간접적으로 알 수 있다. 이는 『진리와 방법』 초반에 인문학(정신과학)도 자연과학의 방법적 접근 모델에 따라 자신의 학문(과학성)의 정당성을 보증받아야 한다는 밀의 주장을 소개하면서 간접적으로 암시되어 있다. 이 때문에 『진리와 방법』에서 가다머가 자신이 비판하고자 하는 방법론을 먼저 서술하고, 그것이 지니는 문제점을 지적하면서 자신의 주장을 펼칠 것으로 기대했던 독자는 곧바로 실망하게 될 것이다. 그 대신 가다머는 자신의 '방법론'을 먼저 전면에 부각시킨다.

『진리와 방법』 1부에서 가다머는 근대 자연과학적 관점에서 그 의미가 변형되기 이전의 독일 고전주의 전통에서 나름의 '객관성'의 척도로 간주되었던 개념들을 소개한다. 이때 소개되는 개념들이 바로 판단력, 취미, 공통 감각Sensus Communis, 교양Bildung 또는 자기실현 등의 개념들이다. 이 개념들이 공통적으로 지니고 있는 객관성의 기준은 개별적인 것을 보편적인 것에 입각하여 해석하는 것이다. 이러한 개념사적 접근법은 하이데거가 지속적으로 수행한 해체의 방법이기도 하다. 가다머는 이와 유사한 사례로 하이데거가 분석한 바대로 근대의 주체Subjekt라는 용어가 그리스어의 후포케이메논hypokeimenon에 있었다는 것을 지적하고 있기도 하다. 원래 이 단어는 고대 그리스어에서 눈앞에 있는 것으로서 앞에 놓여 있는 것Vorliegende이라는 뜻이었다고 한다. 이와 유사하게 개념의 역사와 철학의 언어라는 주제와 관련하여 가다머는 근대에 사용된 많은 단어들을 해체하고 있다.

원래 하이데거에게 해체의 의미는 전통적으로 내려오는 철학적 개념들을 그 본래적 의미에서 살피는 작업을 뜻한다. 즉 철학적 개념어에 대한 비판적 수용이라는 의미가 강하다. 하이데거가 말하는 해체는 흔히 해체주의자들이 생각하듯이, 어떤 거대 담론을 제거하고 구체적이고 실제적인 작은 담론에 주목하자는 의미가 아니다. 예를 들면, 그리스어의 logos는 원래 말하기, 이야기의 의미였지만, 근대에 이르러 여러 학문 분과가 발전하면서 특정 학문 영역을 지칭하는 단어의 접미사가 되면서 학문 영역의 전문적인 논의로 변형되었다는 것이다. Theo-logy, Eco-logy 등의 용어에서처럼 특정한 담론 체계의 의미로 변형된 것이다. 가다머는 이렇게 변형되기 이전에 그 개념이 지닌 역사적 의미를 복원하여 복권시키고자 한다. 이 복권의 과정이 바로 가다머의 개념사적인 접근이다.[5]

가다머는 자신의 글 여러 곳에서 하이데거의 해체 개념이 자주 오해되고 있다고 주장하면서 하이데거의 해체 개념을 자신의 용어로 설명하고자 한다. 그가 하이데거의 해체 개념을 해석하는 방식은 위에서 설명한 개념사적인 접근과 그대로 통한다. 어떤 철학적 개념 혹은 어떤 철학자의 사상이 지니는 역사적 의미와 한계를 동시에

5 Hans G. Gadamer, *Kleine Schriften IV*(Tuebingen: Mohr Siebeck, 1977), 5. 참조. 가다머는 독일 연구재단의 지원을 받아 개념사와 관련된 콜로키움을 한 바 있다고 말한다. Hans G. Gadamer, *Gadamer Lesebuch*, ed. Jean Grondin (Tuebingen: Mohr Siebeck, 1997), 16 참조. 가다머의 이러한 개념사적인 접근에 따른 사전 시리즈도 있다. 호르스트 슈투케, 라인하르트 코젤렉 엮음, 『코젤렉의 개념사 사전. 6: 계몽』, 남기호 외 역 (서울: 푸른역사, 2014).

살펴보는 것이 바로 가다머가 이해한 하이데거의 해체 개념의 핵심 내용에 해당한다.[6] 가다머 또한 하이데거처럼 『진리와 방법』에서 기존의 철학자들이 사용하던 개념 및 철학 사상을 개념사적인 접근 방식으로 해체 및 복권하려고 시도한다. 이 과정에서 많은 철학자들이 등장하는데, 이 가운데 여기서는 가다머의 슐라이어마허 해석을 가다머 자신의 개념사적인 접근 방식에 따라 접근해 보고자 한다. 가다머가 슐라이어마허를 해석하는 관점은 일차적으로 딜타이의 슐라이어마허에 대한 해석과 연결된다.

III. 가다머의 딜타이 해석

주지하듯이, 딜타이는 칸트의 순수이성과 대비되는 역사 이성에 주목함으로써 칸트를 넘어서고자 했다. 그가 말하는 역사 이성으로서의 보편적 주체란, 인식의 가능성으로서의 선험적 주체가 아니라, 역사 속에 존재했던 한 개인으로서의 주체를 말한다. 이러한 주체는 역사 속에서 살았던 한 개인의 삶을 이해하고자 할 때 전제되는 것이다. 딜타이는 역사 연구의 과제가 바로 과거에 존재했던 한 개인의

6 하이데거는 『존재와 시간』에서는 특별히 데카르트를 그리고 그 이후 여러 저작에서 칸트, 아리스토텔레스, 플라톤 등의 철학 사상들을 해체하고자 했다. 하이데거도 이 과정에서 철저하지 못했다. 하이데거는 후설이 『데카르트적 성찰』에서 시도하고 있는 것처럼, 데카르트 사상이 지닌 역사적 의미와 한계를 지적하기보다는 처음부터 자신이 설정한 존재 이해의 선입견 속에서 비판적으로 접근해 들어간다. 이러한 태도는 그의 아리스토텔레스 해석은 물론 『칸트와 형이상학의 문제』에서도 그대로 나타난다. 그의 이러한 접근은 현상학적 해석학 혹은 해석학적 현상학의 입장이 너무 급하게 관철된 결과라 할 수 있다. 칸트 전공자들이 하이데거의 칸트 해석을 '폭력적 해석'이라고 말하는 것도 이러한 이유에서라고 할 수 있다.

삶을 추체험nacherleben하는데 있다고 보았다. 그래서 순수이성의 관점에서는 들어올 수 없는 역사 이성에 눈을 돌리고, 이 역사 이성에 표현된 삶의 과정과 구조에 주목하여 그것을 '객관적으로' 재구성할 할 수 있을 때 비로소 정신과학의 정당성이 확보된다고 보았다. 가다머는 딜타이가 시도하고자 했던 이러한 정신과학의 이성을 이렇게 파악하고 있다.

> 딜타이는 역사학파의 역사적 경험과 관념론적 유산 사이에 인식론적 기초가 확고한 새로운 토대를 세우겠다는 목표를 설정할 수 있었다. 딜타이가 칸트의 순수이성비판을 역사 이성 비판으로 보완하고자 했던 핵심은 바로 이것이다."[7]

칸트가 근대 자연과학의 방법론을 순수 이성을 통해 정당화했다고 한다면, 딜타이의 시도는 역사 연구의 방법론을 역사 이성 곧 체험에 대한 이해의 방법을 통해 정당화하고자 했다고 볼 수 있을 것이다. 즉 역사 연구의 인식론적 문제를 자연과학과는 다른 관점에서 제기하여 역사 연구의 새로운 토대를 놓고자 한 것이 딜타이라 할 수 있다. 가다머는 이런 맥락에서 딜타이를 이해하고 있다.

> 딜타이는 순수한 자연과학이 과연 어떻게 가능한가 하는 문제에 대한 칸트의 답변과 같은 맥락에서 역사적 경험이 과연 어떻게 과학이 될 수 있는가 하는 문제에 대한 해답을 찾아야만 했다. 따라서 딜타이는 칸트의

---

7 한스 게오르그 가다머, 『진리와 방법2』, 임홍배 역 (서울: 문학동네, 2012), 73.

문제의식을 정확히 유추하여 정신과학의 기초가 될 수 있는 역사 세계의 범주들을 탐색했다.[8]

가다머에 따르면 딜타이는 기본적으로 역사를 재구성할 수 있다고 하는 역사학파의 입장에 서 있다.[9] 딜타이가 후설의 지향성 개념에서 영향을 받은 것은 과거에 살았던 한 개인의 삶의 지향성이라 할 수 있다. 이 말이 함축하는 바는 과거 한 개인의 삶은 개인의 삶에 국한되는 것이 아니고, 과거에 살았던 개인의 주변과 밀접한 연관을 지니고 있다는 것이다. 따라서 현재의 독자가 과거의 개인을 이해하려고 한다면, 과거의 한 개인이 살았던 그 시대를 체험하는 데까지 이르지 않으면 안 된다. 그래야만 과거의 역사적 계기를 보다 객관적으로 통찰할 수 있게 된다.

잘 알려져 있듯이, 딜타이는 자서전에 관심을 보였다. 톨스토이의 자서전 등에서 저자의 삶뿐만 아니라, 그 시대를 생생하게 재구성할 수 있는 단초를 발견할 수 있다고 보았다. 우리는 흔히 한 개인의 연대기만 보거나 한 시대의 연대기만을 나열하여 과거 시대를 단순화해서 이해하려는 경향이 있다. 즉 단지 과거의 나열만을 가지고 역사를 이해한다. 이 과정에서 망각되는 것은 그 과거 시대를 살았던 사람들의 생생한 증언들이다. 예컨대 우리는 아우슈비츠 수용소에서 많은 유대인이 죽었다는 사실을 안다. 600만이 죽었다는 과거의 사실만을 알 뿐, 실제로 수용소에서 살아남은 사람들의 증언을 직접 들어본

8 가다머, 『진리와 방법2』, 76.

9 "딜타이의 삶의 해석학은 역사주의 세계관에 바탕을 두고 있다. 딜타이에게 철학은 삶의 진실을 표현하는 개념적 수단을 제공할 뿐이다." 가다머, 『진리와 방법2』, 83.

바 없다면, 우리는 과거의 사실들을 피상적으로 이해할 뿐, 과거의 역사적 사건들의 생생한 사실에는 육박해 들어가지 못할 것이다. 딜타이의 삶의 해석학은 바로 자서전 등을 통해 과거를 생생하게 재현해 낼 수 있는 좋은 길잡이가 될 수 있다. 그러나 여전히 남는 의문은 현재의 우리가 과연 얼마만큼 자서전 저자의 삶 그 자체에 감정 이입해서 들어갈 수 있느냐의 문제이다. 딜타이는 과거의 생생한 삶을 재구성할 수 있다는 큰 이상을 가지고 있었지만, 현실적으로 얼마나 그 이상이 실현가능할지는 여전히 의문으로 남는다. 가다머의 딜타이에 대한 평가는 다음과 같다.

> 이러한 구조 개념에서 딜타이는 독자적이고 설득력 있는 실마리를 찾았다고 생각했으며, 이로써 일찍이 랑케와 드로이젠의 방법론적 성찰을 가로막던 장애물도 극복했다고 생각했다. 그렇지만 보편적 단일 주체라는 것은 존재하지 않으며 오직 역사적 개인들만 존재할 뿐이라고 보았다는 측면에서는 역사학파의 정당성을 인정한 셈이다. 역사적 의미의 이상적 정점은 선험적 주체에서 찾을 수 있는 것이 아니라 삶의 역사적 실재 자체에서 생겨나는 것이다.[10]

이 과정에서 딜타이가 도달한 결론은 해석학적 방법론을 통해 역사 세계를 구축할 수 있다는 것이었다. 이때 딜타이가 도입한 해석학적 방법론이 슐라이어마허의 해석학이다. 슐라이어마허의 보편적 해석학이 과거 저자의 역사 이성을 추체험하기 위한 좋은 길잡이가

10 가다머, 『진리와 방법2』, 78.

되었다. 예감 또는 감정이입을 통해 저자의 심리를 이해할 수 있고, 재구성할 수 있다는 슐라이어마허의 생각은 딜타이에게 과거 저자의 자서전을 해석하여, 당시의 역사 이성을 재구성할 수 있는 방법론이 된다. 『진리와 방법』에서 가다머는 이러한 맥락에서 딜타이와 슐라이어마허의 해석학을 소개한다. 여기서 우리는 두 가지 실마리를 발견할 수 있다. 하나는 가다머가 딜타이의 역사이성의 접근에 대한 시도를 긍정적으로 평가하면서 『진리와 방법』의 시도에서 알 수 있듯이, 그의 자연과학과 대비되는 인문학 고유의 방법론으로 '이해' 혹은 '해석'의 측면을 딜타이로부터 수용하고 있음을 알 수 있다. 그렇지만, 가다머가 보기에 딜타이가 취하는 역사이성에 접근하는 방식의 문제는 근대 자연과학적 모델에 따라 인문학도 객관적 접근이 가능한 것처럼 생각한다는 데 있다. 가다머의 딜타이 해석의 측면에서는 개념사적 접근해 충실하다고 할 수 있다. 하지만 가다머는 딜타이의 슐라이어마허 해석의 노선에 따름으로써 슐라이어마허의 해석학에 대한 개념사적인 접근에 실패하고 만다.

IV. 가다머의 슐라이어마허 해석

가다머의 슐라이어마허 해석은 크게 두 가지 차원에서 고찰되어야 마땅하다. 하나는 그가 『진리와 방법』 2부에서 슐라이어마허 해석학에 대한 서술과 관련해서이고, 다른 하나는 『진리와 방법』 3부에서 개진되고 있는 언어적 실재론의 입장과 슐라이어마허 문법적 해석학과의 비교와 관련해서이다. 2부에서 가다머는 근대에 이르러 해석학의 큰 특징은 신학과 문헌학에서 발전되었다고 본다. 그에 따르면 이전에 루터 등의 해석학과 르네상스 전통의 해석학이 점차 아스트나 볼프 등에 의해 체계적인 해석학으로 발전되지만, 이러한 해석학은 보편해석학의 구상이라기보다는 개별 분과학문의 이해에 기여하는 기술론이었다.[11] 슐라이어마허 역시 해석학을 이해의 기술론이라고 표현하고 있기는 하지만, 이들과 다른 점은 보편적인 해석학의 구상으로서의 기술론이었다는 점에서 앞서의 아스트와 볼프의 해석학과는 구별된다. 사실 가다머의 이러한 서술은 슐라이어마허가 『해석학과 비평』에서 서술한 내용과 크게 다르지 않다. 가다머는 낭만주의 해석학 전사를 다루면서 스피노자를 소개하는데, 가다머에 따르면 스피노자는 텍스트 이해 과정에서 이해될 수 없는 부분이 생길 때에는 역사적 비평 방법을 동원하여 이해해야 한다고 주장했다. 예를 들어 계시 등의 사건 등 이성적으로 이해될 수 없을 경우에는 저자가 표현한 말이 언급되는 상황을 역사적으로 추적해 들어가서 이해해야 한다고 주장하였다. 클라데니우스도 이와 마찬가지로 교육의 상황에서 이해될 수 없는 것이 생길 경우에는 객관적으로 접근해야 한다고 생각했다고 소개한다. 사실 스피노자의 해석학에 대한 가다머의 소개도 그의 개념사적인 접근에서 볼 때 매우 불충분하다. 스피노자의 『신학 정치론』은 가다머가 생각한 것처럼 그렇게 단순한 언급으로 처리될 수 없는 역사적 배경이 있다.

가다머는 낭만주의 해석학의 전사를 소개한 후 슐라이어마허 해

11 이에 대한 슐라이어마허의 서술은 다음을 참조. Schleiermacher, F. D. E, *Hermeneutik and Kritik*(Frankfurt am Main: Suhrkamp, 1995), 309-346 참조.

석학의 독특성을 부각시키면서 동시에 그 한계를 밝힌다. 가다머는 슐라이어마허의 해석학을 몇 가지로 요약한다. 우선 그의 문법적 해석학과 심리학적 해석학의 구별이다. 가다머는 여기서 슐라이어마허가 이 양자를 대등한 것으로 간주했다고 보고 있지만, 근본적으로는 심리학적 해석학에 강조점을 두면서 슐라이어마허의 해석학을 낭만주의 해석학으로 자리매김 시킨다. 그리고 이러한 낭만주의 해석학의 전통은 딜타이와 뵈크 슈타인탈 등에 의해서 계승되었다고 말한다. 가다머가 이러한 맥락에서 주제화하는 슐라이어마허 해석학의 특징 가운데 하나는 독자가 저자보다 더 잘 이해할 수 있다고 하는 유명한 명제이다. 잘 알려져 있듯이 슐라이어마허는 독자가 작품을 저자보다 더 잘 이해할 수 있다고 생각했다. 가다머는 이 표현을 둘러싼 해석을 소개하는데, 피히테와 칸트가 비판적 맥락에서 사용한 말이 역사적으로 슐라이어마허보다 앞서 있음을 지적하고 있다. 저자보다 독자가 더 잘 이해할 수 있다는 말의 역사적 배경에 대한 서술은 흥미롭다. 이러한 슐라이어마허의 해석학에 대한 가다머의 평가는 다음과 같다.

> 슐라이어마허가 발전시킨 해석학이 아무리 보편성을 추구한다 하더라도 그 보편성에는 분명한 한계가 있다. 사실 그의 해석학은 확고부동한 권위를 지닌 텍스트를 염두에 둔 것이었다. 슐라이어마허를 통해 비로소 성서나 고대의 고전들에 대한 이해와 해석이 일체의 교조적 관심사로부터 완전히 벗어나게 되었다는 사실은 역사의식의 발전사에서 중대한 진일보이다. … 그렇지만 슐라이어마허가 이러한 방법론적 추상으로 나아가게 된 동기는 역사가의 관심이 아니라 신학자의 관심에서 비롯된 것이다. 그는 구전口傳과 문헌으로 전승된 텍스트를 어떻게 이해해야 할 것인

가를 설파하고자 했고, 그의 관심사는 신앙의 가르침을 담고 있는 성서 텍스트였다. 그런 이유에서 그의 해석학 이론은 정신과학의 방법론적 토대가 될 수 있는 역사학과는 동떨어진 것이었다. 슐라이어마허의 해석학이 추구하는 목표는 텍스트를 특정한 관점에서 파악하는 것이었고, 역사적 맥락에 대한 보편적 이해 역시 그러한 목표에 종속되었다. 슐라이어마허의 해석학이 역사적 세계관의 토대가 되지 못하는 한계가 바로 여기에 있다.[12]

가다머에 따르면 슐라이어머허는 그 이전의 개별 해석학과는 달리 보편해석학을 정초했다는 점에서 큰 업적을 남긴 사람이지만, 그가 여전히 신학자로서의 한계에 머물러서 보편사의 입장, 인문학의 입장에서 해석학의 구상에 이르지 못했다. 가다머의 이러한 평가는 언뜻 그의 개념사적인 접근 방식에 잘 부합하는 것처럼 보인다. 그런데 지금까지 논의된 슐라이어마허의 해석학에 대한 내용 소개와 관계없이, 혹은 딜타이의 입장에서 그의 해석학이 인문학적 전통에서 수용할 가치가 있음을 알았음에도 불구하고, 갑자기 신학적 관심의 한계에 있었다고 비판하는 것이나 정신과학의 방법론적 토대가 될 수 있는 역사학과는 동떨어진 것이라고 말하고 있다. 또한 그가 앞에서 소개한 내용은 낭만주의 해석학자로서의 슐라이어마허이고 보편적 해석학을 구상한 학자로서의 슐라이어마허였다. 이 내용은 그의 신학적 관심사와 상관없이 서술되었다. 그런데 갑자기 그의 해석학이 신학적 관심에 제한되어 있었다고 말하는 것은 일종의 비약이라고

---

12 가다머, 『진리와 방법2』, 42-43 참조.

할 수 있다. 그리고 위와 같은 맥락에서 정신과학의 방법론적 토대가 될 수 있는 역사학과는 동떨어져 있다고 말하는 것도 자의적이라는 인상을 준다.

슐라이어마허의 해석학에 대한 위의 입장과 달리 그는 슐라이어마허의 해석학을 자신의 인문학적 접근 방법론으로 채택한 딜타이의 관점에 대해서는 개념사적으로 서술하면서 긍정적으로 평가한다. 즉 가다머는 슐라이어마허의 해석학을 한편으로는 이렇게 딜타이의 이런 관점에서 수용하면서도 다른 한편으로는 신학의 관심에서 비롯된 특수 해석학으로 폄하한다. 가다머가 인정하듯이 이러한 입장은 딜타이가 취한 입장이고, 객관적 해석학을 지향했던 딜타이가 차용한 슐라이어마허의 해석학적 방법론인데도 말이다. 아무튼 가다머는 딜타이의 관점에서 슐라이어마허의 해석학을 평가함으로써 딜타이에 대한 개념사적인 접근에는 성공했지만, 슐라이어마허 해석학에 대한 개념사적인 접근에는 실패하고 말았다. 여기서 가다마가 놓친 슐라이어마허의 해석학의 두 측면의 상호성에 대해 잠시 살펴보자.

V. 슐라이어마허의 문법적 해석과 심리적 해석

슐라이어마허에 따르면 현재의 독자는 과거 저자를 이해하고자 할 때, 우선 그의 작품을 통해서 저자를 이해하고, 저자의 심리에 다가갈 수 있고, 또 저자의 심리를 바탕으로 저자의 작품을 이해할 수 있다. 특히 과거 저자를 이해하고자 할 때 필요한 것이 언어 습득이다. 즉 옛 저자가 사용했던 언어와 그 언어의 규칙을 배워야 하는데, 이것이 바로 문법적 해석의 접근이다. 이렇게 과거 저자를 이해하고자 할 때, 우선은 문법적 해석을 통해 저자가 표현한 작품을 이해하려고 해야 한다. 우리는 문법적 해석을 통해 독자는 단어와 문장, 문장과 문단, 문단과 절, 절과 장, 장과 다른 장을 유기적으로 연결하면서 텍스트에 표현된 내용의 의미를 이해하게 된다. 하지만 이러한 문법적 차원에서의 이해만으로는 아직 텍스트를 온전히 이해했다고 말할 수 없다. 저자가 처한 심리 상태 혹은 저자가 말하고자 했던 의도 등을 이해하는데 이르러야 한다. 왜냐하면 과거 저자의 작품을 읽은 것은 궁극적으로 저자를 이해하는 데 있기 때문이다. 슐라이어마허는 이것이 예감Divination을 통해서 가능하다고 본다. 이때 예감이란 문법적 해석만으로는 접근할 수 없는 경우에 필요한 것이기도 하다. 그러나 궁극적으로는 저자의 심리에 접근하고자 할 때 필요한 것이 예감이기도 하다. 슐라이어마허는 이것을 당연한 것으로 보았다. 이것이 가능한 이유는 과거 저자와 현재 독자 사이에는 인간으로서의 동등성 혹은 인간으로서의 보편적인 공통 감각이 있다고 믿었기 때문이다. 이는 감정이입 혹은 추체험이라는 용어를 통해 딜타이가 전제했던 것이기도 하다. 슐라이어마허는 더 나아가 독자는 저자의 심리 상태를 이해할 뿐만 아니라, 독자는 저자가 저술하면서 의식하지 못했던 것까지도 문법적 해석을 통해서 더 잘 이해할 수 있다고 말한다. 슐라이어마허가 이렇게 말한 배경을 정확하게 알 수는 없지만, 유추해 볼 수 있는 것은 후대의 독자가 작가 자신이 사용하는 언어보다 더 넓은 지평을 가지고 있다는 사실에 기초해서 가능할 수 있을 것이란 점이다. 왜냐하면 오늘날 빅 데이터big data에 기초해서 저자의 용어를 분석하면, 저자 자신도 잘 모르고 사용했던 언어의 빈도수에 따라 저자의 심리를 더 잘 이해할 수도 있기 때문이다.

딜타이는 위의 슐라이어마허 해석학의 두 관점에서 심리적 접근에 중점을 둔다. 문법적 해석은 심리적 해석을 위한 수단으로 파악한다. 딜타이의 역사 이성 비판의 기획은 이러한 관점에서 진행된다고 할 수 있다. 앞에서도 언급했듯이 그는 아우구스티누스나 톨스토이 등의 자서전 등에서 서술된 저서를 해석하여 궁극적으로는 자서전 저자의 심리 상태에 '객관적으로' 접근 가능하다고 생각했다. 다시 말하자면 슐라이어마허가 말하는 감정이입이나 추체험 등의 개념이 나오는 것도 바로 이러한 맥락에서이다. 슐라이어마허는 문법적 해석의 측면에서 신약성서 해석에 적용하여 논의하고 있는데, 현재의 우리가 그리스어로 되어 있는 신약성서나 고대 그리스어로 써 있는 플라톤의 저서를 읽을 때, 제일 먼저 해야 할 것은 그리스어를 배우는 것이다. 그리고 이 그리스어를 배워 신약성서나 플라톤의 저서를 해석하는 과정에서 우리는 불가피하게 단어와 단어를 둘러싼 맥락 사이에서 사유하게 된다. 그리고 이 범위는 단어와 단어를 둘러싼 문장의 맥락뿐만이 아니라, 단어와 문장, 문장과 문단, 문단과 문단 그리고 문단과 장, 장과 또 다른 장, 여러 장과 책 전체의 맥락을 이해하는 과정에서 텍스트의 내용에 접근하게 된다.

위의 과정 자체가 바로 슐라이어마허가 말하는 해석학적 순환이다. 물론 앞에서도 언급했듯이 이러한 문법적 해석을 하는 과정에서도 심리적 해석이 개입될 수밖에 없다. 그러나 엄밀하게 말해 슐라이어마허가 주목하는 것은 이 두 측면의 상호성이다. 그리고 그의 해석학이 보편적 해석학이 되는 이유는 바로 이러한 상호성에 있다. 궁극적으로는 저자의 의도, 저자의 심리 상태에 접근하는 것이 해석의 목표가 되겠지만, 이 과정에서 빠질 수 없는 절차가 바로 문법적 해석의 측면이고, 슐라이어마허는 딜타이처럼 원 자자의 심리에 '객관적으로' 접근할 수 있다고 보기보다는 근사치에 접근할 수 있다고 보았다. 슐라이허마허의 또다른 번역 활동인 플라톤의 『국가』 번역의 결과물을 통해서 알 수 있듯이, 이러한 해석의 두 측면에 대한 강조는 신약성서와 그리스어 원전 번역 과정에서 생성된 반성의 산물이라 할 수 있다.[13] 그런데 그는 이러한 번역의 과정을 통해서 이에 대한 단편적인 서술들을 했을 뿐, 체계적인 번역 이론 혹은 체계적인 해석학을 수립하지 않았다.

이러한 슐라이어마허의 해석학의 시도에서 주목할 것은 기존의 아스트나 볼프 등에 의해서 시도된 해석의 기술로서의 특수해석학과 대비되는 보편해석학의 시도라는 점이다. 다시 말해 법학이나 신학 등의 특수한 영역에서 그때마다 이해의 문제가 발생할 때 시도되는 그때마다의 해석의 '기술'로서의 해석이 아니라, 텍스트를 이해하고자 하는 사람이라면 누구나 체계적으로 접근할 수 있는 나름의 '방법론'으로서의 해석학이다. 슐라이어마허 이전에는 이러한 체계적 시도를 한 사람이 없었다. 따라서 슐라이어마허는 서양에서 처음으로 텍스트에 대한 체계적인 접근의 방법론을 정립한 것이라 할 수 있다. 그런데 가다머는 슐라이어마허의 이러한 보편해석학의 시도를 낭만주의 해석학으로 위치 지운다. 생생하게 살아 있는 삶을 강조했던

13 이 두 측면의 상호성에 대한 논의는 다음을 참조. Schleiermacher, *Hermeneitik und Kritik*, 101-237 참조.

낭만주의 전통에서 딜타이의 사유가 움직이고 있고, 딜타이는 슐라이어마허의 해석학에서 인문학의 객관적 이상을 발견하려고 했기에, 이러한 전통에서 수행하는 딜타이의 슐라이어마허의 해석이 전혀 정당성이 없는 것은 아니지만, 해석학의 역사에서 자신의 철학적 해석학을 정초하려고 했던 가다머는 이러한 슐라이어마허의 문법적 측면에 대한 체계적인 서술과 더불어 그의 해석학이 지니는 역사적 보편적 측면에도 주목했어야 했다.

가다머가 보기에 딜타이의 인문학(정신과학)의 객관적 이상은 실현 불가능하다. 왜냐하면 인간은 시간의 제약 가운데 살아가는 유한한 존재이기 때문이다. 헤겔 또한 이러한 객관적인 세계의 구축이 미래의 언젠가 가능하다고 보았지만, 가다머가 보기에는 이 또한 불가능하다. 왜냐하면 인간 역사 세계에서 '완성'이란 존재할 수 없기 때문이다. 딜타이처럼 과거로 거슬러 올라가 저자의 삶과 역사 세계를 객관적으로 재구성하는 것도 헤겔처럼 미래의 지평으로 수렴해서 궁극적으로 역사 세계를 완전하게 구축할 수 있다는 것도 그가 보기에 이상에 지나지 않는다. 유한한 존재로서의 인간은 자신의 역사적 제약 가운데서 살아가기에 그 제약 속에서 과거의 사건과 미래를 볼 수밖에 없다. 따라서 자연과학의 이상과 같은 객관적 세계의 구축이란 실제로 불가능하다. 우리는 기껏해야 과거 해석의 전승의 영향을 받아 그 영향 가운데서 움직이며, 그 영향을 바탕으로 이미 주어진 지평을 융합할 뿐이다. 해석이란 바로 이러한 지평 융합과 확장 가운데 있는 한 단면일 뿐이다.[14] 이러한 인간의 해석의 한계는 언어의

14 가다머, 『진리와 방법2』, 89 참조.

한계로 귀결된다. 비트겐슈타인이 『논리 탐구』에서 말하는 나의 세계는 나의 언어의 한계라고 말하는 것과도 유사하게, 가다머에게 있어 인간의 유한성은 인간 언어의 유한성 문제로 귀결된다. 이제 슐라이어마허의 문법적 해석의 측면과 밀접하게 연결될 수 있다고 볼 수밖에 없는 『진리와 방법』 3부에서 개진되고 있는 해석학의 토대로서의 언어Sprachlichkeit 논의에 대해 고찰해 보자.

VI. 해석학의 토대로서의 언어

앞에서도 언급했듯이, 가다머가 슐라이어마허와 딜타이의 해석학을 낭만주의 해석학으로 평가하는 이유는 딜타이에서 수용된 슐라이어마허의 해석학의 한 방향 곧 심리적 해석학의 방향에 정위되어 있기 때문이다. 이 과정에서 가다머는 슐라이어마허의 두 해석학의 방향을 언급은 하면서도 문법적 해석학의 방향에 대해서는 강조하지 않는다. 그러나 잘 알려져 있듯이 슐라이어마허의 해석학을 이해하는 데 있어서 문법적 해석의 측면은 심리적 해석과 더불어 빼놓을 수 없는 두 측면이다. 슐라이어마허의 해석학을 둘러싸고 초기부터 이미 문법적 해석에 중점을 두고 파악하는 관점과 앞에서 소개한 바와 같이 딜타이처럼 심리적 해석에 중점을 두고 이해하는 관점이 있었다. 킴멀레에 따르면 슐라이어마허의 해석학을 수용하는 방향에는 두 가지 방향이 있었다. 하나는 뤼케와 딜타이 등의 해석하는 심리학적 해석의 방향이고, 다른 하나는 하이데거 등이 취하는 문법적 해석학의 방향이다.[15] 슐라이어마허의 해석학에 대한 해석과 관련해서 두 관심의 방향이 있었음에도 불구하고, 가다머는 『진리와 방법』 3부에서 개진하는 언어성을 중심으로 철학적 해석학의 정당성을 입론하면서 슐라이어마허의 문법적 해석학의 측면을 언급하지 않는다. 가다머의 이러한 시도는 사실 슐라이어마허의 문법적 해석의 측면에서 언어와 사유의 관계 설정을 논의하는 시도와 다르지 않다. 다만 가다머는 이를 언어와 해석[16]이라고 하는 측면에서 고찰하고 있을 뿐이다. 강돈구는 그의 박사 학위 논문에서 슐라이어마허에게 있어 언어와 해석, 언어와 사유의 관계 문제에 대해서 체계적으로 논의한 바 있기도 하다.[17]

가다머가 자신의 개념사적인 접근을 통해서 슐라이어마허의 해석학을 균형감 있게 그 역사적 의미에서 파악하고자 했다면, 딜타이가 취했던 방향뿐만 아니라, 문법적 해석의 방향을 같이 다루어야 마땅하다. 그런데 『진리와 방법』 2부에서는 이러한 두 측면을 언급했을 뿐, 다른 해석의 방향은 언급하지 않고 곧바로 딜타이의 심리학적 해석의 방향에서 슐라이어마허 해석학을 소개하고, 이를 재구성의 해석학으로 규정짓는다. 문제는 이 슐라이어마허의 해석학에서 중요한 한 축인 이 문법적 해석학의 측면 즉 언어성^{Sprachlichkeit}의 입장에서

15 F. D. E. Schleiermacher, *Hermeneutics: The Handwritten Manuscripts,* ed. Heinz Kimmerle, trans. James Duke and Jack Forstman (Missoula Montana: Scholars Press, 1977), 9-10 참조.

16 이 주제에 대한 가다머의 후속적인 언급은 다음을 참조. Jean, Grondin, *Gadamer Lesebuch* (Tuebingen: Mohr Siebeck, 1977), 71-85.

17 이에 대한 연구로 다음 논문을 참조. Ton-Ku Kang, *Die grammatische und die psychologische Interpretation in der Hermeneutik Schleiermachers*, Dissertation (Tuebingen: The University of Tuebingen, 1978).

해석학의 본질을 이해하려는 시도가 『진리와 방법』 3부에서 개진되고 있다는 점에 있다. 『진리와 방법』 3부에서 가다머는 서양의 언어 이해 전통을 소개하면서 훔볼트 등의 언어관과 연관된 자신의 언어 실재론적 관점에서의 해석학의 입장을 개념사적으로bergriffgeschichtlich 정당화하고 있다. 비록 이 장에서 중요한 핵심이 훔볼트 등의 언어관에 따라 그의 입장을 정당화하는 데 있었다고 하더라도, 『진리와 방법』 2부에서 슐라이어마허의 해석학 입장을 언급한 가다머가 여기서 슐라이어마허의 문법적 해석학의 방향을 생략한 것은 뭔가 어색하다. 가다머의 『진리와 방법』 3부는 실질적으로 해석학이 근본적으로 언어와 세계 관계 속에서 발생한다는 입장이다. 이는 1부 2부와는 다른 관점에서의 접근이라 할 수 있다. 즉 해석학의 보편적 토대로서의 언어적 실재론[18]을 펼치고 있기 때문이다. 그는 다음과 같이 말한다.

> 지금까지 우리의 논의를 이끌어온 생각은 언어가 나와 세계가 만나는 매개자라는 것, 보다 정확히 말하면 나와 세계가 근원적으로 서로에게 속해 있다는 것이다.[19]

여기서 가다머가 말하고자 하는 바의 핵심은 언어 없이는 세계도 존재하지 않는다는 것이다. 이는 후기 하이데거의 언어관과 그대로 연결되어 있기도 하고, 또한 나의 세계의 한계는 나의 언어의 한계라는 비트겐슈타인의 말을 연상시키기도 한다. 내가 어떤 이름을 부르고

---

18 이에 대한 체계적인 논의로는 다음의 논문을 참조. Brice R. Wachterhauser, *Hermeneutics and Truth* (Evanston: Northwestern University Press, 1994), 148-171 참조.

19 가다머, 『진리와 방법2』, 426.

사물에 의미를 부여하는 것은 해석의 과정이며, 이 해석을 통해 우리가 경험하는 세계는 해석의 사건으로 드러난다. 이는 훔볼트 등의 언어관과 사피어-워프의 언어 세계관설과도 그대로 연결되는 입장이다. 가다머의 이러한 입장은 논쟁의 여지가 있다. 즉 과연 언어 없이는 세계 경험이 과연 존재할 수 없는가 하는 문제이다. 생물학적으로 보면, 이미 언어는 의식과 언어는 비교적 나중에 발생하는 현상일 뿐이기에, 나중에 일어나는 현상 이전에 인간 경험이 없다고 보는 것은 문제가 있다고 본다. 여기서 상론할 수는 없지만, 대표적으로 안토니오 다마지오가 이러한 입장에 서 있다.[20] 가다머는 다음과 같이 말한다.

> 인간이 세계와 맺는 관계는 근본적으로 언어를 매개로 하며, 따라서 사유를 통해 이해될 수 있는 것이기 때문이다. 이미 살펴보았듯이 그런 점에서 해석학은 단지 이른바 정신과학의 방법적 토대일 뿐 아니라, 철학적 보편적 측면이다.[21]

인식론적인 측면에서 볼 때도 객관주의의 이상에 취해 한 개인이 처한 언어적-역사적 상황에 대한 진지한 성찰 없이 곧바로 선입견을 배제한 인식이 가능한 것처럼 전제하면서 출발하는 근대적 학문 방법론이나 이에 기초하여 인문학도 객관적 재구성이 가능한 것처럼 단정하는 것은 가장 중요한 인간의 유한한 상황을 간과하고 있다는 사실을

---

20 그의 대표적인 저작으로는 다음의 책을 참조. 안토니오 다마지오, 『데카르트의 오류 — 감정, 이성 그리고 인간의 뇌』, 김린 역 (서울: NUN, 2017).

21 가다머, 『진리와 방법2』, 428.

주지할 필요가 있다. 가다머가 취한 입장은 이러한 맥락에서 충분히 그 타당성이 인정된다. 하이데거가 『현사실성의 해석학』에서 주목한 부분도 바로 이 부분이다. 가다머 또한 이러한 인식 이전의 해석학적으로 논의 되어야 할 선입견 그 자체에 대한 철저한 논의가 없는 것에 대해 문제제기를 한 것이라 볼 수 있다. 다시 말해 근대 계몽주의의 선입관, 우리는 나와 대상으로 엄밀하게 나누어져 있으며, 이때 주체인 나는 외부와 아무런 영향관계 없이 비-역사적인 어떤 점으로 존재하고 있는 듯이 전제하고, 이 주체가 바깥이 있는 대상을 사실 그대로 고찰할 수 있다는 선입관이 가진 약점을 우리가 현실적으로 경험하고 있는 바, 어떤 대상을 고찰하기에 앞서 자신이 처한 상황과 역사적 자기 이해는 충분히 고려되어야 마땅하다.

가다머의 개념사적인 접근도 바로 이러한 의미에서 그 정당성을 얻는다. 그는 인문학적 전통에서 중요한 '객관성의 지표'로 인정되는 것이 근대 자연과학의 등장 이후 어떻게 변형되었는지 그 개념사적인 변화에 주목한다. 『진리와 방법』 1부가 이러한 접근에 해당한다고 할 수 있다. 이 점에서 그는 설득력 있는 접근을 하고 있다. 그러나 철학자들을 비판하거나 특정한 철학적인 개념을 해석하는 과정에서 은유와 알레고리적 차원에서의 해석에 머무름으로써 보다 철저한 개념사적인 접근을 수행하고 있지 못하다.[22] 좀 더 과장해서 말하면 선입견을 정당화한 나머지, 자신이 어떤 철학자나 개념을 해석할 때 어떤 선입관을 가지고 있는지에 대한 비판적 성찰이 없는 것이다. 이러한 측면은 가다머가 『진리와 방법』 1부에서 칸트의 미학을 해석

22 이에 대한 비판적 논의는 지면 관계상 여기서 다루지 않는다.

하는 과정에서도 드러난다. 그는 칸트의 『판단력 비판』에서의 미학을 비판할 때 후설의 개념을 빌어 말하자면 수학적 이념의 옷[Ideenkleid]을 입힌다. 가다머에 따르면 칸트의 수학적 관점이 미학에도 반영되어 있다는 것인데, 이는 칸트 미학에 대한 정당한 비판이라고 할 수 있을지도 의문이다.[23]

전체적으로 보면, 가다머는 슐라이어마허의 해석학에서 중심축 역할을 하는 심리적 해석 및 문법적 해석의 두 측면을 『진리와 방법』에서 모두 수용하고 있다. 슐라이어마허에게 있던 두 측면 가운데 한 측면인 심리적 해석의 방향은 딜타이를 매개로 하여 『진리와 방법』 2부에서 비판적으로 고찰되고 있고, 문법적 해석의 측면은 훔볼트 등의 언어관을 매개로 자신의 철학적 해석학을 정당화하고 있다. 하지만 『진리와 방법』 내에서는 슐라이어마허의 문법적 해석학의 측면은 간과되고 있다. 그렇다면 다음과 같은 물음이 제기된다. 왜 가다머는 슐라이어마허의 해석학에서 문법적 축면을 간과했을까? 여기에는 두 가지 이유가 있을 수 있다. 그 하나는 가다머가 하이데거의 『현사실성의 해석학』에 나오는 현상학적 해석학의 입장을 무비판적으로 적용하려는 데서 온 결과로 보는 것이다. 즉 하이데거의 삶의 해석학과 딜타이의 삶의 해석학적 측면에서 슐라이어마허의 해석학 가운데 심리적 해석만을 취한 것이다. 이러한 그의 독특한 관점 때문

23 오트프리트 회페는 가다머의 이러한 입장에 대해 비판한다. 가다머에 따르면 칸트가 미학을 주관화시켰다고 말하는 데, 이는 칸트 미학이 가지는 보편성의 특징을 과소평가했다는 것이다. 또한 자연과학적 방법론 즉 수학적 관점을 미학에 투영시켰다고 말하는데 이는 사실과 부합하지도 않을 뿐더러, 칸트가 아름다운 예술이 천재의 예술이라고 말하는 배경은 기존의 규칙미학에 대한 거부에 있었다는 것이다. Offried Hoeffe, *Immanuel Kant*(Muenchen: C. H. Beck, 1992), 266-267 참조.

에 이후 가다머의 독자를 통해 이해하게 되는 슐라이어마허의 해석학은 그 고유의 역사적 의미에서 파악하지 못하게 한다. 가다머에 대한 연구를 진행한 바 있는 장 그롱뎅이 대표적인 사례라 할 수 있다. 지면 관계상 여기서는 상론하지 않는다. 또 다른 이유는 가다머가 하이데거의 『현사실성의 해석학』에서 배운 해석학적 방법론을 헤겔의 교양Bildung 또는 자기 실현 개념을 이해하는데 적용하고 이 입장에서 슐라이어마허와 딜타이의 해석학을 비판하는 입장으로 나간 것에 있다고 할 수 있다. 이러한 사정은 가다머가 『진리와 방법』 2부에서 헤겔의 관점을 취하는 대목에서 분명하게 드러난다. 2부에서 가다머는 헤겔 전통의 통합의 해석학 입장에서 딜타이와 슐라이어마허의 재구성의 해석학을 비판하는 입장을 취한다.

VII. 재구성의 해석학 vs. 통합의 해석학

가다머는 『진리와 방법』 2부에서 두 해석학의 방향 가운데 하나의 선택지를 언급한다. 그는 슐라이어마허와 딜타이의 입장과 헤겔의 입장 사이에서 헤겔을 따른다고 말한다. 이때 그가 따르는 헤겔의 입장이란 역사적인 과정에서 축적되어 온 영향사적 관점에서의 해석이다. 이후 가다머는 헤겔의 철학에 따라 존재의 증대Zuwachs an Sein[24]를 말하고, 헤겔의 교양 또는 자기실현Bildung 개념을 해석학적으로 수용

24 Gadamer, *Wahrheit und Methode Grundzüge einer philosophischen Hermeneutik*, 145-161 참조.

하면서 어느 한 시기에 끝나지도 않고, 그 시작점도 알 수 없는 해석의 변증법을 말한다. 이는 엄밀하게 말해 하이데거의 현사실성의 해석학 입장에서 파악된 헤겔의 입장이라고 볼 수 있다.[25] 하이데거의 현사실성의 해석학이란 역사 속에 던져진 현존재의 피투성을 특징으로 하는 세계-내-존재In-der-Welt-sein로서의 현존재의 한계를 직시하는 해석학이라고 할 수 있다. 다시 말해 인간은 자신의 선입견을 떠나서 '객관적으로' 대상에 접근할 수 없다는 것이다. 하이데거에게 선입견은 피해야 할 걸림돌이 아니라, 전제하면서 앞으로 나가야 할 필연적인 조건이다. 『현사실성의 해석학』에서 하이데거는 해석학적 순환을 이해의 필연성으로 규정하고, 인간 현존재의 현실로 받아들인다. 가다머는 하이데거의 이러한 입장에서 선입견을 정당화하고, 인간이 처한 해석학적 현실에 주목한다. 가다머는 하이데거와 헤겔의 입장 사이에서 자신만의 철학적 해석학이라는 오솔길을 발견한다. 그는 헤겔의 역사성 개념을 매개로 계속되는 해석을 통한 존재의 증대 혹은 지평의 확장을 말한다. 이는 한마디로 우리는 과거의 해석에 따른 영향사 혹은 영향사적 의식 없는 '순수한 해석'의 지점에 설 수 없음을 뜻한다.

현재의 어떤 해석은 이미 전통의 영향을 받아 수행된 해석이고, 이후에 진행될 모든 해석도 마찬가지이다. 여기서 중요한 것은 가다머

25 최신한은 이와 관련해서 다음과 같이 말한다. "가다머가 헤겔의 '통합'을 중요하게 받아들이는 반면 슐라이어마허의 '재구성'을 비판적으로 바라보는 것은 정신의 운동성을 규칙성이나 법칙성보다 중요하게 생각하는데서 나온다." 최신한, 『지평확대의 철학-슐라이어마허, 점진적 자기발견의 정신 탐구』, 139. 나는 가다머가 헤겔에 주목하면서 슐라이어마허와 딜타이의 해석학과 거리를 두는 이유는 다음과 같은 차이에서 비롯된다고 본다. 역사성에 대한 두 개의 방향, 곧 과거의 저자의 의도를 체계적으로 접근하여 과거의 사실에 주목하고자 하는 객관적 재구성으로서의 역사성과 이미 현재는 과거의 역사적 과정을 결과로 형성된 역사적 현재이자 이것을 바탕으로 점진적으로 미래로 '완성'되어 간다는 차원에서의 역사성 이해의 차이 말이다.

가 취한 해석학의 방향이다. 가다머가 보기에 재구성의 해석학, 곧 슐라이어마허와 딜타이의 해석학은 실제로 가능하지 않음에도 불구하고, 과거의 역사적 텍스트를 '객관적으로' 재구성할 수 있다고 본다는 점이 문제인 것이다. 심지어 슐라이어마허가 과거의 저자보다 현재의 독자가 저자의 텍스트를 더 잘 이해할 수 있다고 본다는 점이 문제가 된다. 이러한 관점은 가다머에게 있어 다른 방향에서 수행된다고 할 수 있다. 즉 가다머는 슐라이어마허의 이러한 이상을 더 이상 현재 독자의 과거 재구성 쪽이 아니라, 미래 독자의 통합 차원에서 발견한다.

이는 가다머가 헤겔의 역사철학적 입장을 수용한 결과라 할 수 있다. 왜냐하면 앞에서도 잠시 언급했듯이 미래의 독자는 현재 독자의 해석 지평보다 더 넓은 지평을 확보하고 있기 때문이다. 가다머가 헤겔의 통합 해석학의 입장을 수용하면서 존재의 증대를 말하고 더 나은 이해의 지평을 말하면서도 헤겔의 입장에 동의할 수 없는 지점이 있다. 그것은 바로 절대정신의 완성이라고 하는 부분이다. 가다머는 하이데거의 사유에 따라 인간의 역사적 유한성에 주목하고 있기에 해석의 차원에서 이러한 '절대'를 허락하지 않는다. 해석은 지속적인 변증법의 과정 그 자체일 뿐, 완결을 허락하지 않기 때문이다. 가다머는 헤겔의 변증법을 수용하면서 동시에 비판하는 관점에 서게 됨으로써 하이데거가 제시하고자 한 역사성의 지평과도 차이를 보인다. 하이데거가 역사적 존재 사건에 주목하고, 그 역사성을 밝히고자 하지만, 가다머는 해석(혹은 언어)를 통해 드러나는 존재 사건이 역사적으로 어떻게 계속 그 지평을 확장해 나가는지에 주목한다. 이는 가다머가 플라톤의 대화적 저작 방식에 드러난 해석학적 변증법과 헤겔의 역사적 변증법을 통합한 결과라 할 수 있다.

VIII. 나가는 말

지금까지 살펴보았듯이, 가다머는 슐라이어마허의 해석학에 대한 평가는 정당한 평가라고 볼 수 없다. 즉 슐라이어마허의 해석학의 핵심에 있는 해석의 두 측면 가운데 한 측면의 입장에서 다른 한 측면만을 부각하는 논의 방식은 정당한 비판이라고 보기 어렵다. 이는 특히 가다머 자신의 개념사적인 접근 방식을 대입해 때 정당해 보이지 않는다. 비록 그가 슐라이어마허의 문법적 해석의 측면을 나중에 알게 되었다고 말하고 있지만, 『진리와 방법』 안에서는 슐라이어마허 해석에 있어 매우 일면적이다. 즉 딜타이에 수용된 심리적 해석의 측면만을 부각하고 있다. 과연 가다머가 슐라이어마허의 해석학에서 문법적 해석의 측면을 몰랐을까?

가다머는 처음부터 슐라이어마허보다는 헤겔의 입장에 선다. 왜냐하면 가다머가 보기에 해석은 어느 한 시기의 완결을 허락하지 않는 지속적인 연속성 가운데 있기 때문이다. 이는 그가 하이데거의 유한성의 철학이라고 하는 입장을 수용하고 있기 때문이기도 하다. 바로 이러한 사실 때문에 그가 말하는 지평 융합이라는 개념도 오해의 여지가 있다. 개념 자체만을 놓고 볼 때 지평 융합은 가치중립적으로 다르게 해석되는 사실만을 지칭할 뿐, 이전의 해석과 구별되어 새로운 해석이 지니는 역사적 의미에 대해서는 아무것도 말해줄 수 없기 때문이다. 특히 기준점의 문제와 관련해서 아무런 대안을 제시할 수 없기 때문이다. 여기서 상론할 수는 없지만, 이에 대한 하버마스의 비판은 잘 알려져 있다. 엄밀하게 말하면 가다머의 입장은 하이데거와 달리 헤겔의 입장에 따라 존재의 증대를 말하기 때문에 지평 융합보다는 "지평 융합에 따른 지평 확대Horizonterweiterung"라고 말하는 것이 더 타당할 것이다.

가다머가 슐라이어마허 해석학을 해석하는데 있어 정당성 문제는 일차적으로 가다머가 딜타이의 입장 곧 보편적 해석학 혹은 객관적 학문 방법론을 정초한 해석학으로 슐라이어마허의 해석학에 접근하면서도 이러한 접근과 모순되게 슐라이어마허의 해석학을 신학적 해석학으로 축소하고 있다는 점에서 발생하고, 다른 한편으로는 똑같이 딜타이의 심리적 해석학의 방향을 따르면서 슐라이어마허의 해석학의 또 다른 측면인 문법적 해석 혹은 언어적 차원의 측면을 축소하고 있으며, 이와 동시에 『진리와 방법』 3부에서 언어를 매개로 하여 해석학의 본질을 규명하려는 가운데 슐라이어마허의 문법적 해석학의 측면을 언급하지 않고, 그의 이러한 문법적 해석학의 측면을 나중에 알게 되었다고 말한다는 데 있다.[26]

바로 이러한 점 때문에 가다머의 슐라이어마허 해석학 문제에 정당성 문제가 제기된다. 여기서 가다머는 과연 슐라이어마허의 해석학을 해석할 때 자신의 방법론인 개념사적인 방법론을 충실하고 철저

---

26 Hans G. Gadamer, *Wahrheit und Methode Hermeneutik II -Ergaenzungen Register* (Tuebingen: Mohr Siebeck, 1986), 15 참조. 이후에 가다머는 슐라이어마허의 해석학에서 언어의 문제라는 글을 쓰기도 한다. 다음의 논문을 참조. Hans G. Gadamer, "Das Problem der Sprache in Schleiermachers Hermeneutik," in *Kleine Schriften III* (Tuebingen: Mohr Siebeck, 1967), 129 이하 참조.

하게 적용하지 않았다. 즉 그가 주장하듯이 어떤 철학적 개념이나 사상가의 철학을 그것이 지닌 역사적 의미와 한계에 입각하여 평가하지 않았다. 어떤 한 입장에서 다른 사람의 입장을 비판할 때, 상대방의 관점을 충분히 반영하지 못하고, 자신이 원하는 부분만을 목표로 삼아 비판을 할 경우, 이는 정당한 비판(혹은 가다머의 용어로 말하면 개념사적 접근)이라고 보기 힘들다. 이때 두 가지 경우가 있을 수 있다. 비판의 대상이 되는 학자의 입장을 충분히 모르고 비판할 경우와 충분히 알면서도 그 학자가 주장한 다른 측면을 애써 외면할 경우이다. 가다머의 경우, 전자의 경우처럼 보이지만 사실상 후자에 가깝다고 할 수 있다. 흥미롭게도 가다머는 『진리와 방법』 3부 처음에 슐라이어마허의 다음의 말을 인용하며 맨 처음에 부각시키고 있다. "해석학에서 전제되어 있는 것은 언어뿐이다. F. D. E. 슐라이어마허"[27]

27 이렇게 슐라이어마허의 문법적 해석의 측면 곧 해석학에서의 언어의 중요성을 강조했다는 사실을 알고 있었음에도 불구하고, 이 3부에서 슐라이어마허의 문법(언어)적 측면에 대한 체계적인 고찰은 없다. 슐라이어마허 이름은 『진리와 방법』에서 총 161회 언급된다. 대부분 1, 2부에 많이 나오고, 3부에서는 위의 인용문을 소개하는 부분에서 1회 나온다. Gadamer, *Wahrheit und Methode Grundzüge einer philosophischen Hermeneutik*, 387 참조.

후 세속성과 영성의 윤리

—찰스 테일러와 프리드리히 슐라이어마허*

황은영

I. 서론

종교 철학과 신학, 윤리학에서 영성에 관한 관심이 증폭하고 있다. 영성은 종교적 제도의 형태에 의존하기보다는, 곧 한 개인의 삶과 태도 그리고 감수성의 일상적 방식을 바꾸는 방향 설정 혹은 삶의 관점을 변환하는 사안으로 여겨지곤 했다.[1] 우리는 여기에서 영성의

* 본 논문은 Neue Zeitschrift für Systematische Theologie und Religionsphilosophie 64.3 (2022)에 출간된 "The Ethics of Spirituality as a Post-Secular Question"을 한국어로 번역한 논문임을 밝힌다.

1 데이비드 카David Carr는 "종교적으로 얽매이지 않는 영성 개념"을 다루면서 영성은 '더 높은 인간적 태도', '미적 감성', '예술적 감상'으로 구성된 일상적인 세계에서 살아가는 관점을 구성하고 그 안에서 즉각적인 필요를 초월하는 가치관을 설정하는 '능력'과 관련이 있다고 제안한다. David Carr, "Spirituality, Spiritual Sensibility and Human Growth," *International Journal for Philosophy of Religion* 83 no.3 (2018): 245-260. 캐리Jeremiah Carey는 '영적 삶'을 윤리적 지향, 삶의 방식, 내적 변화의 문제로 정의하며, 이를 교리적 신념, 공동체적 전통, 실천과 교차하지만 구분되는 것으로 보면서, 동시에 영적 전통의 중요성 역시 강조하고 더 나아가

어떤 형태가 윤리적으로 정당화할 수 있는 것인지를 물어볼 수 있지 않을까? 비록 목회 상담학의 영역에서 연구자들은 영성의 문제가 돌봄의 윤리를 위한 동기의 근원으로 작동한다는 것을 지적하기는 했지만, 그들은 과연 혹은 어떻게 윤리적 규칙들을 따라서 영성이 검토될 수 있는지에 대해서는 생각하지 않았다.[2] 어떤 면에서 영성의 문제는 곧 한 사람이 자기 삶과 다른 사람들의 삶에 영향을 미치는 근본적인 관점이자 방향 설정의 감각이라고 할 수 있다. 그렇다면 만일 특정한 영성이 어떤 이로 하여금 그 자신의 현실을 부정하고 도피하게 하는 해악적인 방식 – 예를 들어 영적인 자기기만 – 에 노출되게 하거나 혹은 심지어 범죄를 저지르게까지 하게 한다면, 어떻게 해야 하는가?[3] 어쩌면 최근 〈나는 신이다〉라는 탐사 다큐멘터리 등이 보여 주듯이, 피해자는 물론 심지어 정명석마저도 그 자신이 가진 고유의 영성에서부터 그 모든 것을 시작했을 수 있다. 만일 그러하다면, 누구든 간에 결국 그 자신의 영성이 자기 자신과 타인에게 도덕적으로 잘못될 수 있고 해로울 수 있는지에 대해서 양심적으로 성찰하고 더 나아가 그것이 윤리학적으로 자신과 타인에게 정당화할 수 있는지

일부 부박하고 자유분방하며 개인주의적인 영성에 대해 경고한다. Jeremiah Carey, “Spiritual, but not Religious?: On the Nature of Spirituality and its Relation to Religion,” *International Journal for Philosophy of Religion* 83. no.3 (2018), 261-269.

2 Simon Robinson, *Spirituality, Ethics and Care* (London: Jessica Kingsley Publishers, 2007).

3 Craig S. Cashwell, Paige B. Bentley, and J. Preston Yarborough, “The Only Way Out is Through: The Peril of Spiritual Bypass,” *Counseling and Values* 51 no.2 (2007), 139-148; Sung Joon Jang, and Aaron B. Frazen, “Is Being ‘Spiritual’ enough without Being Religious? A Study of Violent and Property Crimes among Emerging Adults,” *Criminology* 51 no. 3 (2013), 595-627.

를 반성해야 하지 않을까? 이러한 상황은 영성의 문제가 과연 규범적인 차원을 완전히 버릴 수 있는지를 생각하게 하면서, 결국 영성의 윤리라는 문제를 검침할 것을 요구하게 된다. 신념의 윤리에 대한 논의들은 이 점에서 이 질문을 응대하는데 좋은 참조점이 된다.

윌리엄 제임스William James와 윌리엄 클리포드William Clifford 사이에 신념의 윤리에 대한 이전의 논의는, 비록 그것이 영성의 문제라기보다는 신념에 대한 상당히 긴 일련의 논의를 자아내면서, 일찍이 이 문제를 다루었다. 잘 알려진 것 같이, 클리포드는 자신의 배가 신적 섭리의 돌봄을 받기 때문에 수리가 필요함에도 항해를 강행하는 선장의 예를 언급하면서, 신념의 윤리라는 문제를 제기한다. 클리포드에게서 제시된 것처럼, 신념의 윤리는 다음과 같은 원리에 의거한다. "언제나 그리고 어디서나 그리고 누구나 어떠한 것을 부족한 증거에 기반해서 믿는 것은 잘못된 것이다." 왜냐하면 근거 지어지지 않은 신념은 즉 "우리 자신을 그러한 신념에서부터" 또한 "우리의 가족과 이웃에 대해서 재앙을 초래할 위험"에서부터 지켜내야 하는 "인류에 대한 우리의 의무를 위반"하는 것이기 때문이다.[4] 반면에 비록 "정념적이고 또한 의지적인 본성이 우리의 모든 확신의 근거에 있다"는 점을 강조하면서, 제임스는 곧 이러한 의지적, 정념적인 본성이, 명제들 중에서 특정 대안을, 그것이 본성상 지성적인 이유에만 기반을 두고 결정될 수 없을 때, 선택해야 한다고" 주장한다.[5] 이 논의에서 클리포드는

4 William K. Clifford, "The Ethics of Belief," in *Lectures and Essays* (London: McMillan, 1879), 184-186.

5 William James, *The Will to Believe: And Other Essays in Popular Philosophy* (New York: Longmans, Green, and Company, 1896), 4-11.

인지적으로 정당화 가능하고 합리적인 증거의 기준에 따라서 타당한 신념을 가지는 것이 윤리적 정당성을 가지는 신념에 필수적인 것이라고 강조한다. 반면에 제임스는 곧 신념에 있어서 자기 나름의 의지적 그리고 정념적인 태도를 가지는 것이 신념의 명제적 내용이 가지는 정당화 가능성의 문제에 비해서 우위권을 가지고 있다고 주장한다.

명제적 신념의 정당화 가능성의 문제가 곧 그 나름의 시각, 방향성, 그리고 태도의 사안으로서 영성의 문제와 관계가 없다는 점에서, 신념의 윤리에 대한 논의는 어쩌면 영성의 윤리에 그렇게 관련이 없어 보일 수 있다. 그러나 만일 클리포드에게서는 신념을 가지는 것이 자기 자신과 다른 사람들을 위한 윤리적 시사점을 가진다는 것을 고려하고 또한 제임스에게서는 결국 그것이 개인들의 독특한 정념과 의지, 방향성의 문제라는 것을 고려한다면, 신념의 윤리의 문제는 그것이 한 개인의 정념과 의지, 삶의 방향성이 자신과 타인에게 가지는 윤리적 시사점을 가진다는 점에서, 영성의 윤리의 가능한 하나의 대안을 제시하기 위한 디딤돌이 될 수 있을 것이다. 최근의 논의들은 곧 클리포드의 제안이 주는 윤리적 시사점은 물론 또한 신념이 가지는 비명제적 측면이 가지는 윤리적 시사점 모두에 초점을 맞추고 있으며, 이러한 경향은 곧 영성의 윤리를 제시할 수 있는 길을 마련한다. 한편으로 학자들은 인식론적 문제와 씨름하기보다는 신념의 윤리학에서 자기 존중적 측면과 타인 존중적 측면의 윤리적 함의를 다루게 된다.[6] 반면에 또 다른 학자들은 행동 방향, 태도, 그리고 성향

---

6 Rose Ann Christian, "Lessons from James's Debate with Clifford: How not to Philosophize," *American Journal of Theology and Philosophy* 33 no. 2 (2012), 159-169; Allen Wood, "The Duty to Believe according to the Evidence," in *Ethics of Belief: Essays*

에 영향을 미치는 신념의 비명제적, 태도적 측면 혹은 명제적 신념에서 비명제적 신념에 이르는 유동적인 범위에 더 많은 관심을 기울이기도 한다.[7] 이 두 가지 논의의 흐름은 합리적으로 정당화할 수 있는 형태의 신념을 가지는 것이 결국 인지뿐만 아니라 의지, 지향성, 태도까지 포함하면서 결국 자기 존중적 차원과 타자 존중적 차원을 가지고 있음을 강조한다. 영성 윤리는 자신의 관점, 지향성, 태도에 기반한 영성이 사회문화적 시민성, 과학적 합리성, 유용성의 기준에 따라서 타당하다고 여겨지는 합리적인 증거의 범위 내에 머무름으로써, 자신과 타인에 대한 인간성에 대한 존중의 의무를 다할 수 있는지를 다룬다.

이 논문은 찰스 테일러의 후세속성에 대한 견해가 그의 사상이 슐라이어마허에 의존하고 있는 지점들을 짚으면서 영성 윤리의 가능한 하나의 대안을 제시한다. 세속성의 현재와 그 너머에 대한 논의에서 테일러는 윌리엄 제임스와 클리포드와의 논쟁을 재검토함으로써 영성의 문제를 다루고 있다. 테일러는 각 개인의 진정한 영성을 강조하는 제임스의 편에 서면서 클리포드가 대표하는 불가지론과 불신앙이라는 세속적 상태와의 역동적인 관계를 추적한다. 테일러가 "오늘날 종교의 다양성"에서 지적했듯이 클리포드와 제임스 사이의 논쟁은 단순한 철학적 논쟁이 아니다. 그것은 영성과 세속성의 현대적 공존을

in Tribute to DZ Phillips (Dordrecht: Springer, 2007), 20-21.

7 Van A. Harvey, "The Ethics of Belief and Two Conceptions of Christian Faith," in *Ethics of Belief: Essays in Tribute to DZ Phillips* (Dordrecht: Springer, 2007), 42-51; Robert Audi, "Belief, Faith, and Acceptance," in *Ethics of Belief: Essays in Tribute to DZ Phillips* (Dordrecht: Springer, 2007), 87-102.

반영한다. 이 논쟁은 대부분의 사람들이 “과학과 계몽의 발전”이라는 세속주의적 유인력과 “신앙에 대한 부름” 또는 “다른 쪽으로의 부름을 떨어낼 수 없는” 유혹이라는 영적 유인력으로 구성된 “두 가지 유인력을 모두 느끼고 있음”을 보여준다.[8] 테일러는 비록 짧게 다루지만, 슐라이어마허가 “모든 사람이 각자의 영적 영감의 길을 따르도록 하자”는 신조로 개인주의적 영성으로의 전환을 예고했다고 서술한다.[9] 테일러는 그가 가진 영성에 대한 관심과 슐라이어마허에 대한 간략한 설명에도 불구하고 영성의 윤리를 명시적으로 발전시키지 않았는데, 이는 부분적으로는 그가 클리포드보다 제임스가 제시한 신앙의 의지를 지지하였기 때문이기도 하다. 이 글에서는 테일러가 슐라이어마허를 계승하면서 시민성, 합리성, 유용성이라는 다양한 문화적 힘 속에서 영적 진정성과 개인에 대한 상호 인정에 기반한 후세속성의 문제로서 영성 윤리를 암묵적으로 제시하는 방법을 살펴본다. 두 사람의 저작이 방대하기 때문에 이 글에서는 종교에 관한 슐라이어마허의 초기 저작과 종교와 영성에 관한 테일러의 후기 저작에만 초점을 맞출 것이다.

논문은 다음과 같은 순서로 진행된다. 첫 번째 장에서는 영성이 각 개인의 고유한 개성과 종교적 교제를 실현하는 방식과 어떻게 관련되어 있는지에 대해 논의하면서 영성에 대한 슐라이어마허의 관점과 테일러의 관점을 비교한다. 두 번째 장은 슐라이어마허와 테일러가 제시하는 바, 개성의 탐색 그리고 표현과 상호 인정이라는

---

8 Charles Taylor, *Varieties of Religion Today: William James Revisited* (Cambridge, Massachusetts: Harvard University Press, 2002), 56-57.

9 위의 글, 100.

영성의 윤리의 원칙들을 제시하고 한다. 세 번째 장은 종교 기관, 국가, 합리성과 유용성에 매몰된 문화적 특성을 다룰 때 영성의 윤리가 각 개인의 진정한 탐색과 상호 인정을 요구하는지에 초점을 맞추면서 슐라이어마허의 영성의 윤리와 테일러의 영성의 윤리를 비교한다.

II. 슐라이어마허와 테일러의 영성

슐라이어마허는 영성이라는 용어를 명시적으로 제시하지는 않았다. 그럼에도 불구하고 직관, 감정, 일상적 현실의 관점 전환을 재검토할 때 그의 견해는 영성의 현대적 의미에 가깝다고 할 수 있다. 그는 종교를 우주의 인상에 대한 한 개인의 직관과 이에 반응적인 감정으로 정의하며, 각 개인의 고유한 감수성을 "각 개인에게 심어진… 자신의 충동"으로 간주한다.[10] 우주의 직관은 개인이 가지는 전일적이고 또한 무한한 참조의 틀 속에서 여하의 주어진 맥락의 경험을 다시 맥락화하는 개방된 관점이다. 그것은 전체적이고 무한한 참조의 틀 속에서 모든 상황에 주어진 경험을 다시 맥락화하는 지속적으로 열려진 관점이다. 그것은 "개별적인 모든 것을 전체의 일부로" 받아들이면서 "무한한 것의 표현으로서 제한된 모든 것seine Darstellung des Unendlichen"으로 받아들인다.[11] 이러한 우주의 주어진 인상에 대한 직관과 함께 "당신

10 Friedrich D. E. Schleiermacher, *Über die Religion: Reden and die Gebildeten unter ihren Verachtern*, in *Kritische Gesamtausgabe* I/2. *Schriften aus der Berliner Zeit 1796-1799*, ed. Günter Meckenstock (Berlin/New York: Walter de Gruyter, 1984), 211, 253.

들의 영의 활동(die Selbstätigkeit Eures Geistes)이 운동하게 된다"고 말한다.[12]

영성은 그의 규범적인 차원의 개인주의, 즉 인류 전체를 풍요롭게 하는 방법으로 각 개인이 자신의 영성을 함양하고 서로를 인류의 고유한 표현을 반영하는 존재로 인정하도록 장려하는 그러한 개인주의에 기반을 둔다. 그의 사상은 주어진 공동체와 상호 소통을 통해서 개인이 드러내는 개인 자체로서 가진 윤리적 가치에 중점을 두면서 칸트의 윤리가 결여한 지점을 보완한다.[13] 그의 『독백Monologen』에서 언급했듯이, 타인과의 상호작용을 통해 형성되는 각자 자신의 개성에 대한 직관은 전체 우주에서 무한한 인간성을 발현하는 계기로서 모든 개인이라는 직관으로 이어진다.[14] 마찬가지로 종교는 각 개인이 자신

---

11 위의 글, 214.

12 위의 글, 218.

13 Jacqueline Marina, *Transformation of the Self in the Thought of Schleiermacher* (Oxford: Oxford University Press, 2008), 166-168.

14 슐라이어마허는 그의 초기 단편들에서 자기 직관과 상호 작용을 통한 개성의 도야를 강조한다. "자신을 직관하지 않는 사람은 결코 전체를 파악할 수 없다. 전체를 추구하지 않는 사람은 결코 자신을 발견하지 못한다." Friedrich D. E. Schleiermacher, *Gedanken III. Schriften aus der Berliner Zeit 1796-1799, Kritische Gesamtausgabe* I/2, ed. Günter Meckenstock (Berlin/New York: Walter de Gruyter, 1984), 127. 이에는 한 개인은 다른 개인과의 지속적인 상호 작용을 통해 자신의 개성을 형성한다는 암묵적인 전제가 깔려있다. "상호 작용Wechselwirkung은 한 사람의 모든 활동Thätigkeit이 다른 사람의 효과Wirkung인 경우에만 존재한다." 위의 글, 34. 이후에 『독백』에서는 우주의 직관에 비견되는 인간 내면의 우주에 대한 직관이 제시된다. "나의 가장 높은 직관은 무엇인가! 모든 인간은 모든 면에서 자신을 드러낼 수 있고, 인간성의 품에서 나오는 모든 것이 무한의 충만함die Fülle der Unendlichkeit에 도달할 수 있도록 자신의 요소들의 혼합을 통해 스스로 인간성Menschheit을 표현해야 한다는 것이 분명해졌다." *Monologen. Eine Neujahrsgabe. Schriften aus der Berliner Zeit 1800-1802, Kritische Gesamtausgabe* I/3., ed. Günter Meckenstock (Berlin/New York: Walter de Gruyter, 1988), 18. 브렌트 소크니스Brent Sockness는 슐라이어마허에게서 진정성을 담보한 개성이 상호 작용과 우정을 통해서 개발되는 것임을 지적한다. 자신의 자유와

을 만드는 자기 창조를 위한 기원적인 원리이다.[15] 각자의 고유한 수용성에 따라 우주의 인상을 직관하는 각 개인은 다른 사람과 구별되는 우주의 고유한 작품으로서 인간성을 발현하는 자기 모습을 표현하고 다른 이들의 표현을 인식한다. "우주는 스스로 관찰자와 찬미자를 창조한다. … 인류의 각 단일 요소einzelne Element der Menschheit가 개인에게 나타나는 방식은 나머지 요소들에 의해 제한되거나 자유로워지는 방식에 따라 달라진다는 것을 알고 있다."[16] 각 개인은 "다른 모든 사람을 자신과 같이 명확하게 인정deutlich erkenne als sich selbst"하고, "인간성의 모든 개별적 표현들alle einzelne Darstellungen der Menschheit"을 완벽하게 이해한다.[17]

그의 개인주의적 영성 사상은 종교적 교제의 비전, 즉 소통과 표현의 사회적 상호 작용을 통해서 달성될 인류의 문화적 창달을 가능하게 하는 것에 상당한 의미를 가지는 것으로서 종교적 교제의 비전을 제시한다. 그는 종교가 인간 교양Bildung의 중요한 측면을 다룸을 보여줌으로써, 종교가 인간 교양에 해롭다는 "교양을 경멸하는 자들"의 의심을 불식시킨다. 슐라이어마허는 보편적 이성을 통해 인간을 수양한다는 계몽주의적 비전을 거부하면서 낭만주의적 도야의 이상을

독특한 개성을 발견하는 자기 직관은 지배적이고 평준화된 사회문화적 힘과의 긴장 속에서 다른 사람들과의 상호작용과 우정을 통해 길러져야 한다. Brent W. Sockness, "Schleiermacher and the Ethics of Authenticity," *Journal of Religious Ethics* 32 no.3 (2004), 477-517.

15 Joachim Ringleben, "Die Reden über die Religion," in *Schleiermacher Handbuch*, ed. Martin Ohst (Tübingen: Mohr Siebeck, 2017), 106.

16 Schleiermacher, *Die Reden über die Religion*, 251.

17 위의 글, 192.

공유한다. 이 낭만주의적 이상은 시와 상상력을 통해 각 개인의 고유한 인간성을 함양하는 동시에 민속 전승, 언어, 다른 문화의 예술, 그리고 중력, 전기, 화학 등 과학과 사회적 상호작용 사이의 유비에도 관심을 보였다.[18] 하지만 슐라이어마허는 이러한 낭만주의적 이상이 인간 도야의 과제에서 종교나 영성을 배제하는 데 문제를 제기한다. 그는 종교에 대한 관심 없이 "현자들의 격언과 시인들의 노래", "인류와 조국, 예술과 과학"에 몰두하는 '교양인의 삶'이라는 근시안적 이상을 비판하면서 종교가 인간 교양에 필수적이라는 종교에 대한 변호를 제기한다.[19] 종교는 "평범한 삶을 더 높은 것으로 변화"시키고 "더 나은 인류의 잠자는 씨앗을 깨우는 것"으로 이어지기 때문에 인류 교양에 필수적이다.[20] 결국 인간성의 도야는 어떻게 각 개인이 종교적 교제를 통해 상호 표현과 소통에 참여함으로써 자신의 영성을 실현하느냐에 달려있다. "자기 안에 있는 모든 것을 표현[하고] 소통äußern und mittheilen"하는 이 "지속적인 상호작용Wechselwirkung"의 과정을 통해서,[21] 각 개인은 "특정한 형태와 크기eine bestimmte Gestalt und Größe"에 도달하게 된다.[22]

---

18 Ursula Frost. "Das Bildungsverständnis Schleiermachers und Humboldts im Kontext der Frühromantik," in *200 Jahre "Reden über die Religion": Akten des 1. Internationalen Kongresses der Schleiermacher-Gesellschaft Halle 14.–17. März 1999*, ed. Ulrich Barth/Claus-Dieter Osthoevner (Berlin/New York: Walter de Gruyter, 2000), 859-66; Stefan Greif, "Märchen/Volksdichtung," in *Romantik-Handbuch*, ed. H. SCHANZE (Tübingen: Alfred Kröner Verlag, 1994), 257-62; Ludwig Stockner, "Die Auseinandersetzung der Romantiker mit der Aufklärung," in *Romantik-Handbuch*, ed. H. SCHANZE (Tübingen: Alfred Kröner Verlag, 1994), 79.

19 Schleiermacher, *Die Reden über die Religion*, 192-93.

20 위의 글, 194.

21 위의 글, 267.

슐라이어마허에게 있어 종교적 언어는, 장엄한 문체로 소통의 한계를 시험한다는 점에서 일반적인 언어 소통 방식과는 다른 면을 보이지만, 그럼에도 상호 소통이라는 해석학적 조건과 개성을 함양하는 역할을 공유한다는 점에서는 유사하다. 만프레드 프랑크Manfred Frank가 슐라이어마허의 상호 소통의 해석학적 조건에 대해 언급했듯이, 이성적 존재로서의 인간은 "절대적 공통성에 기초하여 상대방과 소통할 수 있을 때" "인격의 한계를 초월"하게 된다.[23] 슐라이어마허의 의사 소통의 해석학적 개념은 동일한 언어 공동체의 구성원들이 공유하는 동일한 사고의 도식과 표현의 가능성을 제공하는 언어의 유기적 조건을 전제로 한다.[24] 언어를 통한 종교적 혹은 영적 의사소통에 대한 슐라이어마허의 관점은 그의 해석학적 관점과 매우 유사하지만, 그럼에도 영적 언어, 영적 의사소통 및 그 교제의 독특성에 더 중점을 두고 있다. 다른 형태의 의사소통과 마찬가지로, 영적 의사소통은 공통적으로 "인간성의 가장 깊은 부분"에 관심을 가지면서 서로가 서로의 말을 "듣고 경청"할 수 있는 "상호 의사소통"이다.[25] 그러나 영적 소통은 "종교적 견해, 경건한 감정, 진지한 성찰"에 관한 것이므로, 소통 방식은 "온전한 충만함과 장엄함"으로 표현되는 "웅장한 스타일"이어야 하며 "다른 유형의 공동체"를 요구한다.[26]

---

22 위의 글, 251.

23 Manfred Frank, *Das Individuelle Allgemeine* (Frankfurt am Main: Suhrkamp, 1977), 117.

24 위의 글, 117.

25 Schleiermacher, *Die Reden über die Religion*, 268.

26 위의 글, 268.

테일러는 슐라이어마허를 따라 일련의 명제적 진리로 환원될 수 없는 영성이 가지는 관점주의적 본질을 제안한다. 테일러는 "어떤 도덕적/영적 형태"에 대해 논의하면서 평범한 "삶의 일상적 질서" 속에서 "우리에게 어떤 의미"를 던져주는 것으로서, "도덕적, 영적으로 방향을 잡는" 힘을 가진 '충만감'과 혹은 "불안하고 수수께끼 같은" 부정적인 경험 모두를 제안한다.[27] 영성은 충만감 혹은 위기감이며 그 속에서 일상의 삶에 방향을 주거나 방향을 잃게 할 수 있는 관점이다.

테일러는 영성의 문제를 세속화의 문화사적 과정과 그와 관련된 자아, 개성, 사회의 사회문화적 지형 안에 배치하지만, 그럼에도 개성과 상호 소통 및 인정의 원리로서 영성에 대한 슐라이어마허의 관점을 공유한다. 테일러는 세속성과 영성에 대한 거시적 문화사적 분석에서 우주에 내재된 신성한 자아에 대한 비전이 어떻게 자기 훈련적인 개인의 이상과 그들이 수행하는 사회적 현실에 대한 도구적-합리적 구성, 즉 "내재적 프레임the immanent frame"으로 변모했는지를 추적한다.[28] 마술화된 사회에서부터 근대적인 탈마술화된 사회로의 전환을 통해서, 이제 우주의 힘에 영향을 받는 "다공적 자아the porous self"의 영성은 근대 초기 개신교의 내면성과 관련된 "완충된 자아the buffered self"의 영성으로 대체되었으며, 그 여진은 현대까지 지속되고 있다.[29] 내면성, 내적 통제, 사회적 친밀감에 대한 강조가 증가함에 따라 '인간의 선', 즉 초월적 선이 아닌 시간적인 인간의 삶에 관련하는 선으로서,

---

27 Charles Taylor, *A Secular Age* (Cambridge, Mass: Harvard University Press, 2007), 6-7.

28 위의 글, 542.

29 위의 글, 539-540.

인간적으로 설정된 합리적 목적을 달성하기 위해 자유로운 개인이 해석해 내며 구성하는 개성과 사회적 구상이 강조된다.[30] 테일러에게 있어 개인주의의 현대적 출현은 내면의 성찰, 자기 개발, 그리고 마침내 진정성으로 이어졌으며, 동시에 사회적 이미지와 사회적 현실의 합리적 구성에 대한 다양한 궤적을 만들어 내었다.[31] 과학적, 사회적, 기술적 측면을 가로지르는 이 내재적 프레임은 "'초자연적' 또는 '초월적'인 것에 대한 언급 없이 '자연적' 또는 '현세적' 질서"를 구성한다.[32] 그러나 세속 이후의 삶, 즉 후-세속적 상황에서 내재적 프레임은 영성을 배제하지 않는다. 테일러는 후-세속성을 "세속화에 대한 주류 담론의 헤게모니가 점점 더 도전받고 그것의 극복이 새로운 가능성들을 열어 밝히는 것"으로 정의하며, 이 관점에서 그에게 세속화의 내재적 틀 안에서도 여전히 "궁극적인 설명, 영적 변화, 궁극적 의미 부여를 위해" 초월적인 관점을 가질 수 있는지 여부는 각자에게 '열린 문제'로 남는다.[33]

슐라이어마허와 마찬가지로 테일러도 역시 언어를 영적 개성의 함양, 의사소통, 교제와 연관시키지만, 다만 그는 좀 더 영성의 조건을 형성한 문화사적 궤적의 추적에 훨씬 더 민감하다. 테일러는 헤르더와 훔볼트 같은 낭만주의 사상가들과 궤를 같이하면서 언어가 자신의 자기 인식과 감정 상태, 즉 '인간의 인간성'을 표현하고 실현하는 역할을 한다는 '언어의 표현적 이론'을 제시한다.[34] 테일러는 이러한 관점

---

30 위의 글, 540.

31 위의 글, 541.

32 위의 글, 594.

33 위의 글, 534-535.

을 바탕으로 언어에 대한 견해들의 변화와 이에 연결된 영성의 변화하는 조건들을 역사적으로 추적한다. 테일러는 "더 미묘한 언어a subtler language", 즉 '영적 자원'으로서 "깊이 느껴지는 개인적 통찰력"에 의존하는 것으로서 "더 높은 것" 또는 "신성한 것"에 대한 자신의 경험을 표현하는 각 개인의 고유한 방식이 서구의 문화사에서 어떻게 출현했는지에 대해서 논의한다.[35]

테일러는 이러한 문화사적 경향을 대표하는 인물로 슐라이어마허를 제시하면서 이러한 미묘한 언어라는 경향이 진정성의 이상, 즉 "모든 사람이 자신의 영적 영감의 길을 따르도록 하자"는 관점을 어떻게 내포하고 있는지에 주목한다.[36] 미묘한 언어의 출현은 그가 "뒤르켐적 시대구분Durkheimian Dispensation"이라고 부르는 개인과 공동체의 관계의 패러다임에서 후-뒤르켐적 시대 구분이라고 하는 새로운 역사적 시대 구분을 결정 짓는 중요한 요소이다. 후-뒤르켐적 시대구분에서의 영적 진정성의 추구는 개인이 자신의 고유한 영성과 미묘한 표현을 추구하는 것과 관련이 있으며, 이는 유기적 우주 교회와 존재론적 틀 속에 위치한 개인을 기술하는 구-뒤르케임적 시대구분과 혹은 공동의 신조와 국민성을 바탕으로 한 국가적, 교파적 교회의 신-뒤르케임적 시대구분과 구분된다.[37]

---

34 Charles Taylor, *Human Agency and Language* (Cambridge: Cambridge University Press, 1985), 234.

35 Taylor, *A Secular Age*, 489.

36 위의 글, 489.

37 위의 글, 489.

Ⅲ. 슐라이어마허와 테일러의 영성 윤리의 두 가지 원칙

두 사상가는 영성에 대한 공통된 견해 외에도 개인의 영적 경험이 어떻게 개인에게서 개성을 구성하고 타인과의 관계에 영향을 미치는지를 다루면서 각자의 영성 윤리를 제시한다.

슐라이어마허의 영성 윤리의 첫 번째 원칙은 각 개인이 우주의 직관과 감정의 고유한 방식을 가질 수 있도록 우주가 주는 각인에 대한 수용적 감수성을 길러야 한다는 것이다. 슐라이어마허는 보편적 이성과 행위의 자유를 중심으로 한 도덕으로부터 종교를 구분하지만, 이러한 입장은 개성의 근본적인 측면으로서의 종교가 인간의 삶을 고양시키는 데 있어서 규범적으로 바람직한 함의를 가지고 있다는 그의 견해와 모순되지 않는다. 각 개인은 자신의 종교적 감수성을 따르고 외적으로 부과된 지침에 의지하지 않고 우주로부터 받은 것을 표현해야 한다. "모든 영역에서 자신의 발로 서서 자신의 길을 가기를 원한다. … 여기에서도 여러분은 여러분 자신에게 속해야 한다. … 사람은 자신의 눈으로 보고 종교의 보물에 스스로 기여해야 한다."[38] 슐라이어마허는 자신의 영적 개성에 대한 이러한 헌신을 "내면의 거부할 수 없는 본성의 필연성" 또는 "신성한 소명"으로 묘사하며, 이러한 영적 개성은 자신만의 특정하게 규정된, 독특한 존재방식을 부여한다.[39]

영성 윤리의 두 번째 원칙은 누구나 다른 개인과 소통해야 하고

38 Schleiermacher, *Die Reden über die Religion*, 242.

39 위의 글, 194.

다른 사람들의 인간성을 우주의 보완적인 작품들로 인정해야 한다는 요구이다. 진정한 종교적 경험은 다른 사람들 역시도 우주에 대한 자기들 나름의 경험을 얻을 수 있도록 자기 자신이 가진 독특성을 표현하려는 진지한 충동으로 이어진다. "종교적 견해가 분명해지거나 경건한 감정이 영혼을 관통할 때 가장 먼저 하는 노력은 다른 사람들을 대상에게 인도하고, 가능하다면 정신의 떨림들을 그들에게 전달하는 것이다."[40] 이러한 표현적 충동에 상응하여, 다른 사람들에게서 드러나는 인간성에 대한 표현에서부터 우주의 보완적인 비전을 발견하려는 수용적 충동 역시 존재하며, 이는 곧 상호적 존중과 인정을 함의하게 된다. "종교에 대한 그의 감각Sinn은 그 무한함과 한계ihre Unendlichkeit und seine Schranken를 느끼는 것보다 더 빨리 열리지 않는다. … 그러므로 종교의 모든 표현들 그에게 관심이 있고, 그 자신에게 필요한 보완할 이를 구하며seine Ergänzung suchend, 그는 종교에 속하는 것이라고 인정하는 모든 음색에 주의 깊게 귀를 기울인다auf jeden Ton er für den ihrigen erkennt. 이것이 상호 소통gegenseitige Mittheilung이 조직되는 방식이다."[41] 영성 윤리의 이러한 소통적이고 인정적인 측면으로부터 우리는 다음의 두 지점을 도출할 수 있다. 첫째, 진정한 영성의 성취는 일종의 겸손을 동반해야 한다. 자신이 가지는 내면의 종교적 또는 영적 경험은 독특하지만 또한 부분적일 뿐이기 때문에, 무한한 인간성 속에서 자신을 보충해 주는 보완적인 부분으로서 다른 사람의 영적 표현들을 배워야 한다. 둘째, 각자의 영적 개성을 표현하는 사람은

40 위의 글, 268.

41 위의 글, 268.

각자 자신의 고유한 삶의 길에서 무한한 인간성의 일부를 표현하고 서로 유한하고 부분적인 표현을 보완한다는 점을 고려해서, 더 깊은 평등감과 연대감을 바탕으로 다른 사람의 표현을 존중해야 한다.

테일러의 영성 윤리는 몇 가지 차이점에도 불구하고 슐라이어마허의 영성 윤리와 유사한 점이 있다. 테일러는 슐라이어마허와 마찬가지로 개인의 진정한 탐색과 상호 소통 및 인정을 영성의 윤리로 강조하지만, 동시에 세속적 도덕 질서가 가지는 규범적 원칙들과의 상호 연관성을 제시한다. 테일러는 슐라이어마허가 개인주의적 종교에 대한 진정성의 탐색을 촉발시켰다는 점에 주목하면서, "나의 영적 경로는 타인의 영적 경로를 존중해야 한다"는 슐라이어마허의 영성 윤리적 원칙이 교회의 문제를 국민국가와 국가-교회로부터 개인의 자유로운 교제로 전환하는 새로운 시대를 열었다고 본다.[42] 그러나 영성이 그 자체로 고유한 기원을 가지는 것이라는 슐라이어마허의 견해와는 달리, 테일러의 영성 윤리는 서구의 사회적 상상 혹은 구상에서 세속주의적 궤적의 주된 충동인 "현대적 도덕 질서modern moral order"라는 문명적 이상과 얽혀 있다.[43] '문명적 이상'으로서의 '현대 도덕 질서'는 다음과 같은 특징로 구성된다. 이는 개인의 '자유', "상대방의 독립적인 이익과 의견을 존중하는 사교성", "사회적 관계는 상호 유익을 위해 설계되었다는 이해"로 구성되며, 이러한 점은 일정 부분 슐라이어마허가 강조한 개성과 상호 인정에 대한 요구와 공명한다.[44]

---

42 Taylor, *A Secular Age*, 489.

43 위의 글, 160.

44 위의 글, 236-237.

영성의 윤리와 세속적 정치 규범을 결정하면서, 자유, 평등한 존중, 상호 유익의 연대라는 현대적 도덕 질서는 개인이 가지는 다양한 영적 추구를 강조하는 종교적 다원주의뿐만 아니라 다양한 영적 추구에서부터 사회 정치적 결속을 재구성하는 정치적 다원주의의 비전을 함의한다. 한편으로, 영성의 기본 조건을 규정하는 현대의 도덕적 질서는 종교적 사사성privacy에 대한 개인주의적이고 다원주의적인 충동으로 규정되는, 영적 및 인문주의적 선택지들의 다원적 '확산'을 유도하는 초신성 폭발, 소위 '노바nova'로 이어진다.[45] 즉 현대 도덕 질서의 지평이 함의하는 다원주의적 비전에 따르면, 저마다의 개인은 각자 자신의 고유한 개성에 적합하고 이를 표현하며 증진하는 다양한 영적인 대안들을 가지는 것이 권장된다. 하지만 다른 한편에서는 이러한 다원주의적 가치에서부터 모종의 공동성과 보편성을 구성하는 윤리적 비전 그 현대 도덕 질서 속에서 역시 존재한다. 다양한 영성들과 가치들의 사회적, 정치적 상호 공존을 창출하는 현대의 도덕적 질서는 다원주의 사회에 적용 가능한 사회 정치적 통합에 대한 공동의 비전을 역시 제시한다. "우리의 결속력은 기본적으로 현대 도덕 질서에서 도출된 정치 윤리, 민주주의, 인권에 의존하며, 이는 서로 다른 신앙 공동체들과 비신앙 공동체들이 각기 다른 이유로 헌신하는 것이다."[46] 테일러는 다양한 도덕적, 종교적 관점에 대한 권리, 다양한 종교적 입장에 대한 평등한 대우, 민주적 연대를 위한 평등한 의견 교환을 보장하는 다원적 자유주의라는 세속적 규범을

45 위의 글, 531.

46 위의 글, 532.

역시 주장한다.[47]

요약하자면, 슐라이어마허와 테일러는 우선 각 개인이 가지는 명제로 환원불가한 영적 관점과 그것이 일상적 경험에 미치는 방향 설정의 효과가 어떻게 진정한 영적 개성을 형성하기 위한 윤리적 요구의 근거가 되는지에 대해 고민한다. 슐라이어마허는 우주의 인상으로서 자신의 고유한 영성을 개발하는 것이 우주의 작품으로 각 개인의 인간성의 발현을 실현한다는 것을 보여준다. 테일러는 영적 충만함이 주는 방향 설정을 다룰 때 영성이 개인주의적 진정성을 향한 역사적 경향을 가지고 있지만, 동시에 이는 서구 문화사 내에서 내재된 현대적 도덕적 질서가 주는 평준화의 압력과 얽혀 있음을 밝힌다. 슐라이어마허의 영성 윤리는 종교, 개성, 인류의 본질을 우주의 작용으로 정의한 것에 기반을 두고 있다. 반면 테일러에게서 영성의 윤리는 현대 문명을 추동하는 문화적, 사회적 세속성의 근간인 내재적 프레임과 이와 상호 작용하는 영성 사이의 변화하는 역사적 조건에 달려 있다. 또한 슐라이어마허와 테일러는 각 개인의 영성 추구가 서로 간의 개성을 증진하기 위해 상호적 소통과 인정을 어떻게 필요로 하는지를 다룬다. 슐라이어마허에게 평등하고 상호적인 자신의 영성의 표현과 상호적 인정을 추구하는 소통을 향한 욕구는 언어적 표현을 둘러싼 사회적 상호작용을 통해 각 개인의 인간성을 키우고 전체 인류를 증진시킨다. 테일러에게 역시 표현의 자유, 표현에 대한 평등한 존중, 호혜적 이익이라는 현대 도덕 질서는 개인주의적 영성에

47 Charles Taylor, "Why We Need a Radical Redefinition of Secularism," in *The Power of Religion in the Public Sphere*, ed. Eduardo Mendieta and Jonathan Van Antwerpen (New York: Columbia University Press. 2011), 37, 44-46.

대한 다원주의적 충동을 가능하게 하는 한 조건일 뿐 아니라 더 나아가서 다원주의 사회에서 다양한 입장이 공존할 수 있는 사회, 정치적 연대의 조건 역시 촉진한다.

IV. 슐라이어마허와 테일러의 영성의 윤리와 제도적 세력들

슐라이어마허와 테일러에게 영성 윤리는 제도화된 교회, 국가에 대한 시민-종교적 연대성, 합리성과 유용성의 사회문화적 틀 등 다양한 제도적 세력들과 밀접하게 관련되어 있다. 슐라이어마허의 영성 윤리에서 개인주의에 대한 규범적 강조는 제도적 교회의 의미에 대해 양가적인 입장을 취한다. 그는 개인의 자유로운 교제를 지지하는 이유로 인해서 제도 종교가 가지는 역사적, 실정적 측면에 비판적이면서도 동시에 여전히 그 필요성을 인정한다.[48] 슐라이어마허는 적어도

48 슐라이어마허는『종교론』에서 제도적 교회를 부정하지 않으면서도 종교적 개인주의를 우선시하는 모호한 입장을 드러내며, 역시 이후 작품에서 교회의 뚜렷한 종교적 본질과 역사와 문화에 나타난 교회의 모습에 대한 모호함을 이어나간다. Richard Crouter, *Friedrich Schleiermacher: Between Enlightenment and Romanticism* (Cambridge: Cambridge University Press, 2005), 182-183; Brent Sockness, "Schleiermacher's 'Essentialist' Hermeneutics of Culture," in *Schleiermacher, the Study of Religion, and the Future of Theology: A Transatlantic Dialogue*, ed. Brent Sockness and Wilhelm Gräb (Berlin: Walter de Gruyter, 2010), 279-280. 슐라이어마허는 교회의 내면성과 상호성에서 교회의 역사적, 문화적 모습으로 강조점을 옮기면서 개인들의 상호적인 의사소통 교류는 "교회라는 제도적으로 차별화 된 영적 의사소통"을 통한 사회화 과정을 수반하며, 여기에는 '문화적 공간'이라는 독특한 형태 뿐만 아니라 자기 정체성의 결정을 위한 다른 문화적 형태들과의 부정적인 관계도 포함된다고 주장한다. Jörg Dierken, "Individualität und Identität Schleiermacher über Metaphysische, Religiöse und Sozialtheoretische Dimensionen eines Schlüsselthemas der Moderne," *Journal for the History of Modern Theology/Zeitschrift für Neuere*

『종교론』에서 제도적 교회의 필요성과 수정 가능성을 긍정하면서, 제도적 교회를 그 자체로 옹호하기보다는, 종교적 개인들의 상호 소통이 가지는 본질적 측면을 증진하는 쪽으로 더 기울고 있다.

첫째, 영성 윤리에서 개인화에 대한 규범적 강조는 개인의 영성이 제도적 교회의 기성적이고 획일화된 가르침에 비판적으로 응대하면서 이를 영성의 특정한 형태를 부여하는 것으로 재해석해야 한다는 것을 의미한다. 실정적인 종교로서 기독교의 역사적, 제도적 유산은 각 개인이 가지는 고유한 영적 경험 추구에 특정한 형태를 부여한다. "종교적 인간은… 특정한 형태의 종교에 거하지 않고는 자신의 개성을 얻을 수 없다."[49] 그러나 제도 교회의 실정적인 가르침은 진정한 개성의 추구에 비추어 끊임없이 수정될 수 있도록 열려 있어야 한다. 경전 전통의 권위를 주장하던 계시는 각 종교인에게 주어진 "우주의 모든 독창적이고 새로운 직관"으로 재해석되어야 하며, 영감은 직관과 감정의 '자유'로 받아들여져야 한다.[50] 둘째, 영성 윤리에서 소통과 인정을 규범적으로 강조하는 것은 제도적 교회에 대한 그의 양면성을 드러낸다. "이미 종교를 가진 사람과 아직 종교를 추구하는 사람"의 영적 발달 수준이 다르다는 점을 고려할 때, 초심자들이 저마다 각자의 종교를 성취하고 무한한 인류에 기여할 수 있도록 돕는 종교적 교제의 "어떤 구속력 있는 매개체Bindungsmittel"가 있어야 한다는 것이다.[51] 자신의 종교적으로 숙달된 개성을 발전시켜 다른 사람에게 표현

Theologiegeschichte, 15 no.2 (2008), 203-207.

49 Schleiermacher, *Die Reden über die Religion*, 304.

50 위의 글, 241.

51 위의 글, 277.

하는 기능을 사제직으로 간주하고, 다른 사람의 표현을 경청하는 기능을 평신도로 간주하며, 이 모든 기능은 같은 개인 안에서 상호적으로 이루져야 한다.[52] "선택, 인정, 판단의 일반적 자유die allgemeine Freiheit der Wahl, der Anerkennung, und des Urtheils"와 함께, 점점 더 많은 사람들이 스승과 제자를 자유롭게 선택하고 서로가 서로에게 줄 수 있는 것을 표현하고 서로 인정하게 해주면서 사제와 평신도 Priestern und Laien 사이의 차이는 줄어들게 될 것이다.[53] 제도교회 안에서 영성은 자신의 고유성을 다른 사람에게 표현하는 사제적 역할과 다른 사람의 영성을 인정하고 배우는 평신도 역할을 동시에 수행해야 하며, 동시에 자신의 영성 개발을 위해 서로가 서로를 도와야 한다.

슐라이어마허가 제도적 교회라는 필수 조건 속에서 영적 개성과 상호 소통 및 인정을 구상한 것처럼, 테일러는 제도적 교회의 영향력과 국가와의 협력이 옅어지는 과정 가운데에서 진행된 진정한 개성을 종교적으로 발현시키는 역사적인 경향성을 탐색한다. 영성과 세속성이 서로 얽혀 있는 후-세속적 조건 속에서 개인주의적으로 규정된 영적 교제를 향한 경향을 드러낸다. 영성은 이제 교회와 국가를 아우르는 우주적 유기체에서 분리되었고, 그 이후에는 이성적 개인과 국민 국가와 국가 교회라는 문명적 연속체에서 분리되었다. 앞서 언급했듯이 테일러는 신성한 사회-종교적 복합체라는 신성한 집합성이라는 의미에서 '뒤르켐적'이라는 용어를 채택했다. 그는 우주, 교회, 국가의 신성한 일치라는 고古-뒤르켐적 패러다임에서 교단과

52 위의 글, 270.

53 위의 글, 287.

국민국가에 대한 충성을 위한 개인의 '선택권'이라는 신新-뒤르켐적 패러다임으로의 전환을 묘사하고, 마침내 "특정한 하나의 영성"을 위한 개인의 진정한 선택이라는 후後-뒤르켐적 패러다임으로 이어진다고 설명한다.[54] 후-뒤르켐적 진정성이라는 현대적 패러다임을 다룰 때, 테일러는 제도적 종교와는 대조적으로 영성을 좁은 의미에서 재조명하면서, 어떻게 집단적, 제도적 정체성에 권위를 두는 신 뒤르켐적 유산이 아직 남아있는 한 복판에 개인주의적 '최소한의 종교'를 지향하는 경향이 존재하는지를 묘사한다. 테일러는 "우리 시대의 긴장"을 "신-뒤르켐주의와 후-뒤르켐주의 사이의 싸움"이라고 표현하면서 "새로운 종류의 영적 탐구"를 추구하는 사람들과 "권위를 향한 이전 (시대의) 선택"에 머무르는 사람들로 구성된 "두 종류의 종교적 감수성"을 묘사한다.[55] 후-뒤르켐적 영성에서의 지배적인 경향은 "가족 및 친구와 함께 가까운 범위에서 생활하는 영성"을 약속한다.[56] 이는 '성스러운 사회', '국가 정체성', '공통의 문명 질서' 등 잔여적인 효과들로부터 '벗어나는' 동시에 각자 '사람들의 영적인 감각'에 호소한다.[57]

둘째, 슐라이어마허의 영성 윤리는 국가와 교회 간에 이루어지는 시민-종교적 협력에 있어서도 비판적이다. 종교적으로 재능 있는 개인들을 중심으로 형성된 자발적 종교적 교제로서의 참된 교회는 이제 국가가 교회를 잠식하고 또한 이를 시민 종교의 문제로 바꾸면

54 Taylor, *A Secular Age*, 442, 486-489.

55 위의 글, 510-512.

56 위의 글, 534-535.

57 위의 글, 516.

서, 결국 기성 교회로 퇴화되었다.[58] 국가는 영적 잠재력을 가진 다양한 개인들을 단순한 유순한 시민으로 만들고 종교를 빙자하여 이들에게 시민 윤리를 불어넣기 위해서 교회의 교육적 기능을 동원한다. 국가는 교회에 '교육Erziehung'의 임무를 부여하여 교회가 전 국민der Volk을 "의무를 가르치고" "윤리적 성향으로 설득zu sittlichen Gesinnungen"하고 '시민seine Bürger'들을 서로 간의 소통에서 신뢰할 만한 존재로 만들려 한다.[59] 국가가 교회를 침식함으로써 개인들의 중요한 영적인 계기인 출생, 견신례, 그리고 결혼의 경험은 '미성년 보호Schutzbefohlenen', '시민적 독립bürgerliche Selbständigkeit', '시민적 연합 bürgerliches Bundniß' 등등 일종의 시민적 사안으로 평준화된다.[60] 국가와 교회 간의 시민-종교 협력은 성직자의 일방적인 위계적 리더십을 영속화하며, 상호 소통과 상호 인정을 수행할 수 있는 개인들의 영적 잠재력을 단지 범속한 시민-종교적 윤리와 시민적 정체성을 향한 단순한 복종으로 왜곡한다. 슐라이어마허는 "교회와 국가 사이의 이러한 연결"과 "평신도와 성직자의 폐쇄적인 연결"을 거부하면서 사제직과 교육의 역할을 '사적인 사안ein Privategeschäft'으로서 다루기를 촉구한다.[61] 영적 진정성과 상호 소통 및 동등한 인정에 대한 요구는 훈육을 통해 영적 잠재력을 시민 종교적 정신으로 평준화하려는 시민 종교적 압력에 대해서 비판적 태도를 수반하게 된다.

슐라이어마허가 진정한 종교적 사사성과 시민-종교적 협력을

58 Schleiermacher, *Die Reden über die Religion*, 282.

59 위의 글, 283.

60 위의 글, 283.

61 위의 글, 287.

구분한 것처럼 테일러는 종교 간 대화의 영적 다원주의와 시민들 간의 차이와 협력을 지향하는 다원적 민주주의의 시민 정신과 구별하지만, 동시에 그는 그럼에도 영성과 세속적 도덕 질서 사이의 상호 얽힘에 주목한다. 테일러의 영적 소통과 인정에 대한 다원주의적 이상은 자유, 평등 그리고 합의에 의한 민주적 통치에 뿌리를 둔 다원주의적 시민 윤리와는 구별된다. 후-세속 시대를 사는 개인들은 다양한 영적 전통들에 소속되면서 각자의 방식으로 충만함을 경험하며, 이들은 각자의 비전을 서로 소통하고 존중하는 마음으로 서로에게서 배워야 하며, 동시에 각자가 가진 고유한 정체성을 희생하지 않으며 서로를 향해서 조화와 우정을 쌓아나가야 한다. 즉, 각 입장은 "다른 입장으로부터 무언가를 배울 수 있으며", "무엇이 상대방을 움직이는지", 즉 충만함에 대한 '진정한 상호 감각'을 가질 수 있으며, 이 속에서 모두가 "경계를 넘어 우정을 쌓을 수" 있다.[62] 동시에 서로 간의 차이를 해소하는 성급한 동일성으로 향하지 않으면서 "타협된 해결책이나 종합" 없이 '경쟁적agonistic' 상태를 유지할 수 있다.[63] 상호 표현과 소통 그리고 학습을 통한 각자의 입장의 개별화의 과정을 의도하는 영적 다원주의의 이상은 현대 도덕 질서의 공통된 기원에도 불구하고 정치 윤리, 민주주의, 인권에 기반한 사회 통합을 지향하는 시민 정신과는 다소 다른 강조점을 두고 있다.

셋째, 슐라이어마허는 제도적 교회와 시민-종교적 통제 모두에 얽힌 획일화하고 기성화된 유산을 멀리하는 것 외에도, 더 나아가서

62 Taylor, *A Secular Age*, 319-320.

63 위의 글, 319-320.

합리성과 유용성이라는 환원주의적이고 획일적인 시민-문화적 가치로 향하는 현대적 경향에 대해 규범적 비판을 제기한다. 슐라이어마허는 "중산 시민적 삶의 관점der Standpunkt des bürgerlichen Lebens"이 어떻게 종교적 감수성을 '무기력'과 '게으름'으로 간주하는지를 밝힌다.[64] 현대 중산 시민 문화를 대변하는 "오성적인 사람들die verständige Leute"은 전체에 대한 총체적인 관점을 부정하면서 우주라는 유기적 전체를 "해체하고 해부"하고 특정 존재의 맥락에서만 그 효과를 이해하는 데 초점을 맞추고 있다.[65] 삶의 총체적 차원을 상실한 채 환원주의적 분석에 몰두하면서, 이들은 "합목적적 활동zweckmäßige Thätigkeit"에 대한 집착 속에서 모든 행동과 관행을 이러한 "시민적 삶의 한계die Schranke des bürgerlichen Lebens"와 연관 짓고 있다.[66] 시민 생활에서 합리성과 목적성이라는 환원주의적 경향은 '더 높은 관점'을 갖지 않고 '세계 체계'를 측정하는 계산 가능한 방식에 몰두하며 "효용의 극한das Extreme des Nützlichen에만 몰두하는데, 슐라이어마허는 이를 '새로운 야만eine neue Barbarei'이라고 부른다.[67] 환원주의적이고 실용주의적인 합리성의 "현명하고 냉정한 절제"를 통해 이러한 사고방식은 "모든 것을 가위로 자르는" 동시에 종교에 대한 원초적 경험과 시와 예술에 대한 사랑을 얄팍하게 만든다.[68] 획일화하고 환원주의적인 합리성과 목적지향적인 집착을 수반하는 유용성이라는 지배적인 문화적 압력이 더 높고

64 Schleiermacher, *Die Reden über die Religion*, 253.

65 위의 글, 254.

66 위의 글, 254-255.

67 위의 글, 256.

68 위의 글, 254-255.

초월적인 관점과 감성을 평평하게 만들 것을 요구한다면, 이에 대항해서 슐라이어마허의 영성 윤리는 비판적으로 개입한다.

슐라이어마허가 영성의 윤리가 합리성과 유용성이라는 시민-문화적 틀에 비판적으로 응대한 것처럼, 테일러 역시 영성과 내재적 프레임이 서로 얽혀 있음에도 불구하고 그 사이에 존재하는 긴장에 대해 언급한다. 근대에 내재적 프레임이 등장하면서 자신의 현실을 투영하기 위해 합리적으로 자기 훈련을 받은 개인은 "도구적 합리성"에 의존하여 "구성된 사회적 공간"을 만들게 된다.[69] 신학적 기원을 가졌던 자유와 상호성에 기반을 두었던 근대적 도덕 질서는 초월성에 대한 언급 없이 단순한 인간 번영의 문제로 평준화되었다.[70] 현대 사회는 범속한 인간의 욕망 자체를 중요한 참조점으로 여기고 폭력과 생명력에 대한 생물학적 잠재력을 긍정하는 내재적 관심에 의해 주도되는 한편, 동시에 다른 한편에서는 이러한 폭력적 잠재력을 종식시키려는 '초월에 대한 열망'과 '도덕적 요구'에도 이끌리게 된다.[71] 이러한 '상호 압력'을 생산적인 방식으로 처리하기 위해 테일러는 "현대 도덕 질서와 보편적 인권 및 복지에 대한 우리의 충성심"을 재확인하는 동시에 "일상성을 초월하는 충만함 또는 풍요로움"에 다시 집중할 것을 제안한다.[72]

슐라이어마허와 테일러는 이 두 가지 영성의 윤리적 원칙이 제도화된 교회의 불가피한 조건, 교회와 국가 간의 시민-종교적 협력,

---

69 Taylor, *A Secular Age*, 542.

70 위의 글, 430.

71 위의 글 676.

72 위의 글, 676-677.

합리성과 유용성에 대한 시민-문화적 강조와 어떻게 관련되어 있는지를 다룬다. 슐라이어마허는 이러한 평준화하는 문화적 세력이 개인의 영성과 그 상호적 소통과 인정을 침해하는 것에 저항하지만, 테일러는 영성이 가지는 그 독특한 방식의 속에도 불구하고 영성과 현대의 세속적 도덕 질서 사이에 분리할 수 없는 얽힘이 있음을 인정한다.

Ⅴ. 결론

최근 영성에 대한 철학적 논의가 각 개인이 가진 관점과 지향성이 일상적인 삶의 방식, 태도, 감수성에 영향을 미치는 문제라는 점을 고려할 때, 영성이 신념 윤리와 공명하면서 일종의 영성 윤리를 수반할 수 있는지 살펴보는 것은 중요하다. 신념의 윤리에 대한 최근 논의는 신념의 비명제적, 태도적 측면과 또한 주어진 사회문화적 맥락에서 신념이 자기 자신과 타인에 대해서 가지는 윤리적 시사점에 초점을 맞추고 있다. 그런 점에서 영성의 윤리를 구성하기 위한 토대를 마련하기 위해 신념의 윤리를 참조하는 것은 의미가 있다.

이 글은 영성의 윤리가 자신과 타인 안의 인간성에 대한 윤리적 함의를 수반하는지에 착안해서, 테일러가 각 개인의 영적 추구와 상호 소통 및 인정에 영성 윤리의 근거를 둔다는 점에서 슐라이어마허에게 빚을 지고 있음을 드러내면서도 그 차이점 역시 드러냈다. 슐라이어마허의 영성 윤리는 진정한 영적 개성과 소통과 인정의 상호성을 전제하지만, 그는 영성과 이에 대비되는 다양한 문화적 세력들 – 제도적 교회, 시민 종교, 공리주의적 합리성 – 에 얽힌 평준화하는 힘

사이에 암묵적인 이분법을 전제하는 경향이 있다. 그러나 테일러의 영성의 윤리는 영성의 역사와 현대 도덕 질서라는 세속성의 흐름에서 동일한 문제를 검토하면서 영성이 가지는 사회 문화적, 도덕적, 정치적 변화 속에 침전된 역사적 퇴적물과 그 윤리적 함의를 고려한다.

분명히 슐라이어마허의 영성 윤리는 신념이 가지는 자신과 타인에 대한 윤리적 함의에 대한 클리포드의 모티브를 담고 있지만 동시에 신념에 있어서 개인의 정념 혹은 의지를 강조하는 제임스의 주장 역시 선취하는 것처럼 보인다. 테일러의 영성 윤리는 클리포드가 제시하는 신념 윤리의 요구와 그 세속주의적 전제에 대항하면서, 신념의 의지 혹은 정념을 옹호하는 제임스의 입장에 가깝다. 하지만 그럼에도 영성과 현대 세속적 도덕 질서 사이의 얽혀있음에 대한 그의 관심은 클리포드의 강조의 지점과 멀지 않다. 테일러가 제임스와 클리포드 사이에서 가지는 이러한 미묘한 입장은 많은 지점에서 그가 수용하는 슐라이어마허의 영향뿐 아니라 그가 슐라이어마허와 차별화되는 분기의 지점까지 보여준다. 테일러는 부분적으로는 영성의 개성적 차원과 인정의 문제에서 슐라이어마허에 의존하지만 동시에 그는 슐라이어마허가 제시하는 영성의 특권적 지점과 그 안에 내재된 윤리적 원칙의 자기 기원적 측면을 축소하며 이를 세속성에 밀접하게 연관시키면서, 결국 후-세속성 시대의 영성 윤리와 현대 도덕 질서 사이의 내재적 양립성을 보여준다. 영성의 윤리와 세속성의 윤리 사이에 지속적인 긴장을 느끼는 슐라이어마허와는 달리 테일러는 영성의 윤리와 현대 세속적 현대 도덕 질서의 해명 방식 사이의 양립성을 더 강하게 주장하는 듯 보인다.

참고문헌

제1부 _ 슐라이어마허의 초기 사상

슐라이어마허의 초기 윤리학 사상 연구
— "최고선에 관하여Über das höchste Gut"를 중심으로_ 김윤상

Abel, Jacob Friedrich. *Eine Quellenedition zum Philosophieunterricht an der Stuttgarter Karlsschule (1773-1782)*. Ed. Wolfgang Riedel. Wüzburg: Königshausen & Neumann, 1995.

Beierwaltes, Werner. "Mundus intelligibilis/sensibilis." In *Historisches Wörterbuch der Philosophie*. Vol. 6. Ed. Joachim Ritter. Basel: Schwabe Verlag, 1984.

Casmann, Otto. *Psychologia Anthropologica, sive Animae Humanae Doctrina*. Hanau: 1594.

______. *Secunda Pars Anthropologiae: Hoc Est: Fabrica Humani Corporis*. Hanau: 1596.

Eberhard, Johann August. *Allgemeine Theorie des Denkens und Empfindens*. Berlin: Voss, 1776.

______. *Sittenlehre der Vernunft*. Berlin: Nicholai, 1786.

Groß, Karl. "Galens Teleologische Betrachtung Der Menschlichen Hand in de Usu Partium." *Sudhoffs Archiv* 58, no. 1 1974, 13–24.

Kant, Immanuel. *Kritik der praktischen Vernunft*. *Immanuel Kant Werke* VII. Ed. Wilhelm Weischedel. Wiesbaden: Suhrkamp, 1956.

Krüger, Johann Gottlob. *Versuch einer Experimental-Seelenlehre*. Halle und Helmstädt: Hemmerde, 1756.

Mahlmann, Theodor. "Pneumatologie, Pneumatik." In *Historisches Wörterbuch der Philosophie*. Vol. 7. Ed. Joachim Ritter. Basel: Schwabe Verlag, 1989.

Melanchthon, Philipp. *Commentarius de Anima*. Parisii: 1540.

Platon. *Timaios*. *Platon Werke*. wbg Edition. Darmstadt: 2019.

Riedel, Wolfgang. "Erster Psychologismus." In *Zwischen Empirisierung und Konstruktionsleistung: Anthropologie im 18. Jahrhundert*. Ed. Jörn Garber/Heinz Thoma. Tübingen, 2004. 1-17.

Scheerer, Eckart. “Psychologie.” In *Historisches Wörterbuch der Philosopie.* Vol. 7. Ed, Joachim Ritter. Basel: Schwabe Verlag, 1989.

Schleiermacher, Friedrich D. E. *Entwürfe zu einem System der Sittenlehre. Werke* 2. Leipzig: Meiner, 1913.

______. *Über das höchste Gut. Kritische Gesamtausgabe* I/1. Ed. Günter Meckenstock. Berlin/New York: Walter de Gruyter, 1984.

______. *Über die Religion. Kritische Gesamtausgabe* I/2. Ed. Günter Meckenstock. Berlin/New York: Walter de Gruyter, 1984.

______. *Briefwechsel 1774-1796. Kritische Gesamtausgabe* V/1. Ed. Andreas Arndt/Wolfgang Virmond. Berlin/ Boston: Walter de Gruyter, 1985.

______. *Vorlesungen über die Dialektik, Kolleg 1822. Nachschrift Kropatscheck. Kritische Gesamtausgabe* II/10.2. Ed. Andreas Arndt. Berlin/New York: Walter de Gruyter, 2002.

______. V*orlesungen über die Psychologie. Kritische Gesamtausgabe* II/13. Ed. Dorothea Meier. Berlin/ Boston: Walter de Gruyter, 2018.

Stagl, Justin. “Anthropological Universality.” In *Being Humans. Anthropological Universality and Particularity in Transdisciplinary Perspectives.* Berlin/New York:Walter de Gruyter, 2000.

Sulzer, Johann Georg. *Kurzer Begriff aller Wissenschaften und andern Theile der Gelehrsamkeit.* Leipzig: Langenheim, 1759.

Wolff, Christian. *Psychologia Empirica.* Vol. 5. In *Gesammelte Werke II. Abteilung: Lateinische Schriften.* Ed. Jean Ecole. Hildesheim: Georg Olms Verlag, 1968. 696-711. Part. II, Sect. II, Cap. II: De libertate.

https://ko.wikipedia.org/wiki/대수함수

자유로운 사교로서의 낭만주의적 예술비평
— 슐라이어마허의 “프리드리히 슐레겔의 『루친데』에 대한 친밀한 편지” _ 이경진

루만, 니클라스. 『열정으로서의 사랑: 친밀성의 코드화』. 정성훈 외 역. 서울: 새물결, 2009.

슐레겔, 프리드리히. “아테네움 단상.” 필립 라쿠-라바르트/장 뤽 낭시: 『문학적 절대. 독일 낭만주의 문학 이론』. 홍사현 역. 서울: 그린비, 2015. 145-263.

______. “철학에 대하여.” 필립 라쿠-라바르트/장 뤽 낭시: 『문학적 절대. 독일 낭만주의

문학 이론』. 홍사현 역. 서울: 그린비, 2015. 334-367.
이경진. "낭만적 사랑과 우정 - 야코비의 『볼데마르』와 F. 슐레겔의 『루친데』를 중심으로." 「인문논총」 77 no. 4 (2020), 43-80.
최문규. "슐라이어마허의 '상호영향으로서의 사교성'(Geselligkeit) 이론 연구." 「유럽사회문화」 25 (2020), 37-87.
Arndt, Andreas. "Eine literarische Ehe. Schleiermachers Wohngemeinschaft mit Friedrich Schlegel." In *Wissenschaft und Geselligkeit. Friedrich Schleiermacher in Berlin 1796-1802*. Ed. Andreas Arndt. Berlin: Walter de Gruyter, 2009. 4-14.
______. *Friedrich Schleiermacher als Philosoph*. Berlin: Walter de Gruyter, 2013.
Auerochs, Bernd. "Berliner Charité-Prediger (1796-1802)." In *Schleiermacher Handbuch*. Ed. Martin Ohst. Tübingen: Mohr Siebeck, 2017.
Baiser, Frederick, C. *"Schleiermacher's Ethics."* In *The Cambridge Companion to Friedrich Schleiermacher*. Ed. Jacqueline Mariña. Cambridge: Cambridge University Press, 2005.
Bauer, Manuel, *Schlegel und Schleiermacher: Frühromantische Kunstkritik und Hermeneutik*. Paderborn/München/Wien/Zürich: Ferdinand Schöningh Verlag, 2011.
______. "Hermeneutische 'Teufeleyen'? Schleiermacher und die frühromantische Kritik." In *Der Begriff der Kritik in der Romantik*. Ed. Ulrich Breuer, Ana-Stanca Tabarasi-Hoffmann. Paderborn: Brill, 2015. 173-198.
Beese, Henriette. "Nachwort." In *Friedrich Schlegel: Lucinde*. Frankfurt am Main/Berlin/Wien: Ullstein 1980. 171-199.
Benjamin, Walter. "Der Begriff der Kunstkritik in der deutschen Romantik." In *Gesammelte Schriften*. I/3. Ed. Rolf Tiedemann/Hermann Schweppenhäuser. Frankfurt am Main: Suhrkamp, 1980.
Fauser, Markus. *Das Gespräch im 18. Jahrhundert. Rhetorik und Geselligkeit in Deutschland*. Stuttgart: Metzler und Poeschel, 1991.
Haym, Rudolf. *Die romantische Schule. Ein Beitrag zur Geschichte des deutschen Geistes*. Berlin: Weidmannsche Buchhandlung, 1870. (Nachdruck: Hildesheim/NY 1977).
Kluckhohn, Paul. *Die Auffassung der Liebe in der Literatur des 18. Jahrhunderts*

und in der deutschen Romantik. 3rd edition. Tübingen: Max Niemeyer, 1966.

König, Christoph. "Schamhaftigkeit als Prinzip des Verstehens. Zu Friedrich Schleiermachers Vertrauten Briefen über Friedrich Schlegels Lucinde." In *Der Mensch und seine Seele: Bildung – Frömmigkeit - Ästhetik*. Ed. Arnulf Scheliha/Jörg Dirken. Berlin/Boston: Walter de Gruyter, 2017. 441-458.

Meckenstock, Günter. "Einleitung des Bandherausgebers." In *Schriften aus der Berliner Zeit 1800-1802. Kritische Gesamtausgabe* I/3. Ed. Günter Meckenstock. Berlin/NY: Walter de Gruyter, 1988. VII-CXXVI.

Pattison, George. "Friedrich Schlegel's Lucinde: A Case Study in the Relation of Religion to Romanticism." *Scottish Journal of Theology* 38 (1985): 545-564.

Schlegel, Friedrich. "Lyceums-Fragmente." In *Charakteristiken und Kritiken I (1796-1801). Kritische-Friedrich-Schlegel-Ausgabe*. vol. 2. Ed. Ernst Behler. München/Parderborn/Wien: Ferdinand Schöningh Verlag, 1967. 147-163.

______. "Athenäums-Fragmente." In *Charakteristiken und Kritiken I (1796-1801). Kritische-Friedrich-Schlegel-Ausgabe*. vol. 2. Ed. Ernst Behler. München/Parderborn/Wien: Ferdinand Schöningh Verlag, 1967. 165- 264.

______. "Literatur." In *Charakteristiken und Kritiken II (1802-1829), Kritische-Friedrich-Schlegel-Ausgabe*. vol. 3. Ed. Ernst Behler. München/ Parderborn/Wien: Ferdinand Schöningh Verlag, 1975. 3-16.

______. *Die Periode des Athenäums 25. Juli 1797-Ende August 1799. Kritische Friedrich-Schlegel-Ausgabe*. vol. 24. Ed. Ernst Behler. Paderborn/ München/Wien: Ferdinand Schöningh Verlag, 1985.

______. *Lucinde. Studienausgabe*. Stuttgart: Reklam, 1999.

Schiller, Friedrich. "Brief an J. W. Goethe. 19. Juli 1799." In: https://www.friedrich-schiller-archiv.de/briefwechsel-von-schiller-und-goethe/1799/625-an-goethe-19-juli-1799/ 최종검색일: 2021.05.13.

Schleiermacher, Friedrich D. E. "Gedanken III." In *Schriften aus der Berliner Zeit 1796-1799. Kritische Gesamtausgabe* I/2. Ed. Günter Meckenstock. Berlin/New York: Walter de Gruyter, 1984. 117-139.

______. "Versuch einer Theorie des geselligen Betragens." In *Schriften aus der*

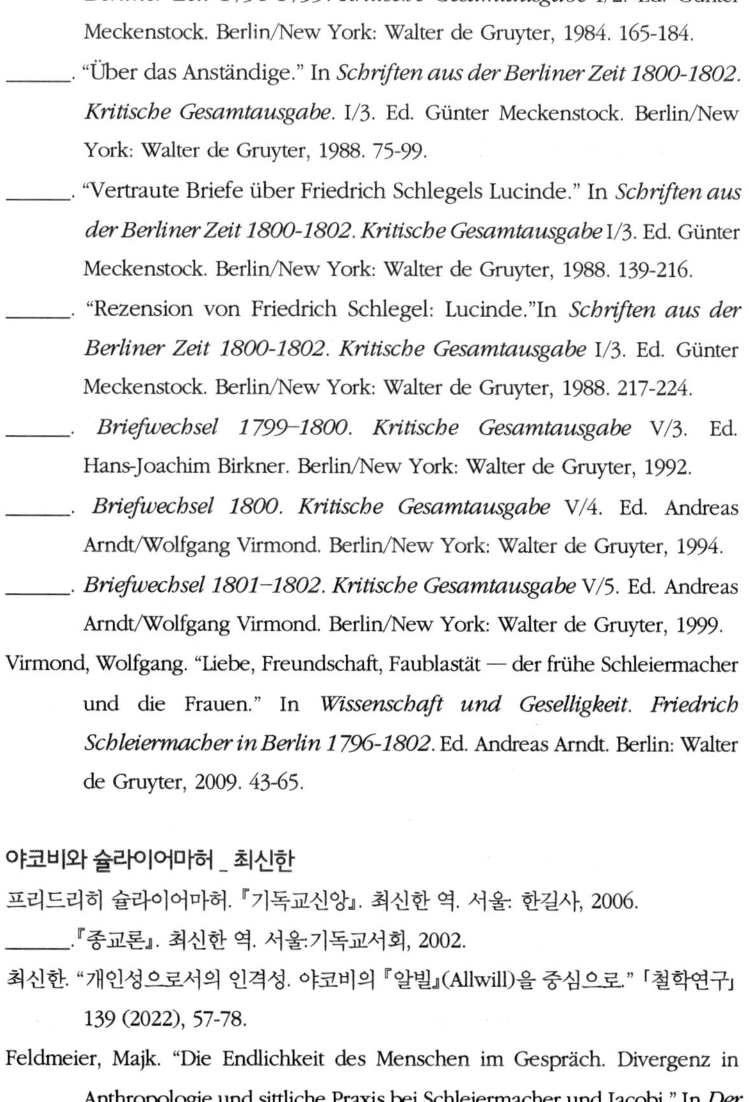

Berliner Zeit 1796-1799. Kritische Gesamtausgabe I/2. Ed. Günter Meckenstock. Berlin/New York: Walter de Gruyter, 1984. 165-184.

______. "Über das Anständige." In *Schriften aus der Berliner Zeit 1800-1802. Kritische Gesamtausgabe*. I/3. Ed. Günter Meckenstock. Berlin/New York: Walter de Gruyter, 1988. 75-99.

______. "Vertraute Briefe über Friedrich Schlegels Lucinde." In *Schriften aus der Berliner Zeit 1800-1802. Kritische Gesamtausgabe* I/3. Ed. Günter Meckenstock. Berlin/New York: Walter de Gruyter, 1988. 139-216.

______. "Rezension von Friedrich Schlegel: Lucinde."In *Schriften aus der Berliner Zeit 1800-1802. Kritische Gesamtausgabe* I/3. Ed. Günter Meckenstock. Berlin/New York: Walter de Gruyter, 1988. 217-224.

______. *Briefwechsel 1799–1800. Kritische Gesamtausgabe* V/3. Ed. Hans-Joachim Birkner. Berlin/New York: Walter de Gruyter, 1992.

______. *Briefwechsel 1800. Kritische Gesamtausgabe* V/4. Ed. Andreas Arndt/Wolfgang Virmond. Berlin/New York: Walter de Gruyter, 1994.

______. *Briefwechsel 1801–1802. Kritische Gesamtausgabe* V/5. Ed. Andreas Arndt/Wolfgang Virmond. Berlin/New York: Walter de Gruyter, 1999.

Virmond, Wolfgang. "Liebe, Freundschaft, Faublastät — der frühe Schleiermacher und die Frauen." In *Wissenschaft und Geselligkeit. Friedrich Schleiermacher in Berlin 1796-1802*. Ed. Andreas Arndt. Berlin: Walter de Gruyter, 2009. 43-65.

야코비와 슐라이어마허 _ 최신한

프리드리히 슐라이어마허. 『기독교신앙』. 최신한 역. 서울: 한길사, 2006.

______.『종교론』. 최신한 역. 서울:기독교서회, 2002.

최신한. "개인성으로서의 인격성. 야코비의 『알빌』(Allwill)을 중심으로." 「철학연구」 139 (2022), 57-78.

Feldmeier, Majk. "Die Endlichkeit des Menschen im Gespräch. Divergenz in Anthropologie und sittliche Praxis bei Schleiermacher und Jacobi." In *Der Mensch und die Kunst bei Friedrich Schleiermacher. Beiträge zur Anthropologie und Ästhetik*. Ed. Holden Kelm, Dorthea Meier Berlin: De Gruyter, 2023, 19-38.

Haag, Johannes. "Die Wirklichkeit der Dinge. Objektive Bezugnahme bei Jacobi, Kant und Fichte." In *Jacobi und Kant.* Ed. B. Sandkaulen, W. Jaeschke. Hamburg: Felix Meiner Verlag, 2021.

Hegel, Georg W. F. *Wissenschaft der Logik*. Frankfurt: Suhrkamp, 1986.

______. *Phänomenologie des Geistes*. Frankfurt: Suhrkamp, 1970.

Herms, Eilert. *Herkunft, Entfaltung und erste Gestalt des Systems der Wissenschaften bei Schleiermacher*. Gütersloh: Gütersloher Verlagshaus Gerd Mohn, 1974. 121-163.

Jacobi, Friedrich, H. *Romane I. Eduard Allwill*. Hamburg: Felix Meiner Verlag, 2006.

______. *David Hume über den Glauben oder Idealismus und Realismus. Jacobi Werke,* 2/1. Hamburg: Felix Meiner Verlag, 2004.

______. *Ueber den Transcendentalen Idealismus. Jacobi Werke,* 2/1. Hamburg: Felix Meiner Verlag, 2004.

______. *Über das Unternehmen des Kritizismus, die Vernunft zu Verstand zu bringen, und der Philosophie überhaupt eine neue Absicht zu geben (1802). Jacobi Werke,* 2/1. Hamburg: Felix Meiner Verlag, 2004.

______. *Über die Lehre des Spinoza*. Hamburg: Felix Meiner Verlag, 2000.

Kant, Immanuel. *Kritik der reinen Vernunft*. Hamburg: Felix Meiner Verlag, 1956.

Koch, Oliver. "Novalis und Jacobi." In *Friedrich Heinrich Jacobi. Ein Wendepunkt der geistigen Bildung der Zeit.* Ed., W. Jaeschke, B. Sandkaulen. Hamburg: Felix Meiner Verlag, 2004.

Rohs, Peter. "Was ist das Problem bei Kants Annahme einer Affektion durch Ding an sich?." In *Jacobi und Kant*. Ed. B. Sandkaulen, W. Jaeschke. Hamburg: Felix Meiner Verlag, 2021.

Schleiermacher, Friedrich D. E. *Dialektik (1811)*. Hamburg: Felix Meiner Verlag, 1986.

______. *Der christliche Glaube 1821/22*. Bd. 1 Berlin: Walter de Gruyter, 1984.

______. *Spinozismus. Jugend Schriften 1787-1796. Kritische Gesamtausgabe*. I/1. Ed. Günter Meckenstock. Berlin/New York: Walter de Gruyter, 1984. 511-558.

______. *Ueber dasjenige in Jakobis Briefen und Realismus was den Spinoza nicht betrift, und besonders über seine eigene Philosophie. Jugend Schriften*

1787-1796. Kritische Gesamtausgabe. I/1. Ed. Günter Meckenstock. Berlin/New York: Walter de Gruyter, 1984. 583-598.

______. *Über die Religion: Reden and die Gebildeten unter ihren Verachtern. Schriften. Schriften aus der Berliner Zeit 1796-1799. Kritische Gesamtausgabe* I/2. Ed. Günter Meckenstock. Berlin/New York: Walter de Gruyter, 1984. 185-326.

______. *Dialektik*. Darmstadt: Wissenschaftliche Buchgesellschaft, 1976.

______. *Der christliche Glaube. Nach den Grundsätzen der evangelischen Kirche im Zusammenhang dargestellt*. Berlin: De Gruyter, 1960.

Sommer, Konstzne. *Zwischen Metaphysik und Metaphysikkritik. Heidegger, Schelling und Jacobi*. Hamburg: Felix Meiner Verlag, 2015.

Stiening, Gideon. "'Der geheime Handgriff des Schöpfers'. Jacobis theonome Epistemologie." In *Friedrich Heinrich Jacobi (1743-1819)*. Ed. C. Ortlieb, F. Vollhart. Berlin: Walter de Gruyter, 2021.

제2부 _ 경건과 자기의식

경건의 향연 _ 심광섭

게리쉬, 브라이언. 『19세기 개신교 신학』. 목창균 역. 서울: 대한기독교서회, 1990.

다마지오, 안토니오 『스피노자의 뇌. 기쁨, 슬픔, 느낌의 뇌과학』. 임지원 역. 서울: 사이언스북스, 2003.

딜렌버거 존/클라우드 웰치.『프로테스탄트 교회의 역사와 신학』. 주재용·연규홍 역. 오산: 한신대학교 출판부, 2004), 242-250.

리프킨, 제레미. 『공감의 시대』. 이경남 역. 서울: 민음사, 2010.

매킨토쉬, H. R 『현대신학의 선구자들. 슐라이어마허에서 바르트까지』. 김재준 역. 서울 대한기독교서회, 1973.

메스트로비치, 스테판 G. 『탈감정사회』. 박형신 역. 서울: 한울, 2014.

몰트만, 위르겐. 『십자가에 달리신 하느님』. 김균진 역. 천안: 한국신학연구소, 1979.

______. 『신학의 방법과 형식: 나의 신학 여정』. 김균진 역. 서울: 대한기독교서회, 2001.

바르트, 칼. 『칼 바르트가 쓴 모차르트 이야기』. 문성모 역. 서울: 예솔, 2006.

부쉬. 에버하르트.『Karl Barth』. 손성현 역. 서울: 복있는사람, 2014.

슐라이어마허, 프리드리히. 『종교론』. 최신한 역. 서울:대한기독교서회, 2006.

심광섭. 『공감과 대화의 신학. F.Schleiermacher』. 서울: 신앙과 지성사, 2015.
______. 『신학으로 가는 길』. 천안: 한국신학연구소, 1997.
에벨링, 게어하르트. "신학을 위한 삶 - 삶을 위한 신학." 「神學思想」 제121집. (2003년 여름), 89-100.
죌레, 도로테. 『현대신학의 패러다임』. 서광선 역. 서울: 한국 신학 연구소, 1993.
캅, 존. 『영적인 파산: 행동을 요청하는 예언자적 외침』. 박만 역. 고양: 한국기독교연구소, 2014.
큉, 한스. 『그리스도교. 본질과 역사』. 이종한 역. 왜관: 분도출판사, 2002.
틸리히, 폴. 『조직신학 1』. 남성민 역. 서울: 새물결플러스, 2021.
______. 『19~20세기 프로테스탄트 사상사』. 송기득 역. 서울: 한국신학연구소, 1980.
피셔, 헤르만. 『슐라이어마허의 생애와 사상』. 오성현 역. 서울: 월드북, 2007.
한형조. 『조선유학의 거장들』. 파주: 문학동네, 2008.
Albrecht, Christian. *Schleiermachers Theorie der Frömmigkeit. Ihr wissenschaftlicher Ort und ihr systematischer Gehalt in den Reden, in der Glaubenslehre und in der Dialektik*. Berlin-New York: Walter de Gruyter,1994.
Barth, Karl. "Nachwort zu: Schleiermacher." In *Schleiermacher Auswahl*. München: Siebenstern Verlag, 1968.
______. "Liberal Theology: Some Alternatives." *Hibbert Journal* 59 (1961).
Clayton, Philip and Arthur Peacocke (eds). In *Whom We Live and Move and Have Our Being: Panentheistic Reflections on God's Presence in a Scientific World*. Grand Rapids: William B. Eerdmans, 2004.
Clayton, Philip. *Adventures in the Spirit. God, World, Divine Action*. Minneapolis: Fortress Press, 2008.
Damasio, Antonio R. *Ich fühle, also bin ich. Die Entschlüsselung des Bewußtseins*. Berlin: List Taschenbuch, 2004.
Ebeling, Gerhard. "Zum Religionsbegriff Schleiermachers." In *Wort und Glaube,* Vol.4. Tübingen: J.C.B.Mohr, 1995. 55-75.
______. "Beobachtungen zum Schleiermachers Wirklichkeitsverständnis." In *Wort und Glaube*. Vol. 3. Tübingen: J. C. B. Mohr, 1975. 96-115.
______. "Fömmigkeit und Bildung." In *Wort und Glaube*. Vol. 3. Tübingen: J. C. B. Mohr, 1975.

______. “Schleiermachers Lehre von den göttlichen Eigenschaften.” In *Wort und Glaube,* vol.2. Tübingen: J.C.B.Mohr, 1969. 305-342.

Heidegger, Martin. *Phänomenologie des religiösen Lebens*. Vol. 60. Frankfurt am Main: Vittorio Klostermann, 1995.

Jäger, Alfred. *Denken Gottes. Eine Einübung anhand von Friedrich Schleiermachers Glaubenslehre, Sommer-Semester* 1982 (Bielefeld: Kirchiche Hochschule Bethel, 1982).

Kelsey, Catherine. *Thinking about Christ with Schleiermacher*. Louisville, Ky.: Westminster John Knox Press, 2003.

Korsch Dietrich. *Dogmatik im Grundriß*. Tübingen: J.C.B.Mohr, 2000.

Lamm, Julia A. *The Living God: Schleiermacher's Theological Appropriation of Spinoza*. The University Park, PA.: Pennsylvania State University Press, 1996.

Niebuhr, Richard R. *Schleiermacher on Christ and Religion*. New York: Charles Scribner's Sons, 1964.

Nowak, Kurt. *Schleiermacher. Leben, Werk und Wirkung*. Göttingen: Vandenhoeck & Ruprecht, 2001.

Pannenberg,Wolfhart. *Problemgeschichte der neueren evangelischen Theologie in Deutschland*. Göttingen: Vandenhoeck & Ruprecht, 1997.

______. *Theologie und Philosophie. Ihr Verhältnis im Lichte ihrer gemeinsamen Geschichte*. Göttingen: Vandenhoeck & Ruprecht, 1996.

______. *Systematische Theologie*. Vol.2. Göttingen:Vandenhoeck & Ruprecht, 1991.

______. *Systematische Theologie*. Vol.1. Göttingen: Vandenhoeck & Ruprecht, 1988.

Schleiermacher, Friedrich D. E. *Christian Faith (Two-Volume): A New Translation and Critical Edition*. Trans. Terrence N. Tice, Catherine L. Kelsey, and Edwina Lawler. Louisville: Westminster-John Know Press, 2016.

______. *The Christian Faith*. Trans. and Ed. H. R. Mackintosh/J. S. Stewart. Edinburgh: T&T Clark, 1999.

______. *Über die Glaubenslehre. Zwei Sendschreiben an Lücke, Theologische-dogmatische Abhandlungen und Gelegenheitsschriften. Kritische*

Gesamtausgabe I/10. Ed. ter de Gruyter, 1990.

______. *Der christliche Glaube nach den Grundsätzen der evangelischen Kirche im Zusammenhang dargestellt.* 2nd edition. (1830), Ed. Martin Redeker. Berlin: Walter de Gruyter, 1960.

______. *Über die Religion. Reden an die Gebildeten unter ihren Verächtern.* Ed. H-J Rothert. Hamburg: Felix Meiner, 1958.

______. *Über die Religion. Reden an die Gebildeten unter ihren Verächtern.* Ed. H-J Rothert. Hamburg: Felix Meiner, 1958. Hans-Friedrich Traulsen/Martin Ohst. Berlin/New York: Wal.

Schlenke, Dorothee. *Geist und Gemeinschaft: die systematische Bedeutung der Pneumatologie für Friedrich Schleiermachers Theorie der christlichen Frömmigkeit*. Berlin: de Gruyter, 1999.

Thandeka. *The Embodied Self. Friedrich Schleiermacher's Solution to Kant's Problem of the Empirical Self.* Albany: The State University of New York Press, 1995.

Tillich, Paul. *What is Religion?*. Trans. James Luther Adams. New York: Harper and Row, 1973.

______. *Systematic Theology*. Vol. 1. Chicago: University of Chicago Press, 1951.

Wenz, Gunther. *Sinn und Geschmack fürs Unendliche: F.D.E. Schleiermachers reden über die religion an die gebildeten unter ihren verachtern von 1799*. Munchen: Bayerischen Verlag, 1999.

중용. 인터넷 원문 정보 https://ctext.org/liji/zhong-yong (2024년 7월 25일 접속).

신적 '자기 묘사'에서 드러난 슐라이어마허의 예술적 주체로서 '우리-존재'의 문제 _ 최태관

레데커, 마르틴. 『슐라이에르마허의 생애와 사상』. 주재용 역. 서울:대한기독교출판사, 1985.

박민수. "카스파 다비트 프리드리히의 해양풍경화와 슐라이어마허의 영향." 『해항도시 문화교섭학』 9 2013.

백종현. "포스트휴머 사회의 도래와 휴머니즘." 『포스트휴먼사회와 새로운규범』. 파주: 아카넷, 2019.

슐라이어마허, 프리드리히. 『종교론』. 최신한 역. 서울: 대한기독교서회, 2002.

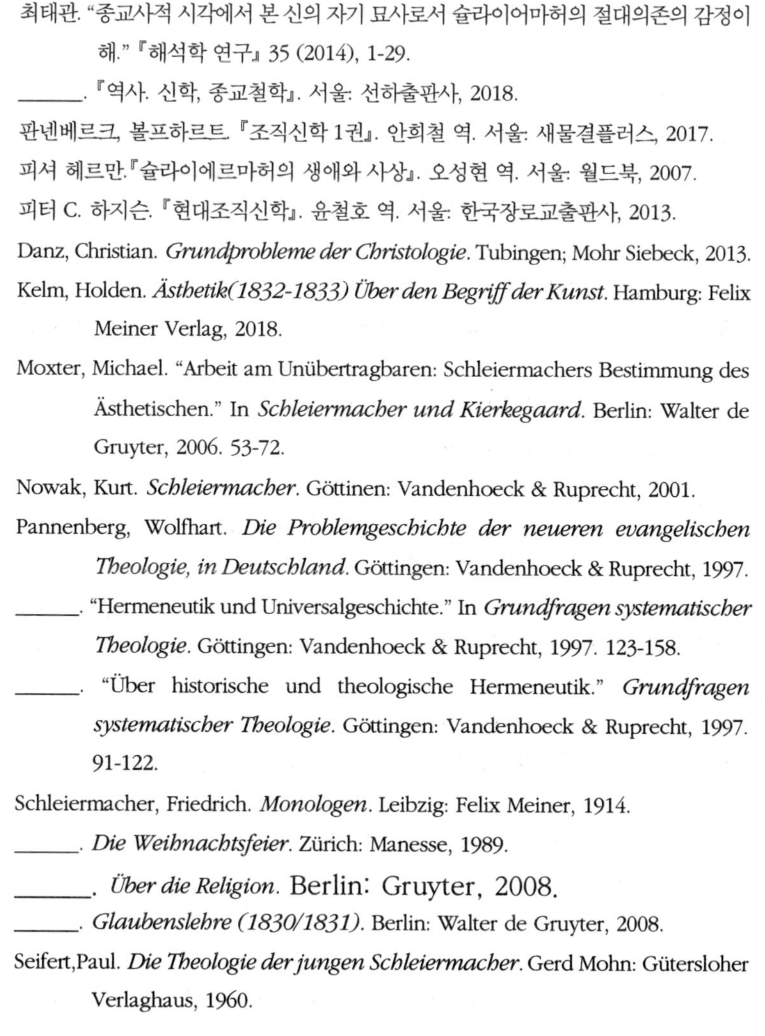

최태관. "종교사적 시각에서 본 신의 자기 묘사로서 슐라이어마허의 절대의존의 감정이해." 『해석학 연구』 35 (2014), 1-29.

______. 『역사. 신학, 종교철학』. 서울: 선하출판사, 2018.

판넨베르크, 볼프하르트. 『조직신학 1권』. 안희철 역. 서울: 새물결플러스, 2017.

피셔 헤르만.『슐라이에르마허의 생애와 사상』. 오성현 역. 서울: 월드북, 2007.

피터 C. 하지슨. 『현대조직신학』. 윤철호 역. 서울: 한국장로교출판사, 2013.

Danz, Christian. *Grundprobleme der Christologie*. Tubingen; Mohr Siebeck, 2013.

Kelm, Holden. *Ästhetik(1832-1833) Über den Begriff der Kunst*. Hamburg: Felix Meiner Verlag, 2018.

Moxter, Michael. "Arbeit am Unübertragbaren: Schleiermachers Bestimmung des Ästhetischen." In *Schleiermacher und Kierkegaard*. Berlin: Walter de Gruyter, 2006. 53-72.

Nowak, Kurt. *Schleiermacher*. Göttinen: Vandenhoeck & Ruprecht, 2001.

Pannenberg, Wolfhart. *Die Problemgeschichte der neueren evangelischen Theologie, in Deutschland*. Göttingen: Vandenhoeck & Ruprecht, 1997.

______. "Hermeneutik und Universalgeschichte." In *Grundfragen systematischer Theologie*. Göttingen: Vandenhoeck & Ruprecht, 1997. 123-158.

______. "Über historische und theologische Hermeneutik." *Grundfragen systematischer Theologie*. Göttingen: Vandenhoeck & Ruprecht, 1997. 91-122.

Schleiermacher, Friedrich. *Monologen*. Leibzig: Felix Meiner, 1914.

______. *Die Weihnachtsfeier*. Zürich: Manesse, 1989.

______. *Über die Religion*. Berlin: Gruyter, 2008.

______. *Glaubenslehre (1830/1831)*. Berlin: Walter de Gruyter, 2008.

Seifert,Paul. *Die Theologie der jungen Schleiermacher*. Gerd Mohn: Gütersloher Verlaghaus, 1960.

제3부 _ 해석학의 전개와 적용

슐라이어마허의 보편해석학의 고린도전서 9장 주석에의 적용
— 바울의 역설적 자유의 종교사상을 중심으로 _ 김덕기
(해석학과 종교철학 분야)

강돈구. 『슐라이어마허의 해석학』. 이동희 역. 서울: 이학사, 2000.
김덕기. "최근 철학계의 성 바울의 보편성 논의와 그 비판적 평가." 「해석학연구」 23 (2009 봄), 179-237.
______. "헬레니즘 철학과 바울기독교의 비교: 플라톤적 이원론과 스토아적 자유의 정치 철학적 문제를 중심으로." 「한국동서철학회」 81 (2016/9), 267-302.
김은수. "슐라이어마허의 해석학에 대한 분석적 연구." 「조직신학연구」 29 (2018), 258-281.
김승철. 『역사적 슐라이어마허』. 서울: 한들출판사, 2004.
김윤구. "국부적 해석학으로서 리꾀르의 해석학." 『해석학과 현대철학』. 계명대학교 철학연구소 백승균 외. 서울: 철학과 현실사, 1996, 219-237.
박순영. "서평: 『슐라이어마허의 해석학』, 이학사(2000). 강돈구 저(이동희 역)." 「철학연구」 51 (2000. 12), 347-356.
슐라이어마허, 프리드리히(F.D.E.). 『기독교 신앙』. 최신한 옮김. 서울: 한길사, 2006.
______. 『해석학과 비평』. 최신한 역. 서울: 철학과 현실사, 2000.
______. 『종교론』. 최신한 역. 서울: 한들출판사, 1997.
______. 『Schleiermaher 해석학』. H. Kimmerle 편/구희완 역. 서울: 양서원, 1992.
아감벤, 조르조 "패러다임이란 무엇인가." 『사물의 표시』. 양창렬 역. 서울: 논장, 2014, 11-47.
이규호. 『현대철학의 이해』. 서울: 민영사, 19651.
전철. "슐라이어마허의 직관에 관한 연구." 「한국기독교신학논총」 65 (2009/10), 91-97.
팔머, 리차드 E. 『해석학이란 무엇인가』. 이한우 옮김. 서울: 문예출판사, 1988.
최신한, "슐라이어마허의 해석학과 변증법: 해석학적 언어이론을 중심으로." 『해석학과 현대철학』. 계명대학교 철학연구소 백승균 외. 서울: 철학과 현실사, 1996, 21-42.
틸리히, 폴. 『성서 종교와 궁극적 실재 탐구』. 남성민 역. 서울: 비아, 2021.
한상연, "사유와 존재-헤르더와 슐라이어마허의 존재론." 「해석학 연구」 21 (2008), 1-30.
______. "슐라이마허와 하이데거의 초월 및 실존 개념." 「존재론 연구」 36 (2014), 235-274.
Iggers, Georg G. *The German Conception of History*. 2nd. Hanover: Wesleyan University Press, 1988.
Jeanrond, Werner G. *Theological Hermeneutics: Development and Significance*. New York: Crossroad, 1991.

Ricoeur. Paul. *Conflict of Interpretations* [1969]. Ed. Don Ihde. Evanston: Northwestern University Press, 1974.

Schleiermaher, F.D.E. *Hermeneutics: The Handwritten Manuscripts*. Ed. H. Kimmerle. Trans. J. Duke and F. Forstman. Missoula: Scholars Press, 1977.

Tillich, Paul. "The Ontological and cosmological approaches: Paul Tillich." in *Classical and Contemporary Readings in the Philosophy of Religion* 2nd ed. Ed. John Hick. Englewood: Prentice-Hall, Inc., 1970, 308-320.

(신약학 분야)

김덕기. "고린도전서의 적대자로서 원시영지주의의 가능성 탐구-파당의 사회적 갈등을 극복하기 위한 바울의 신학적 전략을 중심으로-." 「신약논단」 28.1 (2021), 153-205.

______. "신약학은 어떻게 공동체의 위기와 혼돈을 극복하는데 이바지할 수 있는가?." 「신약논단」 26.2 (2019), 449-503.

______. 『바울의 문화신학과 정치윤리: 탈식민주의 문화 이론에 근거한 바울서신 해석』. 대전: 도서출판 이화, 2007.

문병구. "사도의 생계비 포기와 그리스도인의 자유－고린도전서 9:1-18의 주석학적 연구." 「신약논단」 18.4 (2018), 1075~1101.

피, 고든. 『고린도전서, NICNT』. 최병필 옮김. 서울: 부흥과개혁사, 2019.

케제만, E. "'운명에의 사랑'(Amor fati)에 대한 바울적 표현." 『신의와 성례전』. 전경연 편. 서울: 대한기독교서회, 1987, 123-144.

Barrett, C. K. *The First Epistle to the Corinthians*, Harper's New Testament Commentaries. Ed. Henry Chadwick, D. D. New York: Harper & Row, 1968.

Bauer, W., F. W. Danker, W. F. Arndt, F. W. Gingrich, Eds. *Greek-English Lexicon of the New Testament and Other Early Christian Literature*.(BDAG) 3rd. ed. Chicago: Univ. of Chicago, 1999.

Chang, Kei Eun. "Omnibus Omnia-Paul's Rhetorical Use of Himself as an Examaple for Imitation in 1 Corinthians with Special Attention to Chapte 9." 「신약논단」 28.2 (2021/6): 427-466.

Collins, Raymond F. *First Corinthians. Sacra Pagina*. Collegeville: Liturgical Press, 1999.

Conzelmann, Hans. *1 Corinthians. Hermeneia*. Trans. James W. Leitch. Philadelphia: Fortress, 1975.

Fotopoulos, John. *Food Offered to Idols in Roman Corinth*. Tübingen: Mohr Sebeck, 2003.

Galloway, Lincoln E. *Freedom in the Gospel: Paul's Exemplum in I Cor 9 in Conversation with the Discourses of Epictetus and Philo.* Leuven: Peters, 2004.

Garland, David E. *1 Corinthians. Baker Exegetical Commentary on New Testament*. Grand Rapids: Baker Academic, 2003.

Horsley, R. A. *1 Corinthians*. Abingdon New Testament Commentary. Nashville: Abingdon Press, 1998.

Liddell, Henry George & Scott, Robert. Eds. *An Intermediate Greek-English Lexicon*.(LSD) Oxford University Press, 1946.

Lüdemann, G. "συνείδησις." *In Exegetical Dictiory of New Testament* (EDNT), vol. 3. Eds. Horst Balz and Gerhard Schneider. Grand Rapids, Michigan: Eerdmans, 1990, 301-303.

Malherbe, A. J. "Determinism and Free Will in Paul: The Argument of 1 Corinthians 8 and 9." In Troels Engberg-Pedersen. Ed. *Paul in His Hellenistic Context*. Edinburgh: Clark, 1994, 231-255.

Martin, Dale B. *Slavery as Salvation*. New Haven and London: Yale University Press, 1990.

Nash, Robert Scott. *1 Corinthians*. *Smyth & Helwys Bible Commentary*. Macon: Smyth & Helwys Pub., 2009.

Perkins, Pheme. *First Corinthians. paideia Commentaries on the New Testament*. Grand Rapids: BakerAcademic, 2012.

Sumney, Jerry L. "Critical Note: the Place of 1 Corinthians 9:24-27 in Paul's Argument." *Journal of Biblical Literature*(JBL) 119/2 (2000), 329-333.

Thiselton, Anthony C. *The First Epistle to the Corinthians*. *A Commentary on the Greek Text*. Grand Rapids: Eerdmans Pub., 2000.

Yeo, Khok-Khng. *Rhetorical Interacton in 1 Corinthians 8 and 10*. Leiden: Brill, 1995.

슐라이어마허의 의무론 이해와 그 실제로서 그리스도인의 국가 활동
— 전체와 개별의 관계에 대한 해석학적 통찰을 중심으로 _ 박광우

강돈구. 『슐라이어마허의 해석학』. 이돈희 역. 서울: 이학사, 2000.

김동노. “개인주의, 집단주의, 자유주의, 공동체주의와 한국 사회의 변화.” 「사회이론」 63 (2023): 153-196.

______. “개인주의, 공동체주의 그리고 한국 사회의 공공성.” 「사회이론」 45 (2014): 77-108.

김은수. “슐라이어마허의 해석학에 대한 분석적 연구.” 「조직신학연구」 29 (2018): 248-285.

박광우. “애국심과 세계시민주의 간의 관계에 대한 그리스도교적 이해 연구: 슐라이어마허의 그리스도교 윤리학적 관점을 중심으로.” 「신학논단」 111 (2023), 73-109.

______. “연대하는 삶을 위한 종교의 의미와 기여에 관하여 — 슐라이어마허의 윤리학 및 종교철학을 바탕으로,” 「한국조직신학논총」 72 (2023), 89-131.

최신한. “슐라이어마허의 인간성 개념.” 「동서철학연구」 63 (2012), 75-95.

______.『지평확대의 철학. 슐라이어마허, 점진적 자기발견의 정신탐구』. 파주: 한길사, 2009.

루터, 마르틴. “독일 크리스찬 귀족에게 보내는 글.” 『루터선집 9. 세계를 위한 목회자』. 지원용 편. 서울: 컨콜디아사, 1983. 137-225

슐라이어마허, 프리드리히.『기독교 신앙』. 최신한 역. 파주: 한길사, 2006.

______.『종교론: 종교를 멸시하는 교양인을 위한 강연』. 최신한 역. 서울: 대한기독교서회, 2002.

______. 『해석학과 비평』. 최신한 역. 서울: 철학과현실사, 2000.

칸트, 임마누엘. 『실천이성비판』. 백존현 역. 파주: 아카넷, 2019.

헤를레, 빌프리드. 『선의 매혹적인 힘』. 김형민 역. 성남: 북코리아, 2016.

Arndt, Andreas. “Der Begriff des Rechts in Schleiermachers Ethik-Vorlesungen.” In *Wissenschaft, Kirche, Staat und Politik. Schleiermacher im preußischen Refromprozesses,* ed. Arndt, Andreas et al. Berlin/Boston: Walter de Gruyter, 2019, 219-232.

Herms, Eilert. “Sein und Sollen bei Hume, Kant und Schleiermacher.” In *Menschsein im Werden. Studien zu Schleiermacher*. Tübingen: Mohr Siebeck, 2006, 298-319.

Heesch, Matthias. “Philosophische Ethik.” *Schleiermacher Handbuch*. Ed.Martin

Ohst. Tübingen: Mohr Siebeck, 2017), 267-280.

Park, Kwangwoo. *Kirche als solidarische Gemeinschaft. Eine ethische Rekontruktion der Kirchentheorei mit Blick auf die Christliche Sittenlehre von Friedrich D. E. Schleiermacher.* Wien/Zürich: LIT Verlag, 2023.

Schleiermacher, Friedrich D. E. D*er christliche Glaube nach den Grundsätzen der evangelischen Kirche im Zusammenhange dargestellt. 2. Aufl. (1830/31). Kritische Gesamtausgabe* I/13. Ed. Rolf Schäfer. Berlin/New York: Walter de Gruyter, 2003. Vol. 1, 1-532. Vol 2. 1-532.

______. *Grundlinien einer Kritik der bisherigen Sittenlehre. Schriften aus der Stolper Zeit (1802-1804). Kritische Gesamtausgabe* I/4. Ed. Eilert Herms, Günter Meckenstock und Michael Pietsch. Berlin/New York: Walter de Gruyter, 2002. 27-357.

______. *Über den Begriff der Hermeneutik, Erste Abhandlung. Akademievorträge, Kritische Gesamtausgabe* I/11. Ed. Martin Rössler/Lars Emersleben. Berlin/New York: Walter de Gruyter, 2002. 559-621.

______. *Über den Begriff der Hermeneutik, Zweite Abhandlung. Akademievorträge, Kritische Gesamtausgabe* I/11. Ed. Martin Rössler/Lars Emersleben. Berlin/New York: Walter de Gruyter, 2002. 623-641.

______. *Über den Begriff des höchsten Gutes. Erste Abhandlung. Akademievorträge, Kritische Gesamtausgabe* I/11. Ed. Martin Rössler/Lars Emersleben. Berlin/New York: Walter de Gruyter, 2002. 535-553.

______. *Versuch über die wissenschaftliche Behandlung des Pflichtbegriffs. Akademievorträge, Kritische Gesamtausgabe* I/11. Ed. Martin Rössler/Lars Emersleben. Berlin/New York: Walter de Gruyter, 2002. 415-428.

______. *Monologen. Eine Neujahrsgabe. Schriften aus der Berliner Zeit* (1800-1802). *Kritische Gesamtausgabe* I/3. Ed. Günter Meckenstock. Berlin/New York: Walter de Gruyter, 1988. 1-61.

______. Ethik (1812/13) *mit späteren Fassungen der Einleitung, Güterlehre und Pflichtenlehre*. Ed. Hans-Joachim Birkner. Hamburg: Meiner, 1981.

______. *Die christliche Sitte nach den Grundsätzen der evangelischen Kirche im Zusammenhange dargestellt*. Sämmtliche Werke I/12. Ed. Ludwig Jonas. Berlin: Reimer, 1843. 1-706 und Beil, 1-192.

Scholtz, Gunter. "Ethik und Hermeneutik." In *Ethik und Hermeneutik. Schleiermachers Grundlegung der Geisteswissenschaften*. Frankfurt a. M.: Suhrkamp, 1995. 126-146

von Scheliha, Arnulf. *Protestantische Ethik des Politischen*. Tübingen: Mohr Siebeck, 2013.

______. "Religion, Gemeinschaft und Politik bei Schleiermacher." In *Christentum – Staat – Kultur. Akten des Kongresses der Internationalen Schleiermacher-Gemeinschaft in Berlin*. März 2006. Ed. Andreas Ardnt, Ulrich Barth and Wilhelm Gräb. Berlin/New York: Walter de Gruyter, 2008. 317-336.

가다머의 슐라이어마허 해석학에 대한 개념사적인 접근과 평가_ 서동은

가다머, 한스 게오르그. 『진리와 방법2』. 임홍배 역. 서울: 문학동네, 2012.

부버, 마틴. 『사람과 사람 사이』. 남정길 역. 서울: 전망사. 1979.

슈투케, 호르스트, 코젤렉, 라인하르트 편. 『코젤렉의 개념사 사전. 6: 계몽』. 남기호 역. 서울: 푸른역사, 2014.

안토니오 다마지오 『데카르트의 오류-감정, 이성 그리고 인간의 뇌』 김린 역. 서울. NUN, 2017.

최신한. 『지평확대의 철학-슐라이어마허, 점진적 자기발견의 정신 탐구』. 서울: 한길사, 2009.

Coltmann, Rod. T*he Language of Hermeneutics -Gadamer and Heidegger in Dialogue*. Albany: SUNY Press, 1998.

Gadamer, Hans G./Boehm, Gottfried. (eds). S*eminar: Philosophische Hermeneutik*. Frankfurt am Main: Suhrkamp, 1976.

Gadamer, Hans G. *Heideggers Wege*. Tuebingen: Mohr Siebeck, 1983.

______. *Wahrheit und Methode Grundzüge einer philosophischen Hermeneutik*. Tuebingen: Mohr Siebeck, 1986.

______. *Wahrheit und Methode Hermeneutik II –Ergaenzungen Register*, Tuebingen, Mohr Siebeck, 1986.

______. *Kleine Schriften III-Idee und Sprache*, Tuebingen: Mohr Siebeck, 1972.

______. *Kleine Schriften IV.* Tuebingen: Mohr Siebeck, 1977.

______. "Heidegger und die Sprache." In *Hermeneutik in Rueckblick*, Tuebingen: Mohr Siebeck, 1995.

Grondin, Jean. *Gadamer Lesebuch*. Tuebingen: Mohr Siebeck, 1977.

Hoeffe, Offried. I*mmanuel Kant*. Muenchen: C. H. Beck, 1992.

Kang,Ton-Ku, *Die grammatische und die psychologische Interpretation in der Hermeneutik Schleiermachers*. Dissertation. Tuebingen: University of Tuebingen, 1978.

Schleiermacher, Friedrich D. E., *Hermeneitik und Kritik*. Frankfurt amd Main: Suhrkamp Verlag, 1995.

______. *Hermeneutics: The Handwritten Manuscripts*. Ed. Heinz Kimmerle, Trans. James Duke and Jack Forstman. Missoula Montana: Scholars Press, 1977.

Wachterhauser, Brice R. *Hermeneutics and Truth. Evanston:* Northwestern University Press, 1994.

후 세속성과 영성의 윤리
—찰스 테일러와 프리드리히 슐라이어마허 _ 황은영

Audi, Robert. "Belief, Faith, and Acceptance." In *Ethics of Belief: Essays in Tribute to DZ Phillips*. Dordrecht: Springer, 2007. 87–102.

Carey, Jeremiah. "Spiritual, but not Religious?: On the Nature of Spirituality and its Relation to Religion." *International Journal for Philosophy of Religion* 83. no.3 (2018), 261-69

Carr, David. "Spirituality, Spiritual Sensibility and Human Growth." *International Journal for Philosophy of Religion* 83 no.3 (2018), 245–260.

Cashwell, Craig S. Paige B. Bentley, and J. Preston Yarborough, "The Only Way Out is Through: The Peril of Spiritual Bypass." *Counseling and Values* 51 no. 2 (2007), 139–148.

Christian, Rose Ann. "Lessons from James's Debate with Clifford: How not to

Philosophize." *American Journal of Theology and Philosophy* 33 no.2 (2012), 159–169.

Clifford, William K. "The Ethics of Belief." In *Lectures and Essays*. London: McMillan, 1879.

Crouter, Richard. F*riedrich Schleiermacher: Between Enlightenment and Romanticism*. Cambridge: Cambridge University Press, 2005.

Dierken, Jörg. "Individualität und Identität Schleiermacher über Metaphysische, Religiöse und Sozialtheoretische Dimensionen eines Schlüsselthemas der Moderne."

Journal for the History of Modern Theology/Zeitschrift für Neuere Theologiegeschichte, 15 no.2 (2008), 183-207.

Frank, Manfred. *Das Individuelle Allgemeine*. Frankfurt am Main: Suhrkamp, 1977.

Frost. Ursula. "Das Bildungsverständnis Schleiermachers und Humboldts im Kontext der Frühromantik." In *200 Jahre "Reden über die Religion": Akten des 1. Internationalen Kongresses der Schleiermacher-Gesellschaft Halle 14.–17. März 1999*. Ed. Ulrich Barth/Claus-Dieter Osthoevner. Berlin/New York: Walter de Gruyter, 2000.

Grief, Stefan. "Märchen/Volksdichtung." In *Romantik- Handbuch*. Ed. H. Schanze. Tübingen: Alfred Kröner Verlag, 1994. 257-62.

Harvey, Van A. "The Ethics of Belief and Two Conceptions of Christian Faith." In *Ethics of Belief: Essays in Tribute to DZ Phillips*. Dordrecht: Springer, 2007. 42–51.

James, William. *The Will to Believe: And Other Essays in Popular Philosophy*. New York: Longmans, Green, and Company, 1896.

Jang, Sung Joon and Aaron B. Frazen. "Is Being 'Spiritual' enough without Being Religious? A Study of Violent and Property Crimes among Emerging Adults." *Criminology* 51 no. 3 (2013), 595–627.

Joachim Ringleben, "Die Reden über die Religion." In *Schleiermacher Handbuch*. Ed. Martin Ohst. Tübingen: Mohr Siebeck, 2017.

Marina, Jacqueline. *Transformation of the Self in the Thought of Schleiermacher*. Oxford: Oxford University Press, 2008.

Robinson, Simon. *Spirituality, Ethics and Care*. London: Jessica Kingsley

Publishers, 2007.

Schleiermacher, Friedrich D. E. *Über die Religion: Reden and die Gebildeten unter ihren Verachtern. Schriften aus der Berliner Zeit 1796-1799. Kritische Gesamtausgabe* I/2. . Ed. Günter Meckenstock. Berlin/New York: Walter de Gruyter, 1984. 185-326.

______. Gedanken III. Schriften aus der Berliner Zeit 1796-1799. *Kritische Gesamtausgabe* I/2. Ed. Günter Meckenstock. Berlin/New York: Walter de Gruyter, 1984. 117-140.

______. *Monologen. Eine Neujahrsgabe. Schriften aus der Berliner Zeit 1800-1802. Kritische Gesamtausgabe* I/3. Ed. Günter Meckenstock. Berlin/New York: Walter de Gruyter, 1988. 1-62.

Sockness, Brent W. "Schleiermacher and the Ethics of Authenticity." *Journal of Religious Ethics* 32 no.3 (2004), 477–517.

______. "Schleiermacher's 'Essentialist' Hermeneutics of Culture." In *Schleiermacher, the Study of Religion, and the Future of Theology: A Transatlantic Dialogue.* Ed. Brent Sockness and Wilhelm Gräb. Berlin: Walter de Gruyter, 2010.

Stockner, Ludwig. "Die Auseinandersetzung der Romantiker mit der Aufklärung." In *Romantik-Handbuch.* Ed. H. Schanze. Tübingen: Alfred Kröner Verlag, 1994.

Taylor, Charles. "Why We Need a Radical Redefinition of Secularism." In *The Power of Religion in the Public Sphere.* Ed. Eduardo Mendieta and Jonathan Van Antwerpen. New York: Columbia University Press. 2011.

______. *A Secular Age.* Cambridge, Mass.: Harvard University Press, 2007.

______. *Varieties of Religion Today: William James Revisited.* Cambridge, Massachusetts: Harvard University Press, 2002.

______. *Human Agency and Language.* Cambridge: Cambridge University Press, 1985.

Wood, Allen. "The Duty to Believe according to the Evidence," In *Ethics of Belief: Essays in Tribute to DZ Phillips.* Dordrecht: Springer, 2007, 7-24.

논 문 출 처

제1부 _ 슐라이어마허의 초기 사상

김윤상 _ 슐라이어마허의 초기 윤리학 사상 연구

— "최고선에 관하여"를 중심으로

슐라이어마허학회 제6회 학술발표회에서 발표 (2022. 10. 8.).

한국독일현대문학회, 「독일현대문학」 제59집(2022. 10.): 5-26.

이경진 _ 자유로운 사교로서의 낭만주의적 예술비평

— 슐라이어마허의 "프리드리히 슐레겔의 『루친데』에 대한 친밀한 편지"

슐라이어마허학회 제1회 학술발표회에서 발표 (2021. 6. 26.)

한국독어독문학회, 「독어독문학」 제161집(2022. 3.): 25-51.

최신한 _ 야코비와 슐라이어마허

슐라이어마허학회 제11회 학술발표회에서 발표 (2023. 12. 9.)

대한철학회, 「철학연구」 제168집(2023. 11.): 221-246.

제2부 _ 경건과 자기의식

심광섭 _ 경건의 향연

슐라이어마허학회 제5회 학술발표회에서 발표 (2022. 6. 4.)

미간행 논문

한상연 _ 슐라이어마허의 종교 개념과 공감

— 슐라이어마허와 하이데거의 철학적 상보관계에 입각한 공감의 존재론 시도

슐라이어마허학회 제1회 학술발표회에서 발표 (2021. 6. 26.)

미간행 논문

최태관 _ **신의 '자기 묘사'에서 드러난 슐라이어마허의 예술적 주체로서 '우리-존재'의 문제**

슐라이어마허학회 제1회 학술발표회에서 발표 (2021. 6. 26.)

「한국조직신학논총」 제65집(2021. 12.): 176-218.

第3부 _ 해석학의 전개와 적용

김덕기 _ **슐라이어마허 보편해석학의 고린도전서 9장 주석에의 적용**

— 바울의 역설적 자유의 종교사상을 중심으로

슐라이어마허학회 제3회 학술발표회에서 발표 (2021. 12. 4.)

한국기독교학회, 「한국기독교신학논총」 124호(2022. 4.): 7-47.

박광우 _ **슐라이어마허의 의무론 이해와 그 실제로서 그리스도인의 국가활동**

— 전체와 개별의 관계에 대한 해석학적 통찰을 중심으로

슐라이어마허학회 제12회 학술발표회에서 발표 (2024. 4. 26.)

미간행 논문

서동은 _ **가다머의 슐라이어마허 해석학 평가에 대한 비판**

슐라이어마허학회 제4회 학술발표회에서 발표 (2022. 4. 2.)

미간행 논문

황은영 _ **후 세속성과 영성의 윤리 — 찰스 테일러와 프리드리히 슐라이어마허**

슐라이어마허학회 제9회 학술발표회에서 발표 (2022. 6. 10.)

"The Ethics of Spirituality as a Post-Secular Question," in: *Neue Zeitschrift für Systematische Theologie und Religionsphilosophie* 64.3 (2022).

지 은 이 알 림

김덕기

대전신학대학교 신약학 교수 역임

미국 드루대학교 철학박사

저서 및 논문: 『고린도전서: 연세신학백주년기념 성경주석』, 『빌립보서: 한국장로교총회창립 100주년기념 표준주석』, "제임스 M. 로빈슨의 신해석학과 예수 전승의 궤적 연구"

김윤상

동덕여자대학교 유러피언스터디즈 전공교수

독일 브레멘대학교 철학박사

저서 및 논문: 『인간학적 미학』, 『미와 지각의 역사』, 『문화이미지론』 그리고 독일 관념론과 낭만주의 미학, 문화학적 방법론에 관한 다수의 논문

박광우

명지대학교 자연캠퍼스 교목, 연세대학교 및 숭실대학교 강사

독일 뮌스터대학교 신학박사

저서 및 논문: *Kirche als solidarische Gemeinschaft: Eine ethische Rekonstruktion der Kirchentheorie mit Blick auf die Christliche Sittenlehre von Friedrich D. E. Schleiermacher*, "개신교회의 사회적 의미 고찰 – 슐라이어마허의 신학적 행위 이론을 중심으로", "연대하는 삶을 위한 종교의 의미와 기여에 관하여 – 슐라이어마허의 윤리학 및 종교철학을 중심으로"

서동은

경희대학교 후마니타스 칼리지 부교수

독일 도르트문트대학교 철학박사

저 · 역서: 『계몽의 시대』, 『애덤 스미스의 자유경제』, 『하이데거와 가다머의 예술 이해』, 역서로는 『몸의 철학』, 『시간의 개념』, 『인간과 풍토』

심광섭

사)한국영성예술협회 공동대표, 감리교신학대학교 교수 역임

독일 부퍼탈-베텔신학대학교 신학박사

저서: 『초월자의 감각』, 『십자가와 부활의 미학』, 『기독교 미학의 향연』, 『공감과 대화의 신학』,

『예술신학』, 『기독교 신앙의 아름다움』, 『탈형이상학의 하느님. 하이데거, 바이셰델, 벨테의 신론 연구』, 『신학으로 가는 길』

이경진

서울대학교 독어독문학과 부교수

독일 본대학교 문학박사, 등단(창비 2008, 평론)

역서: 『공중전과 문학』, 『캄포 산토』, 『전원에 머문 날들』, 『신극우주의의 양상』, 『영화의 이론』

최신한

한남대학교 철학과 명예교수

독일 튀빙엔대학교 철학박사

저 · 역서: 『독백의 철학에서 대화의 철학으로』, 『슐라이어마허-감동과 대화의 사상가』, 『지평 확대의 철학』, 『현대의 종교 담론과 종교철학의 변형』, 역서로는 『종교론』, 『종교철학』, 『해석학과 비평』, 『성탄축제』, 『기독교신앙』, 『인간적 자유의 본질』

최태관

감리교신학대학교 부교수

독일 마인쯔대학교 신학박사

저 · 역서 및 논문: 『한국전쟁 70년과 이후 교회』, 『메시아 비밀』(역서),"The universal-historical meaning of self-differentiation of human being by Wolfhart Pannenberg"

한상연

가천대학교 교수

독일 보쿰대학교 철학박사

저서 및 논문: 『시간과 윤리』, 『공감의 존재론』 그리고 슐라이어마허, 하이데거, 푸코, 들뢰즈, 메를로 퐁티, 사르트르 등에 관한 다수의 논문

황은영

성결대학교 조교수

시카고대학교 철학박사. 독일 비텐베르그-할레대학교에서 박사 후 과정 수료

논문: "The Normative Project of Post-Colonial Approaches", "Charles Taylor and Mircea Eliade on Religion, Morality, and Ordinary Life"